SCHNEIDER · WELT, WAS FRAG ICH NACH DIR?

Universal Bibliothek

KUNSTWISSENSCHAFTEN

Frank Schneider

WELT, WAS FRAG ICH NACH DIR?

Politische Porträts großer Komponisten

1988

Verlag Philipp Reclam jun. Leipzig

Mit 30 Abbildungen

ISBN 3-379-00358-1

Reclams Universal-Bibliothek Band 1232
1. Auflage
Reihengestaltung: Lothar Reher
Lizenz Nr. 363. 340/117/88 · LSV 8384 · Vbg. 27,0
Printed in the German Democratic Republic
Grafischer Großbetrieb Völkerfreundschaft Dresden
Gesetzt aus Garamond-Antiqua
Bestellnummer: 661 384 9
00400

PROLOG

GUTE VOR-SÄTZE UND SCHÖNE LEIT-MOTIVE

Welt, was fragst du nach mir? Muß ein Autor durch allgemeine Einführungen oder besondere Aufklärungen denn immer wieder seine Absichten bekennen? Soll er Texte interpretieren und Hintergründe erhellen, hat er Unterlassungen zu rechtfertigen oder Fehldeutungen und möglichen Zweiflern vorzubeugen? Zunächst darf man wohl hoffen, daß wenigstens der Titel etwas Vorstellbares verspricht und hinreichend deutlich macht, wovon ein Buch schließlich handelt. Die folgenden Essays bemühen aufs neue einen alten Gegenstand, und sie spielen mit wissenschaftlichem Material so, als wünschten sie sich gerade ein ernsthaftes Interesse außerhalb der Fachwelt. Es sind, in poetischer Vordeutung, musikalische Variationen über ein politisches Thema, aber auch politische Variationen über ein musikalisches Thema. Um diesen Doppelsinn mit anderen Worten etwas prosaischer aufzulösen: Zur Diskussion stehen hier Beziehungen zwischen Kunst und Welt, genauer: einige Berührungspunkte zwischen den Kraftfeldern der Musik und der Politik, und noch genauer: die Einflüsse politischer Ereignisse, Verhältnisse und Ideologien auf das Leben, Denken und Schaffen einer Reihe berühmter Komponisten. Damit weiß der Leser fürs erste genug – sollte man meinen. Doch eine solche Meinung ist falsch, wie der Autor weiß, denn er selbst war der erste Leser; und er fragt sich beständig, warum und wozu er geschrieben hat. Die vernünftigste Antwort geben Erinnerungen.

Die ersten Überlegungen zum Thema liegen über ein Jahrzehnt zurück. Ob es einen konkreten Anstoß gegeben hat, weiß ich nicht mehr, aber ich bin desto sicherer, daß gewisse verstörende Beobachtungen und polemische Gelüste mir zu einigem Nachdenken verhalfen. Warum in drei Teufels Namen, so mochte es rumort haben, stoßen gerade die einfachsten Wahrheiten auf Widerstand, und warum ist das Bedürfnis, sie zur Kenntnis zu nehmen, nirgends so schwach entwickelt wie gerade im Bereich der Musik? Offenbar wollte und will man die Welt der Klänge genießen, ohne sie im Geflecht rationaler Kontexte wirklich zu erfahren. Echtes Verständnis aber, so schien und scheint mir, bedarf des hingebenden Gefühls wie des reflektierenden Gedankens; und wenn im Umgang mit Musik, so dachte und denke ich weiter, der blinde Enthusiasmus regiert, dann kann es nicht schaden, ein wenig die Momente der kritischen Vernunft zu akzentuieren. Den Ausgangspunkt bildete dabei ein geradezu simples Axiom: Nichts im Leben – und also auch keine Kunst – existiert im Grunde für sich allein und nur aus sich heraus. Auch die Vielfalt der musikalischen Formen und der Reichtum ihrer geschichtlichen Veränderungen basiert auf dem spannungsgeladenen Wechselspiel eigen-sinniger und fremd-artiger, materialgerechter und sozial bestimmter Faktoren. Fragt man im Ernst danach, woher Musik komme, was sie eigentlich sei oder bedeuten könne, dann genügt keineswegs der Verweis auf die Natur der Töne, sondern es müssen stets die verschiedenartigsten sinnprägenden Bedingungen aus nichtkünstlerischen und außerästhetischen Regionen berücksichtigt werden. Daß in diesem großen Rahmen gerade die Politik keine kleine, vielmehr eine dominierende, ja nicht selten gewaltsam eingreifende Rolle spielt, versteht sich beinahe von selbst, denn jeder einigermaßen aufmerksame Musikfreund dürfte aus eigener zeitgenössischer Anschauung wie aus zahlreichen Episoden der Musikgeschichte entsprechende Licht- und Schattenwirkungen kennen.

Ein solcher Musikfreund wird aber in der Regel auch bezweifeln, ob der Einfluß der politischen Sphäre auf die Musik die episodische Ebene übersteigt. Er weiß, daß es bestimmte einfache Sing- und Spielformen gibt – man denke an Hymnen oder Märsche –, die für politische Zwecke entstehen und im Zusammenhang politischer Zeremonien gebraucht werden. Er erinnert sich gewiß einer Reihe von mehr oder weniger bedeutenden Kompositionen, die mit derartigen Anlässen verbunden sind, die heroische und tragische Ereignisse der Geschichte thematisieren oder doch wenigstens diesbezügliche Überzeugungen ihrer Schöpfer dokumentieren. Und schließlich widerspricht er gewiß nicht der tausendfältigen Tatsache, daß die meiste Musik, fast gleich, welcher Art, entgegen sogar den Intentionen der

Autoren, politischem Kalkül verfügbar ist und vor Mißbrauch kaum geschützt werden kann. Genau an diesem Punkt jedoch entzündet sich oftmals eine skeptische Gegen-Reaktion, die sich aus Tradition oder akuter Erfahrung auf das Vorurteil beruft, wirklich große Musik habe mit Politik nichts zu tun, sondern figuriere ausdrücklich als gleichsam idealische Antiwelt zur prosaischen Pragmatik jener Sphäre. Dem ersten Anschein nach ist eine solche Ansicht nicht einmal falsch, denn viele, vielleicht die meisten Werke bedeutender Komponisten vermitteln uns immer wieder den Eindruck einer staunenswerten ästhetischen Welt völlig eigener Werte, die Zusammenhänge mit anderen Bereichen der Realität vornehm verschleiert. Aber selbst wenn in der Sache kaum Berührungspunkte auszumachen wären, müßte fast zwangsläufig die Überlegung folgen, ob die historisch produzierten Entfremdungen nicht ihrerseits auf sozialpolitischen oder gar politökonomischen Ursachen beruhen. Erst vor diesem Hintergrund läßt sich der Gehalt der ehrgeizig komponierten Musik in seiner ganzen Vielschichtigkeit erschließen, und es hieße ihn gründlich verfehlen, würden, wie üblich, die Meisterwerke ohne nachdenklichen Bezug auf die sie einst und jetzt umgebenden Existenzbedingungen einseitig auf die Funktion des leichten, unterhaltsamen Genusses reduziert. Wer der dubiosen Meinung anhängt, die Tonkunst diene der Lust der Gefühle um so besser, je weniger sie den Verstand belaste, der unterschätzt nicht nur ihre Möglichkeiten – denn wenn man glaubt, Musik „ausschließlich“ zu verstehen, versteht man „schließlich“ auch von ihr nicht gar viel.
Diese fragwürdigen Einseitigkeiten bei der Aneignung von Musik reizten mich also, und ich glaubte, ihnen am wirkungsvollsten zu begegnen, wenn ich nach einem extrem andersartigen Zugang suchte. Gern betone ich nochmals den polemischen Ansatz, daß mir die Problematisierung kompositorischer Prozesse aus politischer Sicht und die zugespitzte Fragestellung nach politischen Aspekten der musikalischen Produktion schon deswegen höchst „würdig“ und willkommen erschienen, weil es in der Praxis leider noch viel zu häufig verbreitet ist, den Sinn gerade einer solchen Blickrichtung nicht nur zu bezweifeln, sondern schlechthin zu leugnen. Aber natürlich gab es für die Be-

schäftigung mit einem solchen Thema noch eine Reihe weiterer Motive, die vor allem mit Tugenden und Untugenden der wissenschaftlichen Betrachtung von Musik zu tun haben. Namentlich im Lager der marxistischen Musikwissenschaft herrschten Überzeugungen, daß alle wesentlichen Aspekte des Musikalischen aus den gesellschaftlichen Entstehungsbedingungen erklärbar seien, daß die großen Komponisten nicht nur den künstlerischen, sondern meist ebenso den allgemein geistigen Fortschritt repräsentierten und daß allen bedeutenden Werken irgendwie ein politischer Gehalt innewohne, den es ganz besonders intensiv zu entschlüsseln und zu beschreiben gelte. Wenn die Musik des Erbes in dieser Hinsicht jedoch solche Wünsche nicht immer befriedigen konnte, so sollte doch nun zumindest die neue Musik und speziell jene, die in der sozialistischen Gesellschaft nach theoretischen Maßstäben des sozialistischen Realismus produziert wurde, das soziale Engagement ihrer Komponisten voll erkennen lassen und fortschrittliche politische Qualitäten explizit ausdrücken. Unter der Prämisse, daß viele Komponisten dieser Forderung entsprechen wollten, bescheinigte die Musikwissenschaft kurzerhand und bereitwilligst gelungene Erfüllungen, ohne sich allzu viele Skrupel über die Exaktheit der Methoden und die Stichhaltigkeit der Argumente zuzulegen. Es entstand gerade um die Mitte der siebziger Jahre eine Fülle von Analysen, in denen es von unbeweisbaren Behauptungen nur so wimmelte und deren Fazit auf eine kurzschlüssige, „Dichtung“ und „Wahrheit“ fromm vermischende Rückübersetzung musikalischer Sachverhalte in Denkformen und Handlungsstrategien der Politik hinauslief.
Ich habe diese – hoffentlich verblaßte – Momentaufnahme der eigenen Betroffenheit wegen skizziert, und mir ist wohl erinnerlich, wie gewissen gutgemeinten Glaubenssätzen sich allmählich ein schlechtes methodisches Gewissen beifügte und wie aus beiden Momenten endlich die Einsicht reifte, daß eine Revision unbedingt erforderlich sei. Ich wollte wirklich einmal genauer wissen, unter welchen Bedingungen, in welchen Formen und mit welchen Konsequenzen die Sphären der Politik und Musik miteinander, nebeneinander oder gegeneinander kommunizieren. Mir war selbstverständlich von vornherein bewußt, daß diese

beiden äußerst komplexen Bereiche nicht gerade einfache und eindimensionale Kontakte pflegen und daß ein einzelner Interessent niemals das verwirrende Gewebe tatsächlicher und möglicher Beziehungen würde entflechten können. Daher entschloß ich mich, aus dem Problemkreis nur einen, besonders leicht zugänglichen Strang auszugliedern und fallweise zu untersuchen. Als Knotenpunkt des „Strangs" stellte ich mir das Hirn des schöpferischen Musikers vor, das die entscheidenden Impulse der Außenwelt sammelt, verarbeitet und nach außen in wahrnehmbarer, bleibender Form wieder abgibt. Die naheliegende Frage mußte also lauten: In welcher Weise kommt ein Komponist überhaupt mit Politik in Berührung, wie disponiert sie seine biographische Existenz, seine Realitätsbeziehungen und Gedankenwelt und inwieweit folgen daraus künstlerische Entscheidungen oder gar konkret gestaltete schöpferische Reaktionen? So eingegrenzt und überschaubar sich das Fragemuster auch empfiehlt, so zwingend produziert es doch zugleich wieder eine Reihe schwierigerer Überlegungen, die den Ansatz in differenzierte Aspekte auflösen: Was ist denn „Politik", was gilt als „politisch", was meint der Begriff qualitativ und quantitativ, wie verändert er sich in der Geschichte, worin liegen zwischen kleinen Alltäglichkeiten, großen Haupt- und Staatsaktionen, Heldenlegenden und philosophischen Spekulationen die tragenden Schwerpunkte und relevanten Vorgänge? Dann weiter: Gibt es denn genügend Hilfsmittel und gesicherte Erkenntniswege, um die Bedeutung eines engeren oder weiteren politischen Ambiente für den geistigen oder psychischen Horizont eines Komponisten plausibel zu bestimmen – wenn man nur einmal daran denkt, wie bruchstückhaft, zufällig und verschlüsselt oftmals die Überlieferung der einschlägigen Dokumente ausfallen kann? Und schließlich: Wenn als eigentlich interessierende Instanz die kompositorischen Prozesse und Resultate zu prüfen sind, muß man zumindest zwischen mehreren denkbaren Schichten unterscheiden und fragen, ob nach politischen Implikationen mit Blick auf Anlässe und Aufträge, auf Themen und Stoffe, auf Gattungen und Formen oder auf Strukturen, Gehalte und Funktionen gesucht wird.
Mit diesem Bündel von Aspekten, Problemen und Motiven

ging ich daran, möglichst viel Material zu sammeln, und zwar, wie gesagt, mit dem Ziel, an ausgewählten „Fällen“ aus der Musikgeschichte mir soweit wie möglich sachliche Klarheit zu verschaffen. Dabei dachte ich durchaus an repräsentative Beispiele aus der neueren europäischen Musikgeschichte – zum einen wegen der leichteren Verfügbarkeit und besseren Interpretierbarkeit der Quellen, zum anderen wegen der praktischen Bedeutsamkeit und Bekanntheit der Künstler, die auch heute noch das öffentliche Interesse der Musikwelt bestimmen. Als Adressat meines Themas schwebte mir das sozusagen durchschnittliche Publikum unserer Konzertsäle und Opernhäuser vor, das – vielleicht nur hypothetisch – ein wenig Aufklärungsarbeit begrüßen würde oder doch zumindest hin und wieder vertragen könnte. Wohl aufs neue spürend, daß sich meine Sympathien für wissenschaftliches Trockenschwimmen in Grenzen halten, suchte ich für das angesammelte und überraschend ergiebige Material nach einer praktikablen Darbietungsform. Etwa 1978 zeigte der Rundfunk Interesse an den Recherchen, und der damalige Leiter der Redaktion Ernste Musik bei Radio DDR II, Klaus Richter, machte das Angebot für eine im Prinzip offene Serie von gestalteten Sendungen. Sie liefen dann auch bald an, erstreckten sich in unregelmäßigen Abständen bis 1985 und folgten einem Plan, der sowohl den Bedürfnissen und Anforderungen der Institution als auch den inhaltlichen Absichten und dem Zeitfonds des Autors Rechnung trug. Obwohl natürlich an eine spätere gedruckte Veröffentlichung zu denken war und eine zusammenhängende Lektüre wünschenswert erschien, hatten sich die Manuskripte in erster Linie den Gegebenheiten des rein auditiven Mediums anzupassen. Sie mußten in sich abgeschlossen sein, hatten die vorgeschriebenen Sendezeiten zu respektieren; sie sollten sich einer relativ leicht verständlichen Diktion und einer gewissen essayistischen Lockerheit befleißigen und in ein Grundschema des Wechsels von verbalen Exkursen und musikalischen Demonstrationen fügen.

Diesen Charakter der konkreten Medienarbeit haben die nachfolgenden Texte durchaus bewahrt, obwohl ich sie für dieses Buch gründlich revidieren, teilweise umschreiben und vor allem zu einer Version „ohne Musik“ gestalten mußte. Wie bei der Serie der Sendungen bildet jedes Kapitel über einen Komponisten eine geschlossene Einheit, die erst einmal nicht über sich hinausweist. Die nachträgliche historische Anordnung ermöglicht freilich auch interessante Vergleiche und Verweise und besonders die Wahrnehmung, daß über alle Besonderheiten und Zufälligkeiten der punktuellen Fall-Studien hinweg das zugrunde liegende Thema selbst eine geschichtliche Entwicklung durchmacht. Wenn nicht alles täuscht, gibt es nach eher „unverbindlichen" Anfängen eine wachsende Verflechtung zwischen den Sphären der Politik und der Musik, in die die Komponisten und kompositorischen Leistungen zunehmend verstrickt werden. In dem Maße, wie genuin politische Verhältnisse alle Bereiche des Lebens durchdringen, beeinflussen sie immer nachdrücklicher auch die genuin musikalischen Prozesse, nötigen sie die Komponisten zu ebenso komplexeren wie bewußteren Reaktionen zwischen Anpassung und Widerstand, zwischen passiver Gleichgültigkeit und aktivem Engagement. Auch unter diesem Blickwinkel erfolgte die Auswahl der Protagonisten, die trotz medienspezifischer Wünsche (und damit Zufälligkeiten) den Kriterien geschichtlicher Kontinuität, nationaler Vielfalt und kontrastvoller Repräsentativität gerecht zu werden versucht. Was über den einzelnen Künstler zu sagen und wie über ihn zu reden war, konnte kaum von einem deduktiven Prinzip her entschieden werden, sondern hing oftmals ab von der Materiallage und vom Forschungsstand, auch von den Musikarchiven des Rundfunks und selbstverständlich von ganz subjektiven Affinitäten des Autors. Soweit es in seinem Vermögen stand, hat er sich um Differenzierung bemüht und um eine Darstellungsweise, die Probleme des Themas akzentuiert, die offene Fragen markiert und nicht Allwissenheit vorgibt, die jedoch vor allem die Vermittlung von wenigstens plastischen und betrachtenswerten „politischen Porträts" anstrebt.

Zum Schluß danke ich all denen, die halfen, das Projekt zu realisieren. Der wichtigste Förderer war zunächst der Rundfunk der DDR, insbesondere die Redaktion Ernste Musik bei Radio DDR II, deren ehemaliger Leiter, Klaus Richter, mich oft ermutigte und freundschaftlich beriet. Auch seinem Nachfolger in dieser Position, Stefan Amzoll, fühle ich mich eng verbunden, weil er die Texte aufmerksam begutachtete und mir viele kritische, immer produktive Hinweise gab. Wenn während der mehrjährigen Zusammenarbeit kaum eine technische Panne zu registrieren war, so ist dies ein Verdienst von Freya Dreißig und Hans Schröter, die die Sendungen stets verläßlich betreuten. Daß der Reclam-Verlag bereit war, die Manuskripte als Sammelband zu publizieren, freut mich ganz besonders, denn er schafft optimale Bedingungen für einen breiten Leserkreis, der normalerweise mit solcher spezialisierten Fachliteratur nicht zu erreichen ist. Und immer wieder soll es betont werden: Ohne das mutige Engagement, die menschliche Wärme und fachliche Kompetenz der Lektorin, Frau Barbara Fleischhauer, wäre die Arbeit auch an diesem Buch sicher weit komplizierter und nicht halb so genußreich verlaufen. Auf ganz andere Art hat es meine Frau verstanden, zum Nutzen des Schreibens Hindernisse zu beseitigen und zum Glück des Schreibers alle förderlichen Wege zu ebnen. Ihr würde ich am liebsten die Essays widmen, wenn sie nicht schon all denen zugedacht wären, die sie lesen mögen und gebrauchen können.

Berlin, Juli 1986 *Frank Schneider*

ICH BIN NICHT HERR ÜBER MEINE ZEIT

Claudio Monteverdi

1

Wahrhaft Unglaubliches bekamen die Venezianer in ihren Opernhäusern bisweilen zu sehen und zu hören. So an einem Abend des Jahres 1642 im Teatro SS. Giovanni e Paolo. Kannte man denn nicht die Geschichte, hielt man sie für so undenkbar? Einer Frau, die nach dem Zeugnis des Chronisten Tacitus alles andere besaß außer einem anständigen Charakter, gelingt der Aufstieg zur größten Macht, zum Glanz einer römischen Kaiserin. Doch ihr Sieg, ein Triumph der erotischen Amoral gewiß, scheint zugleich gerechtfertigt, weil er mit den akzeptierten, bloß klüger beherrschten Spielregeln der politischen Amoral erfochten wurde. Vor grauen Zeiten war derartiges geschehen, aber warum brachte ein neuer Dichter die skandalösen Vorgänge wieder ans Tageslicht, und was mochte Venedigs hochberühmten Kapellmeister bewogen haben, sie mit der allermodernsten Musik zu präsentieren? Die sogenannte historische Oper – oder besser: jene musikdramatische Art, deren Stoffe sich auf bedeutsame Figuren und Ereignisse der Geschichte beziehen – wäre gründlich mißverstanden, wenn man sie als dramatisiertes Historienspiel nach den Kriterien wissenschaftlicher Rück-Sicht beurteilen wollte. Ehe sie in den Griff gewisser Spielarten des ehrgeizigen modernen Regietheaters geriet, hatte sie solche Gefahren kaum je zu bestehen: Denn auch im Falle der Nachbildung von vergangenen, aber verbürgten Haupt- und Staatsaktionen auf der Opernbühne bestand doch zwischen Publikum und Autoren zumindest Einverständnis darüber, daß es sich um weiterhin gültige Gleichnisse, um Modelle stets auch gegenwärtig bedeutsamer Vorgänge handle. Diese doppelte Verbindlichkeit gehört notwendig zur Sache, auch wenn nur selten die Balance zwischen historischem und aktuellem Bezug wirklich eingelöst scheint. Als Intention immerhin begegnet sie in der gesamten Operngeschichte seit dem frühesten Beispiel: seit Claudio Monteverdis *„Krönung der Poppea"* aus dem Jahre 1642.

Claudio Monteverdi, „L'incoronazione di Poppea", 2. Akt, 5. Szene
(Fassung Walter Goehr, Klavierauszug)

293
Ner.
hat. Er-tön Ge-sang, zu prei-
so. Can-tiam, can-tiam, can-tia-
Luc.
tön, er-tö-ne Ge-sang, zu prei-
tiam, can-tia-mo, Si-gnor, can-tia-
sen das fro-he Glän-zen der Schönheit der Schön-
mo di quel vi-so ri-den-te, ri-den-
heit, das al-le Him-mel
te, che spi-ra glo-ri-e,
heit das al-le Him-mel rüh-men,
te, che spi-ra glo-ri-e, glo-ri-e,

Die unerhörten Vorgänge, die dort in Szene gesetzt werden, entsprechen weitgehend der dokumentierten Überlieferung, während ihre ebenfalls überlieferten Begründungszusammenhänge weitgehend außer Betracht bleiben. Denn in der so berühmten wie anrüchigen Skandalgeschichte vom skrupellosen Aufstieg der römischen Kurtisane zur Kaiserin an der Seite Neros wollten der greise Komponist und sein Textdichter Francesco Busenello die historischen, namentlich durch Tacitus vermittelten Fakten und Motive offenkundig viel weniger genau als die realen spätfeudalen Machtstrukturen und politischen Mechanismen ihrer eigenen Epoche spiegeln. Und sieht man genauer hin, dann haben sie mit einem episodischen Vorgang, mit einer Vignette am Rande, sogar ihr spezielles Sozialverhältnis als Künstler diesem kritischen Sittenbild hinzugefügt. Zum durchweg „problematischen" Figurenensemble des Stücks gehört Lucano, ein Freund und Hofpoet Neros. In Wirklichkeit handelt es sich um den Dichter Annaeus Lucanus, einen Neffen des Seneca, der trotz schmeichelhaftester Loblyrik und vertrauten Umgangs mit dem Tyrannen wie sein Onkel in den Tod befohlen wurde. In einer Szene der Oper nun, unmittelbar nach Senecas unfreiwilligem Selbstmord, treten besagter Lucano und sein kaiserlicher Gönner zu gemeinsamer Kunstproduktion auf. Nero befiehlt Freudengesänge und Lobeshymnen auf die Schönheit Poppeas. Sie werfen einander die poetischen Stichworte und melodischen Formulierungen zu, so daß der Herr zwar am Munde des dichtenden Dieners hängt, aber selbst zu erfinden scheint, was der Poet in kanonischer Treue imitiert. Mit unnachahmlicher Realistik komponiert Monteverdi eine soziale Konfiguration zwischen Kunst und Macht, zwischen Künstler und Politiker, die er zeitlebens unmittelbar selbst erfahren hatte und schließlich produktiv aufzulösen vermochte: die Möglichkeiten und Grenzen schöpferischer individueller Entfaltung im unmißverständlich akzeptierten Rahmen sozialer Unterordnung und künstlerischer Abhängigkeit von den regierenden Gewalten der Zeit.

Angesichts der relativen geschichtlichen Ferne und der nur spärlich überkommenen Dokumente seines Lebens scheinen Antworten auf die Frage nach Monteverdis politischen Denkfiguren, ideologischen Maximen oder sozialen Verhaltensweisen zur schlichten Spekulation verurteilt. Doch mangelnde Beweiskraft vermag die Berechtigung solcher Fragen nicht zu entkräften, reicht doch zumindest eine Fülle von Indizien für einen nicht gar zu unscharfen Schattenriß. Beispielsweise qualifizieren sie Hans Ferdinand Redlichs pauschale Unterstellung, Monteverdi sei eben „ein Fürstendiener wie alle seine künstlerischen Zeitgenossen und wie so viele Musiker nach ihm bis hin zu Mozart"[1] gewesen, bestenfalls als eine bloß halbe Wahrheit. Zwar verbrachte er tatsächlich von seinen mehr als sechsundsiebzig Lebensjahren einundzwanzig im mantuanischen Hofdienst und dreißig im Dienste der Republik Venedig, aber gerade dieser Wechsel bedeutet nicht nur Aufstieg von einer niederen zu einer höheren, repräsentativeren Stellung, sondern den mehr oder weniger bewußt vollzogenen Übergang von einem feudalen, persönlich abhängigen und repressiven zu einem frühbürgerlich-republikanischen und generösen Unterstellungsverhältnis. Nicht nur widerstand Monteverdi allen späteren Versuchen, ihn für den Hof der Gonzaga in Mantua zurückzugewinnen, obwohl er von dort auch späterhin Aufträge erhielt und eine Lebensrente zu beanspruchen hatte. Er verbarg vor allem in seinen Briefen an den mantuanischen Staatskanzler Allessandro Striggio zunehmend weniger sein stolzes Selbstbewußtsein und eine wachsende Desillusionierung, „ja Abneigung gegen Fürstenhöfe"[2] und deren aristokratische Geschäftsmethoden.

Gleichwohl hatte er nichts zu bereuen: Er war klug genug, in der Mantuaner Zeit auf die pragmatische Dialektik von Förderung und rücksichtsloser Ausbeutung von seiten seiner kunstsinnigen fürstlichen Dienstherren mit Anpassung und Widerstand zu reagieren und Konflikte, die es die Fülle gab, von sich aus jedenfalls unter Kontrolle zu halten. Der plötzlichen Entlassung, die ihn 1612 offenbar aufgrund von einschneidenden Sparmaßnahmen bei Hofe traf, entging er dennoch nicht. Ähnliches ist dem späteren Kapellmeister an San Marco in Venedig kaum widerfahren: Sein Verhältnis zum Senat der noch immer mächtigen autonomen Republik gestaltete sich harmonisch und problemlos, auf der Basis gegenseitigen Vorteils und Respekts. „Wohin ich gehe, um Musik zu machen – sei es Kammer- oder Kirchenmusik – dahin läuft die ganze Stadt. Der Dienst ist sehr angenehm"[3], heißt es in einem Brief von 1620, und so scheint es bis zu Monteverdis Tod im Jahre 1643 auch geblieben zu sein. Im Gegensatz zu Mantua ermöglichte ihm Venedig eine freie produktive Entfaltung, bei der sich seine Pflichten als beamteter Kirchenmusiker offenkundig mit seinen zahlreichen musikdramatischen Fern-Aufträgen für verschiedene Fürstenhöfe ebensogut vertrugen wie mit der späten Opernproduktion für die seit 1637 öffentlich betriebenen einheimischen Theater. Noch die gewaltige Trauerfeier, die die Stadt für ihn organisierte, drückt das ungewöhnliche Maß offizieller Wertschätzung aus, das der „divino Claudio" seinen Zeitgenossen abnötigte. Es galt einem Komponisten, der Fürsten, Klerikern und Bürgern gleichermaßen gedient hatte, ohne sein eigentliches Ziel, sich um die wahrhaftige Darstellung menschlicher Leidenschaften und die darauf gründende „natürliche" Erneuerung der Musik verdient zu machen, je aus dem Auge zu verlieren. Einem „Fürstendiener" galt es gerade in der Republik Venedig wohl nicht.

2

Ohne Zweifel wurde Monteverdis Musik für das Publikum seiner Zeit, das sie erreichen konnte, überwiegend zum großen, zum bestaunten, ja erschütternden Ereignis. Wie aber hat nun umgekehrt der Komponist diese Zeit reflektiert, wie hat er selbst seine Epoche erlebt? Was hat er von ihr wahrgenommen? Waren ihm all die großen Erschütterungen und bestürzenden Ereignisse bewußt und wichtig, die für uns heute das Epochenprofil, das Bild eines gesellschaftlichen Umbruchs und einer Zeitenwende voller tiefer Konflikte und Widersprüche markieren? Interessierten ihn die politischen Ränke der damaligen Großmächte Spanien, Frankreich, Österreich, die blutigen religiösen Auseinandersetzungen zwischen Katholizismus und den verschiedenen protestantischen Strömungen? Verfolgte er die zahlreichen Volkserhebungen überall in Europa, die Befreiung der Niederlande, jenen verheerenden totalen Krieg, den wir den Dreißigjährigen nennen? Monteverdi war Zeitgenosse von Galilei, Kepler und Descartes, von Bacon und Campanella, von Velázquez und Rubens, Shakespeare und Lope de Vega; unter den zahlreichen bedeutenden Herrschern sah er auch Elisabeth von England und Maria Stuart, Heinrich IV. von Frankreich, die Habsburger Rudolf, Ferdinand II. und III., den Schwedenkönig Gustav Adolf, Staatsmänner wie Richelieu oder Heerführer wie Wallenstein kommen und gehen. Aber kannte er sie, schätzte er sie ein, nahm er sie von seinem kleinen norditalienischen Winkel her wahr? Kein Zeugnis aus seiner Feder gibt uns darüber zweifelsfreie Auskunft.

Indessen ist es kaum vorstellbar, daß er an seiner Zeit ignorant vorbeigelebt haben sollte. Monteverdi darf man sich nicht als modernen spießigen Spezialisten vorstellen; er hatte eine universelle Renaissancebildung genossen, besaß neben seinem scharfen und geradezu strategisch planenden musikalischen Verstand außergewöhnliche Kenntnisse auf den Gebieten der Medizin, der Alchimie und natürlich der antiken wie aktuellen Literatur; und es kommt ein entwikkelter Sinn für theoretische Diskussion und philosophische Spekulation hinzu. Er verkehrte und korrespondierte überwiegend mit hohen politischen Beamten und kirchlichen Würdenträgern, die ihn berieten und derer er sich mit großem diplomatischem Geschick auch für seine Interessen zu bedienen wußte – nicht zuletzt durch die Erfüllung musikalischer Aufträge oder mit gezielten Widmungen seiner Kompositionen. Auf seinen zwei größeren Reisen im Gefolge seines Dienstherrn Vincenzo I. nach Ungarn zu kriegerischen und nach Flandern zu therapeutischen Zwecken muß er wohl einiges von der Welt gesehen haben. Zumindest in Ungarn, wohin er als leitendes Kapellmitglied 1595 den Herzog und das mantuanische Hilfskorps der verbündeten österreichischen Armee auf einem Feldzug gegen die wieder einmal bedrohlichen Türken begleitete, dürfte er die Schrecknisse militärischen Alltags aus nächster Nähe erlebt haben. Doch der Krieg verfolgte ihn auch später bis in die unmittelbare Nachbarschaft seiner provinziellen Existenz. 1627 erlosch mit dem Tode des letzten Gonzaga, Vincenzos II., das mantuanische Fürstenhaus. Der Stadtstaat, im stark zersplitterten Oberitalien eine der wenigen noch relativ autonomen, von den Spaniern nicht beherrschten Regionen, besaß eine strategische Schlüsselstellung, und so kam

es im mantuanischen Erbfolgestreit zwischen verschiedenen Groß- und Kleinmächten 1630 zur Besetzung und totalen Plünderung der Stadt durch habsburgische Truppen. Dabei sind neben vielen Kunstschätzen der Gonzaga auch zahlreiche Opernmanuskripte Monteverdis für immer vernichtet worden. Dies war, wie Redlich etwas sarkastisch, aber wohl richtig bemerkt, „das einzige Mal, daß sein Schaffen von der Geißel zeitgenössischer Politik getroffen wird, wie das so oft im Leben von Heinrich Schütz der Fall war"[4], dessen Leben ja überhaupt, im Gegensatz zu dem Monteverdis, voller „aufregender politischer Momente" und daher als wirklich „mikroskopisches Spiegelbild des Zeitalters des Dreißigjährigen Krieges"[5] verlief.
Ähnlich wie zu den politischen Mächten scheint Monteverdi auch zu den religiösen Gewalten ein prästabiliertes, also auch gelassenes Verhältnis gepflegt zu haben. Gläubigkeit und Kirchendienst waren ihm selbstverständlich, zumal der, wenngleich restaurative, Katholizismus in der militanten Abwehr des nordischen Protestantismus die dekorative Pracht und emotionale Verführungsgewalt der Künste seinem politisch-ideologischen Konzept dienstbar machte und dabei den Künstlern beachtliche Aufgaben und Entfaltungsräume bot. Zwar implizierte Monteverdis Berufung nach San Marco in Venedig die Reorganisation der verlotterten Kirchenchöre und die Wiederherstellung des älteren, streng polyphonen Klangstils à la Palestrina. Doch er selbst beugte sich nicht einmal in seinen geistlichen Kompositionen dem konservativen Klangideal der „prima prattica", sondern erfüllte sie mit dem affektgeladenen modernen Geist der „seconda prattica", jenem Stil der wortgezeugten, generalbaßbegleiteten Monodie aus den Sphären der weltlichen, geselligen Madrigalkunst und des neuen Musiktheaters. Diese Toleranz, die ihm die Kirche für seine kompositorischen Experimente großzügiger gewährte als die höfischen Herren Gonzaga, beantwortete Monteverdi mit dem unerschütterlichen Vertrauen des demütigen Christen in die Gerechtigkeit der „höheren" Politik dieser Institution auch dann, wenn es einer harten persönlichen Belastungsprobe ausgesetzt war: Im Herbst 1627 verhaftete die Inquisition seinen zweitgeborenen Sohn Massimiliano, der in Bologna als Arzt wirkte, unter der Anschuldigung, ein wis-

senschaftliches Buch zu besitzen, das auf dem berüchtigten Index der verbotenen Bücher stand. Monteverdi durchlitt alle väterlichen Ängste, bis es nach einem halben Jahr gelang, auch durch verschiedene diplomatische Interventionen von Freunden, einen Freispruch zu erzwingen. Aber nichts deutet darauf hin, daß er die prinzipielle Berechtigung solcher kirchlichen Inkriminierung bezweifelt haben könnte. Im Gegenteil: Fünf Jahre später empfing er die niederen Priesterweihen und erhielt den geistlichen Status eines „Reverendo" – ohne erkennbare äußere Nötigung, aber auch ohne sichtbare Änderung seiner Lebensweise oder gar seiner künstlerischen Überzeugungen.

Die bisher flüchtig gezeichneten Konturen machen vor allem eines deutlich: In dem doch recht eng gezogenen und bedächtig ausgeschrittenen Rahmen von Monteverdis Leben spielt große Politik nur von fern, bestenfalls am Rande eine Rolle. Weder war sie für ihn ein zentraler Gegenstand positiver Reflexion, noch fand er Gelegenheit oder gewichtige Gründe, ihr zu widersprechen oder sie als negative, lebenshemmende Instanz zu empfinden. Schließlich dürfte ein Komponist, der sich seiner künstlerischen Modernität voll bewußt war und einen emphatischen Begriff von der Nützlichkeit und Vollkommenheit der „musica moderna" sowohl als begehrter Praktiker wie als streitbarer Theoretiker entwickelte, seine Epoche kaum anders als modern und fortgeschritten gewertet haben – und dies trotz unablässig blutiger Machtkämpfe und grausamer Kriegszüge, trotz massiver Gegenreformation und einer unnachgiebigen Verfolgung antiklerikalen Denkens oder wahrer Wissenschaft. Was ihn hingegen andauernd und mit der Zähigkeit eines zielbewußten politischen Strategen beschäftigte, war das ihm Nächstliegende: die Durchsetzung seiner Begabung, der Kampf für die Anerkennung seiner kühnen ästhetischen Ideale und vor allem für die nötigsten persönlichen Rechte und Freiheiten als Bedingung produktiver Arbeit. In diesen Punkten zeigte er sich höchst hartnäckig, entwickelte er Stolz und bürgerliches Selbstbewußtsein. Als ihm der Herzog nach über zehnjähriger Dienstzeit in untergeordneter Stellung noch immer nicht den ihm gebührenden und vakanten Posten eines Kapellmeisters anbot, machte Monteverdi in einem Gesuch vom November 1601 mit kaum unterdrückter Ironie sein Recht geltend: Er habe den Tod so vieler Kollegen wirklich abgewartet, daß er die begehrte Stelle wennschon „nicht als Lohn für besondere Tüchtigkeit", so doch „als Lohn treuer und besonderer Ergebenheit"[6] regelrecht beanspruchen dürfe. Das ist eine geschickte Kündigungsdrohung, die ihre Wirkung auf den säumigen Herzog auch nicht verfehlte. Obendrein erhielt Monteverdi sofort das mantuanische Bürgerrecht.

Die Aufträge des Hofs, die ihn kompositorisch zuweilen bis an den Rand der Erschöpfung auslasteten, dienten fast ausschließlich feudaler Selbstrepräsentation und einer geradezu prunkhaft verschwenderischen Ästhetisierung dynastischer Politik. So fanden beispielsweise 1608 mehrwöchige regelrechte Opernfestspiele anläßlich der Hochzeit des mantuanischen Thronfolgers Francesco Gonzaga mit einer savoyardischen Prinzessin statt. Monteverdi oblag nicht nur die Verantwortung für das gesamte weitverzweigte musikalische Zeremoniell, sondern er steuerte neben diversen anderen Kompositionen eine große tragische Oper, die leider bis auf das berühmte Lamento verlorengegangene *„Arianna"*, und das köstliche, satirisch-heitere Ballettspiel *„Tanz der Spröden"* bei. Geschwächt von den Anstrengungen eines Dienstes, der ihn „nicht Herr über meine Zeit" sein ließ (so im Vorwort zum 5. Madrigalbuch), und mehrfach durch Zurücksetzungen seitens des regierenden Herzogs gekränkt, zog er sich anschließend in seine Geburtsstadt Cremona zurück. Dem Befehl des Herzogs zur sofortigen Wiederaufnahme seiner Dienstverpflichtungen verweigerte er sich kurzerhand und beinahe ein Jahr lang. Im Dezember 1608 schickte er dem Hof eine veritable Drohung: „Ich sage, wenn ich von der anstrengenden Arbeit in der Theatermusik nicht ausspanne, wird mein Leben von kurzer Dauer sein."[7] Doch er ließ auch den eigentlichen Grund seiner demonstrativen Arbeitsverweigerung durchblicken: „Ich sage Euch, Euer Hochwohlgeboren, daß das Glück, das ich 19 Jahre hindurch in Mantua genossen habe, mir Veranlassung gegeben hat, es mir feindlich gesinnt zu nennen und nicht freundlich."[8] Auch in den folgenden Jahren, bis zu Monteverdis rätselhaft abrupter Entlassung, fehlte es nicht an allerlei Intrigen, Spannungen und Brüskierungen – ganz abgesehen von der materiellen Bedürftigkeit und engbegrenzten, hermetischen Wirksamkeit inmitten feudaler Verschwendungssucht und Kunstprahlerei, die die Lage des Komponisten nicht gerade großartig gestalteten. Mit nur 25 Scudi in der Tasche wurde er 1612 sich selbst überlassen und in eine Freiheit gestoßen, die ihm wohl willkommen erst dann war, als die Republik Venedig ihn zu sich rief.

3

Der biographisch so einschneidende und sozialgeschichtlich so symbolische Wechsel Monteverdis von der hierarchisch strengen Einbindung ins höfisch-feudale Kunstritual zur freien schöpferischen Beweglichkeit im höchsten musikalischen Amt der Republik Venedig erhält seine Folgerichtigkeit freilich erst im Zusammenhang mit der schöpferischen Aktivität des Komponisten. Diese aber vollzieht sich, nicht nur in nachträglicher Betrachtung, unter dem Diktat eines selbstgesteckten, klar bewußt entwickelten kunstpolitischen Programms, eines Willens zum musikalischen Fortschritt, zur Modernität, Wahrhaftigkeit und Individualisierung. Indem er sich konsequent der Arbeit für eine „neue Musik“ verschreibt, von deren Überlegenheit er gegenüber der „alten“ überzeugt ist, beweist er, so Redlich, „wie sehr er sich seiner einzigartigen geschichtlichen Stellung als Vermittler zwischen zwei Zeitaltern bewußt gewesen ist. Zum ersten Mal in der Geschichte der Musik gelangt hier ein großes schöpferisches Individuum zum Bewußtsein der geschichtlichen Begrenzbarkeit einer Stilperiode.“[9]
Dieses Bewußtsein betrifft natürlich auch den differenzierten Zugriff zu den musikalischen Hauptgattungen, in denen Monteverdi produktiv wurde: das Madrigal, die Oper, die Kirchenmusik. „Während der Madrigalist unaufhaltsam dem Ziel der monodisierten Kantate und dem vom Joch motettischer Polyphonie befreiten, dramatisch bewegten Sologesang zustrebte; während der Opernkomponist das neugeschaffene ‚Dramma per musica‘ aus der experimentellen Unsicherheit der Florentiner Camerata und aus der improvisierten Atmosphäre des Renaissance-Intermedium in die dramaturgisch geschlossene Formenwelt der venezianischen Oper führte – gewährt das liturgische Schaffen des Meisters den problematischen Aspekt eines schier unver-

söhnlichen Stilgegensatzes, einer stilistischen Doppelgleisigkeit, die als kunsthistorisches Phänomen wohl einzig dasteht."[10] Aber gerade dieses Komponieren mit den „geheiligten" Konventionen der „prima prattica", jener streng polyphonen, linear gebundenen und im Ausdruck gemäßigten Kunst, bei der „die Musik nicht Dienerin, sondern Herrin des Wortes war"[11], gerade der Rekurs auf praktische Gepflogenheiten nur mehr innerhalb liturgisch gebundener Musik macht auch eine Distanz hörbar und zeigt, worauf Monteverdi eigentlich hinauswill: auf die Durchsetzung der „seconda prattica", auf die Wirkung der historisch lange unterdrückten Affektgehalte, auf die Kunst psychologisch so extremisierter wie verfeinerter Wortausdeutung, auf den „stile concitato", eine erregte und erregende, dramatisch motivierte, die ganze Skala menschlicher Gefühle ergreifende Musik.

Dies begründet recht eigentlich Monteverdis kühnen Madrigalstil, der für konservative Kritiker vom Schlage des Bologneser Kanonikus Giovanni Maria Artusi ein Ärgernis darstellte, und es erklärt des Komponisten revolutionären Eingriff in die noch junge Frühgeschichte der Oper. Auch auf diesem, seinem wohl ehrgeizigsten Betätigungsfelde entwickelte er die Prinzipien wahrhaftiger menschlicher Charakterzeichnung auf völlig eigenständige Weise und, wenn es sein mußte, im Widerstand zu den Forderungen seiner höfischen Auftraggeber. Aufschlußreich ist ein Brief aus dem Jahr 1616 an den mantuanischen Staatskanzler Striggio, den Librettisten des *„Orfeo"*. Den übermittelten Wunsch des Herzogs, eine „Favola maritima" zu komponieren, lehnt Monteverdi mit höhnischer Ironie und den folgenden ästhetischen Argumenten ab: „Ich wünsche nichts anderes, als im Dienst seiner Hoheit etwas Brauchbares zu leisten. Deshalb sage ich als erste Antwort nur, daß ich mich bereitwillig erbiete, auszuführen, was mir seine Hoheit auch immer zu befehlen geruht. Wenn also seine Hoheit das Stück gutheißt, ist es selbstverständlich wunderschön und ganz nach meinem Geschmack. Und wenn Sie verlangen, daß ich mehr sage, so will ich Ihrem Befehl ehrerbietig und diensteifrig gehorchen, obschon ich weiß, daß meine Worte belanglos sind, denn ich bin nur eine ganz unbedeutende Person ... Die Handlung spielt doch am Meer,

folglich außerhalb der Stadt ... Dazu kommt noch, daß die Winde singen sollen, die Zephire und Boreas. Wie, teurer Herr, kann ich die Sprache der Winde nachahmen, da diese doch nicht sprechen? Und wie kann ich durch sie die Herzen bewegen? Ariadne bewegte sie, weil sie ein Weib war; gleichermaßen bewegte sie Orpheus, denn er war ein Mann und kein Wind. Die Melodien ahmen sich selbst nach – aber nicht in der Rede –, sich selbst und das Heulen des Windes, das Blöken der Schafe, das Wiehern der Pferde usw., doch sie ahmen nicht die Sprache der Winde nach, denn die gibt es nicht. Ich fühle mich nicht auf natürliche Weise zu einem Schluß gedrängt, der mich bewegte. Ariadne drängt mich zu einer echten Klage, Orpheus zu einem echten Gebet. Wozu mich diese drängt, weiß ich nicht. Was wollen Sie daher, verehrter Herr, was soll die Musik hierin ausrichten können?"[12]
Monteverdis Einwände enthalten im Kern seine gesamte musikdramatische Ästhetik, die Ästhetik der „seconda prattica", die längst zu seiner ersten, wesentlichen, eigentlichen geworden war. In ihr dominieren die Kriterien der künstlerischen Wahrheit, der sinnlichen Glaubwürdigkeit, der Leidenschaft des menschlichen Affekts, der Gefühle von Menschen, die nicht mehr verbergen, daß sie welche haben, die sich ihrer Persönlichkeit bewußt werden. Darin steckt ein entscheidendes Stück jenes Emanzipationsgedankens, an dem sich die frühbürgerliche Gesellschaft zur Macht emporarbeitete. Unverhohlen artikuliert Monteverdis Absage an den Manierismus eines schlechten Librettos auch die Absage an die Inhaltlosigkeit des feudalen Repräsentationstheaters. Dem stellte er wie ein Fanal am Ende seines Lebens einen Operntypus gegenüber, der weit in die Zukunft bürgerlicher Musikdramatik vorauswirkt und der zugleich von einer drastischen, kritisch reflektierenden Gegenwartsnähe geprägt war, wie dies später kaum mehr gewagt wurde. Die Rede ist hier wieder von der *„Krönung der Poppea"*, die Monteverdi eben für eines der öffentlichen, kommerziell betriebenen Opernhäuser Venedigs schrieb. Diese Theater waren nicht mehr Reservate aristokratischer Geschmacksbefriedigung, sondern eine Kontaktstelle für verschiedene soziale Schichten und weltläufiges Publikum. Ihm hält Monteverdi einen kritischen Spiegel vor: ein Pan-

orama der Zeit, wie sie wirklich war, ohne sie zu verurteilen.

In der Welt dieses sozusagen realistischen Stückes hat die Tugend nichts mehr zu melden. Sein Glück macht, wer zu den Mächtigen hält; und Macht hat, wer das Glück beim Schopfe faßt. Das Stück zeigt den feudalen Machtapparat in seiner ganzen Brutalität mit dem machiavellistischen Herrscher an der Spitze, der nach Gutdünken und schlechter Laune rechtet und richtet, einen servilen Hofstaat, der zum bedingungslosen Befehlsempfang abgerichtet ist, einen Staatsphilosophen als ohnmächtiges, notfalls abzuservierendes Feigenblatt, schließlich ein paar Betrogene, die in ihren Rollen gefangenbleiben. All das kannte man zwar nicht in der Oper, aber um so genauer und schlimmer in der Realität. Siegerin bleibt Poppea, die über alle moralischen Konventionen hinwegspringt, die Macht über den Mächtigsten gewinnt, ohne Scham und ohne Frage nach den Opfern. Hier wird ein Sieg anvisiert, der aller gesellschaftlichen Spielregeln spottet, der in der Verbindung von hemmungsloser Leidenschaft und scharfem Kalkül alles gewohnte Lebensmaß zum Erschüttern bringt. Poppea ist ein großer, ein mephistophelischer Charakter, Renaissancetypus und individuelles Modell von Verhaltensweisen, die dann wenig später massenhaft dem bürgerlichen Konkurrenzkampf als geschichtsbewegender Kraft zum Durchbruch verhalfen. Auch wenn Monteverdi davon nichts wußte und seine geniale Musik nur das Spiel unverstellter Leidenschaften artikulierte, gehören Autor und Werk auf die Seite derer, die im Sinne kritischer Beobachtung von Wirklichkeit und richtigen historischen Vorgefühls gewirkt haben.

1 Hans Ferdinand Redlich, Claudio Monteverdi – Leben und Werk, Olten 1949, S. 74.
2 Ebd.
3 Monteverdi, zit. nach Redlich, a. a. O., S. 55.
4 Redlich, a. a. O., S. 62.
5 Ebd., S. 17.
6 Monteverdi, zit. nach Redlich, S. 34f.
7 Ebd., S. 39.

8 Ebd.
9 Redlich, S. 132.
10 Ebd., S. 130f.
11 Monteverdi, zit. nach Redlich, S. 131.
12 Monteverdi, zit. nach Heinz Krause-Graumnitz, Vom Wesen der Oper, Berlin 1969, S. 29f.

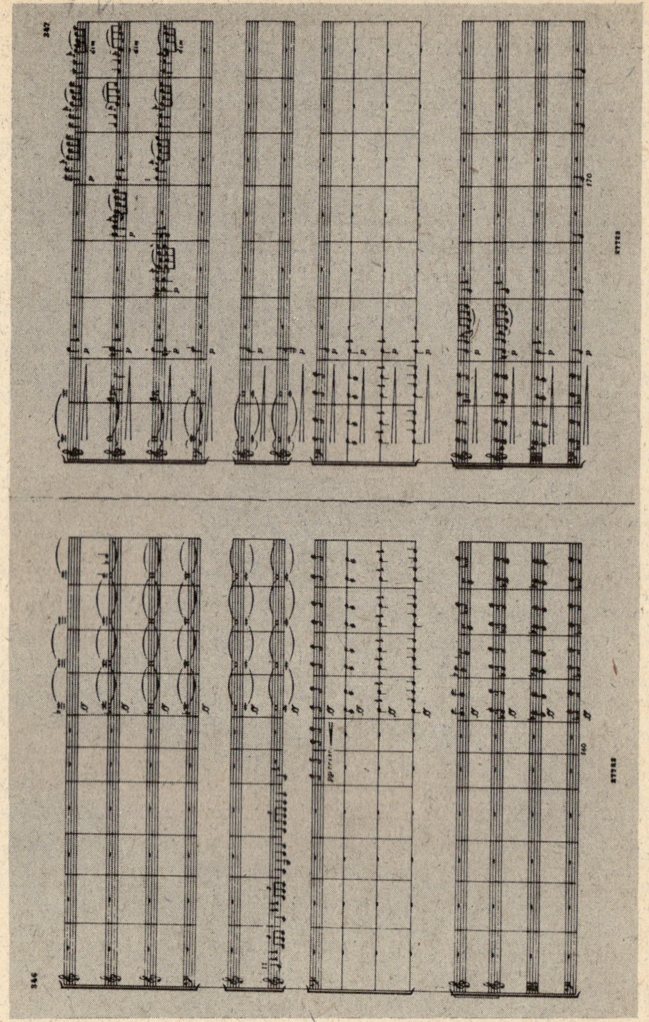

Joseph Haydn, Sinfonie Nr. 100 G-Dur („Militärsinfonie"), 2. Satz: Allegretto

ICH HALTE MICH LIEBER ZU LEUTEN VON MEINEM STANDE

Joseph Haydn

1

Nehmen wir an, daß im Radio eine Sinfonie von Haydn gesendet wird, deren Ansage uns entging: Wir hören Klänge aus dem riesigen Fundus der sogenannten klassischen Musik: sehr angenehm, sehr vertraut, etwas unbekannt, ein wenig austauschbar. Auf Überlegungen, ob sie mit irgendwelchen Anlässen, Eigenschaften oder Zwecken die Sphären von Politik berühren könnten, kommt wohl gerade hier vorderhand kaum jemand so leicht. Nach solchen Beziehungen zu fragen scheint überflüssig bei einer Musik, die volles Verstehen aus sich selbst heraus suggeriert und deren Gebrauch heute als Hinwendung zu einem absolut Schönen, zu einem beziehungslosen Wohlgefallen funktioniert. Andererseits hören wir noch Momente prägnanter Individualität, so daß es in der Regel eher beunruhigt, wenn man nicht weiß, wie ein Stück Musik heißt und wer es komponierte. Auch der musikalische Sinn schärft sich erst im Rahmen „bestimmter" Wirklichkeit, weil noch der reinste, isolierteste Klang erst darin, jenseits von physikalischen Eigenschaften, zu wirklicher Bestimmtheit gelangt. Aber die realen Bindungen, von und in denen alle Musik lebt, sind unendlich vielfältig und kaum je eindeutig. So gewiß darunter auch die politischen Aspekte fast immer eine gewisse Rolle spielen, so methodisch prekär ist ihr stichhaltiger Nachweis am gleichsam normalen Einzelfall eines Kunstwerks, wenn man nicht in der gleichermaßen äußerlichen, abstrakten Behauptung oder einem anekdotischen Detail steckenbleiben will. Gerade Stücke, die beispielsweise im Titel einen politischen Bezug betonen, reizen daher eher zur Abwehr so lange, wie ein möglicherweise entsprechender Klanggehalt bezweifelt werden muß. Nehmen wir also zusätzlich an, eben ein socher „Fall" hätte bei unserer einleitenden Radio-Musik vorgelegen.
Es könnte sich um Haydns *Sinfonie Nr. 48 in C-Dur* mit dem geläufigen, aber doch merkwürdigen Beinamen *„Maria The-*

resia" handeln. Benannt wird damit keine geheime Küchenliebe des Komponisten, sondern immerhin die offiziellste Persönlichkeit, die Kaiserin jenes habsburgischen Riesenreichs, zu dessen Untertanen auch dieser Komponist gehörte. Wird hier Musik politisch zugerüstet – etwa durch eine Widmung oder gar durch den Impuls, das Porträt der Figur als „moralischen Charakter" (Haydn) zu komponieren? Obwohl denkbar und psychologisch möglich, trifft das nicht zu. Wie die meisten anderen Titel vieler Haydnscher Sinfonien stammt auch dieser nicht vom Autor und darf daher zunächst keinesfalls als pragmatischer oder programmatischer Verweis auf spezifisch musikalische Bedeutung gelten. Er fixiert vielmehr nachträglich nur die musikalisch beiläufige, hingegen biographisch bedeutsame Tatsache, daß diese Sinfonie zum ersten Mal in Anwesenheit Maria Theresias gespielt worden war. Dies trug sich zu am 1. September 1773 im neuen Prachtschloß Esterháza, wo der regierende Fürst Eszterházy als getreuer Paladin, verdienter Militär und Diplomat, als mächtigster feudaler Magnat Ihrer Majestät allen Pomp eines barocken Staatsbesuches aufbot. Zwischen Defilees und Folkloredarbietungen, den bestellten Vivats ungarischer Bauern und Feuerwerk, zwischen Diners und Maskenbällen figurierte die neu livrierte Kapelle des Fürsten unter Haydns Leitung, mit Haydnscher Musik als kulturellem Rahmenprogramm, das die politischen Absichten und Ergebnisse der kaiserlichen Visite wie mit einem schillernden Schleier zu garnieren hatte. Worum es dabei ging, braucht uns ebensowenig zu interessieren wie die anekdotischen Überlieferungen um die persönliche Begegnung zwischen Haydn und Maria Theresia. Es sei lediglich festgehalten, daß die Sinfonie, die beider Namen verbindet und einen künstlerisch-politischen Konnex auszuweisen scheint, in Wirklichkeit davon ebensowenig ausdrückt wie in anderen Fällen die Musik keinen Bären, keine Uhr, keinen Schulmeister, nicht Oxford und nicht Salomon.[1]

Hingegen bietet unser Beispiel den herausgehobenen Normalfall politischer Dienstbarkeit von Musik, wie sie im Rahmen spätfeudalen Selbstverständnisses gefordert und fraglos akzeptiert war. Musik koexistierte in mannigfach abgestuften Formen mit ebenso vielfältigen politischen Anlässen um so reibungsloser, je weniger sie ein spezifisches Engagement erkennen ließ. Und Reibungen mit den Ereignissen und Vorgängen in der Sphäre der großen Politik hat namentlich Haydn während seiner über dreißigjährigen Dienstzeit bei den Fürsten Eszterházy weder provoziert noch reflektiert. Er war mit seiner, uns heute so knechtisch anmutenden Abhängigkeit ja durchaus zufrieden, denn die harten Pflichten des Kapellmeisters und Hauskomponisten enthielten die Freiheit zum schöpferischen Experimentieren, zur Modernisierung und Sensibilisierung des Komponierens im Geiste der bürgerlichen Aufklärung und schlossen dadurch ein rasch wachsendes Glück des Gebrauchtwerdens in allen Musikzentren Europas ein. Wir wissen darüber hinaus nicht so genau – und es ist auch schwer vorstellbar –, ob sich Haydn bei seiner immensen musikalischen Arbeitsleistung, angesichts seines stoischen Charakters und seiner wenig entfalteten intellektuellen Bildung, bei seiner eingegrenzten und nicht eben kommunikationsreichen Lebensweise am Rande der damals sich bewegenden Welt, ein systematisches Interesse für Politik hätte leisten wollen und können. Aber ganz gewiß nahm er einerseits von den dynastischen Kämpfen und Kriegen zwischen den alten Regimes oder den vielen aufgeklärten politischen Ideen des neuen Bürgertums so differenziert Notiz, daß er ohne seelischen Konflikt sich offiziell als treuer Anhänger der monarchistischen Staatsräson präsentieren, doch insgeheim als liberaler, selbst- und standesbewußter Freigeist fühlen konnte. Und andererseits darf als sicher gelten, daß es nicht direkt politische Ereignisse, große oder kleine, waren, die Haydns Musik widerspiegeln wollte, solange er im fürstlichen Dienst den Kanon ihrer Funktionen respektierte. Bestenfalls – und das wäre genug – artikuliert sie Momente von sozialer Reizbarkeit und artistischem Freiheitswillen, von bürgerlichem Leistungsbewußtsein und überlegener Perfektionslust – von Haltungen also, die die Entwicklung seiner Fähigkeiten zur Höhe, Universalität und Autonomie eines klassischen Stils wohl entscheidend mitbestimmten.

2

Obwohl also, eigentlich lebenslang, in fürstlichen Diensten vereinnahmt, war Haydn alles andere als ein devoter Fürstendiener. Dafür nun gibt es eine Fülle von Belegen, die hier nicht alle zitiert zu werden brauchen. Aufschlußreich ist vor allem die Bemerkung zu seinem Biographen Griesinger, er sei „mit Kaisern, Königen und vielen großen Herren umgegangen und habe manches Schmeichelhafte von ihnen gehört: aber auf einem vertraulichen Fuß will ich mit solchen Personen nicht leben, und ich halte mich lieber zu Leuten von meinem Stande“[2]. Wie oft hat Haydn den Musikern seiner Kapelle gegen die Willkür von Dienstbestimmungen oder fürstlichen Launen zu ihren Rechten verhelfen müssen! Man denke an die berühmte Anekdote um die *„Abschiedssinfonie“*.[3] Wie schlau hat er es verstanden, seinem Dienstherrn Übergriffe auf das Gebiet seiner musikalischen Kompetenzen zu verweisen; und wie geschickt war er, um seines ungehemmten künstlerischen Wirkens willen, die Klauseln des eigenen Dienstvertrages zu umgehen, mit profitgierigen Verlegern sich anzulegen und ökonomische Rechte für sich zu erzwingen! Keine Illusionen hegte er über die moralischen Qualitäten der Aristokratie und ihrer Hofschranzen, jener „niedrigen Seelen“ – wie er einmal schrieb –, von denen er „zu Zeiten abhangen mußte“.[4] Und seine Konsequenz? In einem anderen Brief seufzt er: „Es ist doch traurig, immer Sclav zu seyn: allein die Vorsicht will es. Ich bin ein armes Geschöpf!“[5] Soziale Satire – und wohl auch Selbstironie – spiegeln denn auch viele der Haydnschen Kanons auf zeitgenössische epigrammatische Texte, die er noch im Alter wie Losungen in seinem Arbeitszimmer statt Bilder ausstellte. Da war als Wandschmuck von den Jein-Sagern in bevorzugter Hofstellung die Rede, da wird Freigeisterei als Karrierehindernis benannt und die Welt als „a garstiger Dreck“. Folgendes komponiert Haydn: „Sehr nützlich ist uns oft der Feind: er dient, wenn er zu schaden meint.“ Und auch dies: „So war der Mensch zu aller Zeit, so ist er jung, so ist er alt: heiß ist er gegen Kleinigkeiten und gegen große Dinge kalt.“ Das beste schließlich nimmt er von Lessing: „Auf einen adeligen Dummkopf: Das nenn’ ich einen Edelmann! Sein

Ur-Ur-Ur-Ur-Älter-Ahn war älter Einen Tag als unser aller Ahn."
Gerade die Kanons, obwohl überwiegend späte Kleinigkeiten am Rande, bezeugen Haydns Sensibilität für menschliche Schwächen und soziale Gebrechen. Hier werden Erfahrungen ausgebreitet, die aus seinem Verkehr mit der großen Welt stammen, aber nicht an die große Glocke gehängt werden. In diesen Verkehr wird Haydn, begründet durch die unerhörte Popularität seiner Kompositionen, seit den siebziger Jahren des 18. Jahrhunderts immer aktiver einbezogen. Seine Kontakte zu führenden Wiener bürgerlichen Intellektuellen wie Sonnenfels, Ignaz von Born, Baron van Swieten, Tost, Puchberg oder der Familie Genzinger im Jahrzehnt der liberalen Josephinischen Reformen ist um so bemerkenswerter, als Haydns Dienstherr zu den schärfsten Gegnern des aufgeklärten Kaisers, eines Sohnes der Maria Theresia, gehörte. Joseph II. schützte im übrigen auch jenen Freimaurerorden, dem all diese Männer – unter ihnen natürlich Mozart nicht zu vergessen – beigetreten waren. Die Forderung nach „Gleichheit aller Menschen", „Bruderliebe" und „Kampf gegen den Aberglauben" gehörte zu den Satzungen dieser Männergemeinschaften mit ihren teilweise mystischen und obskuren Ritualen. Haydn, vielleicht auf Drängen seines jungen Freundes Mozart, bewarb sich um die Mitgliedschaft. Er könne „es kaum erwarten ..., das unsägliche Glück zu genießen, in einem Circle so würdiger Männer zu sein"[6]. 1785 wurde er als Maurerbruder in die Wiener Loge „Zur wahren Eintracht" aufgenommen. Bemerkenswert aus der Begrüßungsrede des Hofkriegsrats Josef von Holzmeister ist eine Passage, in der Haydn als Entdecker einer „Neuordnung im Orchester", einer, wie man modern sagen könnte, demokratischen Verteilung der Rechte und Pflichten der Instrumente angesprochen wird. „Wenn nicht jedes Instrument", heißt es, „außer seinen eigenen Rechten auch die Rechte und die Wirkung der Nebeninstrumente in Betracht zieht ... und manchmal von seiner eigenen Stärke geflissentlich nachläßt, um den Ausdruck seines Mitlauters nicht zu verdrängen, wird aller schöne Zweck verfehlt sein."[7]
Da Haydn seines Dienstes wegen nicht oft an den Sitzungen in Wien teilnehmen konnte und da er, ganz anders als

Mozart, keinen musikalischen Beitrag zu Ehren der Freimaurer lieferte, hat sich die Forschung mit seinen Motiven zu dieser Verbindung immer wieder beschäftigt. Unter ihnen, so scheint es, dürfte das ethische Moment des „Werkkults", der Handwerkersymbolik der Freimaurer, eine wichtige Rolle gespielt haben. Der Schriftsteller und Haydn-Biograph Heinrich Eduard Jacob sagt in diesem Sinne: „Haydn stammte von Menschen ab, die so manches Jahrhundert hindurch ‚rüstige Werkleute' gewesen waren. Jetzt lebte er in einem prinzlichen Haushalt, der auf jede Art körperliche Arbeit verachtend herabsah. In der Ideologie der Freimaurer fand er nun zum ersten Mal etwas, was seinem väterlich ererbten Klassenbewußtsein entgegenkam: die hohe symbolische Wertschätzung handwerklicher Tätigkeit."[8] Man bedenke den freimaurerischen Leitspruch „Fleiß heiligt mehr als das Gebet". Auch sei vermerkt, daß in den Schriften von Haydns Bekanntem, Josef von Sonnenfels, der „bürgerliche Handwerker" als wichtigste Triebkraft des Staates gepriesen wird. Und dazu lese man die Textbücher van Swietens für Haydns Oratorien *„Die Schöpfung"* und *„Die Jahreszeiten"*, um sofort zu bemerken, welchem Geist diese Werke eigentlich huldigen. Es sind, von oben wie von unten, Loblieder zweckgerichteter, nützlicher, weltverändernder Arbeit. Sie geben der industriellen Revolution des Kapitalismus und, darin eingeschlossen, der von Leibeigenschaft befreiten Bauern an ihrer Wiege die harmonischen Weihen.

3

Der gesellige, freidenkerische Kreis der Wiener Freunde, die Kunde von seinen enormen Erfolgen im Ausland, die zunehmenden, vom Fürsten aber stets verweigerten Einladungen an andere Höfe oder zu Konzerten ließen Haydn allmählich doch das Beengende, Unwürdige, Hemmende seiner Lage bewußt werden. Um 1790 häufen sich seine Klagen über Einsamkeit in Esterháza, über Herabsetzungen seiner Leistungen, über den Verdacht der Bespitzelung. Er erhält keine Erlaubnis, wie er einer vertrauten Freundin schreibt, „nur auf 24 Stund nach Wienn gehen zu dürfen"[9], „um meine Widerwärtigkeiten auszuschütten"[10]. Denn er „unterliege bey unserer dermahligen Regierung" – gemeint

ist Eszterházy – „vielen Verdriesslichkeiten, welche ich aber hier mit Stillschweigen übergehen muß“[11]. Da hat aller Ärger wider Erwarten ein plötzliches Ende. Am 28. September 1790 stirbt Nikolaus der Prächtige; sein Nachfolger, Fürst Anton, kein Liebhaber der Musik, löst die Kapelle auf, und sein Kapellmeister ist nach dreißig Dienstjahren mit guter Pension in die formelle Freiheit entlassen. Haydn steht vor einer Wende seines Lebens, und sein Weltbild wird sich verändern. John Peter Salomon, ein bekannter Londoner Violinvirtuose und Konzertagent, lädt ihn zu vorzüglichen Bedingungen nach England ein. In der größten, modernsten, hektischsten Stadt der Welt feiert er ungeahnte Triumphe. Haydn lernt die Vorzüge und Belastungen des kapitalistisch organisierten Musikbetriebes kennen: neuartige Wettbewerbsbedingungen mit harten Gegnerschaften, eine scharfzüngige öffentliche Kritik, den Zwang zur Schnelligkeit und Originalität des Produzierens, wenn man erfolgreich sein will. Es gibt Anpassungsschwierigkeiten, aber auch nicht ganz uneigennützige Helfer; es gibt viel Streß, aber auch viel Geld. Und obwohl er oft genug über die ihn erschöpfenden, harten vertraglichen Verpflichtungen klagt, genießt er doch das Gefühl der persönlichen Freiheit und die Huldigungen, die ihm aus breiten Schichten des Volkes zuteil werden. „Ich seufzte oft um Erlösung“, schreibt er nach Hause, „nun habe ich sie einiger maßen, ich erkenne auch die guttat der selben ohngeachtet mein geist mit mehrerer Arbeith beschwert ist. Das bewustseyn, kein gebundener diener zu seyn, vergütet alle mühe.“[12]
Haydn läßt sich also vom Glanz der neuen Eindrücke nicht blenden. „Ich hasse London nicht, aber alle meine Tage da zuzubringen, wäre ich nicht imstande“[13], versichert er nach Wien mit Nachdruck. Mit scharfem Blick vermerkt er in seinen Londoner Notizbüchern zahlreiche Mißstände der bürgerlichen Gesellschaft: Beugungen des Rechts, Ausbeutung der Lehrlinge, den Dogmatismus der Geistlichkeit, das Elend der Kinder, die Sittenverderbnis gerade der oberen Schichten. Er erlebt den Ansturm einer fremden Welt und der neuen Zeit; und der bald wieder akute Wunsch nach heimatlicher Ruhe klingt an in einem für Haydn sicher nicht bloß meteorologischen, sondern auch psychologischen oder gar politischen Gleichnis, als er Anfang 1792 in

London das Madrigal *„Der Sturm"* für Chor und Orchester komponierte. Stürme, Unwetter, Gewitter gehören immer wieder zu den beliebten Sujets einer Musik, die in der realistischen Naturnachahmung eine legitime und reizvolle Aufgabe sieht, ein unverzichtbares Kontrastelement auch im Ensemble der Gestaltungsmittel, die den Gesamtausdruck des harmonisch Schönen bezwecken. Spätestens seit Gluck figurieren jene exaltierten Naturphänomene darüber hinaus als poetische Metaphern seelischer Ausnahmezustände, als Stürme des subjektiven Gefühls von Menschen in kritischen dramatischen Situationen. Ob sie hingegen als Gleichnisse des politischen Klimas von Dichtern gedacht und von Musikern gestaltet worden sind, bleibt einstweilen ungewiß, solange dazu nichts Genaueres recherchiert ist. Auszuschließen braucht man eine solche Blickrichtung besonders aber dann nicht, wenn gleichzeitig die politische Geschichte von Gewittern größten Ausmaßes erschüttert wird.

Wir wollen im Falle von Haydns *„Sturm"*-Madrigal keineswegs kurzschlüssig sein, aber daß er und seine ersten Hörer einen musikalisch-politischen Assoziationszusammenhang nicht gefühlt haben sollten, erscheint eher unwahrscheinlich. Denn natürlich blieb Haydn weder verborgen noch gleichgültig, welche Erschütterungen seit dem Bastillesturm von 1789 für das alte Europa von Frankreich ausgingen. Die große Revolution eskalierte in mehreren Schüben und wurde den feudalen Dynastien zur erschreckenden Bedrohung. Man schloß sich zusammen und rüstete zum Interventionskrieg, um den gefährlichen Brandherd zu ersticken. Die Welt kochte in Angst. Und die Gefühle des apolitischen Normalbürgers lassen sich gar nicht besser charakterisieren als mit den Schlußversen jenes *„Sturm"*-Stücks: „Der Donner schwellt das furchtbare Getümmel. Ach, Stille! Kehre wieder, hold-gewohnt!"[14] Wie Haydn dachte, wo er in der Zeit der welthistorischen Wende stand, scheint äußerlich kaum zweifelhaft. Er war im Bewußtsein kein Revolutionär, er war bestenfalls interessierter und distanzierter Beobachter eines Geschehens, dessen Bedeutung er nicht durchschaute. Und er, ein Mann der Ordnung, des Arbeitsfleißes, der ruhig-stetigen Entwicklung in allem Tun, orientierte seine Sympathien offenkundig nach der Seite der

royalistischen Gegner Frankreichs. Wie wir noch sehen werden, gibt es dafür einige kompositorische Belege, während Haydn nichts tat, um auch nur mit einer geschriebenen Zeile der politischen Vorkommnisse zu gedenken. Die Ausnahme, wichtig als Indiz: Er vermied es bei seinen Reisen von und nach England, französischen Boden zu betreten. Im April 1792 schrieb er an seine Vertraute, Frau von Genzinger: „Ich habe es eben so wie Euer Gnaden vor bedacht, gegenwärtig nicht nach Paris zu gehen, es sind deren noch mehr andere ursachen so ich Euer gnaden mindlich sagen werde.“[15]
Wären also die sich verschärfenden weltpolitischen Ereignisse in diesen Jahren für den Musiker folgenlos, für Haydns Musikdenken ohne Bedeutung geblieben? Wer solches behauptet, hat beispielsweise in die grandiose Serie der zwölf *Londoner Sinfonien* kaum richtig hineingehört. Da gibt es Kühnheiten und scharfe Kontraste, nervöse Reizbarkeiten neben grellen Späßen und frostigem Ernst, Momente von Abgründigkeit und Gebrochenheit des Tons, eine Fülle neuartiger kreativer Problemstellungen für die Lösung der sinfonischen Form, die alle ohne Berücksichtigung eines für Haydn veränderten, erschütterten, beunruhigenden Lebensgefühls schwerlich erklärt werden können. Versuchen wir, an einem Beispiel etwas konkreter zu werden. Während seines zweiten Londoner Aufenthaltes, genauer am 31. März 1794, führte Haydn eine neue *Sinfonie in G-Dur* (nach heutiger Zählung Nr. 100) zum ersten Mal auf. Sie wurde, wegen ihres zweiten Satzes, unter dem Beinamen *„Militärsinfonie“* sofort populär. Das Militärische gründet im marschartigen Charakter des Themas und in der Instrumentation mit dem teilweise „türkischen“ Kolorit des Schlagzeugs. Das Ganze ein pittoresker, effektvoller Einfall des humorigen Haydn, und mehr nicht? Das Thema des Satzes und die strukturellen Grundzüge seines Ablaufes sind erstens ein nahezu „wörtliches“ Selbstzitat aus einem Konzert für Radleier und Orchester aus dem Jahr 1786 für den musizierenden König Ferdinand IV. von Neapel, einen Bourbonen, der mit einer Tochter Maria Theresias verheiratet war. Etwa zur gleichen Zeit komponierte Haydn seine *Pariser Sinfonien*, deren eine den Beinamen *„La Reine“* erhielt, weil sie der französischen Königin Marie Antoinette, einer ande-

ren Tochter der österreichischen Kaiserin, ausnehmend gefiel. Der langsame Satz dieser Sinfonie ähnelt dem aus dem Radleier-Konzert sehr stark, weil unter anderem beider Themen auf einem französischen Volkslied basieren: „La gentille et jeune Lisette“[16], ein Lied der Art, wie es gern Soldaten singen, die ein sprödes, hochnäsiges junges Ding zur Liebe bekehren wollen.
Was mochte Haydn bewogen haben, auf diese Musik zurückzugreifen? Wir wissen es natürlich nicht im einzelnen. Wir wissen nur, daß er in Vorbereitung seiner zweiten Londonreise, die ihn zu neuen Sinfonien verpflichtete, im Herbst 1793 unter anderem diesen zweiten Satz der *„Militärsinfonie“* in Eisenstadt bei Wien sozusagen voraus-komponierte – übrigens im Beisein Beethovens, der sein Schüler war. Seit diesem Jahr befand sich England offiziell im Kriegszustand mit dem revolutionären Frankreich, dessen Jakobiner-Diktatur zum Entsetzen der europäischen Reaktion erst König Ludwig XVI. und am 16. Oktober 1793 die Königin Marie Antoinette guillotinieren ließ. Den Schrei der Habsburger muß Haydn gehört, und er dürfte ihn verinnerlicht haben. Jenes Allegretto, bedenkt man die Entstehungsumstände und seine bedeutungsvoll verknüpften musikalisch-semantischen Zusammenhänge, könnte auch als Hommage an die blutigen Ereignisse gemeint sein. Was sagt die Musik selbst? Zunächst etwas Sonderbares: Sie lädiert ihre Form, und sie gibt ihre sonst für Haydn charakteristische noble Stilisierung auf: sie wird gestisch, sie wird dramatische Szene: Die erwähnte Melodie kommt zunächst ganz unschuldig und graziös daher, doch dann färbt sie sich ins Düstere und Bedrohliche um. Energische Streicherfiguren scheinen sie niederzudrücken, aber aus chromatischen Zwängen geht sie gerüsteter und kompakter hervor. Die Reprise, in der älteren Vorlage komplett, rund und freundlich, setzt nur zum Schein an, der im Pianissimo vergeht. Die Melodie zerbröckelt, ihr Ende kommt zu früh – denn nun sprengt Haydn die Szene zum Tribunal auf: ein grelles siebentaktiges Trompetensignal erklingt, nicht anders als später in Beethovens „Fidelio“. Anschwellender Wirbel der Kesselpauken mündet in einen niedermähenden Gewalt-Streich des ganzen Orchesters, das noch einmal thematische Fragmente des Themas mit sich führt, ehe es als ent-

fesselte Fanfare „mit Pauken und Trompeten“ den Satz beschließt. Der außerordentlichen Drastik des Vorgangs kann man sich wohl auch dann nicht verschließen, wenn man bei der Meinung bleibt, daß die Indizien für eine politische Intention nicht ausreichen und daß es Haydns Geheimnis bleiben wird, ob er überhaupt so hat denken können, wie wir es hier suggerieren.

4

Gerade nach dem eben Gesagten und den Schwierigkeiten eindeutigen Fixierens musikalischer Bedeutungen bedarf es wohl kaum noch des Hinweises, daß die Beurteilung von Haydns epochemachenden, fortschrittlichen Leistungen nicht unter den Maßstäben eines einseitigen, abstrakten politischen Anspruchs an sein Denken erfolgen kann. Offensichtlich erweisen sich solche Kriterien, anders als im Bereich etwa der Literatur, vor allem deswegen als inkommensurabel, weil in einer Zeit, da Musik sich von gesellschaftlichen Zwecksetzungen eben zu emanzipieren begann, die Forderung nach politisch illustrierenden Werken in den großen Hauptgattungen der Vokal- und Instrumentalmusik von ehrgeizigen Komponisten als Sakrileg empfunden worden wäre. Ein durchaus verunglücktes Stück wie Haydns kleine Kantate für Sologesang und Baryton (ein Streichinstrument) von 1786 mit dem Titel *„Deutschlands Klage auf den Tod des großen Friedrichs, Borussens König“* wird niemand im Ernst auf eine Stufe mit den *Pariser Sinfonien* oder den Streichquartett-Serien stellen. Und gerade die künstlerische Minderwertigkeit oder das Scheitern einiger Versuche in demonstrativ politischer Musik während der neunziger Jahre gegenüber den genialen Würfen der *Londoner Sinfonien*, den späten Messen und den beiden Volksoratorien belegt die Tatsache, daß große Musik und große Politik entfernte Sphären darstellen, die nur als tendenzielle Parallelität von langfristigen Entwicklungen aufeinander bezogen werden können, vermittelt in einem komplizierten sozialen, ideologischen, psychologischen Beziehungsgefüge. Für den Fall Haydns bleibt indessen bemerkenswert, daß er unter dem Druck der explosiven Veränderungen um die Jahrhundertwende sich überhaupt politisch aktiviert

fühlte und auch künstlerisch mehrmals konkret Positionen bezog.
Während Haydns zweitem Londoner Aufenthalt, besonders 1794, erreichte die französische Bedrohung Englands einen Höhepunkt. Eine breite ideologische Mobilisierung schien geboten, und auf diesem Hintergrund wird verständlich, daß ein mit Haydn verkehrender, sorgenvoller Politiker namens Lord Abingdon dem Komponisten die Idee eines patriotischen Oratoriums nahelegte. Der Graf wählte einen abstrusen Text: die gereimte Vorrede zu einem politischen Traktat von dem elisabethanischen Staatsmann Johannes Selden mit dem Titel „Mare clausium" (Das geschlossene Meer), seinerzeit eine berühmte Streitschrift gegen das Traktat „Mare liberum" (Das freie Meer) des holländischen Völkerrechtlers Hugo Grotius. Grob gesagt, die Engländer behaupteten noch 1794, das Meer gehöre ihnen allein und nicht allen Völkern. Das Stück mythologischen Barocks, das man Haydn anbot, hieß schließlich: *„Neptun to the Commenwealth of England"* und begann so: „Erhabner Staat! Ich Wogengeist fleh dich um Hilfe an: verwaist, verloren ohne dich!"[17] und so weiter. Haydn begann die Komposition mit der zweiten Strophe als Baßarie „Nicht glaub' ich, daß mein Anspruch eitel ist". Auch die dritte Strophe, immer nationalistischer, schrieb er noch für Solo, Chor und Orchester. Dann aber brach er einfach ab, er kapitulierte vor der politischen Terminologie: Worte wie „Souveränität", „See-Dominion", „Flottenmacht", „nordwestliche Entdeckungen", Themen wie Englands Verhältnis zu Spanien oder die politische Position Venedigs vermochte er nicht mehr in Töne zu setzen. Das volle Honorar freilich hatte er zum Ärger seiner Auftraggeber im voraus kassiert.
Im Jahr darauf – England fürchtete noch immer eine französische Invasion – ließ sich Haydn herbei, Bühnenmusik zu einem patriotischen Schmarren von Alexander Bicknell über König Alfred, den mythischen Gründer des britannischen Reichs, zu komponieren. Das Stück handelte vom siegreichen Kampf gegen die Dänen. Emanuel Schikaneder erwarb es für seine Wiener Truppe und spielte es unter dem Titel *„Alfred der patriotische König"* mit Haydns Musik sehr erfolgreich. Es hat wohl seinen Zweck, den Wiener Spießbürgern die Furchtlosigkeit der Briten gegenüber den

revolutionären Franzosen vor Augen zu führen, hinlänglich erreicht. Haydns Anglophilie, facettenreich verwoben mit habsburgischer Heimattreue, kaprizierte sich ebenso auf technische wie auf personelle Details. So notierte er sich mit Genugtuung die Besichtigung eines von den Engländern gekaperten französischen Kriegsschiffes, der „St. Just“ im Hafen von Portsmouth.[18] In seinem Nachlaß fand sich der Plan der berühmten Seeschlacht von Trafalgar mit eigenhändigen Einzeichnungen der englischen Schiffe. Dabei war bekanntlich der populäre britische Seeheld Admiral Nelson gefallen, für den Haydn offenbar, wie alle Welt, größte Bewunderung hegte. Ob er jedoch das militante „Benedictus“ seiner sogenannten *„Nelsonmesse“* unter dem Eindruck von Nelsons Sieg bei Abukir Anfang August 1798 gegen die ägyptische Expeditionsflotte Napoleons komponiert hatte, bleibt eine unbeweisbare Überlieferung. Jedenfalls aber wurde das Werk anläßlich eines Besuchs des Admirals mit seiner nicht minder berühmten Lady Hamilton bei den Eszterházys aufgeführt, und Haydn zementierte die persönliche Bekanntschaft durch eine kleine Huldigungskantate: *„Lines from the Battle of the Nile“* (Verse vom Kampf am Nil).

Inzwischen zitterte Europa bereits vor den siegreichen Eroberungen des jungen korsischen Generals Bonaparte. Seit 1796 befand sich auch Österreich im Krieg gegen die Franzosen. Napoleon kassierte mit unbegreiflicher Schnelligkeit ganz Norditalien, er bedrohte und nahm die wichtige österreichische Festung Mantua, drang durch Tirol und Kärnten und rückte im April 1797 in Graz ein. Die heimische Propaganda lief auf vollen Touren: Nach dem Versagen der Armee wurde zum Volkskrieg, zum heiligen Krieg gegen die revolutionären Teufel aufgerufen. Hysterie kam auf, eine perfekte Spitzel- und Lynchjustiz fahndete nach Verrätern und Sympathisanten, und es gelang schließlich, einige Korps von Freiwilligen zu mobilisieren. Haydn mochte in diesen schweren Tagen wohl nicht abseits stehen, und sich der einigenden Kraft des „God save the King“ erinnernd, kam er auf den Gedanken, eine ähnliche „Hymne des Trostes“ zu komponieren. Er wandte sich über seinen Freund, Gottfried van Swieten, an das Innenministerium. Der Minister, ein Graf Saurau, bestimmte zum Textverfasser den als

Gelegenheitsdichter verkleideten Polizeispion Leopold Haschka. So entstand *„Gott erhalte Franz den Kaiser"*, eine geniale Melodie zu dümmlich-korrupten Versen, die in der Tat zu Kaisers Geburtstag, während einer Opernaufführung von Dittersdorfs „Doktor und Apotheker" am 12. Februar 1797, das erste Mal öffentlich erklang. Ihr Erfolg war ungeheuer groß, und sofort avancierte sie zum offiziellen Nationallied, dessen politische Geschichte allerdings, weil jenseits von Haydns Intentionen, auf einem anderen, zwielichtigen Blatte steht. Hier bleibt anzumerken, daß Haydn auf seine Melodie allerdings recht stolz war, sonst hätte er sie nicht für Variationen in einem Streichquartett gebraucht und nicht, was authentisch überliefert ist, am Ende seines Lebens sich selbst beinahe täglich vorgespielt.

5

Die letzten Jahre des Komponisten, die ersten des neuen Jahrhunderts, standen im Zeichen des Krieges. Das Heilige Römische Reich unter der Führung Habsburgs fiel unter den Siegen der napoleonischen Armee wie ein Kartenhaus zusammen. Der alte Haydn, damals mit Abstand Europas berühmtester Musiker, wirkte noch mit seinen letzten Friedenswerken, den Oratorien *„Die Schöpfung"* und *„Die Jahreszeiten"*, gleichmäßig über alle Fronten und wechselnden politischen Konstellationen hinweg. Persönlich blieb er ein Patriot am Rande, willig preisgegeben den vielen Huldigungen und seiner beginnenden Stilisierung zum nationalen Heros. Sein letztes Wort zu Mozart, die Sprache, die er spreche, verstehe man in der ganzen Welt,[19] war eingelöst. Aber wie sonderbar und insgeheim folgerichtig: Haydn, der gewiß kein Freund des neuen Frankreich und der napoleonischen Annexionspolitik war, genoß jenseits des Rheins das höchste Ansehen und hatte dort die begeistertsten Anhänger. Napoleon selbst, der am Heiligen Abend des Jahres 1800 der französischen Erstaufführung der *„Schöpfung"* beiwohnte, nachdem er auf der Fahrt ins Theater knapp einem Attentat entgangen war, gehörte zu ihnen. Viele Indizien sprechen dafür, daß er im Zuge seiner ehrgeizigen imperialistischen Kulturpolitik mit dem Gedanken spielte, Haydn

Joseph Haydn, Missa in tempore belli („Paukenmesse"), Agnus dei mit Dona nobis pacem

nach Paris zu holen. Mit Ehrungen, Medaillen, Akademiemitgliedschaften wurde er aus Frankreich geradezu überschüttet. Musiker und Militärs besuchten ihn in seinem Haus am Rande Wiens, und als die Hauptstadt von Truppen eingenommen wurde, befahl der Kaiser dorthin eine Ehrenwache. Im besetzten Wien, am 31. Mai 1809, starb Haydn, und wieder war es die Besatzungsmacht, die ihm die offizielle und glanzvolle Begräbnisfeier ausrichtete.
In den Zeiten der Unordnung, der Umstürze und blutigen Kriege blieb Haydn ein Mann der Ruhe, der Stabilität, des Friedens. Ihn, den von Herzen Unpolitischen, erreichte die Gewalt der Politik dennoch. Es sind nicht die Nebenwerke und Tagesarbeiten, die davon zeugen. Es ist die Summe eines riesenhaften Œuvres, das für die Fortschritte des aufgeklärten, weltbürgerlichen Humanismus bürgt, für den Fortschritt vom ständisch gebundenen, ungetrübt harmonischen Kammerton zum öffentlich wirksamen, appellierenden, vorweg aufjubelnden Klang der Friedens- und Freiheitssehnsucht, wie ihn der Schüler Beethoven aufgriff. Und es gibt ein Werk, das dieser Sehnsucht im Zeichen des realen Krieges präzisen Ausdruck verleiht, ohne Abstriche an künstlerischer Höhe und im Rahmen eines kultischen, religiösen Kontextes. Nicht Beethoven in der „Missa solemnis", sondern der schändlich verniedlichte „Papa" Haydn ist der erste, der es zum Ärger der orthodoxen Geistlichkeit wagte, die christliche Friedensbitte aus einer konkreten politischen Lage heraus zu motivieren. Die *„Missa in tempore belli"*, Messe in Kriegszeit oder *„Paukenmesse"*, entstand während jenes Herbstes des Jahres 1796, da Napoleons Truppen in die österreichischen Lande vorrückten. Und so, wie dieser Titel diesmal authentisch von Haydn stammt, so drastisch bezeichnet er eine musikalische Situation als Verweis auf den wirklichen Konflikt: Ruhig beginnt das Gebet des Chores: „Lamm Gottes, erbarme dich unser!" Da dringt wie aus der Ferne ein dumpfer, ostinater Rhythmus der Pauken heran. Er scheint sich zu nähern, denn die Klage wird nachdrücklicher, angstvoller, flehender wiederholt. Die erste Bitte um Frieden erstickt förmlich unterm Grollen des militärischen Rhythmus. Schließlich bricht eine laut lärmende Kriegsmusik mit Fanfarenrufen der Bläser und Paukenschlägen los, die das „Dona nobis pacem" des Chors bis

zum Schluß hartnäckig kontrapunktiert. Die Bitte steigert sich zu mächtiger Gewißheit, aber im Klang bleibt es offen, ob der Friede den Krieg tatsächlich besiegen wird. Eine engagiertere Musik hat Haydn auch in anderen Werken nicht geschrieben, obwohl alle zusammen sich vor allem dieser einen Idee verschreiben: Musik – dona nobis pacem.

1 Beinamen von Haydns Sinfonien.
2 Georg August Griesinger, Biographische Notizen über Joseph Haydn, Leipzig 1975, S. 72.
3 Vgl. z. B. Albert Christoph Dies, Biographische Nachrichten von Joseph Haydn, Berlin 1959, S. 47 ff.
4 Joseph Haydn, Gesammelte Briefe und Aufzeichnungen, Kassel 1965, S. 260.
5 Ebd., Brief von 27. 6. 1790.
6 Brief, zit. nach Heinrich Eduard Jacob, Joseph Haydn – Seine Kunst, seine Zeit, sein Ruhm, Hamburg 1954, S. 169.
7 Ebd., S. 169 f.
8 Ebd., S. 170.
9 Briefe, a. a. O., S. 236.
10 Ebd., S. 235.
11 Ebd.
12 Ebd., S. 260
13 Ebd., S. 268.
14 Übersetzung nach Jacob, a. a. O., S. 14.
15 Briefe, a. a. O., S. 323.
16 Das Lied ist abgedruckt bei C. F. Pohl, Joseph Haydn, Bd. 2, Leipzig 1882, S. 275.
17 Diese und die folgenden Übersetzungen nach Jacob, a. a. O., S. 261.
18 Tagebucheintragungen 1794, in: Gesammelte Briefe ..., a. a. O., S. 534.
19 Zit. nach Jenö Vigh, Wenn Haydn ein Tagebuch geführt hätte, Budapest 1959, S. 126.

Wolfgang Amadeus Mozart, Klavierkonzert d-Moll KV 466, Rondo: Allegro assai

DAS HERZ ADELT DEN MENSCHEN

Wolfgang Amadeus Mozart

1

Die Frage nach Inhalten und Formen von Mozarts politischem Bewußtsein wäre von vornherein verfehlt, wollte man sie außerhalb der produktiven Sphäre, getrennt oder gar unberührt von kompositorischen Interessen und Leistungen zu beantworten versuchen. Einerseits geben die einschlägigen nichtmusikalischen Lebensdokumente kaum hinreichend Aufschluß über sein Verhältnis zu den „öffentlichen Angelegenheiten" der Zeit und Umwelt, so daß sich andererseits deswegen vermuten läßt, Mozart habe es überhaupt nur bewußt insoweit realisieren wollen und können, als es mit seiner künstlerischen Besessenheit vereinbar und in die sinnlichen Gehalte seiner Kunst übertragbar war. Weitaus verläßlicher als die Fülle isolierter, aphoristischer Gedanken dokumentieren ohnehin die Werke selbst in ihrer technischen wie geistigen Durchbildung Weltgefühl und Lebenshaltungen des Komponisten, und so liegen denn auch in ihnen die sichersten Spuren verschlossen, die uns auf den Weg zu Mozarts politischen Horizonten führen.

Gleichwohl ist es nicht leicht, diese Spuren zu finden, denn sie wurden verwischt und überlagert durch jahrhundertelang verblendeten, einseitig parasitären Lustgewinn: durch den Genuß abstrakter Schönheit und dämonischer Unbegreiflichkeit absoluten Könnens wie auch durch musikologische Mozart-Bilder, in denen regelmäßig der vermeintlich krasse Gegensatz zwischen tragischer Lebensmisere und euphorisch-unversehrter Kunstsphäre als Rätsel stilisiert erscheint. Kaum weniger idealistisch nehmen sich andere Versuche aus, die etwa die Opernlibretti als pure, unmittelbare Selbstaussagen werten oder hinter jeder scharfen Dissonanz soziales Protestgefühl wittern, um auf diese Weise beide Bereiche restlos ineinander aufzulösen. Nehmen wir einmal beispielsweise Mozarts *Klavierkonzert in d-Moll* von 1785, das zu Recht als vollkommenes Kunstwerk und Muster der Gattung gerühmt wird. Dennoch verdankt es seinen Ruhm nicht unwesentlich einer, gelinde gesagt, brüchigen teleologischen Konstruktion. Vor allem aufgrund seiner außerordentlichen Dramatik, scharfen Klangkontraste, der besonderen Tonart und Schlußlösung gilt es gemeinhin als Vorläufer zum *„Don Giovanni"* und zu Mozarts letzten Sinfonien einerseits, zu den kompositorischen und ideologischen Denkfiguren Beethovens andererseits. So fungiert gerade dieses Konzert als heroischer Beleg für die Emanzipationskämpfe des bürgerlichen Künstlers, für die Durchsetzung seiner Subjektivität gegen die Normen und Zwänge des entstehenden „freien" Musikmarktes. Wie immer dies sein mag, es sollte bedacht werden, daß Mozart selbst weder vorausschauend noch großartig reflektierte. Für ihn stand zunächst anderes auf dem Spiel: Seit 1781 war er durch den berühmten Fußtritt der höfischen Fesseln ledig und mußte hart daran arbeiten, sich die musikalische Kaiserstadt Wien zu erobern – mit Mitteln und Strategien, die denen eines Politikers durchaus ähneln. Obwohl er dort nie „in Mode" kam, gelang es wenigstens in den ersten Wiener Jahren dem Pianisten Mozart, dem Komponisten den Weg einigermaßen erfolgreich zu bahnen.

Der Erfolg mußte auch im Falle dieses Werkes programmiert werden, was ja nur heißt, daß dessen, vielleicht beabsichtigten, kompositionstechnischen und affektischen Provokationen immer auch das vertraute Arsenal unmittelbar effektiver Wirkungen übergeordnet blieb. Die Zeitgenossen, die das Konzert so entzückt hörten wie rasch vergaßen, mochten zunächst verkennen oder als eigenwillige Laune goutieren, was Mozart hier zum ersten Mal überdeutlich leistete: die Sinfonisierung des Genres, die Verwandlung ornamentaler Virtuosität zum dramatischen, paritätischen Dialog zwischen Klavier und Orchester, die motivisch-thematische Vereinheitlichung und ihre Ausdehnung über den Geltungsbereich eines Satzes hinaus, vermittels dadurch schließlich eine so sensible und explosive Kontrastdramaturgie, wie sie ohne entwickeltes künstlerisches Subjektbewußtsein schlechterdings undenkbar wäre. Man weiß ja, daß es Mozart zu immer rückhaltloseren Kühnheiten drängte, je weniger er durch äußere Aufträge prädisponiert wurde. Bereits das *d-Moll-Konzert* thematisiert einen solchen Grundkonflikt zwischen rebellischer Intention und geflissentlicher Anpassung, zeigt ihn als beherrschbar, ohne die Brüchigkeit der versuchten Lösung zu verbergen. Besonders der erste Satz, ein reguläres Sonaten-Allegro, verdichtet den konventionellen Gegensatz zwischen thematischer Prägnanz und solistischer Figuration zu einer düster-balladesken Szene voller Evokationen, Zusammenstöße und Auseinandersetzungen. Der angespannte Rückzug am Ende führt, motivisch vermittelt, zur „Romance", dem berühmten Stück idyllischer Kantabilität, lyrischer Verinnerlichung nach französischem Vorbild, in dessen Zentrum eine Tokkata mit geradezu aggressiver Leidenschaftlichkeit alle empfindsame Naivität aufsprengt. Solches Temperament drängt dann im Rondo zu stürmischer Entfaltung. Dem zähen Impetus des Hauptthemas stellen sich kaum noch Widerstände entgegen. Es lebt sich aus, arbeitet seine Kräfte ab – und drängt erst am Schluß wie von selbst auf „spielerische" Versöhnung. Nur „zu guter Letzt", wenn auch als unverkennbar leere, formelhafte Geste, komponiert Mozart seine Verbeugung vor der Macht des Rituals „Konzert".

Das Beispiel des *d-Moll-Konzerts* soll hier nur für eine produktive kompositorische Strategie Mozarts, für seine Art musikalischer Politik einstehen, die so lange und immer dann zu erfüllten künstlerischen Resultaten führte, wenn Intention und Auftrag, persönliches Interesse und gesellschaftliches Bedürfnis noch als angespanntes Verhältnis einander entsprachen. Dies schloß für ihn Musik und Musizieren im Zusammenhang mit politischen Ritualen selbstverständlich ein, so daß eine besondere Kategorie mit eigenen formalen, gestischen, kompositionstechnischen Regulativen wohl entfiel und jedenfalls kaum auszumachen ist. Nur beobachtet man Züge eines gewissen Substanzverlusts, der objektivistischen Routine und formelhaften Erstarrung in Fällen, da Mozart ohne sonderliches Interesse sich politischen Manifestationen dienstbar machte – um des erhofften persönlichen Vorteils willen, nicht aus Engagement für die Sache. So verweist etwa der kalte, etwas pathetische, floskelreiche Glanz von Mozarts *„Titus"*, namentlich schon der Ouvertüre, keinesfalls nur auf die fragwürdige dramatische Präsentation römischer Kaisertugend im veralteten Stil der Opera seria, sondern er verrät gleichzeitig auch ein distanziertes Verhältnis des produzierenden Autors zu Gegenstand und Zweck seiner Arbeit. Mitte August 1791, während der Komposition der *„Zauberflöte"*, hatte Mozart von den böhmischen Ständen den Auftrag erhalten, diese Oper zu schreiben, zu der ihn wenig mehr drängte als sein ökonomisches Desaster und die vage Hoffnung auf finanzielle Unterstützung durch den neuen Herrscher, Leopold II. Der war ihm wenig gewogen schon deshalb, weil Mozart in der Gunst des alten, Joseph II., gestanden hatte. Binnen achtzehn Tagen war das Werk fertiggestellt und einstudiert und konnte termingemäß zur Inthronisation Leopolds zum böhmischen König in Prag in Szene gehen. Dem repräsentativen Anlaß allein war Genüge getan, wenn auch der Erfolg der Oper ebenso flau blieb wie Mozarts eigene schöpferische Leidenschaft. An einer Musik für den konservativen Geschmack der versammelten Nobilitäten Europas war ihm um so weniger gelegen, als er eben – vielleicht nicht ganz freiwillig, doch mit Feuereifer – dabei war, sein Bestes für das plebejische Publikum eines Wiener Vorstadttheaters zu geben. Während in Frankreich die Revolution stürmisch voranschritt, ahnte Mozart möglicherweise sogar die Folgerichtigkeit seiner Entscheidung und ihren verborgenen Zusammenhang mit jenem welthistorischen Ereignis.

2

In Mozarts Leben ist der *„Titus"* nur der letzte Fall des für die vorrevolutionäre Ära so charakteristischen, formellen Konnexes zwischen musikalischer und politischer Sphäre, bei dem beide Seiten ebenso eng wie austauschbar und pragmatisch zusammenfanden, ohne inhaltlich und substantiell wirklich miteinander kommunizieren zu müssen. Das gesellschaftliche Leben aller sozialen Schichten war im 18. Jahrhundert, vor allem im süddeutsch-österreichischen Raum, mit Musik geradezu durchtränkt, und es versteht sich, daß insbesondere die dynastischen Ränkeschmiede der Epoche, die die Kunst der Diplomatie zum politischen Selbstgenuß mit ästhetischen Mitteln steigerten, auch und gerade die Musik in ihre ausschweifenden Riten und Zeremonien der sozialen und politischen Repräsentation fest integrierten. Ein guter Teil auch von Mozarts Kompositionen ist mit solchen Gebräuchen engstens verbunden gewe-

sen, über Aufträge und Aufführungsanlässe sozusagen politisch verankert, ohne sich freilich über die zumeist vorgeschriebenen musikalischen Gattungskonventionen hinaus an deren konkrete Inhalte zu binden. Es wird so leicht keinen zweiten bedeutenden Komponisten geben, dessen Schaffen von Kindheit an so zahlreicher politischer Prominenz seiner Zeit gewidmet und von so vielfältigen Staatsaktionen auf hoher und höchster Ebene affiziert ist. Man kann sicher sein, daß Mozart sich um derlei Implikationen wenig kümmerte, daß er abgesteckte Konventionen auch des politischen Gebrauchs von Musik respektierte, ja zielgerichtet bediente, um nun andererseits sich Freiräume für die Realisierung sozial weniger abgedeckter, selbstgegebener Pläne und Projekte zu schaffen. Deshalb finden wir weniger auf der dienstwilligen Ebene, sondern nachhaltiger und differenzierter im Innern der „autonomen" Werke den Widerschein politischer und sozialer Epochenprobleme, da sie hier unmittelbar mit den existentiellen Interessen des Künstlers und selbstbewußten Bürgers verflochten sind.
Doch bei aller gelegentlich radikal aufbrechenden „Sturm-und-Drang"-Gestik wahrt Mozart letztendlich stets noch ästhetische Contenance, zielt er auf maßvollen und vermittelnden Ton. Denn mit Blick auf das gesamte soziale Gefälle und das Klassengefüge des josephinischen Österreich hat Wolfgang Hildesheimer wohl recht, wenn er feststellt, daß sich Mozart selbst „nicht als ein unprivilegiertes Kind und schließlich Opfer des Spätabsolutismus"[1] sah, weil eben – so muß man allerdings hinzufügen – sich in Österreich zumindest während der josephinischen Reformen die Formierung des Bürgertums zur beherrschenden (aber noch nicht herrschenden!) Klasse, im Kompromiß mit dem Adel ohne wesentliche Opfer, vollziehen konnte. Berücksichtigt man Mozarts objektive Integration in diesen Emanzipationsprozeß und seine bestenfalls spontanen subjektiven Sympathien für einzelne Symptome, so wird man auch der folgenden Charakteristik Hildesheimers zustimmen dürfen: „Erst als die Systeme begannen, ihn einzuengen, wurde er rebellisch, doch hat er diese Ein-Mann-Rebellion niemals objektivieren können oder etwa verallgemeinert. Es fehlten ihm die Verbindungen zu Gleichdenkenden oder Gleichfühlenden, und er suchte sie nicht. Gewiß leuchtet

hier und dort ein revoltierender Geist auf, ein Hieb der Verachtung wird ausgeteilt gegen jene Hochgeborenen, für die er niedrig war, doch war all dies nur Reaktion auf eigene Erfahrungen. Wir haben keine Zeugnisse von Kontakten oder auch nur von Gemeinsamkeiten mit anderen, in denen es gärte und die ihrer Auflehnung Luft machten, wir können ihn daher nicht zu einem homo politicus machen. Beaumarchais hat er gelesen, wahrscheinlich auch mit Zustimmung gegenüber seinen Tendenzen, doch die Revolution (in Frankreich) nahm er nicht zur Kenntnis, von so weit her kamen ihm keine unmittelbaren Anregungen und daher auch keine Erregungen. Seine Übereinstimmung mit allgemeinen revolutionären Strömungen der Zeit war intuitiv, der Zeitgeist teilte sich ihm mit, ohne sein Bewußtsein zu berühren, wie durch einen Schleier und gefiltert durch sein Gespür für Verwendbarkeit."[2]
An diese Einschätzung ist allerdings wiederum die Frage zu knüpfen, ob bei Mozarts genialem, metierfixiertem Naturell das gesellschaftskritische, rebellische Moment nicht doch in seiner Musik objektiviert und verallgemeinert wurde, wenn man etwa nur die explosive Kontrastgestaltung, die Individualisierung genormter Strukturelemente, die zwanglos-äquilibristische Formgebung oder die einerseits stechend ironischen, andererseits tragisch ernsten und abgründigen Ausdrucksschichten bedenkt. Schwer vorstellbar, daß gerade dem feinfühligsten und hintergründigsten Dramatiker der Operngeschichte dies absichtslos oder gar als technische Einfälle aus der Feder geflossen sein sollte! Angemessen hingegen erscheinen Hildesheimers Beobachtungen, soweit sie das Bild umreißen, das sich aus den überlieferten schriftlichen Zeugnissen seines Denkens gewinnen läßt. Mozart hat sich offensichtlich relativ selten explizit über politische Sachverhalte geäußert, und tut er es, so spielen Situation und Adressat im Falle seiner maskierten, nie wirklich rückhaltlosen Kommunikation eine gewichtige Rolle. Man darf aber diese als zusammenhängende Reflexion fehlende politische Dimension bei Mozart nicht vorschnell als notorisches Desinteresse oder theoretisches Unvermögen interpretieren, sondern muß berücksichtigen, daß erstens damals „große" Politik als eine Art „höheres" professionelles Spiel zwischen den Herrschenden der Masse der Unter-

tanen weit entrückt war, daß zweitens Mozart bezeugtermaßen starkes Mißtrauen in die veröffentlichten und kolportierten Informationen hegte (er las kaum Zeitungen), und daß er schließlich drittens weder im Dissens zur allgemeinen politischen Dynamik der Epoche lebte noch mit der speziell österreichischen Entwicklung zu rechten hatte, da sie namentlich unter Kaiser Joseph massiv der Durchsetzung bürgerlicher Produktivkräfte und Machtansprüche diente.
Schon unter Maria Theresia vollzog sich der Aufstieg des Habsburgerreichs zu einer europäischen Großmacht, die sich um Zentralisierung und Modernisierung des multinationalen Staatengebildes bemühte. Ihr Sohn Joseph II., seit 1765 Mitregent und von 1780 bis 1790 (in Mozarts Wiener Jahrzehnt) alleiniger Herrscher, setzte eine ganze Reihe demokratischer Reformen durch und öffnete vor allem die Hauptstadt Wien einem aufgeklärten Denken und der kulturellen Erneuerung. Einige seiner Reformen seien nur in Stichworten genannt: 1767 das Verbot päpstlicher Erlasse ohne staatliche Genehmigung, 1773 die Aufhebung des Jesuitenordens, die Umwandlung der Universitäten in staatliche Bildungsstätten, 1781 die Aufhebung aller parasitären Orden und Klöster, die Aufhebung der Bücher- und Zeitschriftenzensur, die Aufhebung der bäuerlichen Leibeigenschaft, Garantien zur freien Ausübung der nichtkatholischen Religionen, 1787 die Einführung eines bürgerlich-demokratischen Allgemeinen Gesetzbuches und einer Gerichtsordnung. Dieser josephinisch-aufgeklärte Geist, der zudem in der Person des Kaisers selbst einen jovialen, sparsamen und kunstliebenden Repräsentanten besaß, war im Grunde der Nährboden für Mozarts weltanschauliche Position und künstlerische Aktivität, im Sinne seiner Vervollkommnung und der gesellschaftlichen Aufklärung. Bereits der Einundzwanzigjährige formuliert dieses Credo in einem Brief an den berühmten Padre Martini: „Wir leben in dieser Welt, um stets eifrig zu lernen, einander durch gegenseitige Erörterungen aufzuklären und uns zu bemühen, die Wissenschaften und die schönen Künste stets vorwärtszubringen."[3] Sich und seine Kunst vorwärtszubringen, auch die Gunst der Stunde und der Mächtigen zu nutzen, war allerdings in der Praxis nicht eben Mozarts starke Seite. Ein

beredtes Zeugnis legen dafür unter anderem die ermüdend penetranten, letztlich erfolglosen Predigten des Vaters über angepaßte, taktisch kluge Lebensführung ab. Solch eine politisch gezielte, allerdings nur einmalig erfolgreiche Geste nötigte Leopold dem zehnjährigen Knaben ab, als er ihn anhielt, in dem Quodlibet *„Galimathias musicum“* zur Feier der Installation Wilhelms V. von Holland in Den Haag die Nationalhymne „Wilhelm von Nassau“, einen alten protestantischen Trutzgesang, als Thema der Schlußfuge zu verwenden.

3

In Mozarts Biographie ist gleichsam die epochale Wendung der feudalaristokratischen zur bürgerlich-demokratischen Musikkultur geronnen, wenngleich sie in seinem Fall – vorwiegend subjektiv bedingt – nicht eben glücklich verlief. Und innerhalb seiner Biographie ist jene Wende auf den geradezu anekdotischen Höhepunkt des dramatischen Vorgangs konzentriert, da Mozart im April 1781 den verhaßten salzburgischen Hofdienst beim Fürsterzbischof Hieronymus Graf Colloredo aufkündigt und von dessen Oberstküchenmeister Graf Arco mit einem Fußtritt in die Freiheit des bürgerlichen Künstlerdaseins befördert wird – in eine Freiheit, die Mozarts permanent gegängeltes Selbstbewußtsein ersehnt und provoziert hat, die er jedoch auf Dauer, den bürgerlichen Lebensgesetzen nicht anpaßbar und ohne jegliches Talent zur dort notwendigen ökonomischen Verwertung seiner Kunst, kaum zu seinem Vorteil hat nützen können. Kein anderer Augenblick seines Lebens beleuchtet uns schärfer Mozarts prinzipiellen sozialen Standort, seine notfalls offensive Kampf- und Risikobereitschaft, seine moralische Integrität. Vom Erzbischof mehrfach gedemütigt und in Wien an künstlerischen Erfolgen gehindert und überdies bereits in Konstanzes Banden, kündigt Mozart seine bescheidene Stellung, als ihm mit Beschimpfungen die Rückkehr nach Salzburg wie einem entlaufenen Leibeigenen befohlen wird. Seine Empörung, gewiß nicht ohne rhetorische Übertreibungen, teilt er in einer Serie von Briefen dem ebenfalls verstörten, aber um Ausgleich bemühten Vater mit. Da heißt es beispielsweise am 9. Mai: „Ich bin

noch ganz voll der Galle! – und sie, als mein liebster bester Vatter, sind es gewiß mit mir. – man hat so lange meine Gedult geprüft – endlich hat sie aber doch gescheitert. Ich bin nicht mehr so unglücklich, in Salzburgerischen Diensten zu seyn – heute war der glückliche tag für mich."[4] In einem weiteren Brief schildert er den bekannten großen Zusammenstoß mit Colloredo in wörtlicher Rede, als dramatische Szene: „Er lügte mir ins gesicht ich hätte 500 fl. besoldung – hiesse mich einen Lump, Lausbub, einen Fexen – O ich möchte ihnen nicht alles schreiben – Endlich da mein geblüt zu starck in Wallung gebracht wurde, so sagte ich – sind also Ew. H:gnaden nicht zu frieden mit mir? – was, er will mir drohn, er Fex. O er Fex! dort ist die tühr, schau er, ich mag mit einem solchen elenden Buben nichts mehr zu thun haben – endlich sagte ich – und ich mit ihnen auch nichts mehr –. also geh er – und ich: im weg gehen – es soll auch dabey bleiben; morgen werden sie es schriftlich bekommen."[5]
Immerhin zeigte sich Colloredo noch so nachsichtig, die Kündigung nicht anzunehmen. Zu Verhandlungen schickte er während der folgenden Woche Graf Arco vor – übrigens ein Freund der Familie Mozart –, der schließlich, als er von dem jungen Komponisten verbal angegriffen wurde, die Nerven verlor. Mozart an den Vater in verschiedenen Briefen während des Juni: „wegen dem arco darf ich nur meine vernunft und mein Herz zu rathe ziehen, und ich brauche also gar keine Dame oder Person vom stande dazu, um das zu thun was recht und billig ist, was nicht zu viel und zu wenig ist: – das Herz adelt den Menschen; und wenn ich schon kein graf bin, so habe ich vielleicht mehr Ehre im leib als mancher graf; und hausknecht oder graf, sobald er mich beschimpft, so ist er ein hundsfut."[6] „Nun hat es der Herr Graf Arko recht gut gemacht! – das ist also die Art die leute zu bereden ... das ist also der Hof wo ich dienen soll ... was geht es ihn an, wenn ich meine Entlassung haben will? – und denkt er wirklich so gut für mich, so soll er mit Gründen Jemand zureden – oder die sache gehen lassen wie sie geht. aber nicht mit flegel und Pursche herum werfen, und einen bey der thüre durch einen tritt im arsch hinaus werfen."[7] „Nun, das heisst auf teutsch, daß Salzburg nicht mehr für mich ist; ausgenommen mir guter gelegen-

heit dem H. grafen wieder ingleichen einen Tritt im arsch zu geben, und sollte es auf öfentlicher gasse geschehen."[8] Natürlich hat Mozart die Verwirklichung einer solchen Ankündigung bleibenlassen, denn er überlegt andererseits, er sei „wahrlich zu stolz dazu, als daß ich mich mit so einem dummen schöps vergleiche"[9].
Wie stark ihn allerdings die ganze Affäre im Innersten berührte, zeigt die Tatsache, daß er während dieser Wochen nichts komponierte. Aber so, wie er bereits lange vorher den Konflikt reifen sah und – spätestens seit der Paris-Reise von 1777 – ahnte, daß an der herrschenden Gesellschaft etwas nicht in Ordnung war, so blieb ihm auch später die Geringschätzung und Verachtung der Aristokratie lebendig. Nun suchte er auch künstlerisch, mit langlebigeren Mitteln, nach der Gelegenheit, dem Adel die erlittene Demütigung heimzuzahlen. Es ist fraglich, ob Mozart ohne sein soziales Schlüsselerlebnis von 1781 sofort auf den *„Figaro"*-Stoff angesprungen wäre, der ja genau jene erlebte Konfrontation und Ein-Mann- oder, man könnte auch sagen, Eine-Frau-Rebellion umschreibt und im Kunstwerk verallgemeinert. Keinesfalls vertonte er Da Pontes politisch gemilderte Librettofassung arglos, sondern er wird sehr genau gespürt haben, daß das kaiserliche Wien trotz des Segens „von oben" seinen Angriff parierte, indem es ihn allmählich, aber gründlich fallenließ, ihm große Aufträge vorenthielt und an den Rand des finanziellen Ruins sowie in eine am Ende fast schon deklassierte Lebensweise drängte. Gerade in seinem Fall bewahrheitete sich die alte Weisheit, daß das Wohlwollen der Mächtigsten nicht vor den Nachstellungen der niederen Mächte zu schützen vermag – im Gegenteil!

4

Während der Arbeit am *„Figaro"*, zur Fastnacht des Jahres 1786, besuchte Mozart, als indischer Philosoph kostümiert, einen Maskenball im Redoutensaal der Wiener Hofburg. Dort verteilte er ein gedrucktes Blättchen mit Rätseln und vierzehn von ihm verfaßten *„Bruchstücken aus Zoroasters Fragmenten"*. Sie sind uns in Auszügen aus der Salzburger „Oberdeutschen Staatszeitung" vom 23. März 1786 erhalten, die sie abdruckte, weil es ihr „an wichtigerem Stoffe" gebräche. Da heißt es denn: „1. Rede viel – und rede schlecht; doch das letzte giebt sich selbst; es werden alle Augen und Ohren auf dich gerichtet seyn. 4. Ein offenbares Laster ist mir lieber, als eine zweydeutige Tugend; ich weiß wenigstens, woran ich mich halten soll. 5. Ein Heuchler, der die Tugend nachahmen will, kann sie nur mit Wasserfarben nachahmen. 10. Es schickt sich nicht für jedermann, bescheiden zu seyn: nur großen Männern kömmt es zu, es zu seyn. 11. Bist du arm, aber geschickt, so bewaffne dich mit Geduld; arbeite. Wirst du nicht reich, so bleibst du wenigstens ein geschickter Mann. – Bist du ein Esel, aber reich, so benütze deine Vorzüge: faulenze; wirst du nicht arm, so bleibst du wenigstens ein Esel ... 14. Bist du ein armer Dummkopf, – so werde K...r (Kleriker?). Bist du ein reicher Dummkopf, so werde ein Pächter. Bist du ein adeliger, aber armer Dummkopf – so werde, was du kannst, für Brod. Bist du aber ein reicher adelicher Dummkopf, so werde, was du willst; nur kein Mann vom Verstande – das bitte ich mir aus."[10]

Diese skeptische Geringschätzung der Aristokratie zieht sich wie ein Leitfaden auch durch Mozarts Korrespondenz. Sie nimmt selbst Fürsten und regierende Kaiser nicht aus, obwohl hier wiederum nicht an strikt „klassenmäßige" Einschätzung von seiner Seite zu denken ist, denn Mozart unterscheidet, vom konkreten Erlebnis her, eben auch zwischen guten und miserablen Fürsten oder Klerikern, anständigen und banausischen Bürgern. Allen aber bestreitet er das Recht, sich in seine künstlerischen Angelegenheiten zu mischen. An den Vater schreibt er dazu beispielsweise: „Der Obersthofmeister müßte mir in Musiquesachen, alles was die Musique betrifft, nichts zu sagen haben, denn ein Cavalier kann keinen kapellmeister abgeben, aber ein kapellmeister wohl einen Cavalier."[11] Ein andermal heißt es an einen Freund: „sie wissen wohl, die besten und wahrsten freünde sind die arme – die Reiche wissen nichts von freündschaft."[12] Ähnlich urteilt er über eine adelige Heirat, die fast wie ein ironischer Kommentar zur offiziellen österreichischen, dynastischen Heiratspolitik anmutet: „Das ist halt wiederum eine geld heyrath, sonst weiter nichts. so möchte ich nicht heyrathen: ich will meine Frau glücklich machen, und nicht mein glück durch sie machen ... Noble leüte müssen nie nach gusto und liebe heyrathen, sondern Nur aus intereße, und allerhand nebenabsichten; es stünde auch solchen hohen Personen gar nicht gut wenn sie ihre frau etwa noch liebeten, nachdem sie schon ihre schuldigkeit gethan, und ihnen einen Plumpen Majoradsherrn zur welt gebracht hat. aber wir arme gemeine leüte, wir müssen nicht allein eine frau nehmen, die wir und die uns liebt, sondern wir dürfen, können und wollen so eine nehmen, weil wir nicht Noble, nicht hochgebohren und adlich, und nicht reich sind, wohl aber niedrig, schlecht und arm, folglich keine reiche frau brauchen, weil unser reichthum nur mit uns ausstirbt, denn wir haben ihn im kopf; – – und diesen kann uns kein mensch nehmen, ausgenommen man hauete uns den kopf ab, und dann – – brauchen wir nichts mehr."[13]

Dieser Mozartsche Bürger- und Künstlerstolz hat zahlreiche Facetten. Dem Kaiser Joseph, der ihm nach der *„Entführung aus dem Serail"* an den Kopf warf: „Gewaltig viel Noten, lieber Mozart", antwortete er prompt: „Gerade so viel, Eure Majestät, als nötig ist."[14] Den Sohn eines Augsburger Bürgermeisters brüskierte er hart, weil dieser ihn wegen seines päpstlichen Ordens angegriffen hatte, obwohl, nebenbei gesagt, Mozart auf derlei Dekorationen keinen Wert legte. Besonders drastisch höhnt er in den Briefen aristokratische Titel, wenn er einmal schreibt: „es war eine menge Nobleße da, die Ducheße arschbömerl, die gräfin brunzgern, und dan die fürstin riechzumtreck, mit ihrn 2 töchtern, die aber schon an die 2 Prinzen Mußbauch vom Sauschwanz verheyrathet sind."[15] Dieser laxe Ton war ein Erbteil der ganzen Familie Mozart. Bei allen hieß der Erzbischof, der Salzburger Dienstherr, nur der „Tyrann", das „Untier", der „Erzlimmel". Aber namentlich beim Vater beschränkte sich solche Blasphemie auf internes Gespräch und Briefpapier. Im gesellschaftlichen Verkehr riet er zum Ärger des großen Sohnes immer wieder dazu, sich gefälligst zu arrangieren, so daß der Sohn einmal sogar dem Vater nahelegen mußte, „nicht zu viel zu kriechen"[16]. Mindestens eine Strophe des ansonsten recht blumigen und philiströsen *„Liedes der Freiheit"* von Johannes Aloys Blumauer, das Mozart 1786, während der Arbeit am *„Figaro"*, für einen Almanach komponierte, gibt seinen emanzipierten Standpunkt zu erkennen, wenn es da heißt:

„Wer sich um Fürstengunst und Rang
mit saurem Schweiß bemüht
und, eingespannt sein Leben lang,
am Pflug des Staates zieht,
weh dem! der ist ein armer Wicht,
er kennt die gold'ne Freiheit nicht."

Um der Gefahr zu entgehen, solche Reimerei zu überschätzen, sei gleich noch ein Gegenstück mitgeteilt, das Mozart zufälligerweise zwar nicht zu vertonen hatte, das uns aber nebenbei einen kleinen Einblick in die damalige Wiener Freimaurer-Ideologie erlaubt:

„Wer seinem Staat die Treue bricht,
entheiligt auch des Ordens Pflicht;
denn eine unsrer Erstlingslehren
ist das Gebot, den Staat zu ehren."[17]

Ähnlich wie in seiner Musik, wo fast mit Prinzip Widerspruchsvolles, Heterogenes, disparates Material zu jener kaum rational faßbaren „höheren" Einheit des Werkes zusammentritt, begegnen auch in Mozarts Weltverhältnis und Denken Antagonismen und Ungereimtheiten. Sie rühren nicht daher, daß er etwa als introvertiertes Genie wie ein schwankendes Rohr sich im Wind der Zeit bewegte: das bisher Beigebrachte zeigt Mozart ja durchaus als Mann mit festen Grundsätzen und klaren sozialen Überzeugungen. Aber seine isolierte Lage als „freier" künstlerischer Produzent zwang ihm auch ambivalentes, situationsbedingt kompromißbereites Verhalten in einer Umgebung auf, in der sich alte soziale und musikkulturelle Strukturen auflösten und – in Österreich besonders zäh und zaghaft – neue bürgerliche Strukturen in der ständischen Gesellschaft erst allmählich bildeten. Darüber hinaus darf man aber auch ein subjektives Moment nicht vergessen: Mozart war nicht der Mensch, sich die Welt kategorial anzueignen, er erlebte und wertete sie kraft sinnlicher Eindrücke und Erfahrungen und stets bezogen auf seine jeweilige konkrete soziale Befindlichkeit. So muß man beispielsweise die arg strapazierte Briefstelle aus Paris vom 3. Juli 1778 nicht als „schwarzen Fleck" oder als „reaktionäre Entgleisung" interpretieren: „Nun gebe ich ihnen eine nachricht die sie vielleicht schon wissen werden, daß nehmlich der gottlose und Erz-spizbub voltaire so zu sagen wie ein hund – wie ein vieh crepirt ist – das ist der lohn!"[18]

Das paßt natürlich schlecht zum Aufklärer und zu einem Katholiken, der die religiösen Riten sehr lax bediente und, wie etwa das Beichten oder Fasten, eher renitent und mißmutig befolgte. Wir wissen nicht, was Voltaire für Mozart bedeutet haben könnte und wofür er welchen bösen Lohn erhalten sollte. Übrigens war die Nachricht falsch, denn Voltaire „krepierte" nicht wie ein Hund, sondern starb mit den Sakramenten der Kirche. Gerade jene letzte Bekehrung dürfte in Paris in diesen Tagen Stadtgespräch gewesen sein. Hildesheimer vermutet, Mozarts Haß könnte daher stammen, daß ein Porträt Voltaires ausgerechnet beim Erzbischof Colloredo in Salzburg hing, der wenigstens theoretisch ein Anhänger der Aufklärung war. Wahrscheinlich ist jedoch, daß Mozart hier einmal seinem Vater nach dem Mund reden wollte, denn er hatte einerseits Grund, Leopolds dauernden Unmut über des Sohnes moralisches Fehlverhalten zu beschwichtigen, andererseits mußte er ihn auf einige Zukunftspläne, die Hochzeit mit Konstanze etwa, vorbereiten, die der Einwilligung des Vaters bedurften. Wie dem auch sei, ob Stimmung oder Taktik oder prinzipielle Stellungnahme angesagt waren: Diese Briefstelle reicht nicht hin, Mozart auf irgendein ideologisches Konzept festlegen zu wollen.

5

Ähnlich zurückhaltend muß man mit Mozarts sogenannten patriotischen Verlautbarungen umgehen. Sie reflektieren wohl ein auch bei ihm waches Nationalgefühl, haben aber nichts mit Nationalismus oder Untertanengeist gemein. Wie kaum ein anderer Zeitgenosse wußte er gut, was er ausländischen Künstlern, dem internationalen Austausch kultureller Leistungen zu verdanken hatte. Wenn er der Überfremdung des Musiklebens durch Italiener mit gelegentlichen Invektiven wider die „Welschen" begegnet, dann reflektiert er zuerst die selbst in Wien erlittenen Benachteiligungen. Zeitlebens hegte er Hochachtung für England, von wo er sich noch am Lebensende die entscheidende finanzielle Rettung erhoffte. 1782 vertonte er sogar ein anglophiles Heldengedicht auf einen englischen Admiral, den Sieger von Gibraltar: *„O Calpe, dir donnerts am Fuße"*. Bezeichnend aber auch, daß dieser heroische Bardengesang Skizze blieb! Mozart bemerkte: „Die Ode ist erhaben, schön, alles, was sie wollen – allein – zu übertrieben schwülstig für meine feine Ohren."[19] Es versteht sich, daß solchen feinen Ohren auch alles militaristische Gebaren zuwider war: „was mir am lächerlichsten vorkömmt, ist das grausame militaire – möchte doch wissen zu was? – nachts höre ich allzeit schreyen: wer da? – gieb aber allzeit fleissig antwort: schmecks!"[20] Unwillkürlich wird man an die unverhohlen ironische Kommentierung des Militärs erinnert, die Figaro am Ende des 1. Aktes für Cherubino bereithält. Und doch schrieb Mozart auch für diverse österreichische Waffengänge so manches schmetternde Liedchen.

Nicht frei von Widersprüchen ist schließlich Mozarts Engagement für das Aufblühen einer deutschen Oper. Wieder wird sein Verhalten von den Umständen, weniger von allgemeinen Prinzipien diktiert. Für die geliebte Aloysia Weber, die er zur italienischen Primadonna machen will, möchte er eine Oper schreiben, „aber italienisch – nicht deütsch"[21]. Ein andermal zieht er der deutschen Oper die französische vor, dieser wiederum die italienische. Dem scheinen die markanten Worte zu widersprechen, die so viel zitiert werden: „wäre nur ein einziger Patriot mit am brette – es sollte ein anders gesicht bekommen! – doch da würde vielleicht das so schön aufkeimende National-theater zur blüthe gedeihen, und das wäre Ja ein Ewiger Schandfleck für teutschland, wenn wir Teütsche einmal mit Ernst anfiengen teutsch zu denken – teutsch zu handeln – teutsch zu reden, und gar teutsch – zu Singen!!! –"[22] Das schreibt Mozart nach seinem bis dahin größten Bühnenerfolg mit seiner deutschen *„Entführung"*, und er schreibt es an den Mannheimer Poeten Anton von Klein – um ihm ein deutsches Opernlibretto zurückzusenden! Gewiß fühlte sich Mozart nicht gerade als lokale Größe, und er legte Wert darauf, durch sein Wirken dem „Reich" im Konzert der Völker eine gewichtige Stimme zu verschaffen. Aber er war keineswegs bereit, sich zum Märtyrer für ein Land zu machen, das ihn nicht gebührend anerkannte. Im Brief an den Vater vom 17. August 1782 ließ er es diesbezüglich an Deutlichkeit nicht fehlen: „die H:Wienner: worunter aber haubtsächlich der (kayser) verstanden ist: sollen nur nicht glauben, daß ich wegen Wienn allein auf der Welt seye. – keinen Monarchen in der Welt diene ich liebe als dem kayser – aber erbetteln will ich keinen dienst. – Ich glaube so viel im Stande zu seyn daß ich Jedem Hofe Ehre Machen werde. – will mich Teütschland, mein geliebtes vatterland, worauf ich: wie sie wissen: Stolz bin, nicht aufnehmen, so muß im gottes Nammen frankreich oder England wieder um einen geschickten Teutschen Mehr reich werden; – und das zur schande der teutschen Nation. – sie wissen wohl daß fast in allen künsten immer die Teutschen die Jenigen waren, welche Excellierten – wo fanden sie aber ihr glück, wo ihren Ruhm? – in teutschland wohl gewis nicht! –"[23]

Einmal nur wurde auch Mozart von einer Welle patriotischer Begeisterung erfaßt. Als Österreich 1788 zusammen mit Rußland gegen die gefürchteten Türken zog, reagierte er mit zwei Kriegsliedern und einem programmatischen Kontretanz *„La Bataille oder die Belagerung Belgrads"*. Indessen sind die Lieder *„Beim Auszug in das Feld"* und *„Ein deutsches Kriegslied"* mit dem Textanfang „Ich möchte wohl der Kaiser sein" keineswegs chauvinistisch; im Gegenteil verweisen sie auch auf die Gleichberechtigung der Völker. Sie entstanden während der Arbeit an den drei letzten Sinfonien in einer Phase bitterster Not, und namentlich zwischen *„Kaiserlied"* und *„Jupitersinfonie"* gibt es anscheinend mehr als nur latente motivische und gestische Beziehungen. Mozarts letzte Kundgebung in diesem Zusammenhang ist das *Adagio und Allegro für eine Orgelwalze* KV 594 zum Andenken an den General Gedeon Ernst von Loudon, der die Türken bei Belgrad besiegt hatte und 1790 gestorben war. Die Musik, später für Klavier zu vier Händen arrangiert, erklang zur Aufbahrung der Leiche des Feldmarschalls im Müllerschen Wachsfigurenkabinett, dessen Besitzer Graf Joseph Deym als Gatte der Josephine Brunsvick aus der Biographie Beethovens bekannt ist. Mozart erledigte den

Auftrag allerdings nur ungern; er sei ihm verhaßt und ennuyiere ihn, schrieb er seiner Frau, und er würde ihn, „wenn es nicht um einer so wichtigen Ursache willen geschehe ... sicher ganz bleiben lassen“[24].

6

Wie lassen sich all diese kaum homogenen Fakten zusammenfassen? Letztlich kann es nur die eine, schon längst formulierte Antwort geben: Mozarts politische Impulse wurden abgedeckt durch jene breite progressive Geistesbewegung des 18. Jahrhunderts, die man „Aufklärung“ nennt. Doch inwieweit er sich ihr bewußt und aktiv zuordnete, bleibt trotzdem ungewiß. Aber allein schon mit der Themenwahl seiner drei bedeutendsten Opern, *„Figaros Hochzeit“*, *„Don Giovanni“* und *„Zauberflöte“*, repräsentiert er sie an vorderster Front – um von der spezifisch musikalischen Epochenleistung nicht zu sprechen. Es sind Sujets, die, wie Georg Knepler zu Recht betonte, „von aktueller politischer Bedeutung waren: *‚Figaros Hochzeit‘* hatte sich Mozart mit kühnem Griff direkt aus Frankreich geholt, wo Beaumarchais’ gleichnamiges Stück mit Recht als unmittelbare Vorwegnahme revolutionärer Aktionen galt; *‚Don Giovanni‘* behandelte ein Grundproblem der Zeit – die Bestrafung des schranken- und hemmungslosen Aristokraten; die *‚Zauberflöte‘* schließlich stellte, in Form einer märchenhaften Allegorie, den wichtigsten Gedanken der Aufklärung dar, daß nämlich die Menschen durch Beispiel und Belehrung erzogen werden können.“[25]
Wie in der *„Zauberflöte“* manifestiert sich solches optimistisch-reformerische Gedankengut in vielen anderen Werken, insbesondere auch in denen, die er für die Freimaurer in deren Geist schrieb. Den Freimaurern, einer speziell männerbündischen, damals fortschrittlichen Bewegung, schloß sich Mozart 1784 an. In Wien gehörten den verschiedenen Logen die führenden Vertreter der josephinischen Verwaltungsreformen an. Geprägt von antiklerikalen, freigeistig-deistischen Gedankenkonzepten, pflegten sie die aufklärerischen Ideale von Freiheit, Gleichheit und Menschenwürde. Mozart erhoffte sich von dem „Bruderbund“ Belehrung, emotionales Erleben, ethisch-moralische Vor-

bildwirkung und nicht zuletzt Aufträge, Unterstützung, Geselligkeit. Solche Aufträge wurden ihm in der Tat erteilt, denn die Mitglieder schätzten die pädagogische Bedeutung der Musik. Mozart hat denn auch einige rituelle Stücke geschrieben, wie zum Beispiel die Kantaten *„Dir, Seele des Weltalls"*, *„Die Maurerfreude"*, *„Die ihr des unermeßlichen Weltalls Schöpfer ehrt"* oder, als bekanntestes, die instrumentale *„Maurerische Trauermusik"* zum Ableben zweier Logenbrüder. Darüber hinaus gingen freilich freimaurerische Ideen, wie Fritz Hennenberg betonte, „in Stoff und Form von Schöpfungen ein, die sich, fern ritueller Zweckgebundenheit, an die breite Öffentlichkeit wandten und die Symbole des Ordens als allgemeine Symbole des Humanismus auffaßten"[26].

Dieser allumfassende menschliche Anspruch lenkt letzten Endes auch Mozarts reifes kompositorisches Denken, das manche Schranke des stilistischen und modischen Purismus durchbricht und zu einer Sprache findet, bei der sowohl Kenner wie die Masse der Liebhaber auf ihre Kosten kommen, eben – wie Mozart sich ausdrückte: alle Ohren, ausgenommen die langen. Eine musikalische Volksverbundenheit, die höchsten artifiziellen Ansprüchen in nichts nachgibt, die mit dem Volk nicht „tümelt", ist Mozarts unnachahmlicher musikhistorischer und sozialgeschichtlicher Beitrag aus eigenem, genialem Vermögen wie aus der emanzipatorischen Perspektive der Epoche. Dies war und bleibt die wichtigste „politische" Dimension seiner Musik, auch wenn sie der Komponist als solche nicht wahrnahm oder es für überflüssig hielt, sie auf theoretische Begriffe zu bringen.

1 Wolfgang Hildesheimer, Mozart, Berlin 1980, S. 71.
2 Ebd., S. 71f.
3 Briefe Wolfgang Amadeus Mozarts, hg. von Erich Müller von Asow, Berlin 1942, Bd. 2, S. 391 (Original italienisch); Übersetzung zit. nach Georg Knepler, Musikgeschichte des 19. Jahrhunderts, Berlin 1961, Bd. 1, S. 102f.
4 Ebd., Bd. 2, S. 86.
5 Ebd., S. 87.
6 Ebd., S. 104.

7 Ebd., S. 96f.
8 Ebd., S. 100.
9 Ebd., S. 104.
10 Mozart. Die Dokumente seines Lebens, hg. von Otto Erich Deutsch, Leipzig 1961, S. 234f.
11 Briefe Mozarts, a. a. O., Bd. 1, S. 486.
12 Ebd., Bd. 2, S. 350.
13 Ebd., Bd. 1, S. 391.
14 Dokumente, a. a. O., S. 434.
15 Mozart. Briefe und Aufzeichnungen, gesammelt und erläutert von W. A. Bauer und O. E. Deutsch, Leipzig 1962f., Bd. 2, S. 66.
16 Ebd., Bd. 3, S. 127.
17 Friedrich Dieckmann, Orpheus eingeweiht, Berlin 1983, S. 13.
18 Briefe Mozarts, a. a. O., Bd. 1, S. 483.
19 Zit. nach Ludwig von Köchel, Chronologisch-thematisches Verzeichnis der Werke W. A. Mozarts, bearbeitet von A. Einstein, 5. Auflage, Leipzig 1961, Anmerkung zu KV 386, S. 505.
20 Mozart. Briefe und Aufzeichnungen, a. a. O., Bd. 2, S. 522.
21 Ebd., Bd. 2, S. 254.
22 Ebd., Bd. 3, S. 393.
23 Ebd., Bd. 3, S. 220.
24 Zit. nach Chronologisch-thematisches Verzeichnis, a. a. O., Anmerkung zu KV 594, S. 759.
25 Georg Knepler, Musikgeschichte des 19. Jahrhunderts, a. a. O., Bd. 1, S. 102.
26 Fritz Hennenberg, Wolfgang Amadeus Mozart, Leipzig 1970, S. 75.

Ludwig van Beethoven, Sinfonie Nr. 3 Es-Dur op. 55 („Eroica“), Finale: Allegro molto

ICH KENNE NICHTS KLEINERES ALS DIE GROSSEN

Ludwig van Beethoven

1

Unter den kaum beachteten Nebenwerken Beethovens gibt es einen *Contretanz für Orchester in Es-Dur* (W. o. O. 14, Nr. 7), der uns gleichwohl ganz unwillkürlich aufhorchen läßt. Wie jeder einigermaßen mit dem Komponisten vertraute Hörer weiß, hat dieses kleine, unscheinbare Stück Musik eine große, unverzichtbar repräsentative Musik hervorgebracht. Es hat seine eigene Geschichte und hat in anderem Gewand Geschichte gemacht. Als es zum ersten Mal, wohl in einem Wiener Ballsaal um 1800, öffentlich erklang, dürfte es von den tanzenden und plaudernden Nobilitäten kaum bemerkt worden sein. Heute vergeht in der Welt vielleicht keine Stunde mehr, ohne daß in Konzerten, von Schallplatten, übers Radio Tausende, aber Tausende Liebhaber Beethovenscher Musik ihm nicht voller Ergriffenheit und Entzücken lauschen. Denn wir kennen es in verschiedenen Versionen, aber vor allem begegnen wir ihm im Finale der unvergleichlichen *„Sinfonia eroica"*. Und da nun gerade dieses Haupt-Werk, eines der zentralen Dokumente Beethovenschen Musikdenkens, immer wieder auch die Erinnerung an dessen ideologischen Kontext wachruft, ja mit dem Zentrum politischer Implikationen seines Komponierens verknüpft scheint, taugt jene ursprüngliche Tanzmelodie recht gut zum Leit-Motiv für eine solche Fragestellung.

Zumindest hilft sie, die entmutigende Unerschöpflichkeit des reichen Materials an wenigstens einen roten Faden zu binden und diesen Faden – was leider dabei zumeist entgleitet – unmittelbar aus der Musik selbst zu ziehen. Gerade in Beethovens Fall, einem unermüdlich besprochenen, braucht man weder die Fülle berühmt gewordener Sentenzen und Bonmots noch die erhebliche Zahl sogenannter aktuell-politischer Gelegenheitswerke Revue passieren zu lassen. Sie geben kaum ein zulängliches Bild seines politischen Standorts, solange sie, teils zu pathetischen Formeln geronnen, teils in voller authentischer Widersprüchlichkeit diskutiert, als „eigenständige" Ebene der geistigen und nicht als „vermittelnde" Ebene der musikalisch-schöpferischen Biographie verstanden werden. Denn trotz Beethovens außerordentlich intensiver Anteilnahme auch an den detailliertesten politischen Vorgängen seiner Zeit, trotz seiner dezidierten Wort-Meldungen zu den verschiedensten Aspekten politischer Theorie und Praxis, darf er nicht zum Ideologen hochstilisiert werden, der etwas musikalisch illustriert, sondern er ist adäquat nur zu begreifen als weltaufgeschlossener Musiker, der „lieber 10000 Noten als einen Buchstaben"[1] schreibt und allerdings nun mit diesen Noten seine Welt, seine politischen Überzeugungen auch, emphatisch preisgibt.

Dies nachzuvollziehen, bleibt das einzig Lohnende, das Unumgängliche, um Beethovens Intentionen zu verstehen, doch das Mühselige und Zweifelhafte zugleich, weil er in seiner eigentlichen Sprache kaum anders als in Metaphern und Symbolen, verschlüsselten Konfigurationen und anspielungsreichen Assoziationen „reden" muß. Und solches „Müssen" wird für den Ton-Dichter nicht nur unverzichtbare Voraussetzung des musikalischen Seins, sondern zur „politischen" Methode seiner oppositionellen Strategie – gegen konkrete Zensur oder gegen allgemeinen Zeitgeist, für die überdauernde Gültigkeit und Aktualität, die zukünftige Resistenz einer Kunst, die ohne kritisch reflektierenden Bezug auf die geistigen Herausforderungen ihrer Entstehungszeit so gar nicht denkbar wäre. Die Folgen sind nicht nur erfreulich, bedenkt man die nachgeborene, die anschließende Deutungs-Geschichte des Bedeutsamen: besonders dann nicht, wenn, wie so oft und allzugern, Beethovens Musik zum Hebel eigennütziger politischer Selbstdarstellung und Machtdemonstration zugerüstet, gemißbraucht, verfälscht worden ist. Aber auch anders kann Segen zum Fluch ausschlagen.

Läßt sich denn über diese *„Sinfonia eroica"*, zum hier angezogenen Exempel, über dies attraktivste Kernstück einer über anderthalb Jahrhunderte währenden „heroischen" Beethoven-Verkultung, noch sprechen, ohne schon unendliche Male Gedachtes und Geschriebenes zu wiederholen? Es scheint ja das sicherste Zeichen ihres unerschöpflichen wie unbegreiflichen inneren Gehalts zu sein, daß doch jedermann reichlich auf seine Kosten kommt – entweder im gefühlig versinkenden Erleben, im nachsinnenden Hochgenuß oder im geschichtsbewußten Staunen und im wissenschaftlich-analytischen Erkunden der Musik. Sie vermag dem einen als tönende Philosophie, dem anderen als vollendetes Formspiel sich zu offenbaren; sie befriedigt den poetisch-bildhaft Hörenden ebenso wie den auf anekdotische Hintergründe Neugierigen; und allen hilft sie eben, die jeweils eigene Musikanschauung zu verteidigen. Aber gewiß kaum minder groß als die Gewalt ihrer Wirkung ist das Rätsel ihrer Existenz. Diesen gewaltigen, gewaltsamen Sprung in Beethovens Entwicklung, binnen weniger Jahre nach 1800, zu einer solchen Monumentalität und Komplexität der sinfonischen Arbeit und Agitation: wie soll man ihn begreifen? Der nimmermüde Verweis auf Beethovens Napoleon-Verehrung und die ursprüngliche Widmung an Bonaparte begründen vielleicht den Wunsch nach einer Art Idealkonkurrenz des großen Musikers mit einem Giganten der Politik. Sie erklären indessen ebensowenig wie die neuerdings erhärtete Vermutung, Beethoven habe die Sinfonie als repräsentatives Gastgeschenk für eine zeitweise geplante Übersiedlung nach Paris vorgesehen, warum sie in der kompositorischen Ausführung und als künstlerisches Resultat so unvergleichlich gelingen konnte. Sein Ergebnis war ihm offenkundig mehr und anderes wert als die ursprüngliche Absicht, denn er zerriß ja nicht die Sinfonie, sondern nur ihr Titelblatt, als er sich durch Napoleons Kaiserkrönung 1804 um ein politisches Freiheits-Ideal betrogen sah.

2

Daß es Beethoven letztlich nicht um eine musikalische Personenbeschreibung mit pragmatischer Huldigung ging, belegt in dieser Sinfonie wohl am besten jene anfänglich zitierte kleine Melodie. Und sie vermag deutlich zu machen, welcher Methoden sich der Komponist bediente, um die politische Sphäre in die musikalische zu transzendieren, wenn ihm dies wesentlich war. Der Weg ihrer Metamorphose vom spielerisch-gefälligen Tanzthema zum ideentragenden, ausführlich gesteigerten Hymnus symbolisiert einen aufschlußreichen Ausschnitt aus Beethovens persönlicher, weltanschaulicher und künstlerischer Entwicklung. Er ist aufs engste der Beschäftigung und Auseinandersetzung mit der Prometheus-Gestalt verbunden, die für Beethoven, selbst ein prometheischer Charakter, neben anderen antiken Heroen zu einer der Leitfiguren seiner lebenslang bewahrten, verteidigten Ideale wurde. Die künstlerische Methode, Selbst- und Weltverständnis in antiken Dimensionen zugleich zu verfremden und als realitätskritische Muster nahezubringen, um dem dunklen Alltag der Zeit ein aufklärendes Licht anzuzünden, fand er in der klassischen Literatur und Kunst vorgeprägt. Denn schon in seiner frühen Bonner Zeit, im Verkehr mit vielen Freunden, die dort in organisierter Form das fortschrittliche Gedankengut der Aufklärung diskutierten, lernte er sie unter anderem in den Werken Goethes, Schillers, Klopstocks oder Herders kennen. Er wurde ein leidenschaftlicher Anhänger des Josephinismus, schließlich der umstürzenden Ideen der Französischen Revolution. Aber man darf auch bei allen so rebellischen, citoyenhaften, anarchischen Zügen seines Charakters nicht übersehen, daß er (ebenso wie die literarischen Klassiker) die jakobinisch-radikale Phase der Revolution nicht goutierte, daß er im frühen Napoleon den eigentlich republikanischen Vollstrecker erblickte und die moderne Inkarnation jenes erträumten, letztlich harmonischen Gesellschaftszustandes, in dem, wie etwa beim platonischen Staatsmodell, der so starke wie aufgeklärt tolerante Herrscher mit den loyalen Aktivitäten freier Bürger zusammenstimmte. Daher legte er, als er 1792 nach Wien ging, ein durchaus widerspruchsvolles Verhalten an den Tag, das jenseits zugespitzter „Klassenfragen“ lag und diktiert war von den strengen Grundsätzen moralischen Adels und der unternehmerischen Bürgerlichkeit, sich als freier, unabhängiger Künstler durchzusetzen. Seinen Ruf als Komponist, Klaviervirtuose, Lehrer und Improvisator suchte er in den Musiksälen und mit den Pfründen der Hocharistokratie wie in den Salons des Bürgertums und als zunehmend gewiefter Geschäftsmann gleichsam mit Gewalt durchzusetzen und zu befestigen. Dem entsprach ein weites, verschiedene soziale Räume und Gebrauchsweisen erfüllendes Spektrum der musikalischen Gattungen, auch wirkliche Tanzmusik, die er wie Haydn oder Mozart nach konkretem Auftrag schrieb. Und im siebenten jener zwölf Contretänze für Orchester, die um 1800 für Redouten und Bälle der Wiener Gesellschaft der bildenden Künstler entstanden, entdecken wir zum ersten Mal unser „Thema".

Etwa gleichzeitig mit diesen Tänzen komponierte Beethoven die *Klaviersonaten op. 26* und *27*, den ersten Satz der *2. Sinfonie* und das Ballett *„Die Geschöpfe des Prometheus"*. Dieses allegorische Handlungsballett, ein erster Vorgriff zur Bühne, war ebenfalls eine gelegentliche, von Beethoven später als „verunglückt" bewertete Auftragsarbeit. Der italienische Ballettmeister Salvatore Viganò, der auch selbst komponierte, hatte die Handlung entworfen. Auch er strebte, wie Beethoven, nach Neuerungen und wollte den Tanz aus formalistischer Erstarrung befreien und ihm eine natürliche, vitale, gehaltvollere Entwicklung geben. Das Stück schildert, wie Prometheus „die Menschen zu seiner Zeit in einem Zustande von Unwissenheit antraf, sie durch Wissenschaften und Kunst verfeinerte und ihnen Sitten beibrachte", wie er „die von ihm geschaffenen Menschen durch Apollo und die Musen unterrichten läßt, um sie zu vernünftigen Wesen zu erziehen".[2] Unter den sechzehn musikalischen Nummern neben der bekannten Ouvertüre gibt es zahlreiche Tanzstücke und Szenen voll dramatischer Kraft, wie gleich zu Beginn bei der Schilderung des Feuerzaubers mit Gewitter, Sturm und zuckenden Blitzen: eine aufrührerische „Tempesta", die den vierten Satz der *Pastoral-Sinfonie* vorwegnimmt. Im zweiten Akt erklingt ein Adagio von bezaubernder Klangschönheit. Diese Szene will die Wirkung der Musik auf die Geschöpfe des Prometheus ausdrücken. „Bei ihren Weisen beginnen die beiden jungen Wesen Zeichen von Vernunft und Überlegung zu geben"[3], erläuterte ein Bericht. Und schließlich exponiert Beethoven seinen wiegenden Contretanz im Finale als Reigenmelodie. Sie begleitet die Freude der mündigen Menschen, symbolisiert die gelungene Tat des Kulturbringers Prometheus und figuriert damit als Zeichen einer konkreten Idee.

3

Mit dem Prometheus-Sujet schloß sich Beethoven einer betont antifeudalen, aufklärerischen Stoff-Tradition an. Und daß er über das Ballett hinaus an ihm festhielt, belegt sein tiefergehendes, prinzipielles Interesse. Fruchtbar wurde das Thema seit der zweiten Hälfte des 18. Jahrhunderts, genauer in der Periode des Sturm und Drang, nachdem Prometheus für die Ästhetik im Anschluß an Shaftesbury als Symbol des kreativen Künstlers und schöpferischen Menschen überhaupt figurierte. Die Schriftsteller vor der Französischen Revolution nutzten es übereinstimmend zum Protest gegen Tyrannenherrschaft, klerikale Bevormundung und höfisch-aristokratische Lebensweise. Als neue literarische und wirkliche Hauptgestalt agiert das „Originalgenie", der Typ des produktiven bürgerlichen Menschen, der nicht mehr fügsames Objekt adliger Willkür sein will, sondern seine Talente frei zu entfalten und die ihm durch das feudale System auferlegten Fesseln kämpfend zu sprengen sucht. Goethes „Prometheus"-Gedicht von 1775 gibt das Beispiel größter Verallgemeinerung dieses neuen Helden, der den konsequenten Kampf fortschrittlicher Kräfte gegen reaktionäre Erstarrung und dogmatischen Herrschaftsanspruch zeigt. Goethe entthront in seiner frei-rhythmischen Hymne durch den Mund des genialen Empörers und Selbsthelfers sowohl den himmlischen Monarchen als auch den weltlich-wirklichen Fürsten „von Gottes Gnaden". Das künstlerische Genie wird mit dem Weltschöpfer verglichen, es ist gleichsam Gegenschöpfer der Natur und Gottes. Im Gewande des „göttlichen Menschen", des großen „Selbsthelfers", als „Ebenbild der Gottheit" kündigte sich Individualität als der neue Beweger und Lenker der menschlichen Gesellschaft an, der sich nach seinem Bilde eine neue Welt erschafft. Es geht auch nicht mehr nur um Gleichstellung, sondern um den Sturz der Götter, der in der Vorstellung des Prometheus vollzogen wird und in der er als Repräsentant des Volkes über den Despotismus triumphiert. Von diesem Gipfel rebellischen Denkens, dem „Zündkraut einer Explosion", seinen „Jünglingsgrillen"[4], rückte Goethe später energisch ab. Solche „Grillen" aber blieben scharfe Mosaiksteine aufklärerischer, revolutionär-demokratischer

Sehnsüchte, die der Bonner Beethoven teilte und im Konsul Bonaparte auf großer weltpolitischer Bühne glänzend inkarniert fand.

In sich freilich nicht minder. Auch Beethoven trotzte alten Göttern, auch er verstand sich als eine Art Feuerbringer, der die Menschen zu neuem, höherem Leben erwecken wollte, auch ihn hatte – unter schmerzlichen existentiellen Konflikten – „die allmächtige Zeit" „zum Manne geschmiedet"[5]. Die Menschen zu formen nach seinem Bilde, nach seinen Ideen, mit seiner Musik auf sie bildend und fortschreitend einzuwirken, das war sein Ziel: „Du mußt dir alles in dir selbst erschaffen"[6], schrieb er einem Freunde; er wünschte sich „ein Magazin der Kunst in der Welt, wo der Künstler seine Kunstwerke nur hinzugeben hätte, um zu nehmen, was er brauchte"[7]; und „ist dann der Wohlstand etwas besser in unserm Vaterlande, dann soll meine Kunst sich nur zum Besten der Armen zeigen. O glückseliger Augenblick, wie glücklich halte ich mich, daß ich dich herbeischaffen, dich selbst schaffen kann."[8] Solche demokratischen Träume machten ihn, unter der Maske taktischer Bündnisse und persönlicher Freundschaften, zum plebejischen Rebellen gegen den aristokratischen Olymp. „Fürst", schrieb er einem seiner adligen Gönner, „was Sie sind, sind Sie durch Zufall und Geburt, was ich bin, bin ich durch mich. Fürsten hat es und wird es noch Tausende geben, Beethoven gibt es nur einen."[9]

Der junge Goethe läßt seinen Prometheus sagen: „Ich kenne nichts ärmeres unter der Sonn', als euch, Götter!", und Beethoven notierte: „Ich kenne nichts Kleineres, als die Großen."[10] Daß er gleichwohl selbst gekrönten Häuptern seine Partituren widmete, so etwa die *Neunte Sinfonie* dem König von Preußen, bedeutet demgegenüber nichts weiter als merkantilistisches und propagandistisches Kalkül. Die Adressaten seiner Kunst waren sie ohnehin nicht. Das biedere Bürgertum seiner Wiener Umwelt, das seiner begründeten Meinung nach niemals revoltieren würde, solange es braunes Bier und Würstel bekomme, war es allerdings nicht minder. Ihm galt sein verächtliches Wort: „Abgeschlossen soll der Bürger von höhern Menschen sein, und ich bin unter ihn geraten."[11] Kein Zweifel, daß er sich für einen Erwählten hielt, einen Adligen des Geistes in ei-

ner imaginären Republik der edleren und besseren Menschen seines Zeitalters. Ihnen galt die begeisternde Ansprache seiner großen Werke, ihnen begegnete er freilich in der Wirklichkeit nur selten. Aber immerhin schätzte er besonders alle diejenigen, die es – wie er – aus eigener Kraft, aus sozusagen niederer Herkunft zu etwas gebracht hatten, zu überragenden Leistungen, die sich „aus Nacht zum Licht" emporgearbeitet, durchgekämpft hatten. Und war nicht auch Napoleon, in staunenswertem Maßstab, ein solcher Mann, Kämpfer und Held?
Er könnte Beethoven schon vor Augen gestanden haben, als er um 1800 daranging, die Fesseln der musikalischen Konvention zu sprengen, sich ein neuartiges musikalisches Terrain mit geradezu usurpatorischer Gewalt und Zielstrebigkeit zu erobern, sich auf einen unerhörten, heroischen Stil zu verpflichten. Berühmt ist ja sein Bekenntnis: „Ich bin nur wenig zufrieden mit meinen bisherigen Arbeiten, von heute an will ich einen neuen Weg einschlagen."[12] Worin bestand dieser Weg? Bevor er wissen konnte, daß Napoleon nach dreimaligem Sieg über Österreich in Schönbrunn residieren würde, holte er die Ideen der Trikolore von Paris nach Wien. Musikalisch genommen, spottet die Fülle der kühnen Neuerungen hier jeder ausführlichen Beschreibung. Sie reicht von der Aneignung der Intonationen der französischen Revolutionsmusik über die Erweiterung der formalen Dimensionen und die Vertiefung der Konflikt-Dramaturgie bis zur radikalen Verdichtung thematischer Zusammenhänge, motivischer Entwicklung, variativer Dialektik, zu einer Differenzierung und Extremisierung der Charaktere von sublimer Lyrisierung bis zur explosiven, gewaltsamen Dramatisierung und zur „schließlich" befreienden, schrankenlos jubelnden Hymnik.
Beethovens „neuer Weg" zeigt sich bereits eindrucksvoll in jenem Werk, das erneut, aber nun verwandelt, das Prometheus-Thema aufgreift und verarbeitet. Es sind dies die *15 Variationen mit Fuge in Es-Dur op. 35* für Klavier, die 1802 entstanden. Welche Bedeutung ihnen Beethoven selbst zumaß, geht aus Briefen an das Leipziger Verlagshaus Breitkopf & Härtel hervor, wenn er schreibt, er „habe zwei Werke Variationen gemacht ... Beide sind auf eine wirklich ganz neue Manier bearbeitet, jedes auf eine andere ver-

schiedene Art ... Ich höre es sonst nur von anderen sagen, wenn ich neue Ideen habe, indem ich es selbst niemals weiß, aber diesmal muß ich Sie selbst versichern, daß die Manier in beiden Werken ganz neu von mir ist ... Da diese (Variationen) sich merklich von meinen früheren unterscheiden, so habe ich sie ... unter die wirkliche Zahl meiner größeren musikalischen Werke aufgenommen, um so mehr, da auch die Themas von mir selbst sind."[13] Beethoven erklärt die 15 Variationen über sein Prometheus-Thema dahingehend, daß „drei Variationen zusammengeschmolzen sind im Adagio und die Fuge freilich keine Variation genannt werden kann, so wie auch der Eingang von diesen großen Variationen, welcher ... mit dem Baß des Themas anfängt, dann zu 2, zu 3 und zu 4 Stimmen endlich wird und dann erst das Thema kommt, welches man wieder keine Variationen nennen kann"[14]. Wie wichtig dem Komponisten die Verbindung zur Prometheus-Idee war, geht aus einem weiteren Brief hervor: „Bei den großen Variationen ist noch vergessen worden, daß das Thema davon aus einem von mir komponierten allegorischen Ballett ... Prometheus ... stammt, welches hätte auf das Titelblatt kommen sollen, und wenn es möglich ist, bitte ich Sie noch darum, ... müßte das Titelblatt geändert werden, so geschehe es nur auf meine Kosten."[15]

4

Die Komposition dieses Variationswerkes bereitete Beethoven überdurchschnittliche Anstrengung, wie aus der großen Zahl der erhaltenen Skizzen hervorgeht. Aber mit dem Ergebnis schien sich Beethoven noch immer nicht zufriedengeben zu wollen, noch immer nicht schien ihm der in seinem Thema verborgene Gehalt voll ausgeschöpft zu sein: So benutzt er es noch ein letztes Mal, die gesamte Vorarbeit ausnutzend und sie auf Orchester und eine große Gattung verpflanzend: als tragende musikalische Gestalt für das Finale seiner großen Heldensinfonie, der *„Eroica"*. Und nun versteht man, warum die anfängliche Leitgestalt Napoleons, die in die mythisch verallgemeinernde Prometheus-Figur transzendiert wurde, ihre empirische Existenz bis zu Beethovens Enttäuschung und späterem Haß und noch späterem, wieder neu entdecktem Respekt in der Restaurationszeit verändern konnte, ohne daß der Komponist die Partitur im geringsten anzutasten brauchte. Im Finale der Sinfonie sind die mit Bonaparte verknüpften Revolutions-Ideale der „Freiheit, Gleichheit und Brüderlichkeit" als unabgegoltene prometheische Forderungen aufgehoben und in den Variationen der Reigenmelodie als hymnische Apotheose bleibend verherrlicht.

Die vorangehenden drei Sätze des Werkes, dessen Länge allein alle Konventionen sprengte, arbeiten darauf hin: das eröffnende „Allegro con brio" mit seiner völlig neuartigen, dramatischen Konfliktschürzung; der zugleich düstere und triumphal aufbrechende Trauermarsch; das turbulent vitale Scherzo mit seinen fröhlichen Naturlauten im Trio. Die Zusammenfassung alles dessen im Finale ist so außergewöhnlich wie die lange Wanderung seines musikalischen Hauptgedankens. Sie überrascht nur nicht, wenn man sie als Konsequenz von Beethovens Arbeitsweise, der eigentümlichen Methode seiner „strategischen" Planungen begreift: „Ich verändere manches, verwerfe und versuche aufs neue so lange, bis ich damit zufrieden bin; dann aber beginnt in meinem Kopf die Verarbeitung in die Breite, in die Enge, Höhe und Tiefe und da ich mir bewußt bin, was ich will, so verläßt mich die zugrunde liegende Idee niemals, sie steigt, sie wächst empor."[16] Ähnlich wie ein General seine Truppen zur vorgeplanten Schlacht, führt Beethoven den ursprünglich praktischen Sinn eines Tanzsätzchens in andere Gefilde. Im Finale der *„Eroica"* löst sich emanzipatorisches Ringen in die Vision eines Freiheitsreigens auf, in das noch ungebrochene, aber schon inszenierte klassische Ideal menschlicher Selbstverwirklichung und humanisierter Versöhnung aller mit allen. Es schien ihm durch die sinnbildliche, voraneilende, führende Tatkraft prometheischer Charaktere realisierbar. Und in die alle Konvention sprengenden Dimensionen der Sinfonie hat der Komponist auch sich selbst als solchen gespiegelt. Sie ist ein „heroisches" Zeugnis dafür, was menschliche Schöpferkraft über das „normale" Maß hinaus vermag.

An solcher idealischen Brechung, nicht am simplen Reflex politischer Empirie, bewähren sich die großen, zentralen Werke der Beethovenschen Sinfonik. Wo er Realitäten und

Zelebritäten staatlicher Macht glaubte unmittelbar illuminieren zu sollen, schrieb er anderes, reagierte er konkret und unmißverständlich. Erinnert sei an die frühen Bonner Kantaten auf den Tod Kaiser Josephs und die Inthronisation Leopolds II., an einige Kriegslieder für die österreichischen Soldaten im antifranzösischen Abwehrkampf, an die populäre *„Schlachtensinfonie"* oder die Kantate *„Der glorreiche Augenblick"* zu Ehren des Wiener Kongresses 1814, dessen reaktionäre Konsequenzen der Komponist noch nicht durchschauen konnte. Beethoven dachte eminent politisch – er war nebenbei ein geradezu leidenschaftlicher Zeitungsleser und verwickelte Freunde allenthalben in solche Thematiken –, aber seine anstrengenden Hauptwerke verstand er wohl kaum als entsprechende Propaganda-Thesen zum aktuellen Verschleiß. Deshalb ist stets auch Kritik vonnöten, wenn etwa nach so beliebter wie simpler Konzertführer-Weise einzelne Fakten zu fiktiven Konstruktionen ver„dichtet" und Halbwahrheiten als gültige Weisheiten verkauft werden. Im Falle der *Dritten Sinfonie*, wie im Falle beispielsweise auch der *Siebenten*, gehört dazu die notorische Unsitte, beide Werke umstandslos zu illustrativen Dokumenten der jeweils aktuellen Zeitereignisse aufzurüsten: einmal im pro-napoleonischen, das andere Mal im anti-napoleonischen Sinne.

Da wird, um letztgenanntes Werk heranzuziehen, aus der (unvollständigen) autographen Datumsangabe „1812, 13ten" (ergänze: Mai), die ja lediglich den Beginn der Partiturniederschrift vermerkt, eine „Sinfonie 1812" im „tieferen Sinne" herausgelesen, „nämlich der künstlerische Beitrag des Patrioten Beethoven zur nationalen Volkserhebung der Befreiungskriege", die warnende Vorahnung von Napoleons Rußlandfeldzug, die prophetische Feier „des Sieg(s) der unterdrückten Völker" und „alles dessen, um das die Völker zum Erlangen ihres Glücks, Wohlstandes und Friedens kämpften"[17]. Natürlich kann man die Sinfonie in einem solchermaßen politisch konkreten Sinne und so geschichtsphilosophischen Sinns hören, zumal dies in groben Zügen Beethovens damaligen ideologischen Überzeugungen entspricht, dem generell agitatorischen Anspruch seines sinfonischen Denkens nahekommt und die Uraufführung des Werks (im Dezember 1813 zusammen mit der

Schlachtensinfonie *„Wellingtons Sieg"* sowie der *8. Sinfonie*) tatsächlich im Rahmen der anti-napoleonischen Siegesfeiern bejubelt wurde. Wer aber glaubt, Beethoven hätte zu allgemeinen Ideen nur das passende Klanggewand gesucht (um einer mechanistischen Widerspiegelungstheorie vorzugreifen), mißversteht in der Regel nicht nur ihn, sondern die Regulative und komplizierten widerspruchsvollen Bedingtheiten des kompositorischen Metiers überhaupt. Denn gerade auch Beethoven fesselte, im doppelten Sinne des Wortes, die angestrengteste Arbeit mit und in seinem musikalischen Material, mit und in den schöpferisch befreienden Gedanken des musizierenden Musikers. Und diese Arbeit zielt schließlich auf die Befreiung des Denkens bei seinen Hörern, auf die Beflügelung ihrer Sinne und ihres Geistes, beinahe gleich, ob dieser pragmatisch, politisch, „für" oder „gegen" die Zeit stand oder ob die Zeiten mit ihren wechselnden Ideen und Idealen seine eigenen überhaupt zu ergründen versuchten, zu bedenken vermochten. Beethovens Musik scheint jedermann verständlich, aber wer wollte im Ernst behaupten, ihn in seinem Sinne erschöpfend auch verstanden zu haben?

5

Um so mehr avancierte Beethoven in der Geschichte zum Exerzierplatz exegetischer Kämpfe, zum bestgeeigneten Kronzeugen wechselnder politischer Überzeugungen und parteiischer Vereinnahmungen. Und immer besonders dann, wenn politische Ereignisse großen Stils der musikalischen Rechtfertigung und Illuminierung bedurften, wurden Beethovens große Werke umstandslos bemüht. Zwei kleine Beispiele aus älterer Zeit mögen dies belegen. So scheute sich selbst ein intelligenter Musiker wie Hans von Bülow nicht, in einer Rede vor einem Berliner Konzert am 28. März 1892 bezüglich der *„Eroica"* die folgende, auszugsweise zitierte Interpretation anzubieten: „Also mit der Menschheit ist es ein schöner Traum, der seine bösen Früchte getragen. Er hat z. B. manche Worte des Wahns hervorgerufen, darunter die drei Worte des Wahns: liberté, égalité, fraternité, einen bösen Irrtum ... denn mit dieser Devise ist nichts ausgerichtet worden, wie wir sehen, höchstens das Gegenteil; sie sind karikiert und parodiert, aber niemals realisiert worden. Da könnte ich ihnen eine andere Realität nennen, die idealisiert worden ist, so wenig süß und einschmeichelnd sie klingt, so nüchtern und prosaisch sie ist. Das ist gegenüber der Freiheit, Gleichheit und Brüderlichkeit die positive Devise: Infanterie, Kavallerie und Artillerie ... Wir brauchen nicht lange zu suchen, wen wir auf das Titelblatt der heroischen Sinfonie zu setzen haben. Wir brauchen nur zu gedenken, daß in wenigen Tagen, im Laufe dieser Woche, ein hoher Festtag für die ganze deutsche Nation bevorsteht. Im Laufe dieser Woche kommt ein Tag, höher als der Sedan-Tag, der immer nur geeignet ist, nachbarlichen Haß wieder zu provozieren. Wir Musikanten mit Herz und Hirn, mit Hand und Mund, wir weihen und widmen heute die heroische Sinfonie von Beethoven dem größten Geisteshelden, der seit Beethoven das Licht der Welt erblickt hat. Wir widmen sie dem Bruder Beethovens, dem Beethoven der deutschen Politik, dem Fürsten Bismarck! Fürst Bismarck – Hoch!“[18]

Ein Kommentar erübrigt sich hier wie ebenso bei dem folgenden Ausschnitt aus einem Aufsatz Walther Vetters über die *„Eroica“*, als Bülows militärische Trinität den blutigen Ernstfall des ersten Weltkrieges traktierte: „Aus England kommt die erschütternde – natürlich zwerchfellerschütternde – Kunde von dem augenblicklichen ‚Boykott der deutschen Musik‘ ... Nun, wir sind herzlich froh, daß Beethovens hehre Kunst in dieser schicksalsschweren Zeit in jenem Krämerlande nicht prostituiert wird. Vielleicht aber gibt es manchen Briten drüben – wir wollen es gerne glauben –, dem jetzt die Schamröte ins Gesicht steigt, wenn er daran denkt, daß sein Vaterland mit dem Barbarenvolk der Russen gemeinsame Sache macht gegen Deutschland, dieser Hochburg von Kunst und Wissenschaft, und daß es die gelben Asiaten den Enkeln Beethovens auf den Hals hetzt. Und wenn dieser einsichtige Brite die Partitur der Sinfonia Eroica aufschlägt, so wird ihm daraus schreckhaft das deutsche Wort unseres deutschen Beethoven entgegenleuchten: Ich will dem Schicksal in den Rachen greifen. Wir aber wollen Beethovens Erbe erwerben, um es zu besitzen, und wir wollen in diesen Tagen seine Moral zu der unsrigen machen.“[19]

Gegen derlei politischen Unfug sind wir wohl heute ein wenig immuner geworden. Und trotzdem ruht der Parteien Streit nicht, gerade dort nicht, wo Fragen von Beethovens politisch-weltanschaulicher Position zur Debatte stehen, wo das Problem des Verhältnisses von empirischem und künstlerischem Leben weiterer Klärung bedarf. So vertrat der bekannte amerikanische Beethoven-Forscher Maynard Solomon auf dem Berliner Beethoven-Kongreß 1977 die These, daß der Komponist sich stets der Aristokratie zugehörig gefühlt habe, und daß er unwandelbar, nach der Französischen Revolution, im aufgeklärten Absolutismus „vor ihr", in jener „Staatsideologie" des Österreichs Josephs II., das Ideal einer sozialen Ordnung gesehen habe, in der sich Gedankenfreiheit und persönliche Unabhängigkeit als sozusagen „rückschauende Utopie" auf der Basis einer aristokratischen Humanitas einlösen ließen. Dieses Modell eines verlorenen „goldenen Zeitalters" habe in der ersten Hälfte des 19. Jahrhunderts anachronistische Züge angenommen angesichts der sich stürmisch entfaltenden Produktionsbedingungen, denen sich Beethoven angeblich widerwillig anpassen mußte. Daraus erkläre sich sein widersprüchliches Verhältnis zu Napoleon ebenso wie die Verherrlichung des Wiener Kongresses und die spätere Bewunderung für die britische konstitutionelle Monarchie. Mit seinen Ansichten habe sich Beethoven in der Tradition der deutschen „Traumgeschichte" befunden, in der alle Konflikte, die andere Völker real durchkämpfen, nur in den Köpfen der Philosophen, Dichter und Künstler ausgetragen worden seien.[20]

Dagegen hielten die marxistischen Wissenschaftler an Beethovens Verbindung mit der revolutionären Aufklärung als Ideologie des aufstrebenden Bürgertums uneingeschränkt fest. Deren republikanisch-demokratische Züge dominieren eindeutig auch im klingenden Gestus. Bestimmend für ihn ist der Impuls des zukunftweisend Aufbrechenden, der kämpferisch gefaßten, konfliktbewußten Widerspruchsbewegung und der imaginären Appellfunktion für die geistige Befreiung imaginierter Massen, nicht aber der verklärende Ruf nach rückschauender Aussöhnung. Die emphatischen Harmonisierungen in Beethovens Musik haben unzweifelhaft antizipatorischen Charakter, sie sind das Reversbild der

harten, unnachgiebigen Auseinandersetzung mit der vorgefundenen, in der Restaurationsperiode demagogisch verunstalteten und eingeengten Wirklichkeit. Gerade sein Spätwerk formuliert Kritik an den sich brutal ausformenden bürgerlichen Verhältnissen, während es objektiv im Übermaß neuartiger Kreativität und in der rationalistischen wie durchschlagend effizienten Handhabung kompositorischer Techniken und der Gestaltung massenbewegender Konflikte mit der enormen Entfaltung materieller wie geistiger Produktivität der bürgerlichen Produktionsweise – auch im Willen zu ungebrochenem Fortschritt – korrespondiert.
Dafür intonierte besonders die gigantische *3. Sinfonie* das herausfordernde Start-Signal. „Beethoven war groß genug", bemerkte schon Romain Rolland, „dem neuen Jahrhundert, das mit Revolutionen und weltgeschichtlichen Schlachten die Herrschaft der Massen einleitete, die ersten bis heute unvergleichlichen Proben eines neuen Monumentalstils zu geben, an Umfang, an Atem und Gesichten einer tausendköpfigen Volksmenge gemäß ... 1817, als Beethoven von seinen neun Sinfonien schon acht geschrieben hatte, fragte ihn jemand – der Dichter Christoph Kuffner – welche ihm davon die liebste sei, und er antwortete ohne Besinnen: ‚Die *Eroica*' – ‚Ich hätte gedacht, die c-moll.' – ‚Nein, die *Eroica*!'
Heute, nachdem mehr als hundertfünfzig Jahre hingegangen sind, urteilen wir wie er. Unter Beethovens Werken steht die *„Eroica"* wie ein Wunder da. Mag er auch mit der Zeit höher hinaufgelangt sein, nie hat er doch mit einem Male einen solchen Schritt vorwärts getan. Die *„Eroica"* bezeichnet einen großen Tag in der Musikgeschichte. Mit ihr beginnt eine neue Epoche."[21]

1 Wiederholte Wendung in Beethovens Briefen.
2 Aus der Inhaltsangabe auf dem Theaterzettel der Uraufführung, zit. nach Karl Schönewolf, Beethoven in der Zeitenwende, Bd. 1, Halle 1953, S. 187.
3 Ebd., S. 191.
4 Johann Wolfgang Goethe in: „Dichtung und Wahrheit", zit. nach Anmerkungen zu den Gedichten, in: Goethes Werke in 12 Bänden, Bd. 1, Berlin und Weimar 1966, S. 406.

5 Wendungen aus Goethes „Prometheus".
6 Beethoven an Gleichenstein, zit. nach Schönewolf, a. a. O., S. 188.
7 Beethoven an Hofmeister, zit. nach: Briefe – Eine Auswahl, Berlin 1969, S. 16.
8 Beethoven an Wegeler, zit. nach: Briefe, a. a. O., S. 18f.
9 Beethoven an Lichnowsky, zit. nach Romain Rolland, Beethoven – Von der Eroica zur Appassionata, Berlin 1970, S. 23.
10 Zit. nach Schönewolf, a. a. O., S. 189.
11 Beethoven an Karl Peters, zit. nach Maynard Solomon, Beethoven – Klassenposition und Klassenanschauung, in: Bericht über den Internationalen Beethoven-Kongreß Berlin 1977, Leipzig 1978, S. 501.
12 Überliefert von Carl Czerny, zit. nach Georg Knepler, Musikgeschichte des 19. Jahrhunderts, Bd. 2, Berlin 1961, S. 545.
13 Beethoven an Breitkopf & Härtel, zit. nach Albert Leitzmann, Ludwig van Beethoven, Berichte der Zeitgenossen, Briefe, etc. Leipzig 1922, Bd. 2, S. 34.
14 Beethoven an Breitkopf & Härtel, zit. nach: Briefe, a. a. O., S. 29.
15 Beethoven an Breitkopf & Härtel, zit. nach Georg Kinsky, Thematisches Verzeichnis aller vollendeten Werke Beethovens, München, o. J., S. 88.
16 Beethoven an Louis Schlösser, zit. nach Schönewolf, a. a. O., S. 217.
17 Karl Schönewolf, in: Konzertbuch – Orchestermusik, Bd. 1, Leipzig 1972, S. 148f.
18 Hans von Bülow, Rede, zit. nach: Musik gedeutet und gewertet. Dokumente zur Rezeptionsgeschichte von Musik, München und Kassel 1983, S. 68f.
19 Walther Vetter, Sinfonia Eroica – Betrachtungen über Beethovens Ethik, ebd., S. 70f.
20 Vgl. Maynard Solomon: Beethoven – Klassenposition und Klassenanschauung, a. a. O., S. 501ff.
21 Romain Rolland, Beethoven, a. a. O., S. 75.

DORT, WO DU NICHT BIST, DORT IST DAS GLÜCK

Franz Schubert

1

Das Andantino in fis-Moll aus der großen *A-Dur-Sonate für Klavier* vom September 1828 ist nur ein kleines Stück aus der unbegreiflichen Fülle dessen, was Schubert allein in seinem letzten Lebensjahr komponiert hat. Doch wer ihm genau zuhört, wird diesem Detail nicht nur die individuelle Konkretisierung allgemein persönlicher Stilzüge bescheinigen, sondern vor allem seines besonderen Tons, seiner sonderbaren Klanggestik, ja absonderlichen Gedankenführung gewahr werden. Unbegriffen allerdings bliebe das Stück insbesondere dann, wenn man es nur formal beschriebe, angefangen bei der Feststellung dreiteiligen Ablaufs einer Liedweise mit kontrastierendem Mittelteil und variierter Reprise, endend bei der Bestimmung der frappanten Genauigkeit struktureller Zusammenhangsbildung. Denn das Eigentümliche dieses Andantino liegt technisch darin, daß konventionelle Setzungen des Materials und strukturelle Konsequenzen radikal gebrochen, Gebundenheit und Fortschreiten von Entwicklung brutal aufgesprengt, lethargisch-monotone Melancholie als kollektiv einverständiges Grundidiom abrupt gegen den Ausbruch von individualistischem Freiheitsgefühl, die rückhaltlose, rasende Entfesselung kreativer Kraft gesetzt werden. Die gleichsam unverbundenen, dissonanten, chaotischen Klangeruptionen des Mittelteils sind Gesten eines wütenden Rebellionsversuchs, die ohne Vermittlung aus der erstarrenden elegischen Gleichförmigkeit des Anfangs emporschießen. Doch die kühnen Ausbrüche gerinnen zu Schocks negativer Erfahrung: sie scheitern an ihrer eigenen atomisierten, subjektivistischen Gewaltsamkeit, die widerstrebend, doch resonanzlos zerfällt und erstickt. Aber der wiederkehrende wehmütige Gesang, Ausdruck vorgezeichneter Resignation, ist nun doch auch in seiner Selbstverständlichkeit erschüttert. Indem er leidenschaftslos dahinzieht, entbindet er die Trauer über das Mißlungene, verfremdet sich und bricht seine Stimme,

Franz Schubert, Sonate A-Dur für Klavier op. posth. D 959, 2. Satz: Andantino

bis er zur depressiven Floskel gerinnt und am Rande des Verstummens abbricht.

Dieser fis-Moll-Satz, eines der widerspruchsvollsten, abgründigsten Gebilde aus Schuberts Feder, enthüllt mit seinen kompositionstechnischen und gestischen Antagonismen die Dissonanz einer Seele, von der zwar Musik eindringlich redet, die aber, wie es Christa Wolf für die Günderode formulierte, noch nicht weiß, daß es die „Unstimmigkeit der Zeit"[1] ist und ihre unstimmige Entfaltung in der Zeit, die sie seismographisch registriert. Und das Andante nimmt sich um so befremdlicher aus, wenn man berücksichtigt, daß es im zyklischen Zusammenhang einer Sonate steht, die als Ganzes wiederum von einer seltenen Festigkeit und kernigen Vitalität durchpulst ist. Sie behauptet trotz ihrer „Länge" und rhapsodischen Ausführlichkeit eine offensive Straffheit und Stringenz der thematischen Arbeit, einen kraftvoll-energischen und befreienden Grundzug, ohne eben auf jene für den reifen Schubert so charakteristischen Brechungen, unvermittelten Kontraste und Schattierungen, den Aufbau stärkster Innenspannungen zu verzichten. Voll und ganz trifft auf die Sonate die Bemerkung von Brahms zu, Schubert sei ihm „der freundlichste unter den Riesen, doch gleichzeitig auch der fürchterlichsten einer, mit dem man nie fertig werde", ja vermutlich sei „Schubert jeden Tag über sich selbst erschrocken gewesen".[2] Damit sind die Pole treffend umschrieben, zwischen denen sowohl Schuberts Lebenskonflikte und Realitätserfahrungen als auch die poetische Gestik all seiner wichtigen Kompositionen sich entfalten. Die unter der trügerischen Maske der Freundlichkeit und Heiterkeit oft genug rebellisch hervorbrechenden Stürme, Konflikte und Leidenschaften, die diesen Werken ihr Gepräge geben und ebenso unvermittelt zur trunkenen Hymnik wie zur todtraurigen Elegie ausschlagen können, reflektieren die unlösbaren Antagonismen eines nach Geborgenheit und schöpferischer Sinnerfüllung suchenden Künstlers in einer ihm wenig gewogenen, ihm innerlich fremden Welt.

Besonders in unzählig variierten Gleichnissen des Wanderers und des Wanderns in seinen Liedern kontrastiert hart ein Idealreich von schönen Träumen, vom Frühling, von der Natur und der reinen Liebe mit einer mechanischen

Einförmigkeit und Kälte, Nüchternheit und Kunstfremdheit der wirklichen Gesellschaft. Schuberts musikalischer Ton hält bis zuletzt am Motiv und der Sehnsucht des Wanderers fest, der sich sein Ziel fern der kalten, realen Welt in einer harmonischen, tatkräftigen Gegenwelt erträumt und sich von Schmidt von Lübecks prägnanter Zauber-Formel für alle romantischen Pilgrima geleitet sieht: „Dort, wo du nicht bist, dort ist das Glück!" Aber immer drängender, brennender durchdringt ihn das ernüchternde Wissen, daß er zu seinem Ausgangspunkt zurück muß, daß er seiner Welt nicht entkommen kann, sich ihr nicht entziehen darf. Die politische Realistik des romantischen Impulses wird zur konflikthaften Grundfigur von Schuberts musikalischem Denken, das sich unter anderem ganz wesentlich in der strukturellen und semantischen Stufung zwischen scheinbar naivem, „singendem" Volkston und abgründigen, konvulsivischen, verstörten Episoden und Teilen von „erschrockener" Kühnheit und hemmungsloser Phantastik offenbart. Schuberts Verwurzelung in der Volksmusik und im massenhaft verbreiteten Lied- und Tanzgut seiner Epoche und Umwelt war ihm eine Grundbedingung des Schaffens und bleibt bis heute das – wenn auch oft mißdeutete – Unterpfand seiner Popularität. Zwar fand der gesellige, gewaltlos sich verströmende Ton von Innerlichkeit und Gefühlsseligkeit in Schubert seinen veredelnden Meister, und ohne die inspirierende Kraft der Umgangsmusik seiner Zeit ist er weder in seinen Liedern noch in seiner sublimsten Kammermusik denkbar. Nicht aber benutzt er diese Modelle nur, um sich mitteilsam zu geben, verständlich oder gar beliebt zu machen, sondern ihre Intonationen werden ihm vor allem das bevorzugte Mittel zur Fixierung seines Verhältnisses zur Welt vermittels akustischer Strukturen: zur Kritik an seiner Zeit, die er – wie es in dem eigenen Gedicht „Klage an das Volk" vom September 1824 heißt – „tatlos" findet, die auch „jedem Großes zu vollbringen wehrt", und der er deshalb Musik entgegensetzen will, um den Menschen, wie es in dem Gedicht weiter heißt, „im Bild die Zeit der Kraft und Tat zu schildern, um weniges den großen Schmerz zu mildern, der nimmer mit dem Schicksal sie versöhnt!".[3]

2

Die gewisse Ahnung gescheiterter Hoffnungen, der Eingeengtheit in ein triviales, kraft- und tatloses Leben, die „fatale(n) Erkenntnis einer miserablen Wirklichkeit, die ich mir durch meine Phantasie so viel als möglich zu verschönern suche“[4], durchzieht wie ein roter Faden Schuberts Biographie und Schaffen. Es ist das Grundgefühl seines Freundeskreises und einer ganzen Generation sogenannter „romantischer“ Künstler und Intellektueller, für die die Französische Revolution schon Geschichte war, die in ihrer Jugend die epochale Dynamik der napoleonischen Ära, die patriotisch-heroischen Befreiungskämpfe gegen den Eroberer erlebt hatten und die nun von den gewaltsam restaurativen politischen Aktivitäten der Siegermächte enttäuscht waren. Im Europa ihrer „Heiligen Allianz“ brach nach dem Wiener Kongreß von 1814/15 jene berüchtigte „Friedhofsstille“ aus, die nur mit Polizei- und Zensurgewalt und durch die rücksichtslose Unterdrückung der leisesten demokratischen Bewegung zu erhalten war. Darin ging Österreich mit dem allmächtigen Staatskanzler Metternich und dem Polizeiminister Sedlnitzky allen anderen Staaten voraus. Vor allem in dem Maße, wie sie nach den Karlsbader Beschlüssen von 1819 mit jeder freiheitlichen Regung fleißig aufzuräumen versuchten, sollte das Interesse an all dem gelähmt werden, was zu den „öffentlichen Angelegenheiten“ gehören könnte. Österreich trat in eine gleichsam geschichtslose Zeit ein, denn kritisches Denken und politisches Bewußtsein verflachten einerseits zur monarchistischen Geheimdiplomatie, verzogen sich andererseits in private Zirkel, in geheime Bünde und Gesellschaften, verschlüsselten sich schließlich zu vagen Metaphern der künstlerischen Sprachen. Aber Polizei und Zensur spürten auch hier jeder Bewegung und Wendung nach, ohnmächtig allerdings vor der Musik, die nicht zuletzt ihrer vermeintlichen ideologisch-politischen Neutralität wegen außer Betracht blieb und ihrem beliebten Unterhaltungs- und Zerstreuungszweck zuliebe sogar gefördert wurde, um politisches Bewußtsein neutralisieren zu helfen.

Freilich wußten die hellhörigen Musiker besser, was ihre Kunst zu leisten vermochte. Deshalb schrieb Grillparzer

1823 in ein Beethovensches Konversationsheft: „Schließlich können Musiker von der Zensur nicht betroffen werden; wenn die nur wüßten, was ihr denkt, wenn ihr eure Musik schreibt!“[5] Wenig später schrieb der Dichter, gleiches meinend, folgende Verse in das Tagebuch des Pianisten Ignaz Moscheles:

„Tonkunst, dich preis' ich vor allem,
höchstes Los ist dir gefallen,
aus der Schwesterkünste drei
du die frei'ste einzig frei.“[6]

In einem Klima fast völliger geistiger Entmündigung war es daher der Musik in besonderer Weise zugefallen, über den Weg der Entfaltung ihrer sinnlichen Potenzen auch widersprüchliche Realität zu präsentieren, das kommunikative Vakuum auszufüllen, tröstliche Ideale zu produzieren. Wie kaum ein anderer wirkte Schubert als ein aktives Medium in dieser Situation, und wenn er beispielsweise mit Worten seines engsten Freundes Franz von Schober die Musik besingt, die „den Himmel beßrer Zeiten“[7] ihm erschließt, dann bedeutet dies nicht Flucht aus der Wirklichkeit, sondern ihre stellvertretende Rettung mittels Kunst inmitten einer bis zur Verkümmerung beschnittenen, erfahrungsunwerten Welt. „O Phantasie“, notierte Schubert 1824, „du höchstes Kleinod des Menschen, du unerschöpflicher Quell, aus dem sowohl Künstler als Gelehrte trinken! O bleibe noch bei uns, wenn auch von wenigen nur anerkannt und verehrt, um uns vor jener sogenannten Aufklärung, jenem häßlichen Gerippe ohne Fleisch und Blut zu bewahren!“[8] Schubert spricht und singt immer wieder von den Schmerzen, die ihm eine Wirklichkeit bereitet, aus der er keine produktiven Impulse empfängt und die sie ihm, je rückhaltloser er dies ausdrückt, um so weniger vergibt. Dazu vermerkt er in einem Notizbuch von 1824: „Meine Erzeugnisse sind durch den Verstand für Musik und durch meinen Schmerz vorhanden; jene, welche der Schmerz allein erzeugt hat, scheinen am wenigsten die Welt zu erfreuen ... Keiner, der den Schmerz des Andern, und keiner, der die Freude des andern versteht! Man glaubt immer, zueinander zu gehen, und man geht immer nur nebeneinander. O Qual für den, der dies erkennt.“[9]

Offenkundig hatte Schubert also eine recht präzise und einheitliche Vorstellung von seiner künstlerischen Aufgabe in seiner Zeit und Gesellschaft, und ihn mißdeuten bewußt oder unbewußt all jene, die ihn als weltabgewandten Träumer und schwärmerischen Gemütsmenschen zu charakterisieren versuchten. Dies liegt freilich auch daran, daß seine zurückhaltende Natur für andere gewöhnlich verschlossen blieb und Schubert, auch im Freundeskreis, sich nur sehr selten wirklich offenbarte, obwohl er, wie insbesondere Bauernfeld mitteilt, ein umfassend interessierter Beobachter, ein literarischer Kenner und Liebhaber philosophischer Literatur war. Um so aufschlußreicher ist, was Anton Ottenwald an Joseph von Spaun 1825 über ein Gespräch mit dem Komponisten mitteilt: „Wir saßen bis nicht weit nach Mitternacht beisammen und nie hab' ich ihn so gesehen, noch gehört; ernst, tief und wie begeistert. Wie er von der Kunst sprach, von Poesie, von seiner Jugend, von Freunden und andern bedeutenden Menschen, vom Verhältnis des Ideals zum Leben und dergleichen. Ich mußte immer mehr erstaunen über diesen Geist, dem man nachsagte, seine Kunstleistung sei so unbewußt, ihm selbst kaum offenbar und verständlich ... Und wie einfach das alles. Ich kann nicht reden von dem Umfang und einem Ganzen seiner Überzeugungen – aber Blicke einer nicht bloß angeeigneten Weltansicht waren das, und der Anteil, den edle Freunde daran haben mögen, benimmt der Eigentümlichkeit nichts, die sich darin verkündet."[10]

Was Ottenwald meint, wenn er von einer „nicht bloß angeeigneten", sondern selbst erfahrenen und reflektierten „Weltsicht" Schuberts spricht, geht aus einem etwa zur gleichen Zeit verfaßten Brief des Komponisten vom September 1825 an seinen Bruder Ferdinand hervor. In ihm erhalten wir einen der wenigen Einblicke in Schuberts entwickelten Sinn für soziale und politische Probleme der Zeit – ließ er das Schriftstück doch nicht per Post, wohl aus Furcht auch vor der Briefzensur, übersenden. Schubert befand sich mit dem befreundeten Sänger Vogl auf einer größeren Reise durch Oberösterreich. Der Bruder Ferdinand schrieb ihm nach und bat ihn auch um Erlebnisberichte, nicht ohne vorzu„schreiben", welche Vorstellungen er ausgemalt zu bekommen hoffte – Vorstellungen, die ganz dem entsprachen, was an offiziell biedermeierlichem, sozialem Selbstverständnis in der Monarchie grassierte. „Nicht nur die schönen Gegenden", heißt es bei Ferdinand an Franz, „sondern auch die guten Einwohner interessieren mich so sehr, weil ich von allen Seiten diese guten Leute so rühmen höre. Selbst Vierthaler spricht davon in seiner Geographie ... mit folgenden Worten: ‚Die Folgen (ihrer) vielseitigen Betriebsamkeit äußern sich nicht bloß durch den Wohlstand, sondern, was noch ungleich schöner ist, durch einen hohen Grad von Sittlichkeit, wodurch sich die Bewohner dieser Berggegenden vor andern auszeichnen. Mord, Raub, Diebstahl und Betrug kennen sie nur dem Namen nach. Wird je ein Verbrechen dieser Art verübt, so findet sich fast immer, daß der Täter ein fremder Landstreicher war. Auf eine so schöne Art bewährt sich auch hier die alte Wahrheit, daß arbeitsame Menschen auch tugendhaft sind."[11]

In seiner Antwort nun gibt Schubert keineswegs nur einen Landschaftsbericht, sondern er läßt sich die Gelegenheit nicht entgehen, gleich mit drei Beobachtungen Ferdinands idyllisches Bild „von Land und Leuten" zu zerstören. Zum ersten verspottet er ihren Untertanengeist, angesichts eines „niedlichen Gebäudes" bei Hellbrunn, „welches Monat-Schlößchen heißt, weil es ein Kurfürst in einem Monat für seine Schöne aufbauen ließ. Das weiß hier jeder Mensch, doch stößt sich niemand daran. Eine Toleranz zum Entzükken."[12] Dann zeigt er sich entsetzt über das Elend der Menschen, die erbarmungslos in den Salzbergwerken von Hallein ausgebeutet werden. Bewußt setzt er die „äußerst schmutzige und grausliche Stadt" der Beschreibung der Naturschönheiten entgegen und fährt fort: „Die Einwohner sehen alle wie Gespenster aus, blaß, hohläugig und mager zum Anzünden. Dieser schreckliche Kontrast, den dieser Anblick des Ratzenstadtls" [des Ratten-Städtchens; F. S.] „auf jenes Tal erzeugt, machte einen höchst fatalen Eindruck auf mich. Es ist als wenn man von dem Himmel auf einen Misthaufen fiele ... Den Salzberg samt den Salzbergwerken anzusehen, war Vogl nicht zu bewegen ..."[13] Schließlich macht er sich moralische Gedanken über ein wichtiges politisches Ereignis, den blutigen Aufstand der Tiroler Bauern unter Andreas Hofer gegen die bayerischen und französischen Besatzer im Jahre 1809, und auch hier hält er mit seiner Meinung nicht zurück, die in ihren pazifistischen Zügen keineswegs mit der offiziellen Heldenverklärung der kaiserlichen Staatsführung konform ging: „In dieser schreckenvollen Natur", führt er aus, „hat auch der Mensch seine noch schreckensvollere Bestialität zu verewigen gesucht. Denn hier war es, wo auf der einen Seite die Bayern, und die Tiroler auf der anderen Seite der Salzach ... jenes grauenvolle Morden vollbrachten, indem die Tiroler, in den Felsenhöhen verborgen, auf die Bayern, welche den Paß gewinnen wollten, mit höllischem Lustgeschrei herabfeuerten, welche getroffen in die Tiefe herabstürzten, ohne je sehen zu können, woher die Schüsse kamen. Dieses höchst schändliche Beginnen, welches mehrere Tage und Wochen fortgesetzt wurde, suchte man durch eine Kapelle auf der Bayern Seite und durch ein rohes Kreuz in dem Felsen auf der Tiroler Seite zum Teil zu bezeichnen, und zum andern Teil durch solche heiligen Zeichen zu sühnen. Du herrlicher Christus, zu wie viel Schandtaten mußt du dein Bild herleihen. Du selbst das gräßliche Denkmal der menschlichen Verworfenheit, da stellen sie dein Bild auf, als wollten sie sagen: Seht! die vollendete Schöpfung des großen Gottes haben wir mit frechen Füßen zertreten, sollte es uns etwa Mühe kosten, das übrige Ungeziefer, genannt Menschen, mit leichtem Herzen zu vernichten?"[14]

3

Die zuletzt zitierte Briefstelle ist in mancher Hinsicht aufschlußreich. Zum einen sagt sie uns etwas über Schuberts Religiosität, deren Positives für ihn in der Frage lag, ob und inwieweit Religion zur Förderung menschlicher Sittlichkeit, des humanen Zusammenlebens beitrage. Seinem durchaus ernsten Glauben fehlte jeder aggressive, zelotische und missionarische Zug; er blieb gleichsam naturwüchsig, volksläufig und privat, ohne Respekt oder Unterwürfigkeit gegenüber den liturgischen und religionspolitischen Ritualen und Idealen. Er und sein Freundeskreis pflegten kaum Beziehungen zu jenen Kreisen der katholischen Restauration und der klerikalen Romantik um Friedrich Schlegel, Adam Müller oder Clemens Hofbauer, die in Wien ihre Hochburgen hatten und mit der Hofburg ein enges Bündnis eingegangen waren. Kein Dokument ist überliefert, daß und ob er je die Messe besuchte oder gebeichtet hätte. Über die Priester hingegen konnte er lästern, wie etwa in einem Brief an den Bruder von 1818 aus dem ungarischen Zelez: „Der unversöhnliche Haß gegen das Bonzengeschlecht macht Dir Ehre. Doch du hast keinen Begriff von den hiesigen Pfaffen, bigottisch wie ein altes Mistvieh, dumm wie ein Erzesel und roh wie ein Büffel, hört man hier Predigten ... Man wirft hier auf der Kanzel mit Ludern, Kanaillen etc. herum, daß es eine Freude ist, man bringt einen Totenschädel auf die Kanzel und sagt: Da seht her, ihr pukerschäkigten Gfriser, so werdet ihr einmal aussehen. Oder: Ja, da geht der Bursch mit'm Mensch ins Wirthaus, tanzt die ganze Nacht, dann legen sie sich besoffen nieder und stehen ihrer drei auf usw. ...“[15] Eine gewisse Freigeisterei muß also Teil von Schuberts Religiosität gewesen sein, denn sonst hätte ihm beispielsweise ein Freund, Ferdinand Walcher, kaum ein Billett überbringen lassen, in dem auf das Melodiezitat des „Credo in unum Deum“ die Bemerkung folgt: „Du nicht, das weiß ich wohl ...“[16] In diesem Zusammenhang sei an die bekannte Tatsache erinnert, daß Schubert in den Credos seiner Messenvertonungen stets das Glaubensbekenntnis an die „eine, heilige katholische und apostolische Kirche“ unvertont gelassen hat. Möglicherweise rührt diese Skepsis von seinem Verkehr mit dem Theologieprofessor Vincentius Weintridt her, der Anfang 1820 wegen sozusagen revisionistischer Ansichten seines Amtes enthoben wurde. Auch Schuberts Freunde Bauernfeld und Moritz von Schwind waren seine treu ergebenen Anhänger.

Andererseits verweist die Tiroler Betrachtung auf Schuberts Verhältnis zu politischen Vorgängen und Problemen im engeren Sinne. Auch hier rekurriert er auf den humanitären Punkt, beschäftigt er sich nicht – modern gesagt – mit gesellschaftlichen Zusammenhängen. Wie intensiv und ausgreifend sein politisches Weltbild war, läßt sich aus den überlieferten Quellen allerdings kaum ablesen. Immerhin scheint er, dem Zeugnis Anselm Hüttenbrenners zufolge, nachmittags regelmäßig im Kaffeehaus auch Zeitungen gelesen zu haben – die erlaubten und zensurierten freilich, die wenigen, die innerhalb der „chinesischen Mauer“ (ein Begriff Schuberts) kursieren konnten. Aber laute politische

Gespräche dürfte es dort kaum gegeben haben, wenn man etwa bedenkt, wie lückenlos die Polizeiüberwachung funktionierte. In seinem Memoirenbuch von 1828, „Österreich wie es ist", schreibt der emigrierte Schriftsteller Karl Postl alias Charles Sealsfield: „Die weite Verzweigung der Geheimpolizei übersteigt jede Vorstellung … Jeder Hoteldiener ist ein bezahlter Spion: es gibt Spione, welche dafür entlohnt werden, Wirtshäuser und Hotels aufzusuchen und an der Wirtstafel zu horchen … Selbstverständlich werden alle nur im geringsten verdächtigen Briefschaften geöffnet und man bemüht sich so wenig, diese Verletzung des Briefgeheimnisses zu verbergen, daß der Stempel der Polizei neben dem erbrochenen Siegel des Absenders angebracht wird."[17] Man versteht daher, daß Schubert in seinen Briefen nichts explizit Politisches schrieb, denn zu den Verdächtigen zählte gewiß auch er; und zum Kreis seiner Freunde gehörten junge Künstler und Staatsbeamte von äußerst liberaler, radikal antimonarchistischer Gesinnung. Eduard von Bauernfeld, nur beispielsweise, inspirierte später führend die vormärzliche Bewegung des „Jungen Österreich", die wesentlich die 1848er Revolution vorbereiten half. Schubert war zugegen, als ein anderer Freund, der Tiroler Johann Senn, verhaftet wurde, und nur knapp entging er selbst seiner Arretierung. Nicht zuletzt bekam er mehrere Male den Arm der Zensur direkt zu spüren, die ihm etwa das Opernlibretto *„Der Graf von Gleichen"* wegen angeblicher Verherrlichung der Bigamie sperrte, an dem er aber trotzdem weiter komponierte. Jedenfalls dürfte im Freundeskreis, während der kleineren Schubertiaden, bei den Lesegesellschaften, nicht nur die Kunst zu Wort gekommen sein. Daß man auch politisierte, überliefern mehrere Tagebücher von Freunden.[18] Eines der Themen galt dem Befreiungskampf der Griechen mit britischer Hilfe gegen die türkische Fremdherrschaft. Ob Schuberts Ansichten zu solchen Fragen dezidiert waren, wissen wir nicht, aber man darf annehmen, daß sie mit der progressiven liberalen Tendenz seiner nächsten Umgebung harmonierten. Ein ausgesuchter Verehrer des Kaisers und ein staatskonformer Untertan war er gewiß nicht, auch wenn die verschwindend wenigen politisch veranlaßten und schwachen Gelegenheitskompositionen, wie etwa zum Sieg über Napoleon, ein Geburtstagsständchen für Kaiser Franz oder Klaviermärsche zum Ableben und zur Inthronisation russischer Zaren,[19] dies zu belegen scheinen.

Entsprechend seiner plebejischen Lebensform, seiner dürftigen und eingeengten Existenz am Rande der physischen Not und im engsten Kontakt mit den untersten Schichten der Wiener Gesellschaft, wirkte Schubert weitgehend abgeschnitten vom Zentrum der Macht, von aller politischen Öffentlichkeit oder Heimlichkeit. Er fühlte, als Patriot in Maßen, sich den Bedrückungen der Staatsbürokratie ausgeliefert und litt an den Methoden universeller geistiger Bevormundung. Ernsthafte, unerbittliche Versenkung in seine Kunst und ausgelassene private Geselligkeit boten die einzige Gelegenheit zur Entlastung. Wir wissen von seiner abgrundtiefen Abneigung, sich verbindlich zu geben und sich in gehobenen Kreisen zu bewegen: An Freunden tadelte er, „sich in die Formen der Welt zu schmiegen“[20]. Das Leben in der Hauptstadt wollte ihm, wie er schreibt, „nicht recht in den Kopf, s'ist freilich ein wenig groß, dafür aber ist es leer an Herzlichkeit, Offenheit, an wirklichen Gedanken, an vernünftigen Worten und besonders an geistreichen Taten.“[21] Hier fürchtete er mitunter, in Pessimismus zu verfallen; dann entfloh er der Stadt, wenn er nur konnte. Momente des Glücks erlebte er während seiner Reisen, auf dem Lande; und dann fühlte er neue Schaffenskraft, kritisierte er seine zurückgebliebenen Freunde ob ihrer nostalgischen Passivität – so, wenn er an Bauernfeld schrieb: „Wie oft werdet Ihr wieder unglücklich gewesen sein und eure Seufzer und Klagen in Bier und Punsch ersäuft haben!“[22] Freilich teilte Schubert mit ihnen eine politische Haltung, die wir heute als Staatsverdrossenheit kennzeichnen würden, aber sie erhielt ihr wesentliches Korrektiv durch die ungeheure Anstrengung zur eigenen Kreativität – eine Anstrengung seiner Leistungskraft, die eine Art klingender Opposition zur dumpfen Stille des offiziellen geistigen Lebens der Zeit darstellt und für deren Darstellung sich Schubert selbst zum Opfer brachte. Die Erkenntnis seiner Rolle als unterprivilegierter, massiv ausgebeuteter „Spielmann“ bewirkte denn auch, daß er seinen Musikerstolz hin und wieder bis zur Arroganz mobilisierte und sich als billiges Objekt der Unterdrückung durch das kapitalistische

Verlagswesen gedemütigt wußte: „Wenn nur", klagt er einmal dem Vater, „mit den Kunsthändlern etwas Honettes zu machen wäre, aber dafür hat schon die weise und wohltätige Einrichtung des Staates gesorgt, daß der Künstler ewig der Sklave jedes elenden Krämers bleibt."[23] Da ihm der Staat seinen Anspruch versagte, ihn als Künstler zu ernähren, verweigerte sich Schubert letztendlich dem Staat und legte keinen Wert darauf, von ihm in irgendeiner Form favorisiert zu werden. Als er seine *As-Dur Messe*, die er Kaiser Franz und Kaiserin Karoline Augusta widmen wollte, um 1822 dem ersten Kapellmeister der Hofkapelle, Josef Eybler, vorlegte, erhielt er nach Prüfung die Antwort: „die Messe sei gut, aber nicht in dem Stile komponiert, den der Kaiser liebt". „Nun", erinnerte sich Joseph Hauer an Schuberts Worte, „so empfahl ich mich und dachte bei mir: Ich bin denn nicht so glücklich, im kaiserlichen Stile schreiben zu können."[24]

4

Franz Schubert war zwar ein Musiker von emphatischer Lebensverbundenheit und wie jeder Mensch von den Bedingungen und Verhältnissen seiner Umwelt und Gesellschaft geprägt, aber gleichzeitig absorbierte das künstlerische, das musikalische Denken in selten ausgreifender Weise seine gesamte Persönlichkeit. Diese beiden Seiten vermochte er eng, wenn auch eher dissonant denn harmonisch aufeinander zu beziehen: sie bilden keineswegs einander ausschließende Gegensätze. Sagte er doch selbst, daß seine Produktion aus dem Musikverstand und seiner schmerzlichen Wirklichkeitserfahrung hervorgehe, wobei eben hinzuzufügen wäre, daß diese Wirklichkeitserfahrung spontan, sinnlich konkret und nicht durchreflektiert, am realen Detail, als emotionale Reaktion, sofort verarbeitet zum künstlerischen Bild, vonstatten ging. Deshalb müßte eine Fragestellung nach Schuberts politischem Charakter sehr lückenhaft und unscharf bleiben, wenn sie sich vor allem und ausschließlich auf die verbalen Überlieferungen gründete. Vielmehr läßt sich erst eine gewisse Plastizität erreichen, wenn man versucht, des Komponisten Weltverhältnis in jenen Sphären und Formen zu entziffern, die sein Lebenselement

nun einmal bildeten. Dies sind die Formen der Kunst, die Intentionen seiner musikalischen Werke, in denen Schubert mit zunehmender Reife bewußt verarbeitete, was ihm als Realitätsgehalt im subjektiven Reflex einsichtig wurde. Als besonders aufschlußreich erweisen sich in diesen Zusammenhängen Schuberts Lieder und Liederzyklen, und so soll an einem solchen Beispiel, den Liedern nach Heine aus dem Jahre 1828, skizziert werden, wie sich des Komponisten Gesellschaftverhältnis und Lebensgefühl realisiert.
Die Heine-Lieder wurden bekanntlich kurz nach Schuberts Tod zusammen mit Liedern nach Rellstab und Seidls „Taubenpost" vom Wiener Musikverleger Haslinger als sogenannter *„Schwanengesang"* ediert. Es sollte der Eindruck eines großen, geschlossenen Liedzyklus analog der *„Schönen Müllerin"* und der *„Winterreise"* geweckt und der Verkauf durch den Verweis auf seinen vermeintlichen Charakter der Abschiedsbotschaft angesichts des Todes gefördert werden. Daran läßt vor allem der beigefügte Werbetext einer Zeitungsannonce keinen Zweifel, indem er unter anderem glauben machen will, „die Tüchtigkeit dieses im blühendsten Alter entschwundenen Genius" habe sich „mit dem rüstigsten Aufgebot aller Fülle und Macht noch einmal erhoben, um seinen Lieben eine recht preiswürdige Spende des Abschieds zu hinterlassen"[25].
Die Saat des Verlegers ist aufs üppigste aufgegangen, und so bestimmt denn bis heute das Moment von wehmutsvoller Rührung die Rezeption des sogenannten *„Schwanengesangs"*. Nicht zuletzt hat das leider ungenaue und widersprüchliche Wissen um die Entstehungszusammenhänge zahlreichen biographisch-psychologisierenden Mystifikationen Vorschub geleistet, wie ja überhaupt, recht unberührt von aufklärenden Untersuchungen, die Kategorie der „letzten Werke" unausrottbar sentimentalisiert, nach den Zeichen des Künstlertodes abgeklopft und mit der Haltung erschaudernder Ehrfurcht genossen wird. Die Aura von Leidensbereitschaft und Todessehnsucht, gewiß ein Teil Attitüde des Heineschen „Weltschmerzes", hat die populäre Verbreitung auch dieser Schubertschen „Schwanen-Gesänge" im romantischen Geist stimuliert, und namentlich zehrt von ihm der Ruhm jener Lied-Gruppe, die aus Vertonungen des „Buchs der Lieder" besteht. Ohne ihre Koppe-

lung mit den weit freundlicheren, eleganteren Rellstab-Liedern und ihre Vereinigung unter den nostalgischen Titel wären sie vermutlich kaum weniger skeptisch und verspätet aufgenommen worden als so manche andere Komposition des reifen Schubert. Denn ihr wahrhaft einzigartiger Ton, der unwiederholte, gebrochene Ausdruck jedes einzelnen Liedes der Gruppe, opponiert dem damals akzeptierten Begriff des Liedes ebenso wie den durch Schubert selbst entwickelten, differenzierten Konventionen. Zudem mangelt ihnen nun wirklich biographisch der fatale Vorzug, im Schatten des allerdings tragisch frühen Lebensendes empfangen und gearbeitet zu sein. Der Komponist, beflügelt durch aufkeimende Anerkennung seines Schaffens, schrieb sie in einer Phase hochgesteigerter Produktivität, in der es ihm, bei völlig neuartiger, kritischer Versenkung ins musikalische Material, um den rückhaltlos scharfen Ausdruck erfahrener Realität ging. Poetische Verklärung der „tatlosen" Welt wich zusehends der Decouvrierung ihrer prosaischen Konflikte. Vor allem Heines Vorgaben, sein präziser ironischer Realismus, schienen Schubert mit dem stets noch verfügbaren musikantischen Impetus allein nicht adäquat vertonbar. Es bedurfte die Verschattung, die Verspannung, das Zerbrechen und Vernichten beschönigenden Gefühlsausdrucks von seiten des Musikers einer besonders intensiven Reflexion des Metiers. Die klanglichen und gestischen Innovationen für die Heine-Lieder geben denn auch dem gesamten umliegenden Spätwerk Schuberts das Gepräge – jenen Ton gewaltloser innerer Zerrissenheit und scharfer gestischer Gegensätzlichkeit als Symptom der Ohnmacht, die Bestandteile der Welt im Spiel der seelischen Kräfte auszubalancieren und womöglich im Kunstwerk zu versöhnen.

Vor allem ist das Erschrecken darüber, der Angstschrei der von der Welt abgefallenen und in sich zerspaltenen Individualität im Lied *„Der Doppelgänger"* exemplarisch verdichtet und auf den schizophrenen Punkt gebracht, jedoch auch in den anderen Episoden der Heine-Lieder thematisiert. Der *„Doppelgänger"* wird, ähnlich wie viele Stücke aus dem Instrumentalbereich Schuberts aus gleicher Zeit, zum Höhepunkt negativer Selbsterfahrung vor allem als Musikstück, denn Schubert kündigt hier dem Lied alles auf, was anson-

Franz Schubert, „Der Doppelgänger“ aus „Schwanengesang“ D 957 Nr. 3

sten des Liedes ist: die schöne, kantable Melodie, die Beugung der Texte unters Gesetz der regelmäßigen Phrasenbildung, das dialogisierende Klavier, seine lautnachahmenden oder dekorativen Funktionen, den Habitus harmonisierender Geselligkeit. Die Musik setzt nichts mehr „ins Bild", sondern tastet sich kahl und schmucklos, in gleichförmig kreisenden Akkordfolgen vorwärts zur nackten Erschütterung. Der Gesang schluckt nicht den Text, er formt ihn hingegen deklamatorisch aus, entdeckt ihn als Prosa, enthüllt seine affektive Tendenz vom Geflüster zum grellen Schrei. Er ist ganz psalmodierendes Rezitativ, zerlegt in zweitaktige Phrasen, von denen keine die andere wiederholt, die im Tonumfang zunehmend nach der Höhe ausgreifen, doch immer wieder auf einen zentralen Ton zurückschlagen. Solche „monotone" Fixierung auf das „Fis", den dominantischen, also beherrschenden Ton der Grundtonart h-Moll, kann freilich als akustisches Ausdrucks-Äquivalent von schmerzlicher Erstarrung gehört werden. Aber stärker noch verweist dieser besonders im Klavier durchgehaltene Ton auf seine syntaktisch zentrierende Funktion und auf seine Rolle hinsichtlich der von Schubert höchst subtil organisierten strukturellen Klangsymbolik. Überhaupt scheint es, daß der Komponist für das Moment der ironischen Distanzierung bei Heine keine äußerlich effektiven Klangmittel aufbereitet, sondern daß er Ironie seinerseits bestenfalls erfahrbar macht im demonstrativen Hervorzeigen von starrer Konstruktion, an der nun gleichsam jedes Element notwendig und bedeutungsvoll hervortritt.
Dem Gesang ist eine Sequenz von vier Akkorden vorangestellt, in gleichförmig langsamer Bewegung, harmonisch ein doppelter Tonika-Dominant-Wechsel, melodisch zwei fallende kleine Sekunden: simples Material bildet die signifikante Mottogestalt. Schubert ruft mit diesem archetypischen, formelhaften Grundmodell ganz bewußt eine Fülle von Konnotationen herauf und sprengt damit von vornherein den privatisierenden Anschein des Liedgehalts. Er formuliert ihn vorab als kollektives, immerwährendes Identitätsproblem, er meint, mit Adornos Worten, hier ganz besonders „Wir", wenn er „Ich" sagt. Denn das viertönige Motiv ist ebenso archaische Figur liturgischer Musik wie barockes Tonsymbol des Klagens und Weinens. Es zitiert kon-

kreter Bachs cis-Moll-Fuge aus dem 1. Teil des Wohltemperierten Klaviers, und es tangiert die motivische Grundstruktur der späten Beethoven-Quartette. Darüber hinaus führt es der „Doppelgänger"-Situation eine Ebene tragischer, verallgemeinernder Kommentierung zu, wenn man weiß, daß auf eben diesem viertönigen Motiv das ganze Agnus Dei der Schubertschen *Es-Dur-Messe* von 1828 aufgebaut ist. Das Motiv für das Lamm Gottes, das die Sünden der Welt zu tragen hat, verwandelt sich zudem in die Devisengestalt des säkularisierten, modernen, „unglückseligen Atlas", und es durchwirkt in verschiedensten Varianten beinahe alle Kompositionen des letzten Schubert. Mit vier Akkorden für den Doppelgänger transzendiert der Komponist die kleinen Schmerzen in die großen Konflikte der Welt. Er läßt sie uns erkennen, nicht nur vag erfühlen, wenn wir nur genau und lange genug ihr den Spiegel vorhalten. Für diesen Spiegelungsvorgang hat Schubert ein verblüffend genaues kompositionstechnisches Symbol gefunden: das unablässig passacagliaartige, doppelseitig parallele, flankierende Kreisen der melodischen Formel um den fixierten Zentralton. Und noch mehr: Die melodische und akkordisch-intervallische Grundstruktur der Mottoformulierung prägt akkurat das aus, was man in der Kontrapunktlehre einen strengen Spiegelkrebs nennt. Auch das musikalische Subjekt verdoppelt sich ständig in seiner „eigenen Gestalt". Diese Grundstruktur wird mit einigen Varianten zehnmal in dem Lied wiederholt, und es ist abermals bemerkenswert, wie Schubert die Formmodelle des strophisch variierten und des durchkomponierten Liedes im Ostinato-Prinzip, in der erstarrten, stillgestellten Bewegungsmonotonie aufhebt. Aber die eigentlich interessanten, dramaturgisch belangvollen Einsichten in die Anti-Welt dieser Komposition erhellen erst aus der Beobachtung von Art und Umfang der Abweichungen gegenüber der eingangs gesetzten Grundgestalt. Man höre, wie Schubert in der 1. Strophe die Kadenz plagalisiert und erweitert, um das „Haus" in fahlem Klang zu benennen, die Fremdheit des Heimischen auszudrücken. Die zwei gewaltigen Steigerungen der 2. Strophe enden auf schärfsten Dissonanzen, wobei beim Schlüsselbegriff der „eigenen Gestalt", die sich zerteilt sieht, die Gesangsstimme auf das Maximum der Höhe gelangt und im grellen Klavierakkord zum ersten Mal auch die durchgehaltene Linie des Zentraltons Fis durchrissen wird. In der 3. Strophe tritt schließlich zur dynamischen Steigerung die des Tempos hinzu, und statt der Grundgestalt wählt Schubert jetzt für die entgeisterte Selbstansprache adäquat die melodisch-harmonische Verrückung und Verfremdung der Tonalität nach Ais-Dur. Aber bei der gebrochenen Erinnerung und Entrücktheit in „so manche Nacht in alter Zeit" erfolgt auch musikalisch rasche Heimkehr in die Grundtonart und für den Sänger die einzige Gelegenheit für ein romantisch-zwielichtiges Melisma. Das Nachspiel aber hält in trügerischer Versenkung und Ermattung alle Spannungen offen. Die Wunde wird nicht heilen.

5

An der außerordentlichen gefühlskritischen Qualität des *„Doppelgängers"* und seiner musikgeschichtlichen Tragweite bis auf Mahler und die Wiener Schule hat es kaum je Zweifel gegeben. Dies gilt ähnlich für die anderen Heine-Lieder Schuberts, deren Ausdruck und Technik nicht minder innovatorisch sind. Indessen verzeichnet die einschlägige Literatur in beharrlicher Nachrede eine Ausnahme: Es ist das *„Fischermädchen"*, das vielen als wunder Punkt, als zu leichtfertig komponiert und in der tragischen Umgebung deplaziert erscheint. Das ist bis zu einem gewissen Grade verständlich unter dem Gesichtspunkt derer, die an den Heine-Liedern nekrophile Psychologie demonstrieren wollen, und auch anderer, die aus ihnen eine novellistische tragische Geschichte herauslesen wollen. Begreift man jedoch die Heine-Lieder nicht als morbide Auswüchse einer romantisch-pathologischen Konstitution, sondern als künstlich produzierte Resultate aktiver Wirklichkeitsbewältigung, und zwar in einer notwendig episodisch-fragmentarischen Form als Ausdruck dessen, was objektiv an Lebensvielfalt möglich, aber subjektiv nicht mehr zur organischen Einheit zusammenzuzwingen ist, dann erhält auch das dubiose *„Fischermädchen"* seine genau bestimmte, unentbehrliche Funktion. In der Liedgruppe markiert es formell die gleiche Ausnahmeposition und -situation wie der *„Doppelgänger"*, inhaltlich jedoch bildet es seinen Gegenpol. Es

handelt sich hier ja um eine Ansprache „an“ ein Fischermädchen, nicht um einen quälenden inneren Monolog. Singen ist hier Locken und Rufen, Sehnsucht nach Kommunikation, Versuch, mit der Welt, der unverstellt natürlichen, sogar in Kontakt zu kommen. Wie wäre das möglich anders als in den Formen und Lauten der Welt, ohne Verstellung und Maskerade? Schubert wählt Mittel, die uns die Freundlichkeit als Absicht, die Höflichkeit als Konvention, die Biederkeit als Draperie erkennen lassen. Das Lied meint es, besser: der Text meint es schon ernst, auch wenn Schubert ganz offensichtlich sein Handwerk klappern läßt. Alles ist Attitüde: die einfache, unvariierte Strophenform, bei der nur der Mittelteil harmonisch versetzt wird, der stupid wiegende, pausenlos repetierte Siziliano-Rhythmus, die genormte Kadenzharmonik, die kleinen chromatischen Erweichungen, schließlich der Gesangsduktus selbst in seinen geprägten Wendungen, vorgefertigten Floskeln und kapriziösen Melismen. So muß ein geselliges Kunstlied erklingen, wenn es sich in der Gesellschaft heimisch machen will. Doch wie das Naturkind sich dem sehnsuchtsvollen, einsamen Rufer nicht gesellen mag, so wenig Verbindliches und Bindendes vermag auch der naive Naturlaut der Musik noch zu versprechen. Schuberts Porträt eines gut und richtig, hieb- und stichfest gemachten Liedes ist gerade im Kontext der umgebenden Gesänge als sinnliche Erfahrung unentbehrlich, um zu wissen, wovon er abstoßen und wohin er gelangen will.
Zwischen den beiden einander polaren Gesängen, *„Fischermädchen“* und *„Doppelgänger“*, vermitteln die übrigen vier: sie nehmen die gedanklichen Gegensätze als emotionale Spannung und Konfliktstruktur in sich auf. Das zweistrophige *„Am Meer“* setzt sie in Vor- und Nachspiel durch einfache Akkordveränderung fest und läßt sie im Inneren des Liedes durch den plötzlichen Wechsel des epischen, innig-pastoralen Tons ins dramatisch wild-erregte Pathos aufbrechen. Im Lied *„Ihr Bild“* bedient sich Schubert wieder anderer, für ihn typischer Mittel, um seelischen Zwiespalt zu gestalten: Zum einen arbeitet er mit harmonischer Lichtbrechung, vor allem dem Dur-Moll-Gegensatz auf gleicher Stufe; zum anderen läßt er monodischen mit voll ausharmonisiertem Gesang alternieren; schließlich überläßt er dem Klavier nach

jeder Halbstrophe einen nachsinnenden Kommentar. *„Die Stadt"* hat Schubert als eine seiner überhaupt kühnsten Klangvisionen komponiert! Es ist wohl ein Schaudern darüber, was sie alles an Unheil birgt. Erste und dritte Strophe konturieren einen düsteren Trauermarsch; Gesang und Klavierakkorde werden zusammengeschmiedet; aber in der zweiten Strophe treten die Parts auseinander. Die vokale Linie, kaum noch Melodie, senkt sich auf den Stufen des verminderten Septimakkords in die Tiefe, während das Klavier auf eben die monotone Weise, wie es das Lied ein- und ausblendet, jene diffusen Tremoli, Arpeggien und akkordische Kippungen ausführt, welche auch noch das im Text benannte Wellenkräuseln und den Ruderschlag des Fährmanns akustisch imitieren. Das Lied hält am Ausdruck trostloser Vereinsamung, kommunikationsloser Isolierung fest; es zieht ziellos vor sich hin, ohne die geringste modulatorische Auslenkung, ohne festen harmonischen Boden unter den Füßen – eines der frühesten Beispiele suspendierter Tonalität, eine makabre Impression des gesellschaftlichen Verlorenseins.
Schließlich ist an den *„Atlas"* zu erinnern, ein leidenschaftlich aufgewühltes, lapidares Fresko, dessen scharf-gemeißelte Motivik, aufgereckte Gestik und grelles Timbre einer gewissen Theatralik und opernhaften Rhetorik nicht entbehren, aber gerade dadurch auch Heines emphatisch weltschmerzlicher Pose übertreibend gerecht werden. Als ein Meister nicht nur des effektvollen Ausdrucks, sondern auch technischer Flexibilität erweist sich Schubert, wenn er hier einen echt kontrastierenden Mittelteil gestaltet, in dem er (von g-Moll nach H-Dur gelangend) das markante Kopfmotiv des Liedes als Baß der federnden Begleitung verarbeitet. Dieses „Atlas"-Signal, das sich merkwürdig mit dem Hauptthema von Beethovens letzter *Klaviersonate op. 111* berührt, scheint Schubert stark beschäftigt zu haben, denn er verarbeitet es, wie bereits angedeutet, als Leitgedanken in mehreren seiner großen Spätwerke und mit tragischer Akzentuierung. Solche vokal-instrumentalen Transplantationen, zu denen ihm im übrigen alle Heine-Lieder dienen, belegen einmal mehr, daß sie wie eine inspirierende Lichtquelle wirken und Strahlkraft besitzen, die des Komponisten letzte Werke vor allem als eine innere Einheit erhellen.

Diese Qualität bedeutet Einheit des Idioms, aber auch Gespaltenheit der Seele, die zunehmend an der Hoffnung verzweifelt, je die Sehnsucht nach einer „schöneren Welt" eingelöst zu sehen.
Wie sollten einem Schubert die schönen Illusionen auch nicht zerbrochen sein, wenn er bereits 1825, in einem Brief an Spaun, sein Verhältnis zur Welt und seine Mission in ihr als ebenso notwendig dissonante wie produktive Relation festlegt. „Überhaupt", schreibt er, „ist es ein wahres Elend, wie jetzt überall alles zur faden Prosa sich verknöchert, wie die meisten Leute dabei ruhig zusehen oder sich gar wohl dabei befinden, wie sie ganz gemächlich über den Schlamm in den Abgrund glitschen. Aufwärts gehts freilich schwerer; und doch wäre dieses Gesindel leicht zu Paaren zu treiben, wenn nur von oben aus etwas geschähe. Übrigens laß dir kein graues Haar wachsen ... biete dem einfältigen Schicksal Trotz und ihm zum Hohne laß dein reiches Gemüt wie einen Blumengarten erblühen ... Niederträchtig ist die Trauer, welche ein edles Herz beschleicht, wirf sie von dir und zertritt den Geyer, ehe er sich in deine Seele hineinfrißt."[26] Man sieht, Schubert war weder willens noch in der Zwangslage, selber „Atlas" oder „Doppelgänger" seiner Welt zu sein. Er fand sie in ihr und er hat sie ihr klingend vorgestellt. Verstanden haben ihn damals nur wenige. Unterhalb der großen glanzvollen Musik seiner Zeit und ihrem repräsentativen Hedonismus, oberhalb der schlichten Naivität volkstümlichen Musizierens, im defensiven Kampf gegen die Nüchternheit und Flachheit der kleinbürgerlichen Kunstübung und Lebenspraxis, trug er in seinem Metier die Spannungen aus, die ihm eine Gesellschaft des restaurativen, zähen Übergangs zur Bürgerlichkeit aufzwang und der er am liebsten den Rücken zukehrte. So wurde Schubert zum ersten bedeutenden Musiker jener neuartigen Entfremdungserscheinungen im sozialen Gefüge, in den zwischenmenschlichen Beziehungen, innerhalb der Individuen, die verschärft fortdauern sollten und die ihn heute moderner denn je erscheinen lassen.

1 Christa Wolf, Der Schatten eines Traums. Caroline von Günderode – ein Entwurf, in: Fortgesetzter Versuch (Aufsätze, Gespräche, Essays), Leipzig 1979, S. 293.
2 Zit. nach Harry Goldschmidt, Franz Schubert. Ein Lebensbild, Leipzig 1976, S. 5.
3 Franz Schubert, Die Dokumente seines Lebens, hg. von O. E. Deutsch, Leipzig 1964, S. 258f.
4 Schubert, Dokumente, a. a. O., S. 250.
5 Zit. nach Schubert, Dokumente …, a. a. O., S. 196.
6 Ebd.
7 Franz von Schober, An die Musik, Vertonung von Schubert D 547 (1817).
8 Schubert, Dokumente, a. a. O., S. 233.
9 Ebd., S. 233, 232.
10 Ebd., S. 304.
11 Ebd., S. 305.
12 Ebd., S. 319.
13 Ebd., S. 320.
14 Ebd., S. 320.
15 Ebd., S. 75.
16 Ebd., S. 403.
17 Karl Postl, zit. nach Harry Goldschmidt, Franz Schubert. Ein Lebensbild, a. a. O., S. 24.
18 Vgl. Schubert, Dokumente, S. 412, 431, 438.
19 Vgl. die Werke D 81, 88, 104, 748, 859, 885.
20 Schubert, Dokumente, a. a. O., S. 207.
21 Ebd., S. 451.
22 Ebd., S. 318.
23 Ebd., S. 299.
24 Zit. nach Schubert, Die Erinnerungen seiner Freunde, hg. von O. E. Deutsch, Leipzig 1957, S. 204.
25 Schubert, Dokumente, a. a. O., S. 573.
26 Ebd., a. a. O., S. 296f.

Hector Berlioz, „Ungarischer Marsch" aus der Dramatischen Legende „La damnation de Faust" op. 24, 1. Teil, 3. Szene

FREIHEIT – WO KANN SIE SEIN?

Hector Berlioz

1

Am 6. Februar 1846 dirigierte Hector Berlioz zum ersten Mal in Pest, der ungarischen Hauptstadt, ein Konzert mit eigenen Werken. Den Schluß bildete ein überaus klug gewähltes Gastgeschenk: die Uraufführung des Rákóczy-Marschs in eigener Instrumentation. In seinen Memoiren berichtet der Komponist, noch immer ergriffen davon, wie das Publikum zunächst beim leisen Beginn „schweigsam und ruhig" blieb. „Als aber", fährt er fort, „in einem langen Crescendo Bruchstücke des Themas sich fugenartig wieder hören ließen, unterbrochen von dumpfen, einem fernen Kanonenschuß ähnlichen Schlägen der großen Trommel, fing es im Saale an, mit einem unbeschreiblichen Getöse zu gären, und in dem Augenblick, da das entfesselte Orchester wie in einem wilden Handgemenge sein solange zurückgehaltenes Fortissimo losließ, wurde der Saal von unerhörtem Geschrei und Getrampel erschüttert. Die verhaltene Wut aller jener glühenden Seelen kam zum Ausbruch in Tönen, die mich vor Schrecken schaudern machten ... Der Sturm im Orchester war nicht imstande, gegen den Ausbruch jenes Vulkans aufzukommen, dessen Heftigkeit durch nichts gehemmt werden konnte."[1] Um das politische Motiv dieser Demonstration deutlich zu machen, schildert Berlioz abschließend seine Begegnung mit einem einfachen Ungarn unmittelbar nach dem Konzert, der, ihn umarmend, folgende Worte erregt gestammelt haben soll: „Ach, mein Herr, mein Herr ... ich Ungar ... ich armer Teufel ... spreche nicht französisch ... un poco l'italiano ... Verzeihen Sie ... meine Aufregung ... oh, ich habe Ihre Kanonen verstanden ... ja, ja ... die große Schlacht ... Hunde, die Deutschen! ... Ich trage Sie ... in meinem Herzen ... Ha! die Franzosen ... revolutionär ... können Revolutionsmusik schreiben!"[2]

Berlioz nennt diese ganze Episode erschreckend und erhaben, mußte er sich doch als Erbe französischer Revolutionsmusik im Innersten erkannt fühlen, obwohl er sich gleich-

zeitig davor fürchtete, Wirkungen für eine Sache zu zeitigen, der er im konkreten Fall gleichgültig gegenüberstand und die im allgemeinen längst nicht mehr die seine war. Das Stück sollte ihm noch einmal dazu dienen, sein diesbezügliches Credo zu formulieren, indem er es sofort in das Hauptwerk, an dem er damals gerade arbeitete, integrierte: in die dramatische Legende *„Fausts Verdammung"*. So rückt dieser berühmte Marsch gleichsam zwangsläufig ins Blickfeld, wenn man sich für die politischen Aspekte in Leben und Schaffen von Hector Berlioz interessiert. Denn zumindest verdankt das Stück seine Popularität ebenso der zündenden Melodie, die in der Geschichte der ungarischen Freiheitskämpfe ihre große Rolle gespielt hat, wie auch dem glanzvollen Orchesterarrangement, das der Komponist zunächst durchaus beiläufig, aber eben nicht ohne Bedacht herstellte. Als er einem Liederband gerade diese Melodie entnahm, wußte er wohl, daß sie eine Art ungarischer Marseillaise war, die seit Beginn des 18. Jahrhunderts, der Zeit der letzten großen Kurutzenbewegung unter Ferenc Rákóczy, als das wichtigste musikalische Symbol des nationalen Widerstandes gegen die habsburgische Fremdherrschaft galt.
Diese Symbolkraft eines kollektiven Freiheitsmarsches, die Berlioz ganz betont auskomponierte und die er in dem Pester Konzert leibhaftig erfuhr, benutzte er in seiner *„Faust"*-Vertonung deshalb zu einer politischen Stellungnahme besonderer Art. Darüber schweigt er selbstredend, wenn er sich im Vorwort zur Partitur gegen Meinungen verteidigt, er verfälsche Goethe, indem er seinen Helden „durch Ungarn ziehen" lasse. Sein Argument, daß er „ein Tonstück zu Gehör bringen wollte, dem ein magyarisches Thema zugrunde liegt"[3], unterschlägt ganz einfach dessen im Musikalischen wie Szenischen konkreten ideologischen Stellenwert. Zu Beginn der Legende lagert nämlich der Berliozsche Faust einsam in einer weiten Ebene und betrachtet den Sonnenaufgang eines Frühlingsmorgens. In die Ruhe der Natur mischen sich Klänge eines Bauerntanzes und eines vorüberziehenden siegreichen Heeres, dargestellt durch eben jenen „ungarischen" Marsch. Fausts rezitativischer Kommentar lautet: „Ha! Die Söhne der Donau zum Kampfe gerüstet. Mit Stolz schreiten freudig sie hin zu streiten für

die Heimat, für die Freiheit, für Recht! Im Siegesrausche erglüh'n ihre Herzen. Nur das meine bleibt kalt, selbst dem Ruhme verschlossen."[4] Die entfernten Trompetensignale vermögen Faust dennoch in Erregung zu versetzen, denn sofort rufen sie die Ideale revolutionärer Romantik in ihm wach. Aber sie führen auch zu der melancholisch-bitteren Einsicht, daß es seine Ideale nicht mehr sind.

Faust, auf den Berlioz eigene Lebenskonflikte projiziert und zu s e i n e r Figur umprägt, tritt uns als ein heimatloser, einsamer, unstet getriebener, nach einer akzeptablen Verankerung in der Menschenwelt suchender Intellektueller entgegen. Mehrfach sieht er sich mit solchen Möglichkeiten konfrontiert. Die erste ergibt sich im Bilde der kraftvoll tanzenden Bauern und des revolutionären Volksheeres, gleichsam einer als zweckhaft verbundenen Kollektivität von frohen, im Bunde mit der Natur und natürlichen Menschenrechten sich organisierenden Massen. Aber Faust, seines überlegenen Wissens und Könnens gewiß und überdrüssig seiner gewaltsamen Einfriedung in platte Lebenspraxis, Faust, der Protagonist eines romantisch protestierenden Egoismus, vermag aus seiner nur passiven Solidarität und sozialen Versöhnungsssehnsucht, aus Angst vor nivellierender Anpassung, lediglich eine negative Konsequenz zu ziehen: Er flieht vollends ganz in sich selbst zurück und sucht den Tod, um der Banalität, der Leere und Einsamkeit seiner Existenz zu entgehen. Da bietet ihm ein Osterchor Lösung im Glauben an. Für einen Moment wähnt er sich in den Armen der Religion geborgen. „Le ciel m'a reconquis"[5]: Der Himmel, nicht wie bei Goethe die Erde, hat ihn wieder.

Nun greift der Teufel ein, der Anwalt, wie es heißt, von „Macht und Glanz, Glück und Lust", kurz, der „Geist des Lebens" in seiner ganzen bürgerlich-profanen Realität. Faust übergibt sich diesem Treiben willig, er probiert Sinnengenuß, er möchte sich bequem arrangieren oder wenigstens an den zweifelhaften Glücksgütern der Welt teilhaben. Nicht nur, daß er sich so immer mehr seiner selbst entfremdet, er lädt auch Schuld auf sich, da er, dessen blanke Sinnlichkeit in dem Mädchen Margarete Liebe weckt und sie zum Muttermord führt, nicht die Kraft zu einer rettenden Tat findet, die seine erste Bewährung hätte werden können. Er erhofft sie von Mephisto, indem er ihm seine

Seele verschreibt. Zu erwarten, der Amoralist sei einer edlen Geste fähig, die Welt des Bösen einer guten Tat, das bedeutet Preisgabe der eigenen Verantwortlichkeit, das heißt, seine Verdammung selbst zu unterschreiben und sie obendrein verdient zu haben. Fausts Suche nach einer geistigen und sozialen Heimat endet erfolglos; sie scheitert sowohl an der Inkonsequenz seiner praktischen Vernunft als auch am miserablen Zustand der äußeren Verhältnisse. Jedenfalls zeigt Berlioz, daß das irdische Leben außerordentlicher Menschen seinesgleichen leicht zum Purgatorium werden kann. Doch an Fausts Höllenfahrt hängt er antithetisch Margaretes Himmelfahrt; dem „Gerichtet" folgt ein „Gerettet". Das ohnmächtige Opfer wird erlöst, andeutend, daß den millionenfach unbewußt Verführten, Betrogenen und Leidenden eine Hoffnung nicht versagt bleibt. Sie gibt sich allerdings als ein musikalisch bemerkenswert kraftloses und blasses Versprechen, offenbar, weil daran zu glauben der Komponist selbst nicht mehr wagte.
Mit Gestalt und Schicksal des Faust, auch einer „Ballade des Unterliegens" (Adorno), traf Berlioz programmatisch bewußt einige zentrale Aspekte seiner eigenen weltanschaulichen und künstlerischen Problematik vor dem Hintergrund eines aufreibenden, emphatisch extremen und krisenreichen Lebens. Denn Veranlagung und Umstände bestimmten ihn zu einem Schaffenstypus, der ähnlich Lord Byron, einem Lieblingsautor des Komponisten, unermüdlich seine Phantasie anreizte, sich selber zu spiegeln, dabei die Wunden seiner Seele und die Unruhe seines Denkens vergrößert zu empfinden, sie zu schüren und genußvoll zu pflegen. Auch nach außen gewendet, die Welt bedenkend, nahm Berlioz alles mit der gleichen Überempfindlichkeit wahr, und zwar als etwas zumeist Störendes und Zerstörerisches: „Meine Heimat ist die Welt der Poesie. Jede ihrer Blumen trägt eine Raupe in der Blüte."[6] Er glaubte zu wissen, wo sich die Raupen besonders gern tummeln, woher sie kriechen, wer sie produziert. Sie erschienen ihm namentlich als Produkte von Politik, jener „großen Dirne mit schielenden Augen, bleicher Haut und hartem Herzen"[7], die er einmal bekämpft, der er ein andermal entfliehen möchte, obwohl er „keinen Schritt machen kann, ohne ihr zu begegnen"[8] – und die er deshalb auch ernst nimmt, an der er sich

entzündet und der er sich künstlerisch stellen muß. Daß Berlioz am Ende seine Konflikte mit der Politik seiner Zeit so sarkastisch wie pessimistisch schlichtete, kann man indessen verstehen, wenn man bedenkt, daß er zwei große demokratische Revolutionen scheitern sah, und daß fünf verschiedene politische Regimes während seines Lebens das Volk verrieten, um der großen Bourgeoisie in Staat und Wirtschaft zur unumschränkten Herrschaft zu verhelfen.

2

Berlioz, 1803 in einer südfranzösischen Kleinstadt geboren und 1869 in Paris gestorben, verbrachte seine Kindheit im napoleonischen Kaiserreich. Den Ruhm des Kaisers, Frankreichs europäische Kriegsabenteuer und ihren Zusammenbruch dürfte er nur in Spuren wahrgenommen haben. Diese flüchtigen Reflexe waren aber immerhin wirksam genug, um ihm für sein ganzes späteres Leben eine grenzenlose Sympathie für Napoleon einzupflanzen. Der Kaiser blieb außerhalb von Kunst seine überhaupt einzige positive Identifikationsfigur, weniger seiner politischen Prinzipien wegen als vielmehr im Sinne des Kraftgenies und eines heroischen Kampfgeistes – von Haltungen also, die Berlioz insgeheim nachahmte und denen im Grunde die ganze Nation nachtrauerte. (Davon zeugt selbst die an sich belanglose Tatsache, daß er seine späteren triumphalen Konzerterfolge in vielen europäischen Ländern und Städten als „Bulletins der Großen Armee“ nach Hause meldete.) Für Millionen von Franzosen galt Ähnliches, denn der Stern Napoleon begann sich bereits unmittelbar nach dessen Sturz um so lichter zu verklären, je mehr sich die gesellschaftlichen Verhältnisse verfinsterten.
In diesen letzten Jahren der reaktionären Restauration der Bourbonen lebt Berlioz bereits in Paris und studiert am Konservatorium. Er ist Mitte Zwanzig, schon unausgeglichen, exzentrisch, ein schwärmerischer, explosiver Geist, der allerdings entschlossen ist, nicht um jeden Preis Karriere zu machen. Instinktiv schlägt er sich auf die Seite der kleinbürgerlichen Oppositionellen, die freilich nicht organisiert sind. Er liebäugelt mit utopisch-sozialistischen Ideen und zählt zu den begeisterten Anhängern der Juli-Revolu-

tion von 1830. Er verkehrt in einer Gruppe gleichgesinnter, genial begabter Künstler, darunter Balzac und Delacroix, die sich um den Dichter Victor Hugo geschart haben. Dieser formuliert das Programm des „Jungen Frankreich", wie sich die gegen die etablierten Ordnungen in Politik und Kunst aufbegehrenden romantischen Idealisten selbst nannten: „Freiheit in der Kunst, Freiheit in der Gesellschaft! Nieder mit der Reaktion, die wiederum ihr züngelndes Gorgonenhaupt erhebt! Freiheit muß das Schlagwort dieses Jahrhunderts werden! Jeder Fortschritt, jede Entwicklung der Intelligenz, jede Errungenschaft des Geistes wird das Bollwerk der Gegner in sich zusammenstürzen lassen. Neue Kunst für ein neues Volk!"[9] Wie diese Kunst beschaffen sein soll, sagt ebenfalls Hugo im Vorwort zu seinem „Cromwell"-Drama 1827: „Schlagen wir mit einem Hammer zwischen die Theorien, Poetiken und Systeme drein. Zerschmettern wir die veralteten Gipsschnörkel, die die Stirn der Kunst verhüllen. Es gibt weder Regeln noch Ideale, oder vielmehr gibt es keine anderen Regeln als die allgemeinen Naturgesetze, die über der gesamten Kunst schweben."[10]

Das war genau der Berliozsche Impuls, „ausschließlich seinem freien Willen folgend"[11] zu komponieren, gegen alle klassizistischen Konventionen anzukämpfen. Der Musiker provozierte geradezu den persönlich aufopferungsvollen, oft selbstquälerischen Affront gegen pedantischen Akademismus, gegen dogmatisch-reaktionäre Kompositionsprinzipien, gegen das „Bündnis von Seichtheit und Korruption" (Knepler) im öffentlichen Musikbetrieb, gegen die Prostitution der Kunst und Künstler im Räderwerk kapitalistischer Profitsucht. Unablässig suchte Berlioz Breschen in die Phalanx der gepflegten Mittelmäßigkeit des Musikbetriebs zu schlagen, die das offiziell begünstigte Maß des guten Geschmacks in jenem „Juste milieu" des sogenannten Bürgerkönigtums unter Louis-Philippe bestimmte und dem rebellischen Komponisten nur einen Platz am Rande ermöglichte. Berlioz war aber auch politischer Taktiker genug, um jahrzehntelang unter anderem im regierungsamtlichen „Journal des Débats" einen zermürbenden musikkritischen Feldzug durchzustehen und als Journalist zeitweilig eine Machtstellung zu behaupten, die dem Musiker gründlich versagt blieb. Er nutzte damit überhaupt die völlig neuartige politische Einflußnahme der Presse, wie er andererseits zu journalistischer Arbeit verdammt war, um sich den allernötigsten finanziellen Rückhalt zu sichern. Und Geld, das die verlachten und verlästerten Kompositionen nicht brachten, brauchte schließlich auch er inmitten einer Gesellschaft, deren Herzschlag die Börsenspekulation und der Profit bildeten. „Man kann nichts machen ohne dies elende Metall“[12] war sein Stoßseufzer von Jugend an und ein Dauerthema für ihn.

Dieser ewige Windmühlenkampf zehrte an seinen Kräften, und so blieb dem starrköpfigen Einzelgänger nicht erspart, daß er um den Preis künstlerischer und moralischer Integrität das Opfer der Vereinsamung auf sich nehmen mußte. Ließ sich der soziale und kunstpolitische Affront gegen das Establishment zunächst noch genußreich ausleben, so nahte doch unaufhaltsam der Tag, an dem sich Berlioz im eigenen Turm gefangen sah: „Ich fühle mich versucht zu schreien, um Hilfe zu rufen … O grausame Krankheit – moralisch, nervlich, eingebildet, alles, was man will – die ich die Krankheit der Isoliertheit nenne und die mich noch eines Tages töten wird.“[13] Hatte er anfangs mit revolutionär-demokratischen, sozialreformerischen Ideen stark sympathisiert, so ist unverkennbar, daß er in den Jahren nach der 1830er Revolution, angesichts einer ebenso erstickend langweiligen wie zynischen Korruptionspolitik, an deren Realisierung nicht mehr glaubte. Er fühlte sich durch den zunehmend repressiven und klerikalen Kurs der französischen Innenpolitik, durch die manipulierte Geschmacksnivellierung und den grassierenden „Industrialismus in der Kunst“[14] immer mehr in die Position des Besiegten getrieben.

Nach der Revolution von 1848 und dem Staatsstreich Louis Bonapartes, der die sumpfige Diktatur des 2. Kaiserreichs eröffnete, finden wir Berlioz in größter Distanz zu revolutionären Aktionen und sozialistischen Bewegungen. „Auf das Auflodern meiner musikalischen Leidenschaften ist eine Art Kaltblütigkeit, Resignation oder Verachtung gegenüber allem, was mir begegnet, gefolgt“[15], heißt es charakteristisch bei ihm, und weiter: „Ich finde mich so alt, so müde und arm an Illusionen.“[16] Nicht ohne gewisse Neigungen für das neue militärdespotische Regime und das unter Napoleon III. angefachte imperiale Gründungsfieber verfiel er, wie Romain Rolland treffend bemerkte, „einer grämlichen Verleumdung des Volkes und der Revolutionen, spricht er von der ‚republikanischen Cholera', der ‚dreckigen und blöden Republik', der ‚Republik von Lastträgern und Lumpensammlern', dem ‚niederträchtigen Gesindel, das in seinen revolutionären Zuckungen und Grimassen hundertmal stumpfsinniger und wilder ist als die Paviane und Menschenaffen von Borneo' ... Er verdankte diesen Revolutionen, diesen gewittrigen Demokratien, diesen menschlichen Unwettern das Beste seines Genies, und er verleugnete sie! Er war der Musiker der neuen Zeit und kehrte zur Vergangenheit zurück!"[17] In dem Augenblick, als die Politik des neuen Kaisers alle demokratischen Regungen erstickte, nach 1851 also, schrieb Berlioz ein letztes großes Oratorium: *„L'enfance du Christ"*, die „Kindheit Christi". In der Tat: „Le ciel m'a reconquis!" – der Himmel hatte ihn wieder.

3

Es gehört zu den merkwürdigsten Widersprüchen in Berlioz' Biographie, daß trotz aller deutlichen Abstinenz eines Interesses an politischen Detail- und Tagesfragen sein kompositorisches Werk in einer für seine Zeit einzigartigen Weise dennoch von politischem Geschehen durchtränkt oder begleitet, von politischen Motiven her konzipiert oder bei politischen Anlässen realisiert wurde. Dies war möglich, weil seit den Tagen der Französischen Revolution Musik im öffentlichen Leben, außerhalb der gewöhnlichen Institutionen, eine bedeutende Rolle spielte und bei solchen Gelegenheiten eine selbst von den Regierungen genutzte demokratische Tradition weiterlebte. Eine solche Politisierung war auch möglich, weil Berlioz, der musikalische Romantiker der heroischen Illusionen, ein kompositorisches Ideal kultivierte, das fernab jeglicher mittelmäßiger und vermittelnder Bescheidung, auf einem unbändigen subjektiven Freiheitsgefühl aufbaute, Extreme des Ausdrucks und der Klangmittel verfocht, Massen von Tönen und Musikern aufbot, um Massen von Menschen zu bewegen, zu erheben, zu begeistern. Der Zug ins Maßlose und Gigantische ist für ihn die Norm, um die Beschränktheiten des Kunstlebens und Weltempfindens seiner Epoche aufzusprengen. Kein Wunder, wenn er dafür überwiegend Spott und Hohn von der Mehrzahl seiner Zeitgenossen erntete. Berlioz war der bestverleumdete und meistkarikierte Musiker seiner Zeit. Und er hat ihr, was wir heute an ihm bewundern, standgehalten.

Schon frühzeitig also beginnt Politik auf sein Schaffen stimulierend oder hemmend in den vielfältigsten Formen einzuwirken. Eines seiner ersten eigenständigen Stücke ist eine *„Scène héroïque sur la Révolution Grèque"* für Chor und Orchester von 1826 auf einen Text seines Freundes Humbert Ferrand. Damals hatte eine Welle von Sympathiekundgebungen für den Unabhängigkeitskampf der Griechen zahlreiche europäische Intellektuelle und Künstler erfaßt, und auch Berlioz folgte diesem Impuls. In symbolischer Form drückte er auch in einer Oper *„Die Femrichter"*, einem Sujet aus dem Mittelalter, seinen Protest gegen despotische Willkür aus. Die Ouvertüre, die noch heute gelegentlich gespielt wird, nannte er eine „Hymne an die Verzweiflung, aber die verzweifelndste Verzweiflung, die man sich vorstellen kann"[18]. Politische Ereignisse in unmittelbarer Nähe, nämlich Unruhen in einem Pariser Viertel, gefährdeten beinahe die Uraufführung einer *„Messe"* im November 1827. Jedenfalls zog es selbst eine Reihe von Freunden vor, dem Ereignis fernzubleiben. In hautnahe Dauerberührung mit dem royalistisch-konservativen Geist kam er indessen während seiner fünfmaligen Bewerbung um den Rompreis, den Berlioz auch begehrte, weil er ihm für einige Jahre materielle Sicherheit, um den Preis geistiger Bevormundung seitens der Akademie freilich, sichern würde. Sein als regellos empfundener Stil, sein unbändiger Ausdruckswille stießen Jahr für Jahr auf Ablehnung. Der Komponist und Juror Boieldieu, einer der konservativsten Konservatoriumslehrer und daher einer der erfolgreichsten Opernschreiber, brachte sie auf die bündige Formulierung: „Ihr Bestes ist der Feind des Guten!"[19]

Erst im Juli 1830 errang er den Preis. Er saß noch in strenger Klausur über der Pflichtkantate *„Die letzte Nacht des Sardanapal"*, als die letzte Stunde der Bourbonen geschlagen hatte und die Revolution der „drei glorreichen Tage" ausbrach. In den „Memoiren" heißt es dazu: „Die Kartätschen durchlöcherten die verbarrikadierten Türen" des Institutsgebäudes, „die Kanonenkugeln erschütterten die Fassade ... Und ich schrieb hastig die letzten Seiten meiner Orchesterpartitur unter dem dumpfen Geräusch der verirrten Kugeln."[20] Am 29. Juli, dem letzten Tag des Aufruhrs, war er frei, „konnte ausgehen und" – wie es bei ihm heißt – „die Pistole in der Hand, in den Straßen von Paris mit der heiligen Kanaille herumtollen bis zum nächsten Morgen"[21]. Aus der auch ideologischen Distanz von dreißig Jahren erinnert er sich weiter: „Ich werde das Aussehen von Paris in diesen berühmten Tagen nie vergessen; die wilde Tapferkeit der Straßenjungen, die Begeisterung der Männer, das wahnsinnige Gebaren der Dirnen, die traurige Ergebenheit der Schweizer und der königlichen Garde, den eigentümlichen Stolz der Arbeiter darüber, daß sie, wie sie sagten, Herren der Stadt waren und sich nichts aneigneten. O Pariser! ... Prahlerische Riesen, aber auch riesenhafte Prahler!"[22] Berlioz berichtet, daß aus der Menschenmenge im Hof des Palais Royal plötzlich eine Melodie erklang, sein *„Kriegslied"* nach Moores *„Irish Melodies"*, das eben gedruckt worden war. Er beteiligte sich – wenn man dem geschickten Regisseur der Erinnerung glauben darf – unerkannt am Gesang, und gemeinsam, unter seiner Leitung, stimmte man die Marseillaise an, jenes Revolutionslied, das der Komponist, fast hellsichtig, wenig früher für zwei Chöre und Orchester bearbeitet und allem, „was eine Stimme, ein Herz und Blut in den Adern hat"[23], gewidmet hatte. Im Dezember des revolutionären Jahres, sicher noch im fiebrigen Nachhall der Ereignisse, konnte er dann seine *„Symphonie fantastique"* mit riesigem Erfolg uraufführen. Das Werk wurde als ein Fanal entfesselter Kreativität „mit Geschrei und Getrampel begrüßt"[24]. Man dürfte spontan verstanden haben, daß vor allem die beiden letzten Sätze schwerlich ohne den Atem aufrührerischer Stimmung, großer Leidenschaften und kühner Träume so hätten geschrieben werden können: der „Gang zum Richtplatz", den Parisern ein vertrautes Bild, „ein ungeheurer Aufzug von Henkern, Soldaten und Volk";[25] der „Hexensabbat" schließlich, ein schauerliches Gleichnis für den Tanz all der verachteten, teuflischen

Macht- und Nachtgespenster um die Goldenen Kälber des „Juste milieu".
Mitte Januar 1831 reist Berlioz nach Rom ab, um in der Villa Medici den Pflichtaufenthalt des Rompreises zu absolvieren. In dieser künstlichen Abgeschiedenheit, fernab allen brodelnden Lebens und inmitten eines Landes, das vom Bündnis des Katholizismus mit den europäischen Besatzungsmächten der reaktionären „Heiligen Allianz" beherrscht wurde, formiert sich recht eigentlich sein politisches Gewissen. Aus dieser Zeit stammt ein Brief an Charles Duveyrier, einen Pariser Zeitungsredakteur, in dem Berlioz sich ganz offen zum Sozialkonzept Saint-Simons bekennt. „In allem", heißt es da, „was die politische Neuorganisation der Gesellschaft betrifft, bin ich jetzt der festen Überzeugung, daß der Plan von Saint-Simon der einzig wahre und vollständige ist." Wie dieser sei er „für den Aufstieg der zahlreichsten und ärmsten Volksschichten, für die naturgebotene Einstufung der Talente, für die Abschaffung sämtlicher Privilegien, welche, gleich Ungeziefer in den verborgensten Falten des sozialen Gefüges eingenistet, jeden Versuch einer Heilung bis jetzt vereitelt haben"[26]. Die überall aufflackernden sozialen Kämpfe in Europa betrachtet er mit großem Interesse. So schreibt er in den ersten Dezembertagen des Jahres 1831, als der Aufstand der armen Lyoner Seidenweber siegreich zu verlaufen schien, an Ferdinand Hiller: „Ich sitze hier eingemauert ... während die Arbeiter in Lyon sich teuflisch amüsieren. Ich wäre auch gern nach Lyon gekommen, um Anteil daran zu haben."[27] Angesichts seines „Kasernenlebens", seines erzwungenen Nichtstuns, macht er in Briefen des öfteren seiner Empörung darüber Luft, „was in Europa vorgeht"[28]: „Freiheit ... wo ist sie ... wo war sie ... wo kann sie sein?"[29]
Damit nur irgend etwas geschehe, sich verändere, träumt er sich in anarchistische Aktionen hinein. Wenn er wenigstens, schreibt er an Ferrand, gemeiner Räuber sein könnte, „dann hätte ich wenigstens großartige Verbrechen gesehen, Diebstähle, Morde, Entführungen und Feuersbrünste, anstatt dieser schmachvollen Verbrechen, dieser perfiden Feigheiten ... Ja, das ist die Welt, die mir passen würde, ein Vulkan, Felsen – in Höhlen aufgehäufte reiche Beute, ein Konzert von Schreckensgeschrei, begleitet von einem Or-

chester von Pistolen und Karabinern, Blut und Lacrimae Christi, ein Lavalager, auf dem mich Erdbeben wiegen, seht, das ist Leben! Aber es gibt nicht einmal mehr Briganten. O Napoleon, Napoleon, Genie, Macht, Stärke, Wille!"[30] Hinter solchen Visionen stehen reale Erfahrungen, und aus ihnen werden musikalische Bilder. Gerade in Italien war der „gute Räuber" kein bloßer romantischer Topos, sondern tausendfach lebendiger Typus: der Partisan, der Carbonaro, das Mitglied der vielen Geheimbünde, die abseits in den Wäldern und Gebirgsgegenden sich organisierten und von dorther jene zahllosen Aktionen unternahmen, die der Befreiung Italiens und der Einigung des Landes vorarbeiten sollten. Mit mehr oder weniger Recht sahen vor allem der Kirchenstaat und die österreichischen Besatzer in jedem Franzosen ein Sprachrohr umstürzlerischer Ideen und einen Sympathisanten der Carbonari. Kein Wunder also, daß auch die Pensionäre der Académie française verdächtigt und bespitzelt wurden. Berlioz berichtet von mehreren Komplikationen mit Polizei und Paßbehörden. Und selbst der allmächtige Fürst Metternich, Österreichs Kanzler, fühlte sich beängstigt genug, um seinen römischen Gesandten vor Berlioz zu warnen. Offensichtlich bezieht er sich in seinem Schreiben auf jenen oben zitierten Brief des Komponisten an den Redakteur Duveyrier, wenn er anordnet: „Herr Graf, ich habe die Ehre, Ihnen beiliegend die Abschrift eines Briefes zu übermitteln, der mir auf geheimem Wege zugekommen ist, und infolgedessen nur zu Ihrer persönlichen Instruktion benutzt werden darf. Mit der Übersendung dieses Briefes möchte ich Eure Exzellenz auf die gefährliche Tendenz des Fanatismus hinweisen, den der Schreiber dieses Briefes, ein junger Anhänger der Lehre von Saint-Simon, und wahrscheinlich ein Mitglied der französischen Akademie in Rom, an den Tag legt. Sie werden es sicher für angebracht halten, verehrter Herr Graf, die Päpstlichen Behörden über die Art der Ansichten, von denen diese Person eingenommen ist, zu informieren, und die jungen Künstler, des Kaisers Untertanen, die in Rom weilen, vor dessen schädlichen Einfluß und jeglichem Kontakt vorsichtig warnen. Sollte der Herr H. Berlioz bei seiner Abfahrt von Rom in der kaiserlichen Botschaft um das Einreise-Visum in die österreichischen Staaten ansuchen, würde sich Eure Exzellenz veranlaßt sehen, ihm das Visum zu verweigern."[31]

Nun, Berlioz hatte wohlweislich solche Absichten nicht. Frankreich war ihm denn doch lieber, und sei es nur, weil es den großen „Briganten" Napoleon hervorgebracht hatte. Als er heimwärts über die Brücke von Arcole fährt, dort, wo Bonaparte vor sechsunddreißig Jahren einen berühmten Sieg erfocht, notiert er sich die Idee zu einer Huldigungssinfonie: „Die Rückkehr der Italienischen Armee, Symphonie in zwei Teilen. 1. Abschiedsgesang von der Höhe der Alpen auf die in Italien gefallenen Helden. 2. Triumphaler Einzug der Sieger in Paris."[32] Zehn Jahre danach entsteht daraus die grandiose *„Symphonie funèbre et triomphale"*. Vorerst allerdings verarbeitete er in mehreren neuen Werken seine italienischen Erfahrungen, und es ist kein Zufall, daß er neben pittoresken Klangbildern über Land und Leute prononciert das ihm ganz zugehörige Thema der Einsamkeit aufgreift, der verzweifelten Suche des Einzelnen nach sinnvoller Kommunikation und Aktion, und daß dabei insbesondere die Identifikation mit der Figur des „guten Räubers", des freien Außenseiters, beschworen wird. Dies ist der Fall in dem merkwürdigen, von Berlioz „Melolog" genannten *„Lelio"* und in der Ouvertüre *„Der Korsar"*, schließlich im Schlußsatz seiner Sinfonie mit Solobratsche *„Harold in Italien"*. Dort findet man Harold-Hector inmitten eines „Gelages der Räuber". In ihrer Mitte, seinen Träumen hingegeben, stirbt er. Die Solobratsche schweigt während der wilden Tanzweisen, einer kühnen, orgiastischen Musik. Das ist die Metapher doppelter Entfremdung, bei der der „einsame" Fremde sein objektiv gleiches „Schicksal" mit den „kollektiven" Außenseitern verweigert.

4

Wenn auch in den Jahren nach 1830 Berlioz' realpolitische Ambitionen allmählich gründlich erkalteten (sei es, daß ihn die Ohnmacht der saint-simonistischen Theorien gegenüber der Realität ernüchterte, sei es, daß er vollständig von seinem eigenen Kunstkampf absorbiert wurde), der Komponist suchte und fand nicht wenig Gelegenheit, um mit neuen Werken seinem emphatischen Willen zum Ausdruck revolutionärer Tatkraft, wie er sie verstand, breites Gehör zu verschaffen. Er bediente sich nicht ungern des politischen Rahmens, den der Bürgerkönig und seine Regierung zu ihrer positiven Selbstdarstellung absteckten. Dabei spielte die Kultivierung heroischer Traditionen eine bedeutende Rolle, wie andererseits der Stolz auf wirtschaftliche Prosperität und technischen Fortschritt in Formen gefeiert wurde, die Musik geradezu erforderten. So komponierte Berlioz, auf einen Text von Béranger, eine *Kantate zum 5. Mai,* dem offiziell gewürdigten Todestag des „Empereur Napoleon". Zu entsprechend anderer Gelegenheit, im Jahr 1846, verfaßte er einen ausladenden *„Chant des Chemins de fer",* das „Lied der Eisenbahnen" zu Ehren der Erbauer dieses neuen großartigen Verkehrsmittels. „Soldaten des Friedens" werden da die Arbeiter genannt, und Berlioz preist in seinem hymnischen Fresko für Chor und Orchester die Zeit, den Staat, das Volk, die solchen Fortschritt ermöglichten.[33] Auch zu späterer, des dritten Napoleons Zeit sehen wir den Komponisten in ähnlichen Zusammenhängen, zu Welt- und Industrieausstellungen etwa, musikalisch aktiv werden.

Indessen fallen auch einige seiner Hauptwerke, das *Requiem,* das *Te Deum* und die *„Trauer- und Triumphsinfonie",* unter die Rubrik politischer Fest- und Gedenkmusiken. Berlioz hat dergleichen Anlässe nicht nur ideologisch ernst genommen und der finanziellen Vorteile wegen bedient, sondern er nutzte sie auch unmittelbar zur Durchsetzung seiner musikalisch monumentalen, im doppelten Sinne massenbewegenden Konzeptionen. Das *Requiem* war auf ministeriellen Beschluß zur Feier des 7. Jahrestages der Opfer der Revolution von 1830 vorgesehen. Ein Gegenbeschluß, die Julihelden ohne Musik zu ehren, unterbrach die aufwendigen Vorbereitungen. Erst nachdem im Oktober 1837 die nordafrikanische Stadt Constantine und mit ihr der französische Armeegeneral Damrémont gefallen, mithin Algerien französische Kolonie geworden war, ordnete der Kriegsminister eine Trauerzeremonie im Pariser Invalidendom an, bei der auch Berlioz mit seinem pathetisch-religiösen Kolossalwerk zur Geltung kommen durfte. In Anwesenheit „der Prinzen, der Minister, der Pairs, der Abgeordneten, der ganzen französischen Presse, der Vertreter aller

auswärtigen Zeitungen und einer großen Menschenmenge“[34], wie sich Berlioz erinnert, erzielte das Werk eine „furchtbare … schreckensvolle Wirkung“[35]. In geradezu gigantischen Dimensionen realisierte er den Auftrag der Regierung, 1840 zum 10. Jahrestag der Julirevolution eine *„Trauer- und Triumphsinfonie“* zu schreiben. Vor allem die riesenhafte Erweiterung des Blasorchesters war für das Freiluftzeremoniell der Überführung der Gebeine der gefallenen Opfer durch die Straßen von Paris zum Platz der Bastille berechnet. Wirklich zog Berlioz an der Spitze einer zweihundert Mann starken, gemieteten Militärkapelle musizierend durch die erstaunten Menschenmassen, die im Lärm der Prozession kaum wahrzunehmen vermochten, was da eigentlich geschah, was ein Komponist ihnen zu sagen hoffte, nämlich: „Ich wollte zuerst die Kämpfe der ruhmvollen Tage in Erinnerung bringen, inmitten der Trauerklänge eines furchtbaren und zugleich verzweiflungsvollen Marsches, der den Zug begleiten würde; dann eine Art Grab- oder Abschiedsrede an die glorreichen Helden zu Gehör bringen in dem Augenblick, da die Leichen in die monumentale Gruft gesenkt werden und schließlich eine Ruhmeshymne, eine Apotheose singen lassen, nachdem der Grabstein eingesetzt wurde, wenn das Volk nichts anderes vor Augen haben würde als die hohe Säule, bekrönt von der Freiheit, die sich mit ausgebreiteten Flügeln gen Himmel aufschwingt, wie die Seelen derer, die für sie starben.“[36]
Mit diesem Werk bekräftigte Berlioz einmal mehr seine innerste Überzeugung, daß er als Musiker sich engagiert fühlen müßte, in den Massen das Bewußtsein ihrer revolutionären Vergangenheit, ihrer „glorreichen Augenblicke“ wachzuhalten. Deshalb greift er zu Mitteln, die spontan überzeugen und verstanden werden können. Die Kraft der musikalischen Massen soll Hörermassen Kraft geben; die Programme seiner Musik sollen Direktiven programmieren, die freizügige Einfachheit seiner Klänge soll den Zug in die Freiheit vereinfachen helfen. Niemand hat die heroischen Botschaften zu seiner Zeit vielleicht besser verstanden als Richard Wagner, der die sonderbare Uraufführung der *„Trauer- und Triumphsinfonie“* in Paris miterlebte: „Als ich seine Sinfonie hörte, empfand ich lebhaft, daß jeder Gamin

mit blauer Bluse und roter Mütze sie bis auf den tiefsten Grund verstehen müsse ... Sie ist edel und groß von der ersten bis letzten Note; allen krankhaften Exaltationen wehrt eine hohe patriotische Begeisterung, die sich von der Klage bis zum höchsten Gipfel der Apotheose erhebt ... Ich muß mit Freude meine Überzeugung aussprechen, daß diese Juli-Sinfonie existieren und begeistern wird, solange eine Nation existiert, die sich Franzosen nennt."[37] Und Wagner war es auch, der Berlioz als singuläre Gestalt der damals neuen französischen Musik nicht besser zu charakterisieren wußte als im Vergleich mit dem überragenden politischen Genie der neueren Geschichte dieser Nation: „In diesem Berlioz flammt die Jugend eines großen Mannes; seine Symphonien sind die Schlachten und Siege Bonapartes in Italien ... Berlioz ist ein großer Feldherr; so wie ich mir Bonapartes Schlachten im Geiste nicht anders vorstellen kann, als wenn ich mir die Gestalt des Heroen klar vor meine Augen versetze und sie an die Spitze des ungeheuren Gewühls stelle, wie von ihr aus tausend leitende feurige Gedanken durch das Ganze hinströmen – so kann ich mir eine Berliozsche Sinfonie nicht anders denken, als mit ihm selbst an der Spitze der Exekution."[38] In der Tat: Dies ist das treffende Bild für den Komponisten auf der Höhe seiner Schaffenskraft während der dreißiger und vierziger Jahre des vorigen Jahrhunderts. Es berührt die hörbare und daher wichtige politische Fiber in der Kunst eines Musikers, der als einziger damals in Frankreich das tönende Erbe der Französischen Revolution und der revolutionären Sinfonik etwa eines Beethoven produktiv fortsetzte. Mag er sich, erschöpft durch die Kämpfe für dieses Ideal, allein gelassen von seiner Umwelt, enttäuscht von der politischen Wirklichkeit seiner Zeit, am Ende zum verbitterten Misanthropen gewandelt haben: In Musik denkend, komponierend, sein Werk verbreitend muß er unerschütterlich an dem Glauben festgehalten haben, daß seine Kunst sich um erinnernde Aufklärung und enthusiastische Erschütterung nicht umsonst bemühe. Den Gewalten des Tages antwortete er mit einer kühnen Gewaltsamkeit der Musik, die deren Reputation spottete. Unter König und Kaiser schürte sie die republikanische Flamme auch dann noch, als Berlioz selbst danach trachtete, sie auszublasen. Wenn er am Ende glaubte, daß er die Menschen hasse, übersah er vielleicht doch nicht ganz, daß seine Musik aber von Beginn an die großen Sehnsüchte der Menschheit liebte.

1 Hector Berlioz, Memoiren, Leipzig 1980, S. 335.
2 Ebd., S. 336.
3 Zit. nach Partitur der Edition Eulenburg Nr. 994, S. VII.
4 Ebd., S. 51.
5 Ebd., S. 99.
6 Zit. nach Guy de Pourtalés, Phantastische Symphonie. Hector Berlioz und das romantische Europa, München 1940, S. 182.
7 Ebd.
8 Ebd.
9 Victor Hugo, zit. nach: Wenn Berlioz ein Tagebuch geführt hätte, Budapest 1968, S. 39.
10 Ebd., S. 40.
11 Ebd., S. 62.
12 Ebd., S. 55.
13 Zit. nach Georg Knepler, Musikgeschichte des 19. Jahrhunderts, Bd. 1, Berlin 1961, S. 299.
14 Ebd., S. 301.
15 Ebd., S. 307.
16 Ebd.
17 Zit. nach Romain Rolland, Hector Berlioz, in: Musiker von heute, Berlin 1972, S. 67f.
18 Memoiren, zit. nach: Wenn Berlioz ein Tagebuch geführt hätte, a. a. O., S. 59.
19 Ebd., S. 56.
20 Ebd., S. 71.
21 Ebd.
22 Ebd.
23 Ebd., S. 73.
24 Ebd., S. 75.
25 Ebd., S. 65.
26 Zit. nach Knepler, a. a. O., S. 304.
27 Zit. nach: Wenn Berlioz ein Tagebuch geführt hätte, a. a. O., S. 89f.
28 Ebd., S. 84.
29 Ebd., S. 85.
30 Ebd.
31 Zit. nach Knepler, a. a. O., S. 303.
32 Zit. nach Pourtalés, a. a. O., S. 145.
33 Vgl. Knepler, a. a. O., S. 302.

34 Zit. nach: Wenn Berlioz ein Tagebuch geführt hätte, a. a. O., S. 115.
35 Ebd.
36 Ebd., S. 128.
37 Zit. nach Iwan Sollertinski, Von Mozart bis Schostakowitsch, Leipzig 1979, S. 102.
38 Zit. nach Pourtalés, a. a. O., S. 357f.

SONDERBAR ENTFLIEHT MIR DIESE WELT

Fryderyk Chopin

1

Im zehnten Brief „über die französische Bühne" vom Mai 1837 gibt Heinrich Heine, der deutsche Dichter in der politischen Emigration, einige kurze Charakterstudien über die berühmtesten Komponisten, die damals in Paris wirkten – und miteinander verkehrten. Nachdem er von dem arrivierten Meyerbeer und dem bizarren Berlioz gehandelt hat, kommt er auf Liszt zu sprechen. Mit ironischer Hochachtung kommentiert Heine dessen „große Anlagen zur Spekulation" und besonders die merkwürdig wechselnden Interessen für die verschiedensten sozialen Utopien und politischen Doktrinen der Zeit, um zu resümieren: „Daß er kein stiller Klavierspieler für ruhige Staatsbürger und gemütliche Schlafmützen sein kann, das versteht sich von selbst."[1] Der vulkanischen Berühmtheit, die er mit unangenehmem Beigeschmack liebt, stellt Heine schließlich Fryderyk Chopin gegenüber. „Er sei", schreibt er nicht minder doppelsinnig, „ein Mensch vom ersten Range. Chopin ist der Liebling jener Elite, die in der Musik die höchsten Geistesgenüsse sucht. Sein Ruhm ist aristokratischer Art, er ist parfümiert von den Lobsprüchen der guten Gesellschaft, er ist vornehm wie seine Person."[2] Das, was nach Heines Meinung diese „Persönlichkeit zu einer höchst merkwürdigen Erscheinung" mache, sei die Aneignung des Besten, wodurch sich drei Völker auszeichnen: „Polen gab ihm seinen chevaleresken Sinn und seinen geschichtlichen Schmerz, Frankreich gab ihm seine leichte Anmut, seine Grazie, Deutschland gab ihm den romantischen Tiefsinn."[3] Aber als Musiker in Aktion, improvisierend am Klavier, sei er allerdings „weder Pole noch Franzose noch Deutscher, er verrät dann einen weit höheren Ursprung, man merkt alsdann, er stammt aus dem Lande Mozarts, Raffaels, Goethes, sein wahres Vaterland ist das Traumreich der Poesie."[4]

Kein Zweifel: Heine, der scharfe Beobachter, sagt mit all dem die Wahrheit, oder besser, jenen Teil von ihr, den er kennen konnte, den Chopin selbst preisgab, der sein Image

Fryderyk Chopin, Nocturne für Klavier c-Moll op. 48 Nr. 1

begründete. Denn es ist zugleich der Ansatz des romantischen Chopinbildes, das Millionen Liebhaber seiner Musik scheinbar irreversibel verinnerlicht haben: das Pastell einer sylphidisch zarten, von Heimweh kranken und von Schwindsucht bedrohten Seele, leidend und trotzend dem Unglück der Liebe und des Vaterlands; dann die Vorstellung von einer grazilen, distinguierten Gestalt, mit bleichen, vergeistigten Zügen, wunderbaren Händen und vollendeten Umgangsformen, die ihn zum Favoriten aristokratischer Salons werden ließen; schließlich das Idol des nachtwandlerisch inspirierten Komponisten, der all seine verschwiegenen Gefühlsregungen als Geheimnisse des Klangs beichtet, der in weltvergessenen „espaces imaginaires“[5], in schillernden Traum- und Phantasieregionen jene Sehnsüchte sucht und Erfüllungen findet, die ihm die harte Realität des Lebens versagt. Im Gefolge solch eines romantisierten künstlerischen Selbst- und Sendungsbewußtseins hat dann akademische Wissenschaft die Leistung streng gemustert und gemessen und Chopins Verdienste um die musikgeschichtliche Entwicklung festgeschrieben – sich streitend um Erbmasse und nationale Zugehörigkeit, um Statik oder Dynamik der persönlichen Entwicklung, um Autonomie oder poetische Gezeugtheit seiner Musik, aber weitgehend einig über seine Schlüsselrolle für die polnische Musik, die technische und expressive Innovation des Klavierspiels, und allenthalben staunend über die so extreme Konzentration auf dieses eine Instrument, das Klavier.

Aber selbst die bestinformierte Wissenschaft versagt vor der rätselvollen Vieldeutigkeit eben dieser musikalischen Gebilde. Um ein Wort Adornos zu paraphrasieren: Da sind Dinge gemacht, von denen sie nicht weiß, was sie sind, denn vor allem Chopin selbst hat sich wohl mit Absicht und mit Erfolg darum bemüht, ihr Geheimnis durch kein „erklärendes“ Wort zu entschleiern. Dabei scheint seine Musik von suggestiver, beschwörender Klang-Rede so durchtränkt zu sein, daß sich bestimmte Deutungen geradezu unwillkürlich aufdrängen. Nehmen wir zum Beispiel das berühmte balladeske *Nocturne in c-Moll op. 48 Nr. 1* aus dem Jahre 1841: Verbindet sich mit der unsagbar schönen, so drängenden wie gebrochenen Trauermelodie zum ausgreifenden Marschtritt der akkordischen Begleitung denn nicht jener „chevalereske Sinn“ und jener „geschichtliche Schmerz“, der uns – mit dem Komponisten – sofort an das politische Geschick seiner polnischen Heimat denken läßt? Gibt nicht der grandiose Mittelteil in C-Dur, darstellend einen schlichten, inbrünstigen Bittgesang, der sich aus der geduckten Tiefe, unter der aufbegehrenden, immer bestimmender dreinfahrenden Schubkraft grollender Oktavgänge zum befreienden Stoßgebet emporschwingt, das zwingende Bild einer Siegesvision und einer konkreten Freiheits-Utopie? Und empfängt nicht die Reprise von solchen Impulsen ihre sehnsuchtsvolle Fiebrigkeit und agitatorische Tendenz, ehe sie erschöpft zusammenbricht und damit bekundet, daß trotz aller nationalen Demütigung genügend Herzen der Rache glühen? Das wäre gewiß eine Lesart, die Chopin nicht vergewaltigen würde, aber es bleibt eben eine Lesart auch, die durch nichts Faktisches beglaubigt wird; und wenn es hintergründige Fakten gibt, dann können sie auf beinahe jeder Ebene von Chopins empirischer wie intelligibler Biographie angesiedelt sein.

Bei genauerem Studium dieses Lebens wird man Chopins Persönlichkeit und Werk von ganz ähnlichen, mehrdeutigen Zügen geprägt sehen. Sein Weltschmerz beispielsweise löst sich auf in die konkreten Lebensprobleme eines Emigranten, in die psychischen Spannungen eines Egozentrikers, in einen Hochmut der Erwähltheit, wodurch er sich allmählich den Menschen entfremdet und seine Einsamkeit sich verstärkt. Vom idealischen Romantiker bleibt fast nichts, und gerade die Protagonisten der romantischen Bewegung verstand er künstlerisch am wenigsten. Chopin war auch Rationalist, ein Voltairianer, und ein gewiefter Taktiker, wenn es darum ging, im Kampf mit den Verlegern seine Interessen durchzusetzen. Nur die Musik war ihm Passion, sie beherrschte ihn ganz; doch seine Kompositionen entstanden als mühselige, angestrengte, kritische Gedankenarbeit – keineswegs unter dem Diktat von unwillkürlichen Visionen. Alles übrige lebte und betrachtete er mit einer ziemlichen Distanz: die Musik der Zeitgenossen, die Literatur, die Religion, die Liebe, die Politik. Katholisch erzogen, war er gewiß gläubig, aber er besuchte zumindest in Paris die Kirche nicht, und in seiner Korrespondenz wird dieser Gegenstand nie berührt. Auch seine komplizierten Beziehungen zu Frauen machen es wahrscheinlich, daß er im emphatischen Sinne sich kaum engagierte. Eigentlich „liebte er niemals jemanden. Er war verliebt in die Liebe, er kultivierte diesen seelischen Zustand"[6], um sich schmerzlich aufzureizen und für die künstlerische Produktion zu stimulieren. Ähnlich gelagert war sein Verhältnis zur Politik, zu den vielen großen und kleinen politischen, sozialen, ökonomischen Problemen seiner Zeit. Obwohl er sie gern zur Kenntnis nahm und gern auch aphoristisch kolportierte, war Chopin weit davon entfernt, ein intensives, durchgängiges Interesse für dieses Gebiet zu bekunden. Das hat die meisten seiner Biographen dazu geführt, es allerdings überhaupt zu unterschlagen oder bestenfalls doch nur in den unscharf schwärmerischen und passionierten patriotischen Bekundungen zur Tragödie Polens aufzuspüren.

Immerhin ist dabei richtig gesehen, daß Chopins nationale Gefühle, sein progressiver Patriotismus, seine Heimatsehnsucht die Basis und den entscheidenden Maßstab seiner politischen Interessen bildeten. Zugleich formieren sie den bindenden Rahmen für die Fülle nationaler musikalischer Charakteristika, die sein Schaffen so eindeutig prägen, ohne daß Chopin darin – von anekdotischen Bebilderungen durch spätere Exegeten abgesehen – deutliche und konkret ablesbare Bezugspunkte zur politischen Sphäre, wie zu anderen Aspekten der Wirklichkeit auch, je artikuliert hat. (Der Mangel an „eindeutigen" Beziehungen scheint dabei weniger von taktischen Tarnungen als vielmehr von einer prinzipiellen ästhetischen Gesinnung schöpferischer „Unabhängigkeit" und „Eigenart" gegenüber der empirischen Realität herzurühren.) Darüber hinaus aber hat er die politischen Bewegungen in Europa und in seiner Wahlheimat Frankreich, die wichtigen Gesellschaftstheorien und die Stimmung der Parteien und Volksmassen erstaunlich scharfsinnig beobachtet, freilich selten im Affekt, dafür meist mit einem wirklich wachen, analytischen Verstand. Sosehr er sich für die nationale Frage interessierte (das heißt: die Befreiung Polens von der Fremdherrschaft) und die Bildung einer großen polnischen Nation ersehnte, so wenig Verständnis zeigte er andererseits für die sozialen

Emanzipationskämpfe, um von seiner Skepsis gegenüber dem Erstarken der sozialistischen Bewegungen und der kommunistischen Ideen gerade in Frankreich ganz abzusehen. Hier setzten ihm eine konservative Erziehung, sein ausgeprägtes Selbstwertgefühl und sein aristokratischer Umgang entschiedene Schranken. Die Schriftstellerin George Sand, die mit Chopin fast zehn Jahre zusammen lebte und in dem Schlüsselroman „Lukrezia Floriani" von 1847 ihrer beider Beziehung beschrieben hat (ohne daß sie es zugab oder Chopin dies wußte), gibt eine treffende Studie seines im Wesen bloß charitativen Sozialverhaltens. „Er wußte wohl", heißt es da über den Romanhelden, einen Fürsten Karol, „daß es draußen in der Welt böse und närrische Menschen gebe, aber er lernte sie nur vermeiden, nicht kennen. Wohl lehrte man ihn, den Unglücklichen beizustehen ..., aber während er ihnen half, gewöhnte er sich daran, die Ursache ihrer Not zu verachten und diese Wunde der Menschheit für eine unheilbare zu halten. Unordnung, Trägheit, Unwissenheit oder Mangel an Urteil, diese bösen Quellen der Verwirrung und des Elends, schienen ihm, und mit Recht, bei den Einzelnen unverbesserlich zu sein. Man lehrte ihn nicht glauben, daß die Massen sich allmählich davon befreien sollen und können und daß man mehr tut für die Menschheit, wenn man ihr dicht ins Auge sieht, sich mit ihr einläßt ... als wenn man ihren gelähmten oder von der Fäulnis angefressenen Gliedern spärliche Brocken des Mitleids hinwirft."[7] Solche Kritik kam von einer Frau, die ja bekanntlich politisch sehr weit links stand, die eine Anhängerin des Saint-Simonismus bzw. der utopisch-religiösen Soziallehre von Pierre Leroux war, die mit Sozialisten wie Louis Blanc, Michel de Bourges oder Auguste Blanqui verkehrte und sich aktiv an der achtundvierziger Revolution beteiligte. Trotz seiner engen, persönlichen Kontakte stand Chopin den Kreisen dieser, wie er meinte, revolutionären Schwärmerei und dem modischen „Salonsozialismus" bei Teilen der Aristokratie wie des herrschenden Finanzbürgertums einigermaßen unbeteiligt gegenüber. Die Sand hat das in ihren Memoiren später selbst eingestanden, wenn sie schreibt: „Ich nahm das ganze Leben Chopins so hin, wie es sich neben dem meinen vollzog. Ich hatte weder die gleiche Geschmacksrichtung noch die gleiche Auffassung der Kunst wie er, noch teilte ich seine politischen Meinungen und seine Einschätzung der Dinge des Alltags."[8]

2

Auf jeden Fall also hatte Chopin, anders, als uns viele seiner Biographen glauben machen wollen, eben doch „politische Meinungen" – und zwar nicht selten recht dezidierte. Das kann nicht verwundern, wenn man nur bedenkt, wie eingreifend Chopins Leben selbst von den politischen Verhältnissen der Zeit geprägt war. In dieser Ära vollzog sich in Polen wie in Westeuropa der stürmische und konfliktreiche Übergang zur kapitalistischen Produktionsweise, verbunden mit nationalen Befreiungsbewegungen und harten sozialen Kämpfen. Aufgewachsen in der nachnapoleonischen Restaurationsphase, erlebte er diese revolutionären Durchbrüche und restaurativen Gegenschläge in aller Schärfe. Die Situation in Polen betreffend, stand er ideell auf seiten der bürgerlichen Emanzipation, der Geheimbünde und der Emigranten; bezogen auf Frankreich war er ein Anhänger der liberalen Bourgeoisie, ein kritischer, aber äußerlich angepaßter Verfechter des Bürgerkönigtums, des sogenannten „Juste-milieu", obwohl er den vielgeschmähten birnenköpfigen König Louis-Philippe nicht leiden konnte. In den freigeistigen, distinguierten Zirkeln von reichen Bürgern und Aristokraten, in privaten und halböffentlichen Soireen oder in gelegentlichen Wohltätigkeitsveranstaltungen mit politischem Hintergrund entfaltete sich ja auch seine pianistische Wirksamkeit. Gefördert von blühenden Bankhäusern und Börsenspekulanten wie Rothschildt, Léo und Grzymala, gespeist durch gepfefferte Unterrichtshonorare seiner meist adligen Schülerinnen, ergänzt durch exklusive Verträge mit französischen und deutschen Verlegern, die er kaltblütig gegeneinander ausspielte, war ihm die meiste Zeit in Paris eine exklusive Lebensführung so möglich wie unentbehrlich. Deshalb auch konnte er bedürftige Landsleute und Emigrantenorganisationen großzügig unterstützen.

In Chopins Lebenszeit (er wurde 1810 geboren und starb 1849) fallen als wichtigste politische Ereignisse die bürgerlichen Revolutionen von 1830 und 1848 – in Paris und vielen anderen europäischen Orten. Es waren Krisenpunkte internationaler Umwälzungen mit besonderer Bedeutung für Polen und Frankreich, die Chopin allerdings nicht unmittelbar erlebte. Eine Woche vor dem Warschauer Novemberaufstand von 1830 hatte er Polen für immer verlassen und befand sich in Wien. Nicht minder zufällig befand er sich während der blutigen Auseinandersetzungen im Pariser Februar und Juli des Jahres 1848 auf Konzertreise in England.[9] Gleichwohl bilden beide Revolutionen, die für Polen absolut tragisch, für Frankreich relativ kräftigend endeten, auch für den Komponisten entscheidende Umbrüche seiner materiellen Existenz wie seiner ideellen Realitätserfahrung.

Wenden wir uns zunächst dem ersten Ereignis zu. Als Chopin aufwuchs, existierte Polen auf der Landkarte nicht. Nach drei Teilungen war es den umgrenzenden Großmächten Rußland, Österreich und Preußen zugefallen. Napoleon errichtete 1807 mit dem Herzogtum Warschau einen kleinen Phantomstaat unter der Herrschaft des sächsischen Königs Friedrich August. Erst 1815, im Ergebnis des Wiener Kongresses, gab es das Land dem Namen nach wieder als das sogenannte Kongreßpolen. Im Grunde bedeutete dies aber nur eine vierte Teilung, denn pro forma erhielt das Land zwar die nationale Souveränität, pro forma wurde die Leibeigenschaft abgeschafft, faktisch stand das alte Herzogtum Warschau aber nun unter russischem Protektorat: Der russische Zar ernannte sich zum König von Polen, und die schwerreiche Adelskaste versklavte weiterhin die etwa zweieinhalb Millionen landloser Bauern. Fremdherrschaft und Unterdrückung steigerten dafür in den zwanziger Jahren das Nationalbewußtsein und die soziale Unruhe. Bernard Gavoty schreibt: „Unglücklicherweise wurden Adam Czartoryski, der ehemalige Außenminister, und Kosciuszko, der oberste General, aus ihren Positionen entfernt. Hieraus erwuchs neuer Haß: In allen polnischen Häusern brütete man Rachepläne gegen die verfluchte Besatzung aus. Ein leidenschaftlicher Kult galt den Helden, die durch die Jahrhunderte für das Vaterland gekämpft hatten: Kosciuszko, Sobieski und neuerdings Poniatowski. Die Polonaise war im doppelten Sinne Mode. Es ist daher nicht erstaunlich, daß Chopin ihr den Ausdruck seines Genies verlieh. An seiner Wiege wurde nur Rache gesungen."[10] Nach dem Dekabristenaufstand und dem Tod Alexanders trat der neue Zar mit einer Politik verschärfter Russifizierung auf, liberale Ansätze wurden erstickt, die Pressezensur triumphierte. In Warschau bildeten sich oppositionelle Geheimbünde, auch unter Studenten. Zusammen mit den Freimaurern, denen Chopins Vater angehörte, bildeten sie wichtige Keimzellen der nationalen Erhebung von 1830. Es kann als sicher gelten, daß der junge Chopin mit diesen Zirkeln verkehrte und sympathisierte. Sie und die Eltern unterstützten seine Pläne, sich im Ausland bekannt zu machen und künstlerisch zu vervollkommnen, ja es gibt hinreichende Indizien für die Annahme, daß sie Chopin bewußt zu seinem Schutz und ihrer Hoffnung zu einem Zeitpunkt außer Landes gehen ließen, als der revolutionäre Ausbruch bereits feststand. Fast gleichzeitig mit dem Beginn des Warschauer Aufstandes am 29. November 1830 traf Chopin in Wien ein.

Aus Briefen an seine Freunde, die zum Teil in der Nationalgarde gegen das zaristische Heer kämpften, erfahren wir etwas über Chopins Unruhe, Anteilnahme und eigene Unentschlossenheit, wie er sich eigentlich verhalten solle. Denn obwohl er anfangs den Entschluß gefaßt hatte, nach Hause zurückzukehren, blieb er doch schließlich ein dreiviertel Jahr abwartend in Wien, um im Herbst 1831 nach Paris überzusiedeln. Am ersten Weihnachtstag 1830 schreibt er an Jan Matuszynski: „Alle Diners, Abende, Konzerte, Tänze, die mir zum Halse herauswachsen, langweilen mich! So traurig, dumpf, düster ist alles um mich – eigentlich liebe ich das, doch nicht in so grausamer Art. Ich kann nicht tun, was mir beliebt, muß mich putzen, chaussieren, frisieren; im Salon spiele ich den Ruhigen, und nach Hause zurückgekehrt, donnere ich auf dem Klavier. Mit niemand bin ich vertraut, zu allen muß ich höflich sein."[11] Im Brief vom Neujahrstag 1831 heißt es: „Ich liebe Euch mehr als das Leben. Schreibe mir! Du also bei der Armee! ... Habt Ihr Wälle aufgeworfen? Unsere armen Eltern! Was machen meine Freunde? Ich lebe bei Euch, würde für Dich, für Euch sterben! Warum bin ich denn so verlassen? Sollt denn nur Ihr zusammensein in einem so fürchterlichen Augen-

blick? … Du ziehst in den Krieg. Kehre als Oberst zurück. Möge es euch glücken! Warum kann ich nicht wenigstens Euer Tambour sein …?“[12]
Seine Wiener Umgebung war dem polnischen Aufstand nicht eben gewogen – Metternichs „Zerstreuungs“-Politik trug ihre Früchte. Polen war zu einer unangenehmen Störung beim Tanzen geworden. Chopin berichtet von den unfreundlichen Bemerkungen auf den Straßen, wie „Der liebe Gott hat einen Fehler gemacht, als er die Polen erschuf“ oder: „In Polen taugt nichts etwas.“[13] Als ihn einer seiner Wiener Gönner, der Arzt Johann Malfatti (der auch Beethoven behandelt hatte), zu neutralisieren versuchte, wehrte er sich. Unter dem 29. Januar schreibt er: „Ich bin seit dem 29. November in steigender Aufregung. Malfatti versucht mich vergebens davon zu überzeugen, daß jeder Künstler ein Kosmopolit sei. Als Künstler bin ich noch minderjährig, als Pole aber habe ich schließlich das 20. Lebensjahr überschritten.“[14] Chopins Unmut über die Wiener Gleichgültigkeit wächst. Brief vom 6. Juni: „Nur mein Zuhause, mein süßes, in seinem wirklichen Wert von mir nicht genügend geachtetes Vaterland und seine Erlebnisse lösen mir Seufzer aus der Brust. Die Menschen hier bedeuten mir nichts. Sie sind nur aus Gewohnheit gut … Sie machen alles flach, mittelmäßig und viel zu ordentlich. Ich wünschte, ich brauchte diese Mittelmäßigkeit nicht länger zu spüren.“[15]
Und einen Monat später, er war Karussell gefahren, kommentiert er „diesen ungeheuren Blödsinn“ als politische Allegorie: Es „schlittern eine Menge Menschen in diesen Wagen von oben nach unten, ohne jeden Zweck; ich wollte es mir gar nicht ansehen. Erst später, da wir zu acht waren, begannen wir um die Wette herabzurutschen, wer schneller ans Ziel gelange, indem wir mit den Füßen nachhalfen. Erst jetzt hatte es den Zweck eines Wettbewerbs, und als einem hitzigen Malcotent dieses dummen Wiener Spiels wurde ich zu einem eifrigen Proselyten, bis ich endlich wieder zu Verstand kam und mich besann, daß man damit gesunde und kräftige Körper belustige, fähige Köpfe verwirre, und zwar in einem Moment, wo die ganze Menschheit sie zu ihrer Verteidigung aufruft. Hol sie der Teufel!“[16]
Im September 1831, via Paris, logierte Chopin in Stuttgart, wo er erfuhr, daß die polnische Sache endgültig und aufs

grausamste gescheitert war. Am 8. September mußte Warschau vor der russischen Armee unter Feldmarschall Paskewitsch kapitulieren. Der Widerstand war bis zuletzt heroisch, der Kampf blutig, der russische Sieg eine totale Demütigung. Es gab Verhaftungen und Deportationen von Tausenden, und Tausende andere gingen ins Exil. Chopin fühlte sich einem Zusammenbruch nahe, war ihm doch nun die Rückkehr nach Hause auf unabsehbare Zeit, aus Gründen der politischen Vorsicht wie der künstlerischen Rücksicht, unmöglich gemacht. Seine verzweifelten Gedanken und fiebrigen Visionen vertraute er einem Notizbuch an, das uns übrigens den einzigen Fall einer rückhaltlosen Beichte aus seiner Feder überliefert: „Seltsam, das Bett, in das ich mich legen werde, hat vielleicht mehr als einen Sterbenden gesehen, und dieser Gedanke flößt mir heute keinerlei Entsetzen ein ... Warum leben wir ein so erbärmliches Leben, das uns auffrißt und nur dazu da ist, um aus uns Leichen zu machen! ... Tatsächlich, mir fehlt nicht viel, um mich als Bruder des Todes zu fühlen ... Vater, Mutter, Kinder, alle, die ihr mir teuer seid, wo seid Ihr? Hat mir der Moskowiter einen üblen Streich gespielt? Ah, man kann mein Elend nicht beschreiben! Kaum kann mein Gefühl es ertragen, mein Paß läuft im nächsten Monat ab, ich werde nicht mehr im Ausland leben können – zumindest nicht mehr offiziell. Also werde ich einem Toten noch ähnlicher sein ... Die Vorstädte sind zerstört, verbrannt. Jas! Sicherlich ist Wilus auf den Wällen gestorben. Ich sehe Marcel in Gefangenschaft. Sowinski, den Braven, in den Händen dieser Verbrecher! O Gott, gibt es dich überhaupt? Ja, es gibt dich und du rächst uns nicht. Gibt es noch nicht genug moskowitische Verbrechen – oder bist du selbst ein Moskowiter? Mein armer Vater, mein braver Vater, vielleicht hat er Hunger, vielleicht kann er kein Brot für meine Mutter kaufen? Meine Schwestern sind vielleicht Opfer der Wut der entfesselten moskowitischen Soldateska geworden? Paskewitsch – dieser Hund aus Mohilew – bemächtigt sich der Residenz der ersten Monarchen Europas! Der Moskowiter Herr der Welt! ... Ach, Powonski! Haben sie Dein Grab verschont? Es wird mit Füßen getreten, und tausend andere Leichen liegen darauf. Sie haben die Stadt verbrannt. Ah, warum war es mir nicht gegeben, wenigstens einen dieser

Moskowiter zu töten! … Ich sitze tatenlos hier – und ich seufze hier manchmal nur mit leeren Händen, ich vertraue meine Verzweiflung nur dem Klavier an! Wozu soll das gut sein, Gott, mein Gott, erschüttere die Erde, damit sie die Menschen dieses Jahrhunderts verschlinge, daß die schrecklichsten Qualen über die Franzosen kommen, die uns nicht gerettet haben!"[17]

3

Mit dem Stuttgarter Fluch gegen die Franzosen auf den Lippen und einigen neuen Stücken im Gepäck, darunter wahrscheinlich die berühmte *„Revolutionsetüde"*, traf Chopin Ende September 1831 in Paris ein. „Was für eine merkwürdige Stadt", berichtet er nach Hause, „alle Franzosen hüpfen und plappern, auch wenn sie keinen Sou mehr besitzen … Hier sieht man zugleich den größten Luxus und den größten Schmutz, die größte Tugend und das größte Laster … Man geht in diesem Paradies unter, und das ist recht bequem: niemand kümmert sich um die Lebensweise des anderen."[18] Das ist Chopins erstes Urteil über die Stadt, in der er bleiben und keineswegs untergehen wird. Es ist ein treffendes Urteil. Paris hat seine Revolution hinter sich, die Pariser sind dabei, sich im „Juste-milieu" unter dem sogenannten Bürgerkönig einzurichten. Doch die Lage bleibt unruhig. Die Macht des Königs ist eingeschränkt, die Herrschaft des großen Finanzbürgertums räuberisch und parasitär. Es gibt eine starke, nimmermüde Opposition: auf der einen Seite die Legitimisten, die reaktionären Anhänger des gestürzten Bourbonen Karl X., und die Bonapartisten mit ihren militanten Träumen, auf der anderen Seite das breite Spektrum der Republikaner, das sowohl Teile der enttäuschten Bourgeoisie, kleinbürgerliche Radikale und die sozialistische Bewegung umfaßt. In dem Maße, wie bürgerliche Freiheiten eingeschränkt, Aufstände wie der der Seidenweber von Lyon 1831 niedergedrückt wurden, wie die politischen Fehler und Skandale der Regierung sich häuften, erstarkte der politische Widerstand des Volkes, kam es immer häufiger auch zu Protestaktionen, Demonstrationen und offenem Aufruhr. Chopin kommentierte des öfteren solche Situationen, und er unterließ selten einen Hieb gegen Louis-Philippe, dem er offenkundig nicht verzieh, daß Frankreich den polnischen Revolutionären gegen den Zaren nicht zu Hilfe gekommen war. Im Winter 1832 schreibt er einem Freund: „Du mußt wissen, das Elend ist im Augenblick sehr groß. Wenig Geld im Umlauf. Man begegnet vielen Menschen in Lumpen mit vielsagenden Gesichtern. Oft hört man Drohungen gegen den Dummkopf Louis-Philippe, der nur noch mit einem Haar an seinem Amt hängt. Das Volk ist zutiefst verärgert. Jeden Augenblick ist es bereit, alles zu versuchen, um sich aus seiner Drangsal zu befreien: leider wird es jedoch von der Regierung sehr streng überwacht, und die berittene Gendarmerie treibt jede geringste Ansammlung auseinander."[19]

Einen derartigen Fall brutaler staatlicher Macht erlebte Chopin als Augenzeuge. Da gab es einen General Ramorino, ein Halbpole und Haudegen, der in der napoleonischen Armee Karriere gemacht hatte, einer der Führer der geschlagenen polnischen Revolutionsarmee war und als Emigrant nach Frankreich zurückkehrte. Um den Helden des Tages zu feiern, ging halb Paris im Dezember 1831 auf die Straße. Hier Chopins Bericht: „Der Enthusiasmus für unseren General wird dir bekannt sein – Paris wollte in dieser Hinsicht nicht nachstehen. Die Medizinschule, die Jeune France genannte Jugend – sie tragen einen Spitzbart und nach Vorschrift gebundene Halstücher – beabsichtigten, ihn durch eine Demonstration zu ehren. Du mußt wissen, daß sich hier jede politische Partei anders kleidet – man spricht hier von Exagérés (Übertriebenheit) –, die Karlisten haben grüne Westen, die Republikaner und Napoleonisten, das ist gerade diese Jeune France, tragen Rot, die Saint-Simonisten oder Neuen Christen, die eine besondere religiöse Gruppe bilden und bereits eine große Anzahl von Proselyten haben, welche ebenfalls für Gleichheit sind, kleiden sich blau und so weiter. Gegen tausend dieser jungen Leute, Gegner des Ministeriums, zogen mit der Trikolore durch die ganze Stadt, um Ramorino zu begrüßen … Einige Tage später wälzte sich eine riesige Menge, nicht allein Jugend, sondern der auch beim Pantheon versammelte Pöbel, von der anderen Seite von Paris zu Ramorino. Wie eine Lawine wuchs die Menge an, je mehr Straßen sie passierte, bis die Kavallerie sie am Pont Neuf auseinanderzusprengen begann. Viele wurden verwundet, trotzdem versammelte sich eine Menge Menschen auf dem Boulevard unter meinen Fenstern, um sich mit denen, die von der anderen Seite heranzogen, zu vereinen. Die Polizei war machtlos gegenüber der anstürmenden Menge. Eine Abteilung Infanterie kam – Husaren, Platzadjutanten zu Roß auf den Trottoirs –, die nicht minder eifrige Garde drängte den immer neugierigeren und murrenden Pöbel auseinander, sie packen und arretieren das freie Volk – Schrecken –, die Läden werden geschlossen, an allen Ecken der Boulevards Menschenhaufen, Pfeifen, Galoppieren der Boten, die Fenster überfüllt mit Zuschauern (wie einst bei uns an hohen Festtagen), und all dies währte von elf Uhr früh bis elf Uhr nachts. Schon dachte ich, daß etwas geschehen würde, doch dies alles endete mit dem von einem gewaltigen Chor gesungenen ‚Allons enfants de la patrie'. Welchen Eindruck auf mich diese drohenden Stimmen des unzufriedenen Volkes gemacht haben, kannst du dir nicht vorstellen! Man erwartete, daß tags darauf die Èmeute, wie sie das hier nennen, feste Gestalt annehmen würde, doch die Dummköpfe sitzen still bis auf den heutigen Tag. Nur Grenoble ist dem Beispiel Lyons gefolgt – der Teufel weiß, was in der Welt noch passieren wird."[20] Diese Briefstelle enthüllt, wie kaum eine andere, Chopins politische Philosophie im Keim, in der sich so merkwürdig sein Engagement für freiheitliche Aktion mit skeptischer Beobachtung, Haß gegen die Gewalt mit sozialem Pessimismus vermischen, um lediglich einer Kritik des Bestehenden zu frönen. Und solche Verworrenheit kennzeichnet schließlich auch die lapidar bekenntnishafte Briefstelle an den Jugendfreund Dziewanowski, in der er wirklich Feuer und Wasser durch ein verblüffendes Bonmot legiert: „Übrigens liebe ich die Karlisten und hasse die Philippisten, ich selbst bin Revolutionär und vergöttere das Geld nicht! Nur die Freundschaft ist wichtig."[21]

All diese Äußerungen stammen aus den ersten beiden Pariser Jahren, einer Zeit also, in der Chopin noch weit von seinem späteren gehobenen Lebensstil entfernt war und die „revolutionären" Sympathien also seiner noch unentwickelten materiellen Lage entsprachen. Mit wachsendem Wohlstand dezimieren sich solche Bekenntnisse, während Chopins politische Gleichgültigkeit und soziale Nostalgie wachsen. Unvermindert nimmt er Anteil nur an den polnischen Angelegenheiten. Kaum läßt er eine Gelegenheit vorüber, um sich als Patriot zu bekennen, sei es, daß er verarmte Emigranten unterstützt, in Wohltätigkeitsveranstaltungen auftritt oder sei es im Salon, wo er sogar einmal mit Liszt und Hiller Improvisationen über die Nationalhymne „Noch ist Polen nicht verloren" um die Wette spielt – und gewinnt! Aber seine Sympathien gelten auch nicht allen politischen Emigranten gleichermaßen. Aufgespalten in zwei gegensätzliche Lager, ein demokratisches und konservatives, hält sich der Komponist an das letztere, das „Lager Hotel Lambert", das von seinem Freund, dem Aristokraten Adam Czartoryski, geführt wurde. Er erstrebte für Polen die konstitutionelle Monarchie mit Czartoryski als König.[22] Zum linken Lager, das einen sozial reformierten, republikanischen Staat erstrebte und in dem schwärmerische, freiheitliche Utopien gehegt wurden, unterhielt er hingegen kaum Beziehungen. Dies trübte letztlich auch sein Verhältnis zu Adam Mickiewicz, dem großen romantischen Nationaldichter. Überhaupt verhielt sich Chopin sehr zurückhaltend gegenüber Forderungen, er müsse mit seiner Kunst die nationale Sache direkter, massenwirksamer, auf dem Niveau volkstümlicher Bedürfnisse, mit emphatischer Eindeutigkeit unterstützen. Schon 1830 hatte er dem Vorschlag widerstanden, sich als Schöpfer einer historischen Nationaloper zu betätigen.[23] Als ihm 1839 sein engster Jugendfreund Tytus Wojciechowski, ein Landwirt und Zuckerfabrikant, die Idee eines Oratoriums nahelegt, äußert er sich mit Sarkasmus: „Titus schlägt vor, ich soll ein Oratorium schreiben. Warum aber baut er kein Kloster statt einer Zuckerfabrik?"[24]

Chopin war natürlich nicht frei von gewissen nationalistischen Vorurteilen. Er teilte sie mit den meisten Menschen seiner Epoche, und sie ist eine gleichsam natürliche Begleiterscheinung im Kampf um Selbstbehauptung gerade der Polen. Nächst ihnen waren ihm die Franzosen die liebsten, wenngleich er ihren Leichtsinn, ihre Laisser-faire-Haltung gelegentlich attackierte. 1837 an Madame Wodzinska: „Elend und Aufruhr beherrschen unseren (spanischen) Nachbar. Hier dagegen kümmert man sich nicht darum. Es wird gefeiert. Das letzte Feuerwerk forderte 100 Todesopfer."[25] Es versteht sich aus den politischen Verhältnissen, daß Chopin nicht eben ein Freund des russischen Zarismus war. Den ihm 1837 angetragenen Titel eines russischen Hofpianisten lehnte er daher stolz ab: „Wenn ich auch an der Revolution von 1830 nicht teilgenommen habe, so war ich doch mit dem Herzen bei denen, die sie machten. Ich betrachte mich also als Emigrant und neben diesem Titel möchte ich keinen weiteren annehmen."[26] Auch den Deutschen, besonders den Preußen, war Chopin wenig freundlich gesonnen, trotz zahlreicher Freunde im einzelnen. Neben offenkundig politischen Gründen ist die Mitteilung seines Schülers Gutmann charakteristisch, Chopin finde sie wegen ihres „uneleganten Auftretens und ihrer Unbeholfenheit im gesellschaftlichen Verkehr"[27] degoutant. Und er selbst läßt sich in einem Brief an Hiller mit einem musikalischen Vergleich vernehmen: „Das Opernballett ‚Tentation' von Halévy hat keinen einzigen Menschen mit Geschmack in Versuchung gebracht. Es ist ebenso uninteressant wie euer deutsches Parlament."[28] Die Deutschen, die Verleger, ja auch die Juden, vor allem letztere immer mal gelegentlich, attackierte er nur allzugern mit lässigem Spott, so etwa, wenn er 1838 an den Freund Fontana schreibt: „Was willst du, die Juden werden immer Juden bleiben, und die Teutonen Teutonen! Aber was soll man machen? Ich muß doch mit ihnen handeln!"[29]

4

Es bedurfte erst wieder der Konzentration revolutionären Potentials und des Ausbruchs der Pariser Revolution im Februar 1848, um Chopins politische Aufmerksamkeit zu mobilisieren. Doch zu den französischen Ereignissen bleibt seine Haltung zwiespältig, eigentlich innerlich ablehnend. Einesteils übersieht er nicht die wachsende Not auf dem Lande: „Das Getreide ist jetzt teuer", vermerkt er, „auch in der Umgegend von Nohant" [seinem Aufenthaltsort bei George Sand; F. S.] „ist das Elend groß. Madame Sand hilft, so gut sie kann."[30] Andererseits monierte er gerade dies, wenn er feststellt: „Anstatt für ihre Tochter eine Hochzeit auszurichten, gab sie 1000 Francs für die Armen ihres Kirchspiels."[31] Eine Woche vor dem Ausbruch der Februar-

revolution gab Chopin im Pariser Salle Pleyel vor geladenen Gästen sein letztes Konzert. Überall gärte es schon, und Chopin registrierte wohl, daß der König selbst es vorzog, dem Konzert fernzubleiben. Am 24. Februar dankte Louis-Philippe ab und flüchtete nach England. Chopin, der inzwischen ebenfalls auf britischem Boden weilte und wieder günstiger über den König dachte, „empfand seine Flucht und seine Ankunft in Newhaven unter dem Namen Smith als Katastrophe"[32]. Dem Aufstand selbst und der Ausrufung der Republik brachte er kein Wohlwollen entgegen. Am 3. März resümiert er in einem Gratulationsbrief an George Sands Tochter: „Die Geburt Ihres Töchterchens hat mich mit größerer Freude erfüllt als die Geburt der Republik. Für Sie beginnt eine neue Welt!"[33] Inzwischen reifte auch in Polen der Aufstand heran. Posen war das Zentrum der Vorbereitung. In der Nacht zum 22. Februar konstituierte sich in Krakau eine Revolutionsregierung, und in Massen erhoben sich galizische Bauern gegen ihre Peiniger. Aber alle Erhebungen wurden durch russisches und österreichisches Militär grausam erstickt. Den berühmten Posener Aufstand erledigte Preußen.
Welchen Anteil Chopin nahm, geht aus einem geradezu visionären strategischen Lagebericht hervor, den er an den in New York lebenden Fontana Anfang April schickte: „Komm erst nach Hause, wenn alles richtig losgeht. Die Unsrigen sammeln sich in Posen. Czartoryski ist als erster hingefahren, aber Gott weiß, was noch alles geschehen muß, bis es wieder Polen gibt. Die hiesigen Zeitungen verbreiten über dieses Thema nur Lügen ... Du siehst, wie sehr alles nach Krieg aussieht. Aber wo wird er ausbrechen? Man weiß es nicht. Wenn er begonnen hat, wird ganz Deutschland marschieren. In Italien wird schon gekämpft, Mailand hat die Österreicher vertrieben ... Sicherlich wird Frankreich Italien helfen, denn Frankreich muß unbedingt gewisse Leute aus seinem Territorium herausdrängen ... Der Moskowiter wird in seinem Land Schwierigkeiten bekommen, wenn er gegen den Preußen marschieren muß. Die galizischen Bauern haben den wolhynischen und podolischen Bauern ein Beispiel gegeben. Es werden sich notwendigerweise schreckliche Dinge ereignen, doch am Ende wird ein glänzendes und großes Polen stehen, mit einem

Wort: Polen! Also warten wir trotz unserer Ungeduld, bis die Karten richtig gemischt sind, damit wir nicht umsonst unsere Kräfte verausgaben, die wir zum richtigen Zeitpunkt so nötig brauchen. Diese Stunde ist nah, aber sie schlägt noch nicht heute."[34] Einen Monat später hatte sie geschlagen, alle Hoffnungen waren aufs grausamste ausgelöscht. Am 13. Mai 1848, Chopin war in London, schreibt er an Grzymala: „Unglück über Unglück! Meine Seele hat zu nichts mehr Lust!"[35] Diese tragischen Nachrichten, der unverhofft magere Erfolg seiner englischen Konzerte, auch der rasch fortschreitende körperliche Zerfall wirkten zusammen desorganisierend auf Chopins Konstitution. Er suchte Ruhe und Abgeschiedenheit – wissend, daß er nicht mehr komponieren können wird, und seinen baldigen Tod ahnend.

An der Junirevolte des Pariser Proletariats registrierte er nur noch den Schrecken vor der physischen Gewalt; für ihren sozialen Inhalt vermochte er keine Sympathie mehr aufzubringen. Wohltuend vermerkte er nicht ohne Angst, daß in London noch keine Unruhen zu verzeichnen seien: „Es gibt viele Chartisten, die aber nicht die Absicht haben, gewalttätig zu werden."[36] Pflastersteine und Barrikaden waren nun weniger denn je seine Sache, aber gerade die deprimierenden englischen Kunsterfahrungen mochten ihn gelehrt haben, daß sie vom Horizont seines Lebens und seiner Werke nicht abzuziehen wären. Denn fremder und einsamer als in der Kälte des britischen Friedens, der nackten kapitalistischen Geschäftswelt, der viktorianischen Sekurität hatte er sich nie und nirgends gefühlt. „Die Engländer", vermerkt er im August 1848, „sind anders als die Franzosen, an denen ich so sehr hänge wie an den Meinen! Die Engländer bewerten alles nach dem Geld ... Kein Wunder, wenn man hier steif wird oder sich in eine Maschine verwandelt."[37] Zwei Sehnsüchte blieben: Polen und ein poetisches Interieur. „Kaum kann ich mich erinnern, wie in der Heimat gesungen wird. Sonderbar entflieht mir diese Welt, ich verliere mich, habe keine Kraft ..."[38] „Polen, mein armes Land, singend und weinend, mein Herz gehört dir!"[39] Im November, als Chopin seine Rückkehr nach Paris ankündigte, wünschte er: „Laß am Freitag einen Veilchenstrauß kaufen, damit es im Salon dufte. Ich will etwas Poesie daheim haben ... und wenn ich mich durch den Salon ins Schlafzimmer begebe, wo ich mich wahrscheinlich für lange Zeit ins Bett legen werde ...“[40]

Ein knappes Jahr später war Chopin tot. Aus dem noch halbfeudalen, provinziellen und patriarchalischen Polen war er in eine Welt aufgebrochen, in der sich Bürgerlichkeit dynamisch und explosiv entfaltete, die die Kunst dem Marktgesetz, der öffentlichen Konkurrenz preisgab und sie doch noch mit dem Schleier geistigen Adels, individueller Noblesse und romantischer Phantasmagorien umhüllte. Vor der nackten, rohen, äußerlich nur noch glitzernden Form des durchkapitalisierten Kunstbetriebs, wie er ihm in England begegnete, schreckte er zurück. Chopin blieb der kontemplative Meister und Magier des längst versehrten Träumens, in seiner Musik nicht anders als in seinem Sozialverhalten und seiner Weltsicht. André Gide sagte dies einmal so: „Chopin deutet an, vermutet, schmeichelt, verführt, überredet; fast niemals behauptet er.“[41] Und die polnischen Kanonen, die Robert Schumann in seiner Musik verborgen glaubte, blieben wahrhaftig unter französischen Blumen duftigsten Klanges eingesenkt. Man sieht sie nicht, man spürt sie kaum, und man ahnt sie nur, wenn man das historische Donnern aus Chopins Zeit als realen Kontrapunkt vernimmt.

1 Heinrich Heine, Über die französische Bühne, in: Werke und Briefe in 10 Bänden, Bd. 6, Berlin und Weimar 1972, S. 79.
2 Ebd., S. 80.
3 Ebd., S. 81.
4 Ebd.
5 Begriff von Chopin, vgl. Walter und Paula Rehberg, Fryderyk Chopin – Sein Leben und sein Werk, Zürich 1949, S. 255.
6 Bernard Gavoty, Chopin, Tübingen 1977, S. 108.
7 George Sand, Lukrezia Floriani, Leipzig 1863, S. 9.
8 George Sand, Histoire de ma vie (Paris 1858), zit. nach Willi Reich, Fryderyk Chopin, Briefe und Dokumente, Zürich 1959, S 243.
9 George Sands Bemerkungen (in ihrer Histoire), Chopin sei „damals (1830) vor der Tyrannei geflohen, wie er nun (1848) vor der Freiheit flieht“ entspricht mehr ihrem politischen Engagement als den biographischen Tatsachen.

10 Gavoty, a. a. O., S. 35.
11 Zit. nach Rehberg, a. a. O., S. 110.
12 Ebd., S. 112.
13 Zit. nach Gavoty, a. a. O., S. 123.
14 Zit. nach László Fabian, Wenn Chopin ein Tagebuch geführt hätte, Budapest 1964, S. 72f.
15 Ebd., S. 75f.
16 Zit. nach Rehberg, a. a. O., S. 118, und (Schlußsatz) nach Friedrich Chopins gesammelte Briefe, hg. von Bernard Scharlitt, Leipzig 1911, S. 135.
17 Zit. nach Gavoty, a. a. O., S. 132ff.
18 Ebd., S. 139.
19 Ebd., S. 187.
20 Zit. nach Rehberg, a. a. O., S. 142ff.
21 Zit. nach Fabian, a. a. O., S. 100.
22 Vgl. dazu Stanislaw Arnold und Marian Zychowski, Abriß der Geschichte Polens, Warschau 1967, S. 106.
23 Vgl. den Brief des polnischen Dichters Stephan Witwicki an Chopin, in: Gavoty, a. a. O., S. 129f.
24 Brief an Fontana vom 10. 8. 1839, zit. nach Fabian, a. a. O., S. 178.
25 Ebd., a. a. O., S. 149.
26 Zit. nach Gavoty, S. 255.
27 Zit. nach Joachim Krüger-Liebow, Chopins Aufenthalte in Deutschland, in: Chopin-Almanach, Potsdam 1949, S. 8.
28 Zit. nach Fabian, S. 96.
29 Zit. nach Gavoty, S. 283.
30 Zit. nach Fabian, S. 221f.
31 Zit. nach Jarosław Iwaszkiewicz, Chopin, Berlin 1958, S. 206.
32 Gavoty, a. a. O., S. 386.
33 Zit. nach Fabian, S. 230.
34 Zit. nach Gavoty, S. 389f.
35 Ebd., S. 393.
36 Zit. nach Fabian, S. 237.
37 Ebd., S. 241.
38 Zit. nach Rehberg (Brief an Grzymala), S. 313f.
39 Ebd. (Notizbuch), S. 316.
40 Ebd. (Brief an Grzymala), S. 316.
41 André Gide, Notes sur Chopin, Paris 1948, S. 46.

GÉNIE OBLIGE!

Franz Liszt

1

Noten gestapelt ringsum. Womit beginnen? Die Bände mit den Klavierwerken. Ist das nicht entmutigend? Ein Haufen Sinfonischer Dichtungen. Was dazu noch sagen? Die Oratorien und Messen. Gehören sie überhaupt zum Thema? ... Also doch zum Klavier zurück, zu den einzelnen Charakterstücken, den nicht sehr bekannten, späten Sonderbarkeiten. Vielleicht sprechen gerade sie? *Resignazione, Ave Maria, Wiegenlied, Trübe Wolken, Trauer-Gondel, R. W. – Venezia, Schlaflos!, Unstern!* ... Und endlich halt – da sticht ein Text in die Augen, der genauer besehen und gehört werden könnte: *Teleki László*, Musik als ein Glockengeläut, als Trauer-Marsch, Klage-Gesang und heroisches Epitaph. Das derart kaum mißverständliche Klangbildnis fügt sich aus wenigen Elementen: vier Tönen im Baß, die unablässig in sich kreisen; vier Akkorden, die dissonierende harmonische Kontrapunkte bilden; und einigen kurzen Motiven, die teils aus der akkordischen Fortschreitung, teils aus der Figur des Basses entwickelt sind. Vorerst isolierte Ereignisse treten zusammen, formieren sich wie zu einem Kondukt, steigern sich zum grandiosen Salut, schlagen um in andächtiges Gebet und münden in das Zeremoniell einer stolzen Totenbeschwörung – als gleichsam öffentliches Ereignis und mit militärischen Ehren, wie die fanfarenartigen Signale oder die Imitation von Trommelwirbeln dies suggerieren.
Vieles an dem kleinen Stück ist ungewöhnlich, namentlich für beiläufige Lisztomanen, wenn sie erfahren, daß es aus dem Jahr 1885 stammt und daß es eben – von Franz Liszt komponiert wurde. Was den Zeitpunkt anbelangt, so handelt es sich ohrenfällig um absolut querständige Musik, die mit ihrer experimentellen, fast schon atonalen Harmonik, mit ihrer strikt daraus konstruierten motivischen Konsequenz und ihrer beinahe skeletthaften pianistischen Kargheit unmittelbar zur Vorgeschichte der neuen Musik unseres Jahrhunderts gehört. Daß aber ausgerechnet der alte Liszt zu solchen Verwerfungen der Mode und Vorgriffen

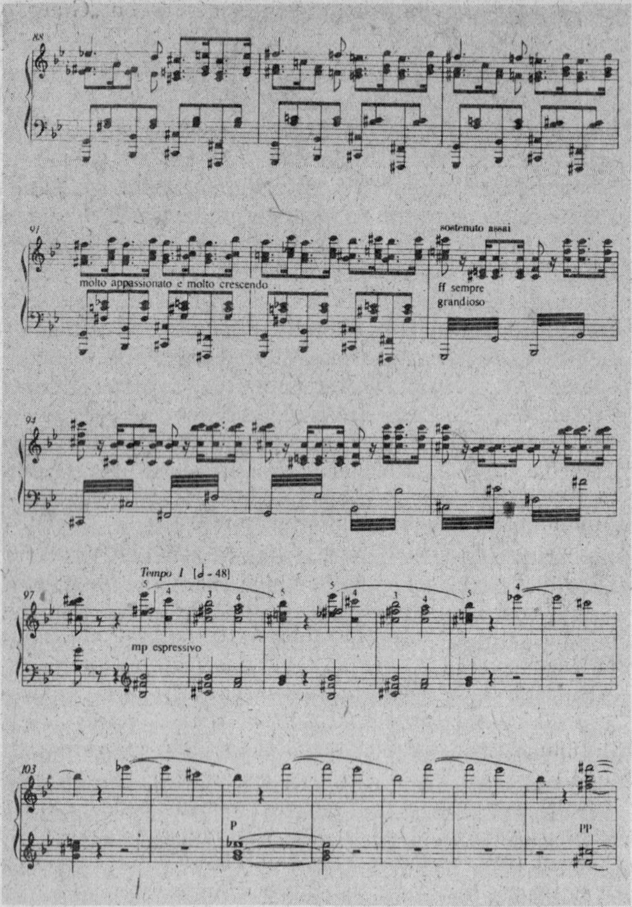

Franz Liszt, „Teleki László“ aus „Historische Ungarische Bildnisse“ für Klavier

auf die Moderne, zu solch einem erstaunlichen „Greisenavantgardismus"[1] fähig war, paßt nicht ohne weiteres zur populären Legende einer Figur, die mit der Vorstellung von der triumphalsten Virtuosen-Karriere aller Zeiten sowie mit dem klingenden Vermächtnis von *„Les Préludes"*, *„Liebestraum"* und *Zweiter ungarischer Rhapsodie* als Inkarnationen romantischer Glanzzeiten auszukommen scheint. Hingegen gehört ein solches Stück natürlich sehr wohl zum Bild von Liszts Leben und Leistung, das realistischerweise die ganze Vielfalt und Widersprüchlichkeit, die künstlerischen Hintergründe und sozialen Zusammenhänge und insbesondere die Fülle sehr konkreter, sehr wesentlicher politischer Implikationen und Motivationen sichtbar macht.
Um darüber – hier leider nur skizzenhaft – etwas Näheres zu erfahren, fragt man am besten nach Gründen oder Anlässen für diese Musik. Und gerade hier ist Frag-Würdigkeit auch angebracht, verstand sich doch Liszt als ein intentionaler Komponist, als Vertoner von erkennbaren Ideen und formulierbaren Programmen, was ihm ja, nebenbei, so massive wie permanente Zweifel an seiner schöpferischen Potenz eingebracht hat. Wie dem auch sei – unser Stück ist zumindest für den späten Liszt recht typisch, weil es weder in seiner stilistischen Radikalität vereinzelt dasteht, noch im Hegelschen Sinne die Auskunft darüber verweigert, was als inhaltliches Motiv seiner szenischen Gestik zu gelten habe. Es stammt aus jenem „Repertoire der Trauer"[2], einer Sammlung von gleichsam privaten Klavier-Miniaturen, die der Komponist dem Andenken bedeutender Zeitgenossen, aber ebenso dem experimentierenden Ausdruck eigener Weltbefindlichkeit widmete. Des näheren findet man es, als Variante, in dem siebenteiligen Zyklus von „Historischen Ungarischen Bildnissen" mit der Bestimmung eines Charakter-Porträts (wie die anderen Stücke auch) von einem bedeutenden Politiker der jüngeren nationalen Geschichte. László Teleki, der Adressat des memorialen Trauermarschs, war als Vertrauter Kossuths führend an der 1848er Revolution in Ungarn beteiligt. Nach ihrem blutigen Scheitern floh er in die Emigration, wurde aber widerrechtlich im Ausland verhaftet, dem Wiener Hof ausgeliefert und nur unter der Bedingung begnadigt, sich ferner jeglicher politischer Aktivität zu enthalten. Als Teleki im Jahre 1861 im

Zusammenhang mit parlamentarischen Debatten um die Anerkennung des habsburgischen Kaisers als König von Ungarn in einen unlösbaren Konflikt zwischen seinem revolutionären Gewissen und dem erzwungenen Schweigegebot geriet, nahm er sich das Leben. Liszt kannte und verehrte ihn als einen der Helden der antihabsburgischen Insurrektionen.

Er hat die biographischen Züge der Zerrissenheit und der gewaltsamen Zweifel, aber auch die tragische und heroische Konsequenz klanglich lapidar gestaltet. Zugleich liegt jedoch in der kompositorischen Verwendung von standardisierten Marsch-, Gebets- oder Signal-Intonationen ein symbolischer Verweis auf die kollektive Biographie all jener beschlossen, die an den patriotischen Kämpfen um nationale Unabhängigkeit beteiligt waren. Und schließlich, oder andererseits, haftet an der höchst individuellen, angestrengt schroffen Diktion das Moment sehr ernster, persönlicher Stellungnahme, bei der statt schlicht rhapsodischer Zuneigung zu seiner Wunsch-Heimat eine gewisse streitbare Sympathie auf Distanz und als Rück-Sicht auf ihre „großen" Zeiten dominiert. Auf jeden Fall darf man das Klavierstück als eines der letzten von zahllosen klanglichen Dokumenten aus Liszts Feder betrachten, in denen er sein Ungartum entdeckt und bekennt, durch die er einen gewichtigen Aspekt seines politischen Engagements ausdrückte und mit denen er – wenn auch, wie bekannt, bezüglich der folkloristischen Quellen irrend – das nationale Bewußtsein künstlerischer Eigenart und musikalischer Selbstbestimmung zu fördern hoffte. Derartige Interessen begegnen in vielfältigen schöpferischen wie praktischen Formen, und sie durchziehen letztlich alle Etappen seiner Laufbahn wie ein zentrierendes Leit-Motiv; und schon eine der frühesten erhaltenen Kompositionen, die der Vierzehnjährige verfertigte – ein harmlos klassizistisches, doch betont virtuoses *Allegro di bravura* –, läßt diesen lebensprägenden politischen Grundton aufscheinen: Mit weitläufig-eleganten Auflösungen eines markant-magyarischen Themas und der Widmung an einen Grafen Thadé d'Amadé bedankte sich der Eleve stellvertretend bei jener Gruppe ungarischer Magnaten, die ihm ein mehrjähriges Stipendium in der Hoffnung gestiftet hatten, daß er sich zum illustren Künstler im

Dienste und zum Ruhme des Vaterlandes heranbilde. Mit zunehmendem Alter hat Liszt diese Verpflichtung zunehmend ernster eingelöst – wenn auch auf seine besondere Art.

2

Diese besondere Art ist gekennzeichnet von Spannungen und Sprüngen, von Instabilitäten und Widersprüchen, wie sie eigentlich für ein sechzigjähriges aktives Künstlerleben von so exklusivem Zuschnitt in so bewegten Zeitläufen ja gar nicht ausbleiben konnten. Liszts Entwicklung vom dämonischen Artisten zum mondänen Eremiten verlief äußerlich und innerlich, sukzessiv und parallel recht diskontinuierlich und in Extremen, die immer sogleich mitgedacht werden müssen, wenn von einer bestimmten Qualität seines Denkens, Verhaltens oder Schaffens die Rede sein soll. Denn sein Wesen war Unruhe und Verwandlung, ein ständiges Suchen und Zweifeln, Wanderung durch die physische und metaphysische Welt, Verwunderung über ihre kritikwürdigen Verfassungen und die ihm selbst dabei zufallenden Rollen, ein nie geschlichteter Kampf zwischen Nachgiebigkeit und Anpassung an äußere Verhältnisse und dem passionierten Willen, sie entweder zu meistern oder ihnen zu entfliehen. Aus solchen ambivalenten, wechselnden Haltungen formten sich auch sein politischer Charakter und sein Verhältnis zur Sphäre der Politik, das sich zwar reich entfaltet zeigt, aber weit zwielichtiger schillert, als gemeinhin vermutet. Sieht man davon ab, daß die Intensität der Zuwendung zu dieser für ihn im Grunde anreizenden Realität erheblich schwankte, und vernachlässigt man weiterhin die Notwendigkeit, zwischen den empirischen Betroffenheiten, den künstlerisch ausgeformten Gehalten, den gedachten Meinungen und den gelebten Wirkungen zu unterscheiden, dann ergibt sich als möglicherweise dennoch destillierbare, inhaltliche Substanz keine einstimmige, gerundete Melodie und keine ganz klare, gar strahlende Harmonie. Warum auch hätte er gerade auf dem Gebiet, das seine Profession nicht war, Widersprüche meiden und Konsequenz anstreben sollen, während ihm inmitten seines Metiers der „Widerspruch“ zur Quelle produktiver Anstren-

gung und „Folgerichtigkeit" zur unnötig hemmenden, akademischen Reflexion wurde. So zeigt er sich nicht nur als glühender Patriot, sondern er wußte auch Contenance zu wahren und fühlte sich nicht minder als veritabler Kosmopolit; der weitherzige und mildtätige Demokrat blieb doch auch ein heilloser Egozentriker; der zeitweilig radikale Sozialist hielt es am Ende immer ganz gern mit der distinguierten Aristokratie; der sinnenfrohe Bonvivant und scharfsinnige Denker suchte gleichwohl das asketische Refugium, den Segen der Kirche und ihre mystischen Tröstungen; und der Künstler mit der Attitüde der Demut, des verächtlichen Zweifels am Geschäft des Virtuosen und voller rebellischer Ideen zur Umwälzung der sozialen Funktion der Musik wie der Musiker ließ sich von den Massen, die er hypnotisierte, aber zugleich auch mobilisierte, nur allzugern Huldigungen wie ein feudaler Monarch gefallen.
Trotzdem entbehrt Liszts politisches Weltbild nicht einer festen Verankerung und einer gewissen durchgängigen Motivation. In erster Annäherung grob gesagt, konvergiert in ihm ein kritischer Grundimpuls gegen die faktischen Gegebenheiten der Zeit mit einem affirmativen Glauben an die korrigierenden Möglichkeiten der göttlichen Natur. Liszt mag sich für unterschiedliche Ideologien interessiert haben, hielt aber religiöse Bindungen intakt; er verfolgte immer mit wachsamem Blick die große politische Szenerie, aber reagierte mit oppositioneller Schärfe nur dann, wenn bestimmte soziale oder nationale Fragestellungen von außen her virulent wurden – sei es durch Umbrüche in der gesellschaftlichen Realität oder sei es durch radikale Theorien, die diesbezüglich „in der Luft" seiner Umgebung lagen. Indessen läßt seine außerordentliche Reizempfindlichkeit und die offene Neugier für politische Probleme den Durchschnitt der Musikanten-Mentalität weit hinter sich zurück. Hier erreichen unter den großen komponierenden Zeitgenossen am ehesten Berlioz und Verdi eine vergleichbare Sensibilität, während nur Wagner sie alle an Radikalität und Effizienz übertrifft. Aber dafür läßt Liszt um vieles deutlicher, auch manchesmal aktueller als dieser Freund seine politische Anteilnahme in die künstlerische Produktion einfließen, so daß sich wohl sagen ließe, mit solcher anzüglichen Praxis stehe er im „kollegialen" Kontext als

Ausnahme da. Wer – um das früheste und auffallendste Beispiel hervorzuheben – hätte überhaupt ein Klavierstück schreiben und veröffentlichen mögen, wie es das mit *„Lyon“* überschriebene Präludium der Sammlung von musikalischen Reisebildern *(„Album d'un voyageur“)* aus dem Jahr 1835 darstellt? Lyon, das war für das Establishment ein Ort des Schreckens und der Furcht vor der Revolution; für Liszt wurde er zum Synonym für das unsagbare Elend und den Kampfgeist eines Proletariats, das 1831 und 1834 verzweifelte Aufstände der Seidenweber gewagt hatte. Deren Losung „Arbeitend leben oder kämpfend sterben“ steht denn auch als Motto diesem trotzigen Allegro eroico voran. Typische Signal-Motivik, wie sie in den Märschen und Gesängen der Französischen Revolution geboren wurde, virtuose Zurüstungen für eine zentrale Konflikt-Szenerie und im ganzen ein Ton pathetischer Leidenschaft charakterisieren dieses Stück politisch intendierter Musik.
Vielleicht erstaunlicher noch sind Liszts Gedanken, die er wenig später – im September 1837 – als eine Art versteckten Kommentars zu jenem Klangbild formulierte und als einen seiner „Reisebriefe eines Baccalaureus der Tonkunst“ in der Pariser „Gazette musicale“ erscheinen ließ. In Lyon, heißt es da, sah er sich „inmitten so schrecklicher Leiden, solch grausamen Elends versetzt, daß das ganze Gerechtigkeitsgefühl in mir sich empörte und mein Herz mit unaussprechlicher Trauer erfüllt wurde. Wie qualvoll ist es doch, so mit gekreuzten Armen vor einer ganzen Bevölkerung stehen zu müssen, die umsonst gegen eine Not ankämpft, in der die Seele mit dem Leib zugrunde geht! Mit anzusehen, wie das Alter ohne Ruhe, die Jugend ohne Hoffnung, die Kindheit ohne Freude ist! Wie alle in verpesteten Löchern zusammengedrängt leben und die einen ihre glücklicheren Genossen um den nur zu geringen Lohn für eine Arbeit beneiden, welche der Üppigkeit und dem Müßiggang zum Schmucke dient! ... O hartes Gesetz des sozialen Verhängnisses! – wann wird der Engel des Zorns deine ehernen Tafeln zerbrechen? O Tränen, o Seufzer, o Stöhnen des Volks! – wann werdet ihr den Abgrund ausgefüllt haben, der uns noch von dem Reiche der Gerechtigkeit trennt!“[3] Angesichts dieses Elends verspottet Liszt im weiteren all die kleinen bürgerlichen Philanthropien, die Almo-

sen, Wohltätigkeitsvereine und karitativen Medikamente, denn diejenigen, „welche das Schicksal der Nationen in Händen haben, vergessen nur zu leicht, daß Ergebung nicht lange die Tugend der Masse bleiben kann und daß, wenn das Volk lange geseufzt hat, man es plötzlich brüllen hören wird"[4]. Was aber, fragt er abschließend, wird in „solchen schlimmen Tagen"[5] die notwendige Mission der Künstler sein? Eine groß-artige und eben missionarische Vision hält er parat, ein kleines Manifest revolutionärer (aber auch: elitärer) Romantik: „Lange genug hat man sie" [die Künstler; F. S.] „als Höflinge und Parasiten in den Palästen gesehen, lange genug haben sie die Amouren der Großen und die Freuden der Reichen verherrlicht; nun ist für sie die Stunde gekommen, den Mut der Schwachen aufzurichten und die Leiden der Unterdrückten zu lindern! Die Kunst muß dem Volk die schöne Aufgabe, die heroischen Entschlüsse, die Stärke, die Humanität, sich selbst ins Gedächtnis zurückrufen! Die Vorsehung Gottes muß ihm von neuem verkündigt, ihm das Morgenrot eines besseren Tages gezeigt werden, damit es sich bereit halte und seiner Hoffnung große Tugenden entkeimen können. Vor allem muß das Licht, von allen Seiten kommend, in seinen Geist eindringen, und damit es auch den Wert des Lebens kennenlerne, damit es nie wieder grausam in seiner Rache, unbarmherzig in seinen Beschlüssen werde, müssen die süßen Freuden der Kunst sich um seinen Herd sammeln."[6]

3

Wie kam Liszt zu derartigen Ideen? Wie ernst soll man sie nehmen? In welchem Maße wurden sie ihm zu eigen? Wir wissen ja doch, daß diese feurige Prosa von seiner Freundin Marie d'Agoult (wie die spätere von der Fürstin Wittgenstein) mitgedacht und mitformuliert worden ist. Denkt man alle verfügbaren Zeugnisse zusammen, so gibt es kaum Zweifel daran, daß insbesondere die zitierten Lyon-Passagen den Kern von Liszts politischer Philosophie zumindest in der ersten Lebenshälfte treffen. Da es sich aber um das Credo eines Künstlers handelt, eines sanguinischen und stark „außengeleiteten" zumal, darf trotz des prinzipiellen Gehalts solcher Äußerungen auch die Frage nach besonde-

ren Umständen oder persönlichen Dispositionen nicht unterbleiben. Die noch immer beste Auskunft in dieser Hinsicht erteilte Heinrich Heine, der zu Liszts Pariser Freundeskreis zählte und ein zugleich wohlwollender wie unbestechlicher kritischer Beobachter war. Etwa zur gleichen Zeit, als der reisende Virtuose den Lyon-Text verfaßte, beschrieb ihn Heine im zehnten Brief „über die französische Bühne" als einen Menschen „von verschrobenem, aber edlem Charakter, uneigennützig und ohne Falsch. Höchst merkwürdig sind seine Geistesrichtungen, er hat große Anlagen zur Spekulation, und mehr noch als die Interessen seiner Kunst interessieren ihn die Untersuchungen der verschiedenen Schulen, die sich mit der Lösung der großen, Himmel und Erde umfassenden Frage beschäftigen. Er glühte lange Zeit für die schöne Saint-Simonistische Weltansicht, später umnebelten ihn die spiritualistischen oder vielmehr vaporistischen Gedanken von Ballanche, jetzt schwärmt er für die republikanisch-katholischen Lehren eines Lamennais, welcher die Jakobiner-Mütze aufs Kreuz gepflanzt hat ... Der Himmel weiß, in welchem Geistesstall er sein nächstes Steckenpferd finden wird. Aber lobenswert bleibt immer dieses unermüdliche Lechzen nach Licht und Gottheit, es zeugt von seinem Sinn für das Heilige, für das Religiöse. Daß ein so unruhiger Kopf, der von allen Nöten und Doktrinen der Zeit in die Wirre getrieben wird, der das Bedürfnis fühlt, sich um alle Bedürfnisse der Menschen zu bekümmern, und gern die Nase in alle Töpfe steckt, worin der liebe Gott die Zukunft kocht: daß Franz Liszt kein stiller Klavierspieler für ruhige Staatsbürger und gemütliche Schlafmützen sein kann, das versteht sich von selbst."[7]
Die rebellischen und anarchischen Züge in Liszts Charakter, die Heine ironisiert, weil sie so flatterhaft und schwärmerisch erscheinen, verbinden sich gleichwohl mit sehr realen, reflektierten und nachhaltig prägenden Erfahrungen. Dieses Protest-Potential, dieser philanthropische Wissens-Durst, dieser revoltierende Freiheits-Drang und diese mystische Sehnsucht nach demokratischen Utopien haben wohl in erster Linie zu kompensieren, daß sein Talent ihm die Jugend stahl, daß sein Vater ihn zum leistungswilligen Wunderkind aufrüstete und vermarktete, daß seine glänzende Virtuosen-Karriere oft genug zum erschöpfenden

Frondienst entartete, daß er seinen Berufs-Stand in demoralisierende soziale Abhängigkeiten verstrickt fand und seine Kunst überwiegend zum flüchtigen Amüsement für parasitäre Nichtstuer herhalten mußte – für Leute, denen selbst er, der exklusiv Verwöhnte, als ein pariahafter „Seiltänzer" der besseren Gesellschaft galt.[8] Eine frühe Liebe, zur Tochter des royalistischen Innenministers de Saint-Cricq, die am Standesdünkel ihres Vaters scheiterte, stürzte den jungen Liszt in eine tiefe Krise (eine jener mehr oder weniger inbrünstigen Selbstprüfungen, die später zur demonstrativen Liaison mit dem Katholizismus führten), sie bewirkte jedoch auch, daß er sich lesend oder diskutierend mit dem moralischen Zustand „seiner" Welt, mit den sozialen Problemen und politischen Konflikten intensiv zu beschäftigen begann. So entfachten schließlich auch die drei revolutionären Julitage im Paris des Jahres 1830 seine rückhaltlose Begeisterung und inspirierten ihn zum Entwurf einer gigantischen Revolutions-Sinfonie mit genau detailliertem Kampf- und Siegesprogramm.
Während sich in den frühen dreißiger Jahren die Macht des Geldes unter dem ohnmächtigen, spottwürdigen „Bürgerkönig" Louis-Philippe etabliert, während in diesem „Juste-milieu" die große kapitalistische Bereicherungs-Orgie anhebt, das soziale Elend der unteren Klassen immer offener zutage tritt und während die Künste den Schleier der fröhlichen Sorglosigkeit über eine immerfort gärende Szenerie breiten dürfen, finden wir Liszt, das inzwischen erwachsene, dämonische Enfant terrible der vornehmsten Pariser Salons, konsequent auf seiten der oppositionellen Kritiker: im Kreis der politisch engagierten literarischen Romantik um Hugo, de Musset, Lamartine und George Sand wie auch im lockeren Kontakt mit Politikern, Philosophen oder Journalisten, die gerade damals ein reiches Spektrum demokratischer und utopisch-sozialistischer Gesellschaftsmodelle entwickelten. Besonders enge Bande knüpfte er – wie Heine erwähnt – zu dem wissenschaftlich engagierten Geistlichen und politischen Schriftsteller Félicité-Robert de Lamennais, der für einen radikalen Republikanismus auf religiöser Grundlage agitierte und dafür von Rom exkommuniziert wurde. In seinen einflußreichen Schriften – besonders den „Worten eines Gläubigen" von 1834 und in „Die moderne

Sklaverei“ von 1839 – lieferte er eine umfassende Sozialkritik, geißelte er den modernen bürgerlichen Egoismus und forderte er gleiche Bürgerrechte für alle Menschen als Grundlage einer zukünftigen Gesellschaft der Liebe und Brüderlichkeit. Als den entscheidenden Hebel solcher Versöhnung betrachtete er freilich eine durchgreifende Reaktivierung des Christentums, einer christlichen Sozialethik im Geiste der Bergpredigt, die, wofern sie von allen Mitgliedern des sozialen Organismus beherzigt werde, eine Ordnung harmonischer, gerechter, vernünftiger Beziehungen gewährleisten könne. Um diese geistige Reform auch durchzusetzen, komme neben der modernen Industrie (aufgrund ihrer Nützlichkeit) und neben den Wissenschaften (als Instanz der Wahrheit) besonders den Künsten die Aufgabe zu, das Leben durch Schönheit zu bereichern und die Menschen moralisch zu bessern und zu veredeln.

Dieses gegenüber dem schärferen, materialistischeren Saint-Simonismus idealistisch gemilderte Reformkonzept – hier nur flüchtig skizziert – bestimmte Liszts Gedankengänge bis in Details, und man kann es, natürlich aufgrund der den Künsten zugemessenen engagierten Rolle, namentlich in seiner großen kritischen Artikelserie „Zur Stellung der Künstler“ von 1835 auffinden. Darin analysiert er scharfsinnig, wenn auch mit illusionären Rückblicken auf eine harmonische Vergangenheit, den aktuellen Zerfall, die Entfremdung, ja Atomisierung der sozialen Kräfte, er beklagt eine verheerende Trennung von Musik und Politik, die beim „Übergewicht der materiellen Interessen“ zu einer „künstlerische(n) Glaubensöde“[9] geführt habe, und er fordert schließlich die Künstler dazu auf, sich um ihre prophetischen Vorkämpfer (also Liszt) zu scharen, staatliche Förderungen zu erzwingen und sich international zusammenzuschließen, weil eben nur „zwei Klassen“ das „Amt und die Macht haben, alle Klassen zu versöhnen, zu beleben und in gemeinsamer Liebe dem Ziele der Menschheit entgegenzuführen: ... Priester und Künstler“[10]. In all dem spekulativen Nebel schärften die Unterweisungen des Lamennais dennoch Liszts Blick für die politischen Gebrechen der Zeit und für ihren entwürdigenden Einfluß auf die Kunst – sei es inmitten des französischen „Juste-milieu“, sei es auf seinen zahlreichen Reisen, wo er stets kritische Anstöße erhielt und etwa – um nur ein kleines Exempel herauszuheben – die Opernleidenschaft der Italiener als direkte Folge ihrer politischen Unfreiheit erklärte.[11] Auch regte der revoltierende Priester Liszt dazu an, sich gelegentlich kompositorisch zu politisieren. So lieferte er ihm 1845 den Text für eine kleine Kantate *„Le forgeron"* (Der Schmied), der ganz direkt die Unterdrückung und das Aufbegehren der Proletarier sowie ihre notwendige Befreiung mit Gottes gerechter Hilfe artikuliert. Ähnlich provokativ, wenn auch wiederum gemildert durch theologische Absegnung, fordert ein *„Arbeiterchor"* zur Selbstbefreiung der Massen auf. Liszt vertonte den (anonymen) deutschen Text, der wahrscheinlich auf eine Vorlage Lamennais' zurückgeht, zur Zeit der 1848er Revolution, aber er ließ das Lied für Bäßsolo, Männerchor und Klavier (wie auch den *„Schmied"*) nicht erscheinen, weil er bald darauf, gerade während der Drucklegung, die konterrevolutionären „Zeitumstände einen ganz abnormen Commentar zur Arbeiter-Frage liefern"[12] sah.

4

Das Scheitern der revolutionären Erhebungen in Europa nach 1848/49 hat Liszts reformerische Impulse, demokratische Hoffnungen und soziale Utopien keineswegs tiefgreifend erschüttern können. Eine gewisse Umschichtung seines Denkens zeigt sich allenfalls darin, daß sich der Akzent der Interessen von den sozialen auf die nationalen Emanzipationsbestrebungen verschiebt und daß er sich ganz vorrangig auf diesbezügliche Bewegungen in seiner ungarischen Heimat bezieht. Zwar hat er sich auch immer einmal wieder verleiten lassen, mit wenig bedeutsamen Piecen einigen gekrönten Häuptern der Reaktion zu schmeicheln, aber dies zählt fast nichts im Vergleich zu den vielen, gewichtigen und eindeutigen Bekundungen seiner schöpferischen Phantasie für den ungarischen Patriotismus – angefangen bei der Kantate *„Hungaria 1848"*, über die Trauermusiken zu Ehren der Revolutionsopfer (*„Funérailles"* für Klavier und *„Héroïde funèbre"* für Orchester), über die gloriose sinfonische Dichtung *„Hungaria"* und die *Graner Festmesse* bis hin zur *Ungarischen Krönungsmesse* und einer Fülle kleinerer Huldigungsstücke aus späterer Zeit.

Gleichwohl gibt es eine Veränderung anderer, prinzipiellerer Art, die man vielleicht doch als eine, wenn auch vielfach vermittelte Reaktion auf die politischen Verhältnisse der nachrevolutionären Phase werten könnte. Mag es ein Zufall sein, daß die Hauptetappen von Liszts Wirken mit den Haupttendenzen der Epochenbewegung recht auffallend koinzidieren? Die Zeit zwischen den beiden „Pariser" Revolutionen mit ihren entzündlichen Spannungen, vormärzlichen Aufbrüchen und ihrer wilden Romantik durchjagt er, von Frankreich aus Europa erobernd, mit der großen Freiheitsgebärde und himmelstürmenden Siegesflagge des dämonisierten Virtuosen. In der regressiven Zeit danach gibt er diese Karriere auf, zieht er sich seßhaft in das klassik-versunkene Großherzogtum Weimar zurück, entfaltet eine so mühselige wie segensreiche Tätigkeit, um die musikalischen Verhältnisse zu erneuern, und als wichtigstes: er entbindet seine kompositorischen Potenzen auf diesem „Experimental-Boden"[13] mit dem Ziel, nach der Revolutionierung der Klaviermusik nun auch die beiden anderen ihn interessierenden Hauptgebiete, die Sinfonik und die Kirchenmusik, zeitgemäß und zukunftsträchtig zu erneuern. Bleibt zu erwähnen, daß sich Liszts letzte Lebensetappe, in der Zeit nach der Erringung der ungarischen Autonomie, nach dem Deutsch-Französischen Krieg und den ersten Jahrzehnten des imperialistischen Gründungsgeistes sowie der organisierten Arbeiterbewegung, wieder sehr öffentlich abspielte, sich raumgreifend zwischen Rom, Budapest und Weimar vollzog und daß sie mit ihren segnenden Gesten wie mit ihren großherzigen Attitüden recht patriarchalisch diese ganze Landschaft kolorierte.

Vor allem der in den Weimarer Jahren neu gesetzte, weitreichende künstlerische Anspruch darf letztlich selber ein politischer genannt werden. Liszt zog ganz offensichtlich angesichts des Mißlingens realer Gesellschafts-Veränderungen den Schluß, daß im Sinne des klassischen Humanismus und der utopischen Sozialisten besonders nun wieder den Künsten die entscheidende Aufgabe zufalle, die Ideale solcher nötigen Veränderung zu bewahren und das Gefühl möglichst großer Massen von Menschen dafür zu mobilisieren. Deshalb unter anderem setzte er sich als Dirigent so mutig und selbstlos für seine musikalisch fortgeschrittensten Zeitgenossen ein, deshalb auch gewährte er dem verhaßten und bedrängten Revolutionär Richard Wagner jede nur denkbare Hilfe, deshalb umriß er in seinen Schriften immer wieder die sozialpädagogische Mission der Musik,[14] deshalb wurde er zum aktiven Mitbegründer der ersten deutschen Musiker-Organisation, und deshalb endlich avancierte er – wenn auch ein wenig wider Willen – zum Oberhaupt jener „neudeutschen" Komponisten-Schule, die Anlaß zu einem großen, öffentlichen Parteien-Streit um den rechten musikalischen Fortschritt bot. Bei diesem letztlich müßigen Disput um die höhere ästhetische Würde der „absoluten" oder der „Programm"-Musik blieben die Kernfragen, auf die es Liszt zumindest ankam, ganz außer Betracht, denn mit der Konzeption seiner Sinfonischen Dichtungen verfocht er vor allem eine demokratische Funktionsveränderung der Musik.

Natürlich wollte der Bewunderer der Klassik die großen instrumentalen Formen und nicht minder die großen vokalen erhalten und weiterentwickelt wissen, aber er wollte gleichzeitig ihre Befreiung aus akademischen Fesseln und sah als geeignetes Mittel, angesichts der unvermeidlich fortschreitenden Subjektivierung der Klangsprache, eine Konkretisierung der ideellen Absichten und eine möglichst wirksame Deutlichkeit der dargestellten Sujets. Diese Sujets sollten sich nicht auf private oder esoterische, sondern auf allgemein bekannte, öffentlich interessierende und vor allem verallgemeinerbare Gegenstände beziehen, die geeignet sein könnten, das bloß genußsüchtige, latent gebildete Publikum geistig zu aktivieren und moralisch zu erziehen. In diesem Sinn ist es höchst aufschlußreich, das Panorama von Liszts „Themen" zu durchmustern und dabei festzustellen, mit welchen Intentionen er welche Leitbilder entwirft. Am häufigsten entnimmt er den Mythen, den Legenden oder der Geschichte solche Figuren, die er als problematisch, konfliktbewußt oder selbstlos-heroisch empfindet und die er als Archetypen der eigenen Lebenskonflikte oder als Modelle vernünftiger sozialer Lösungs-Strategien akzeptiert. Sein politisches Grundraster im Hintergrund bleibt dabei im wesentlichen das alte: Der Zustand der Welt ist schlecht, weil ungerecht, und er muß daher verändert werden; solche Veränderungen zu denken und vorausdenkend zu handeln, ist zunächst Sache einzelner, die zwar mit solcher Verantwortung – „Génie oblige!", nicht nur Noblesse,[15] meinte er ganz selbstverständlich – auch Leiden, Entbehrungen und Verfolgung auf sich ziehen, am Ende jedoch dafür im Lichte der göttlichen Gerechtigkeit, im Namen des großen Fortschreitens der Menschheit, durch Ruhm, Verehrung und geistige Macht entschädigt werden. Ein solches Gedankenmodell wirkt, wenn Liszt die Leiden und den Triumph des Tasso oder des Prometheus gestaltet, wenn er der Darstellung von Mazeppas Todesritt die kollektive Errettung folgen läßt (übrigens mit dem motivischen Material des unterdrückten *„Arbeiterchors"*!), oder wenn er die imaginären Helden der *„Berg-Sinfonie"*, von *„Les Préludes"*, der *„Ideale"* nach Schiller oder der *„Hunnenschlacht"* nach Kaulbach übersinnlich verklärt.

5

Auch in Liszts großen geistlichen und religiös fundierten Werken bleibt ein politisches Moment eingesenkt, oder genauer: ein sozialreformerisches Motiv, das wohl besonders prononciert mit seinem überhaupt umfangreichsten oratorischen Werk, der *„Legende von der heiligen Elisabeth"*, thematisiert wird. Elisabeth von Thüringen, eine der populärsten Gestalten im Kalender der katholischen Heiligen, war die Tochter des ungarischen Königs Endre II. Sie wurde 1207 in Preßburg geboren und schon als Kind mit dem thüringischen Landgrafen Ludwig verlobt. Die Ehe, 1221 geschlossen, währte bis 1227, als Ludwig auf einem Kreuzzug unter dem Staufenkaiser Friedrich II. den Tod fand. Elisabeth entfaltete eine intensive karitative Tätigkeit im Geiste ihres Zeitgenossen Franz von Assisi und der entstehenden franziskanischen Bettelorden, die strenge Askese und das Ideal der freiwilligen Armut forderten. Ob solcher häretischer Ambitionen von ihrer höfischen Umgebung zunehmend beargwöhnt und verleumdet, wurde sie schließlich aller Rechte als Herrin beraubt und aus der Wartburg verstoßen. Sie gründete in Marburg ein Armenspital, in dem sie selbst niedrigste Arbeiten übernahm. Sie starb 1231, vermutlich entkräftet durch härteste Bußübungen, und sie wurde bereits vier Jahre nach ihrem Tod vom Papst heiliggesprochen.

Mit seinem Werk, das die „Wunder" dieses Lebens nacherzählt, wollte Liszt nichts Geringeres als eine Reform der Kirchenmusik einleiten, und zwar, wie er das bereits früh postuliert hatte,[16] durch eine Verschmelzung von religiöser Thematik mit modernen theatralischen Mitteln, von sakrosanktem liturgischem Gesang mit populären Gebrauchsformen und den effektivsten Methoden dramatischer Kompositionstechnik. Konzeption und Ausarbeitung eines solch neuartigen Experiments nahmen mehrere Jahre in Anspruch (von 1858 bis 1862), während die Stoffwahl, angeregt durch die Wandfresken Moritz von Schwinds auf der Wartburg und vielleicht auch pointiert alternativ zu Wagners „Tannhäuser" gedacht, keiner langwierigen Überlegungen bedurfte. Einerseits faszinierte Liszt die Gestalt der Elisabeth, jener „sozialen" Heiligen, vom Standpunkt seiner theologischen Überzeugungen, seiner christlich-sozialistischen Träume, daß gegen gesellschaftliche Mißstände individueller Altruismus, gegen massenhafte existentielle Not persönliche Hilfsbereitschaft wirken würden. (Und man bedenke, daß der Komponist und Pianist, der Lehrer und Organisator in dieser Hinsicht oft wahrhaft selbstlos und unmittelbar praktisch gewirkt hat!) Andererseits wählte er den Stoff aus politischem Kalkül, war doch Elisabeth eine Ungarin, eine Figur an der Wiege der nationalen Geschichte, die – wie er selbst – fern der Heimat lebte, wirkte, litt und sich verklärte. Ganz bewußt konzipierte er daher (auch in der musikalischen Intonation) das Oratorium in der patriotischen Absicht, es möge „späterhin einen integrierenden Beitrag zur neuen ungarischen Musik-Literatur"[17] bilden.

Manche Eigenwilligkeit seiner Musik, darunter die Vorstöße in atonales Gebiet, entwarf Liszt gerade auch in diesem ambitionierten Werk als denkbaren Gegenentwurf zur mediokren, verflachten, abgesicherten und vornehm abgedichteten Musik seiner Zeit. Er erstrebte die gleichsam „unreine" Verbindung von einfachen und komplizierten Darstellungsmitteln, die Versöhnung des realistischen Effekts mit symbolischer Spiritualität, die Synthese von nationalem Volksgeist in der Musik mit dem mundialen Charisma der alten gregorianischen Melodien, die Einheit von psychologischer Detailtreue und sinnlicher Wahrhaftigkeit im engen

Zusammenspiel mit der stets wieder aktualisierbaren Gleichnisfunktion der vorgeführten Figuren und dargestellten Situationen. Für ihn sei die Kunst, schrieb Liszt 1858, „nichts anderes als die mystische Leiter von Erde zu Himmel – vom Endlichen zu dem Unendlichen – von der Menschheit zu dem wahren Gott – ein ewiger Hang und Drang nach Erlösung durch die Liebe“[18]. Solche Formeln mag man für gut katholisch, für arg romantisch oder gar für schlimm gezinkte Bigotterie halten – sie sind es sogar als unumgängliche Facetten in Liszts Weltbild und Kunstverständnis. Aber sie enthalten nichtsdestoweniger auch ein ketzerisches Moment: die Überzeugung nämlich, daß ästhetische Vorurteile und entsprechend eingeschränkte Mittel der Natur der Kunst sowie ihrer „natürlichen“ sozialen Wirkungsmöglichkeiten widersprechen und daß die Kunst, vor allem die Musik, die Menschen über ihre prosaische Misere erheben, sie bereit und frei machen könne für Emotionen und Haltungen, die sie zu einem bewußten, reicheren Leben „jenseits“ der gerade gegebenen Verhältnisse führe. Dieser im weitesten Sinne „politischen“ Aufgabe der Kunst hat Liszt sich gestellt, und ihr hat er nicht anders gedient als die geistigen Anführer in den politischen Kämpfen seiner Epoche – wie sie einer geglaubten Sache verschworen, von den einen vergöttert, von den anderen gehaßt, durch Stürme schreitend und Niederlagen verkraftend und am Ende immer doch auch hoffend: „Die schönsten Siegesfahnen bleiben stets die, die von den Kugeln des Feindes durchlöchert sind.“[19]

1 Thomas Mann über Heinrich Mann, in: Brief über das Hinscheiden meines Bruders Heinrich, in: Gesammelte Werke, Bd. 11, Berlin und Weimar 1965, S. 70.

2 Liszts Hinweis zu einem späten Klavierstück, zit. nach Klavierwerke, Einzelne Charakterstücke II, Budapest 1978, S. 90.

3 Franz Liszt, Reisebriefe eines Baccalaureus der Tonkunst, in: Schriften zur Tonkunst, Leipzig 1981, S. 91ff.

4 Ebd., S. 93.

5 Ebd.

6 Ebd.

7 Heinrich Heine, Über die französische Bühne, in: Werke und Briefe, Bd. 6, Berlin und Weimar 1972, S. 78f.
8 Liszt, Chopin, in: Schriften zur Tonkunst, a. a. O., S. 127.
9 Liszt, Zur Stellung der Künstler, in: Schriften zur Tonkunst, a. a. O., S. 43.
10 Liszt, ebd., S. 53.
11 Liszt, Reisebriefe, a. a. O., S. 96.
12 Liszt an seinen Wiener Verleger Haslinger, zit. nach Dénes Bartha, Einleitung zur Erstausgabe des „Arbeiterchors", Budapest 1954, S. VI.
13 Franz Liszt, Unbekannte Presse und Briefe aus Wien 1822–1886, Budapest 1984, S. 153.
14 Vgl. besonders Franz Liszt, Adolf Bernhard Marx und sein Buch „Die Musik des 19. Jahrhunderts" und ihre Pflege, in: Schriften zur Tonkunst, a. a. O., S. 268ff.
15 Liszts Invektive gegen Paganinis egoistisches Künstlertum; vgl. Liszt, Paganini – Ein Nekrolog, in: Schriften zur Tonkunst, a. a. O., S. 105.
16 Vgl. Liszt, Über die Kirchenmusik, in: Werner Felix, Franz Liszt – Ein Lebensbild, Leipzig 1961, S. 230ff.
17 Franz Liszt, Briefe aus ungarischen Sammlungen 1835–1886, Kassel etc. 1966, S. 113.
18 Liszt, Unbekannte Presse ..., a. a. O., S. 157.
19 Liszt, Brief an Breitkopf (1880), zit. nach Franz Liszt – Beiträge von ungarischen Autoren, Budapest 1978, S. 374.

DAS LEBEN GEOPFERT DER PFLICHT UND DEM WOHL DES VATERLANDES

Giuseppe Verdi

1

Im Oktober 1900, drei Monate vor seinem Tode, beugt sich der greise Giuseppe Verdi ein letztes Mal über Notenpapier. Eigentlich weiß er, daß die Kräfte nicht mehr ausreichen, und längst hat er die Welt wissen lassen, daß kein neues Werk mehr von ihm zu erwarten sei. Aber da liegen vor ihm ein paar Verse, ein kurzes Gebet, verfaßt von der seit Sommer verwitweten Gattin des italienischen Königs. Am 29. Juli war Umberto I. in Monza, unweit des Verdischen Landbesitzes Sant'Agata, einem anarchistischen Attentat zum Opfer gefallen. Politische Trauer, privates Mitgefühl und spontane Übereinstimmung mit dem „in seiner hohen Schlichtheit wie von einem Kirchenvater geschriebenen"[1] Text weckten unerwartet des Komponisten schöpferischen Impuls. Es gelingen freilich nur noch wenige Takte, flüchtige Skizzen zu den Worten „sacrificó la vita al dovere ed al bene della patria". Doch diese Worte – „das Leben geopfert der Pflicht und dem Wohl des Vaterlandes" – dürften Verdi ganz persönlich berührt haben, sie mochte er wohl im geheimen vor allem sich selbst zusingen wollen, denn sie formulieren am bündigsten das Programm, dem er, Souverän im Reich der Musik, mit vollem Herzen lebenslang untertänig blieb.

Solch patriotisches Bekenntnis war für Verdi alles andere als eine moralisch abstrakte, eine dekorativ heroische Leerformel. Es konnte ihm rückschauend als schlichte Devise eines so aufregend ereignisreichen wie sinnvoll gelebten Künstlerdaseins erscheinen, in dem sich der persönliche Aufstieg zu nationaler Repräsentanz und zur unbestrittenen Weltgeltung auf wechselseitig stimulierende, gegenseitig illuminierende Weise mit der säkularen Emanzipation des Heimatlandes zum einheitlichen, souveränen, bürgerlichen Nationalstaat verband. Und im Begriff des Patriotismus, der zentralen Kategorie aller populären Sehnsüchte, ideologischen Entwürfe oder Kampfstrategien um die Wie-

Giuseppe Verdi, „Rigoletto", Vorspiel (Klavierauszug)

dergewinnung nationaler Identität, durchdrangen sich auch für Verdi die Sphären der Kunst und der Politik. Dabei ist es nicht so, daß die Institution Oper (die im Italien des 19. Jahrhunderts einzigartig massenwirksame Kunstform als Forum gesellschaftlicher Öffentlichkeit) oder speziell Verdis Opernproduktion (als beinahe ausschließliches professionelles Interessengebiet) die sozialen Verhältnisse und politischen Bewegungen der Epoche nur immanent, in autonomer Verschlüsselung widerspiegeln. Sondern Verdi öffnet das Theater in stofflicher und musikalischer Hinsicht der öffentlichen Verständigung über fortschrittliche politische Ziele, dabei listig, ja konspirativ die Möglichkeiten künstlerischer Symbolik nutzend, um offensiv, im Widerstand gegen die etablierten Mächte der Fremdherrschaft wie der inneren Reaktion, die progressiven Ideen der Autonomie und staatlichen Einheit seines Landes zu unterstützen.

2

In diese große, aber auch schwierige, widerspruchsvolle Rolle eines „Maestro delle rivoluzione italiana"[2] hätte der Komponist schwerlich ohne ausgeprägte politische Grundentscheidungen, ein vitales Engagement für die historischen und sozialen Antagonismen der Zeit, hineinwachsen können. Im jahrzehntelangen opferreichen Ringen um die Einigung Italiens, die schließlich 1870 auf diplomatischem Wege „von oben" statt auf revolutionärem „von unten" zustande kam, gehörte er ganz natürlich seit seiner Jugend jener breiten, oppositionellen Strömung an, die unter dem Namen „Risorgimento" – Wiedererweckung, Wiedererhebung – Geschichte gemacht hat. Verdi konnte im breiten ideologischen Spektrum dieser eher idealistisch „gestimmten" denn praktisch organisierten Bewegung der intellektuellen Elite Italiens kein Revolutionär im engeren politischen Sinne werden – das hätte seiner kleinbürgerlichen Herkunft, seinem Drang nach persönlicher Unabhängigkeit, seinem herrschaftlichen Habitus und seinem letztendlichen Desinteresse an konkreter politischer Praxis kaum entsprochen. Aber immerhin sympathisiert er in der ersten Phase des Risorgimento bis zu den revolutionären Ereignissen des Jahres 1848 mit dem radikalsten, republikanischen Flü-

gel, sei es, daß er die geheimbündisch-anarchistischen Aktionen unter Giuseppe Mazzinis oder Giuseppe Garibaldis Führung begrüßt; sei es, daß er die theoretischen Hauptwerke solcher „Aufrührer" wie Vincenzo Gioberti, Giuseppe Giusti oder Bettino Ricasoli liest und in vorzugsweise aristokratischen Zirkeln diskutiert; sei es schließlich, daß er in engster geistiger Verbindung mit der politisch motivierten literarischen Romantik eines Alfieri, Foscolo, Leopardi, Manzoni, Pellico, aber auch eines Byron und Hugo sein eigenes, herausforderndes Konzept einer romantisch-realistischen, politischen Oper einbringt und durchsetzt.
In der zweiten Phase des „Risorgimento" mit ihren zahlreichen Einzeletappen und kriegerischen Verwicklungen nach dem Scheitern der revolutionären Erhebungen von 1848/49 bis zur Proklamation des italienischen Staates von 1861 und seiner schließlich faktischen, einheitlichen Existenz als konstitutionelle Monarchie im Jahre 1871 tendiert Verdi allmählich zum gemäßigt-liberalen Flügel der Befreiungsbewegung. Er teilt zunehmend die Gedanken und die diplomatische Strategie seines gewichtigsten Repräsentanten Camillo Cavour, Ministerpräsident des einzigen freien italienischen Teilstaates Sardinien-Piemont unter König Viktor Emanuel, der den dynastischen Weg der Einheit verfolgt und verwirklicht. Verdi beobachtet jetzt jeden Schritt in diese Richtung, kaum eines der politischen Ereignisse entgeht seinem zustimmenden oder kritischen Kommentar, und wenn sie sich dramatisch schürzen, zu historisch-eingreifender Bedeutsamkeit auszuwachsen scheinen, fühlt er sich aus patriotischem Mitgefühl zeitweilig sogar außerstande zur kompositorischen Arbeit. Aber er sieht eben die Dinge mit Cavours Augen, mit ihnen verurteilt er Garibaldis Aktionismus, in ihnen erblickt er die Garanten des kommenden Staates, durch sie läßt er sich verführen, selbst eine Zeitlang als Politiker, als Abgeordneter der ersten Nationalversammlung, zu fungieren.
Seine parlamentarische Position hat Verdi in einem Brief von 1881 lakonisch umrissen: „Ich bin einer der Unabhängigen und lege Wert darauf, es zu sein ... Ich habe den Standpunkt der linken Mitte gewählt. Sie stellt, politisch gesehen, ... die Partei dar, der anzugehören ich anstrebe, das heißt, ich unterstütze die Regierung, aber nicht als System, und

stehe zur Opposition, aber nicht als Mensch, sondern zu ihren Maximen und Prinzipien, wenn es das allgemeine Interesse des Staates so verlangt."[3] Das ist, alles in allem, Verdis politische Grundhaltung bis an sein Lebensende geblieben. Aber den neuen Staat, den er gewollt hatte und als dessen glänzendster kultureller Repräsentant er in aller Welt ungewollt figurierte, beurteilte er privat zunehmend skeptischer, kritischer, pessimistischer. Nach Cavours allzu frühem Tode beklagte er, wenn er sich überhaupt noch zu politischen Äußerungen herausgefordert fühlte, die Unfähigkeit der teils „rechten", teils „linken" Regierungen zu einer würdevollen, starken Außenpolitik und vor allem zur Lösung der zahllosen sozialen Probleme. Kaum daß Italiens Sonne am europäischen Himmel aufgegangen war, diagnostizierte der alternde Komponist mit grimmigem Mißvergnügen die Symptome ihres selbstverschuldeten Untergangs, seiner Meinung nach begründet durch Elend und Hunger, Massenauswanderung und Unruhen, gefördert durch Politiker, die „sagen, daß es keinen anderen Weg gibt"[4]. Die einen anderen versuchen, die ersten Vorkämpfer der sozialistisch orientierten italienischen Arbeiterbewegung, übersieht er schlichtweg. So setzt er sein eigenes Lebensprinzip als beispielgebenden Ausweg: persönliche Humanität, karitative Maßnahmen vor Ort, soziale Selbsthilfe für notleidende Musiker und – immer wieder die veredelnde, mitreißende, versöhnende Kraft seiner Musik.

3

Solche Kraft wuchs Verdis Musik schon früh zu, und sie bewährte sich ebenso im ästhetischen Widerstand gegen den flachen Ungeist des Opernalltags wie im politischen Engagement für ein freies, demokratisches Italien. Denn dieses Land war, nach Napoleons Sturz und dem Willen des Wiener Kongresses, „nur ein geographischer Begriff"[5]. Es bestand aus acht Teilen, die im Norden entweder zu Österreich gehörten oder von habsburgischen Nebenlinien als Vasallenstaaten, im Süden dagegen von den Bourbonen für Frankreich regiert wurden. Rom war die Hauptstadt des päpstlich beherrschten Kirchenstaates. Einzig in der kleinen Alpenprovinz Sardinien-Piemont waltete als genuinitalienischer Herrscher der schon erwähnte König Viktor Emanuel I. Die bedrückende Fremdherrschaft suchte jede freiheitliche, oppositionelle Bewegung mit einem perfekten Polizei- und Spitzelsystem zu unterdrücken, durch kleinliche wie engmaschige Zensurmaßnahmen zu überwachen. Namentlich die italienische Operngeschichte des vorigen Jahrhunderts ist, wie Verdi unzählige Male erfahren mußte, „weitgehend eine Geschichte der Zensur, der Bespitzelung der Kunst aus Angst vor der Kunst"[6]. Als er 1838 nach Mailand, der Hauptstadt der österreichischen Lombardei, kam, um die welt-bedeutenden Bretter der Scala für sich zu erobern, benötigte er einen Paß; denn er war Ausländer, Bürger des Großherzogtums Parma, obwohl dies ebenfalls unter habsburgischer Regentschaft stand, unter der „Landesmutter" Marie-Louise, Kaisertochter und Exgattin des großen Napoleon. In Mailand herrschte ein Klima, das Verdis späterer Librettist für die *„Aida"*, Ghislanzoni, wie folgt umreißt: „Die Zahl derer war klein, die an Italien dachten, die unter der fremden Knechtschaft stöhnten, die Österreich verabscheuten. Die meisten ignorierten, daß es ein Italien gab. Dennoch agierte manch einer im geheimen, der eine schrieb, der andere übernahm den gefährlichen Auftrag, die Schriften Mazzinis zu propagieren. Im übrigen war es äußerst riskant, über Politik zu sprechen, selbst mit den intimsten Freunden."[7] Inmitten dieser Friedhofsstille war das erste, was der junge Komponist dort mit Verachtung sah, ein lärmender, operettenhafter Pomp zu Ehren des österreichischen Kaisers Ferdinand, der sich in Mailand selbst zum König der Lombardei krönte.

Im kommenden Jahrzehnt, Verdis lehrreichen, aber nicht immer erfolgreichen „Galeerenjahren"[8] seines ihm abgepreßten, kräftezehrenden Opernschaffens, wird zwar auch er von Politik wenig sprechen, desto nachdrücklicher aber mit den Mitteln der Bühne politisch musizieren. Sorgfältiger, gezielter als noch seine bedeutenden Vorgänger Rossini, Bellini oder Donizetti wählt er seine Stoffe, die ihm immer nur dann interessant werden, „wenn er sie zu den geistig-politischen Tendenzen der Zeit in Analogie setzen kann. Es muß die Möglichkeit des romantischen Bekenntnisses gegeben, ein geschichtlicher Vorgang muß ideenmäßig in die eigene Zeit übertragbar sein."[9] Dies gelang ihm

zum ersten Mal mit durchschlagendem Erfolg beim *„Nabucco"* von 1842, dessen Handlungskern – die Befreiung der Juden aus babylonischer Gefangenschaft – sofort als aktuelles Gleichnis verstanden und bejubelt wurde. Besonders der mitreißende Freiheitschor der gefangenen Hebräer „Flieg, Gedanke, auf goldenen Schwingen" avancierte rasch zu einer Art inoffizieller Nationalhymne des „Risorgimento". Daß aber diese Freiheit in der Oper nicht mit massiver Gewalt errungen, sondern per weiser Einsicht des Tyrannen Nebukadnezar gewährt wird, wirft ebenso ein bezeichnendes Licht auf Verdis reformistische Hoffnungen wie die verblüffende Tatsache, daß er die Partitur einer österreichischen Erzherzogin, allerdings der Verlobten Viktor Emanuels, widmete.
Mit der nächsten Oper, *„Die Lombarden auf dem ersten Kreuzzug"*, wählte er einen Stoff der lokalen Geschichte, der ihm wegen verbotener Darstellung religiöser Riten auf dem Theater das erste Scharmützel mit der fremden Obrigkeit in Gestalt des Mailänder Erzbischofs Gaisruck bescherte. Obwohl viel weniger vordergründig in der politischen Tendenz als *„Nabucco"*, übertrafen die *„Lombarden"* diesen in der Gunst des Publikums, das sich offenbar an die heroischen Vorzeiten seines erfolgreichen Kampfes gegen die deutsche Kaisermacht erinnert fühlte. Patriotische Kundgebungen entfesselte dann besonders der *„Ernani"*, Verdis Oper für Venedig von 1844 nach dem gleichnamigen Schauspiel von Victor Hugo. In der Zeit der Carbonari und anderer revolutionärer Geheimbünde, der Zeit ständiger lokaler Verschwörungen und anarchistischer Aktionen „mußte eine Gestalt wie die des edlen Räubers Hernani auf Sympathien stoßen, der als individueller Empörer (im Spanien des 16. Jahrhunderts) eine grausame Ordnung für sich selbst zu korrigieren sucht"[10]. Besonders der Verschwörerchor „Aufgewacht ist der Löwe Kastiliens" wegen der Textstelle „Wir sind eine einzige Familie, wir wollen kämpfen mit Armen und Herzen" erregte die Gemüter ähnlich wie die Huldigungshymne an Kaiser Karl im vierten Akt, obwohl sie einer negativ fungierenden Figur galt. Diese Hymne, ein künstlerisch eher belangloses Stück, wird bald umfunktioniert und auf den neuen Papst Pius IX. gemünzt, als aber „dessen anfänglicher Liberalismus sich als trügerisch er-

weist, für König Karl Albert von Sardinien, später auch für provinzielle Gelegenheiten"[11] verwendet.
Das ernste Spiel mit politischen Anzüglichkeiten setzte Verdi in der geradezu hektischen Produktion seiner folgenden Opern mehr oder weniger offen fort. Mit den *„Beiden Foscari"* nach Byron wählte er einen Stoff aus der venezianischen Dogengeschichte. Auch hier geht es um eine politische Verschwörung, die der Vater aus Staatsräson am Sohn strafen muß, obwohl er dabei selbst mit ihm zugrunde geht. In der *„Giovanna d'Arco"*, Verdis erster, reichlich verballhornter Schiller-Adaption, bleibt als Hintergrund das Thema des nationalen Befreiungskampfes immerhin noch deutlich präsent. Ähnliches ließe sich von der *„Alzira"* nach Voltaire sagen, die zwar zur Zeit der grausamen spanischen Eroberung und gewaltsamen Missionierung Perus spielen soll, aber doch wohl eher an-spielt: wenn nicht auf die heimatliche Situation, so doch auf den brennend aktuellen peruanischen Bürgerkrieg in den vierziger Jahren nach der Aufhebung der jahrhundertelangen spanischen Kolonialherrschaft. Brisanteren politischen Zündstoff lieferte Verdi dann mit seinem *„Attila"* nach einem Drama des Deutschen Zacharias Werner. Der legendäre Hunnenkönig, auf dem Weg zur Unterwerfung der ganzen zivilisierten Welt, wird aufgehalten allein vom römischen Widerstand. So übertraf denn der Erfolg der Oper in Venedig 1846 alles Bisherige. Als Ezio, der römische Feldherr, seine Wendung vorbrachte: „Nimm du den Erdkreis hin, doch bleib Italien mir", erhob sich das ganze Theater zu dem demonstrativen Ruf: „Italia a noi" – Italien für uns! Auch andere Stücke, so die Arie des Foresto „Teures Vaterland, einst Mutter und Königin" wird entgegen bestehendem Verbot vom Publikum wiederholt. Wohl in Anspielung an diese „Gottesgeißel"[12] Attila nannte Verdi die eben nicht sehr von ihm geliebten Deutschen vorzugsweise die „Goten"[13]. Schließlich seien *„Macbeth"* nach Shakespeare, die *„Räuber"* nach Schiller und der *„Korsar"* nach Byron als teilweise rigorose Bearbeitungen weltliterarischer Stoffe wenigstens erwähnt, die, obwohl beim damaligen Publikum kaum wirksam, mit den Themen des Machtmißbrauchs, der anarchischen Revolte, des freibeuterischen Kampfes gegen eine ungerechte Welt politischen Untertext suggerierten.

4

In Paris überraschte Verdi die Februarrevolution 1848. Zwar nahm er Anteil an den Geschehnissen, die zum Sturz Louis-Philippes und zur Ausrufung der zweiten Republik führten, aber er blieb doch zunächst ein abwartender Außenseiter. In einem Brief vom 9. März resümiert er: „Ich kann nicht verhehlen, daß ich mich sehr amüsiere und daß bisher nichts meinen Schlaf hat stören können. Ich tue nichts; ich gehe spazieren; ich höre mir viel albernes Zeug an."[14] Wenige Tage später indessen, als die Aufstände in Italien aufflammen, ist er ein völlig anderer. Jetzt fühlt er sich betroffen, gefordert, enthusiasmiert, und sofort begibt er sich nach Mailand. Dort hatten, nach Schüssen österreichischer Truppen in eine Menschenmenge, die glorreichen „Fünf Tage" der Revolution begonnen. Kurz darauf rebellierte auch Venedig gegen seine Unterdrücker und rief die Republik aus. Über Verdis Begeisterung gibt ein Brief an seinen Librettisten Piave Auskunft: „Ehre ganz Italien, das in diesem Augenblick wahrhaft groß ist! Die Stunde seiner Befreiung hat geschlagen, dessen kannst Du gewiß sein. Das Volk will sie; und wenn das Volk will, dann gibt es keine Macht der Erde, die ihm widerstehen könnte ... Nur noch ein paar Jahre, ja vielleicht Monate, und Italien wird frei, eins, republikanisch sein. Was sollte es auch sonst sein? Du sprichst mir von Musik! Was denkst Du Dir eigentlich? Glaubst Du etwa, ich will mich jetzt mit Musik, mit Tönen befassen? Es gibt, und es darf nur eine den Ohren der Italiener von 1848 angenehme Musik geben: Die Musik der Kanonen! ... Bravo, mein Piave! Bravo allen Venezianern, verjagt jeden Gedanken an Stadtobrigkeit; reichen wir uns alle die Bruderhand, und Italien wird wieder zur ersten Nation der Welt werden! ... Wenn Du mich jetzt sehen könntest, Du würdest mich nicht wiedererkennen. Ich ziehe nicht mehr die Flappe, vor der Dir grauste. Ich bin trunken vor Freude. Denk Dir nur, die Deutschen sind weg!! Du weißt, wie groß meine Sympathie für sie war!"[15]
Trotzdem denkt Verdi an Musik, denn auch die Erhebungen drohen zu scheitern. Im Juli – er ist bereits wieder in Paris und gerät dort in die zweite Phase der Revolution – erhält er die Nachricht von der unglücklichen Schlacht bei

Custozza, vom Sieg der Österreicher unter Radetzky und ihrer Rückeroberung der Lombardei. Um so fleißiger stürzt er sich in eine neue Oper, die gleichwohl den Sieg der Revolution feiern soll. Das Thema ist die erste Erhebung der Lombardei gegen Fremdherrschaft: die berühmte Schlacht von Legnano vom 29. Mai 1176, als der lombardische Städtebund mit einem Ritter- und Bürgerheer trotz unzureichender Bewaffnung über den deutschen Kaiser Friedrich Barbarossa triumphierte. Um der Heimat irgendwie auch praktisch zu helfen, unterstützt er mit Unterschrift ein Gesuch der kurzlebigen Mailänder „Provisorischen Regierung" an den französischen Kriegsminister, das Truppen erbittet. Und von Mazzini, der bereits wieder ins Londoner Exil emigrieren mußte, läßt er sich zu einer echten Revolutionshymne inspirieren – *„Suona la tromba"*. Verdi an Mazzini: „Ich sende Euch die Hymne, und obwohl ein wenig spät, hoffe ich, daß sie Euch rechtzeitig erreicht. Ich habe mich bemüht, so volkstümlich und schlicht zu sein, wie ich nur konnte ... Möge diese Hymne, von der Musik der Kanonen begleitet, bald in den lombardischen Ebenen gesungen werden."[16] Später – das sei hier angefügt – weigerte sich Verdi standhaft, derartige politische Gebrauchsmusik zu schreiben, weil er sie für künstlerisch notwendigerweise wertlos und letztlich funktionslos erachtete. Allerdings machte er eine Ausnahme, als er für die italienische Repräsentanz auf der Londoner Weltausstellung 1862 eine *„Hymne der Nationen"* für Solo, Chor und Orchester nach Versen Arrigo Boitos verfaßte. Bei diesem Lob des Weltfriedens erklingen am Schluß einige Nationalhymnen, und es ist politisch überaus delikat zu bemerken, daß Verdi neben der englischen Hymne und dem „Gesang der Italiener" von Michele Novara für Frankreich die keineswegs staatsoffizielle „Marseillaise" intoniert und diejenige des alten Erbfeindes Österreich überhaupt wegläßt.
Anfang Januar 1849 – noch immer gärte es im ganzen Land – traf Verdi in Rom ein, um die *„Schlacht von Legnano"* zur Uraufführung zu bringen. Dort herrschte eine offen revolutionäre Stimmung, denn das Oberhaupt des Kirchenstaates, Papst Pius IX., war von der liberalen Opposition zur Flucht gezwungen worden. So ging diese „Opera della rivoluzione"[17] unter enthusiastischen politischen Beifallsbekun-

dungen in Szene. In einer Kritik heißt es: „Mit dieser seiner Arbeit hat sich Verdi zur Erhabenheit aufgeschwungen. Weit davon entfernt, den überholten konventionellen Gesetzen zu gehorchen, hat er gespürt, daß sein Geist der Freiheit bedurfte wie Italien der Unabhängigkeit ... Dieses Italien hat heute Gelegenheit, der Strenge dieser letzten patriotischen Arbeit jenen sprühenden Funken zu entlocken, der dazu dienen möge, den kühnen Mut der Nation wiederzuerwecken und weiterzutragen."[18] Die Menge feiert den Komponisten wie einen Befreier, die Musik scheint wie ein Funken die Flamme geschürt zu haben, denn bereits nach vierzehn Tagen wird die Römische Republik mit Mazzini an der Spitze proklamiert. Wieder einmal sah sich Verdi berechtigt, „große Hoffnungen zu hegen"[19]. Rom war die letzte Bastion der kurzen italienischen Freiheit. Sie fiel, obwohl von Garibaldis Freischärlern heldenhaft verteidigt, unter dem konterrevolutionären Ansturm französischen Militärs; Mazzini wurde gestürzt, der Papst wieder eingesetzt. Im Land restaurierten die Habsburger und Bourbonen ihren Status – allerdings nun weit rücksichtsloser und brutaler als zuvor. Verdi liefert bittere, verzweifelt nüchterne Kommentare: „Noch immer regiert die Gewalt in der Welt! Die Gerechtigkeit? Was nützt sie gegen die Bajonette!! Wir können nur unser Unglück beweinen und die Urheber all des Unheils verfluchen!"[20] „Die Situation in unserem Land ist trostlos! Italien ist nur noch ein großes, schönes Gefängnis ... Ein Paradies für das Auge, eine Hölle für das Herz!"[21]

5

In Erwartung einer längeren Periode des politischen Rückschlags beginnt auch der Komponist sein Schaffen neu zu orientieren. Es ist gewiß als bewußter künstlerischer Reflex zu bewerten, wenn Verdi, anstatt weiter bloß den gleichsam erschöpfend durchgespielten Typus der schlagkräftigen, heroischen Freiheitsoper zu variieren, nun, da er auch ökonomisch unabhängig ist und keinem Theaterdruck sich mehr beugen muß, auf dramatische Vertiefung, auf subtilere psychologische Durchführung, auf realistischere soziale Verankerung seiner Stoffe und Libretti drängt. All-

mählich tritt so zwar das frühere politisch-plakative Moment zurück zugunsten schärferer Profilierung von konflikthaltigen Charakteren und Situationen, aber gerade deren genaue sozialkritische Fundierung bringt Verdi die widerwärtigsten Auseinandersetzungen seines Lebens mit der politischen Zensur, mit den Zensoren verschiedenster Kleinherrscher Italiens ein. Nur seinem gewaltig sich verbreitenden internationalen Ruhm hat er es zu verdanken, daß er ihnen bisweilen dennoch einige Zugeständnisse abtrotzen kann. *„Luisa Miller"* nach Schillers „Kabale und Liebe" kappt zwar des Dichters aufrührerischen Impuls, bleibt jedoch wichtig als des Musikers erste Hinwendung zu einem bürgerlichen Milieu, zu ausdifferenzierten Charakteren im Ambiente des sozusagen alltäglichen Lebens. Auch *„Stiffelio"* gehört jener Sphäre an und erregte katholischen Widerwillen wegen der unerhörten Tatsache, daß auf offener Bühne ein protestantischer Priester den Ehebruch verzeiht. Dann aber kommt es zu dem ekelerregenden, zermürbenden Kampf mit der österreichischen Zensur in Venedig um den *„Rigoletto"*, als dessen Ergebnis Verdi – wie hinlänglich bekannt – die Handlung von dem historischen König Franz I. von Frankreich ablösen und auf einen imaginären Duodezfürsten heruntertransponieren muß. Nicht minder geschichtsnotorisch wurde einige Jahre später ein ähnliches Verbot im Falle des *„Maskenballs"*, dem die Stockholmer Adelsverschwörung gegen den schwedischen König preußischen Geblüts, Gustav III., zugrunde lag. Glücklicherweise schienen dem Komponisten derartige „äußerliche" Fixierungen in dem Maße entbehrlich, wie er zunehmend Wert auf „innere", menschliche Haltungs- und Gefühlskonflikte legte. Und in diesem Bezirk konnte er stets noch das Wesentliche, die ihn interessierende psychologisch-soziale Substanz der Dramen, retten.
Das Thema, dem sich Verdi in den großen Opern seiner Reifezeit zuwendet, definiert sich wohl am besten als das Problem der Menschenwürde im antagonistischen Kräftespiel der Gesellschaft, ausgetragen einerseits zwischen feudalem Machtmißbrauch und bürgerlichem Machtanspruch, andererseits zwischen neuem bürgerlichem Establishment und undomestiziertem Außenseitertum, dem Kritikpotential sozialer Randgruppen. Verdi hatte real mit beiden Kon-

stellationen zu tun, und er selbst wurde nicht müde zu betonen, wie sehr, wie oft er sich als Künstler ausgebeutet, letztlich verachtet, als „Zigeuner" behandelt fühlte. In diesem Sinne auch eigener Betroffenheit ließe sich die politische Chiffrenschrift der genialen Trias *„Rigoletto"*, *„Traviata"* und *„Troubadour"* entziffern. Diese Opern bilden, wie Joachim Herz bemerkte, „eine innere Einheit – eine Trilogie der Ausgestoßenen und Mißbrauchten: der Hofnarr, der von Berufs wegen sein besseres Selbst abtöten muß, das nur noch im sorglich gehüteten Idyll mit der Tochter auflebt, bis auch dieses Refugium durch den zwangvoll schuldig Gewordenen selbst zerstört wird; die Kurtisane, die sich den Moralbegriffen gerade der Gesellschaft unterwirft, die sie zur käuflichen Ware gemacht hat und ihr die Flucht in die echte Liebe mißgönnt; schließlich die Zigeunerin, die Freiwild ist für die in der mittelalterlichen Rechtsordnung Geborgenen und in einem blutigen Wirbel, den sie selbst weder zu lenken noch aufzuhalten vermag, rächend sich selbst und ihre Peiniger vernichtet"[22]. In den weiteren Opernwerken der fünfziger und sechziger Jahre – der *„Sizilianischen Vesper"*, dem *„Simone Boccanegra"*, der *„Macht des Schicksals"*, dem *„Don Carlos"* – kehrt Verdi zwar gelegentlich noch einmal zur großen heroischen Oper, zu historischen Stoffen und zum nationalen Befreiungsappell zurück – analog der sich jetzt schrittweise vollziehenden Einigung Italiens –, aber diese politische Ebene bleibt nicht länger schlicht illuminierende Folie, sondern sie kristallisiert sich thematisch als Gegenwelt, als sogar hemmender, störender Widerpart bei der Entfaltung menschlicher Beziehungen und humanen Glücksanspruchs. Damit widerspiegelt sich in den Kunstwerken recht unvermittelt ein vergleichbarer biographischer Vorgang: die allmähliche Dissoziation von musikalischem Schaffen und politischer Realität, von Lebenspraxis inmitten getrennter, sich einander entfremdender Bereiche.

6

Die Dissonanz zwischen politischer und künstlerischer Sphäre verschärfte sich, während Verdis leidenschaftliche Anteilnahme an dem endlich erfolgreichen nationalen Einigungswerk neuen Höhepunkten entgegenging. Als im April 1859 der von Cavour inszenierte, von Napoleon III. aktiv unterstützte Krieg mit Österreich ausbrach, plädierte der Komponist feurig dafür, „aus diesem Krieg einen Titanenkampf zu machen“[23]. Er veranlaßte eine Sammelliste zugunsten der Soldaten, „unseren ruhmreichen Brüdern“, mit dem Aufruf, in „diesen Augenblicken“ müsse „ein jeder, der das Herz eines Italieners hat, zur gerechten Sache, die ausgefochten wird, nach eigenem Vermögen beisteuern“[24]. Den Kaiser der Franzosen will er verehren, „wie ich Washington verehrt habe“[25], aber als dieser wenig später den Sieg in einen Kuhhandel verwandelt und Venetien den Habsburgern wieder zuschanzt, wie den Kirchenstaat dem Papst, macht er seiner Empörung Luft: „Was für ein Ergebnis nach einem so großen Sieg! Wieviel Blut für nichts! Wieviel enttäuschte arme Jugend! ... Es ist zum Verrücktwerden! Ich schreibe unter dem Eindruck der größten Verachtung und weiß nicht, was ich sagen soll. Es ist mithin wahr, daß wir niemals etwas von Ausländern zu erhoffen haben, gleich welcher Nation!“[26] Im Prozeß der vorerst teilweisen Einigung Italiens unter Führung Piemonts schließt sich auch das Herzogtum Parma, Verdis Distrikt, an. Er stimmt für Volksbewaffung und beschafft Gewehre, er gehört der Delegation an, die in Turin dem König das Anschlußersuchen der Provinz überreicht; er lernt Cavour persönlich kennen, und zurückgekehrt, unterstützt er die Idee der Stadträte von Busseto, dem König eine Kanone zu schenken: „Ich wünschte, daß jeder italienische Ort diesem Beispiel nacheiferte, denn nicht durch Feste und Illuminationen, sondern mit Waffen und mit Soldaten können wir stark, geachtet und Herren in unserem Hause werden. Man darf nicht vergessen, daß der mächtige und drohende Fremde noch immer in Italien steht.“[27] Es war nur folgerichtig, wenn er sich im Jahr darauf, übrigens erst nach persönlicher Rücksprache mit Cavour, als Abgeordneter für das neue, erste italienische Parlament nominieren ließ. Mehrmals in diesen Jahren versuchte er, wie schon eingangs zitiert, seinen politischen Standort zu definieren und sich dabei deutlich abzugrenzen gegen die klerikale Rechte wie die rebellische Linke, wobei Verdis Farbsymbolik unentschieden läßt, ob er Garibaldis „Rothemden“ oder die aufkeimende sozialistische Bewegung meint: „Ich bin im höchsten Maße liberal, ohne rot zu sein. Ich respektiere die Freiheit der anderen und verlange, daß man die meine respektiert.“[28] Er gewöhnt sich an, hinfort die öffentlichen Angelegenheiten distanzierter, mit kühlem Blut, mit zunehmender Skepsis zu betrachten, zumal ihn enttäuscht, daß die Vollendung der Einigung Italiens am Ende nicht aus eigener Kraft, sondern als diplomatisches Abfallprodukt zweier europäischer Kriege, des Preußisch-Österreichischen von 1866 und des Deutsch-Französischen von 1870, zustande kommt.

Im Zusammenhang mit der französischen Niederlage von 1870 hat Verdi in einem so ausführlichen wie aufschlußreichen Brief an seine langjährige Mailänder Vertraute Clarina Maffei diskutiert, wie er den politischen Charakter der für ihn relevanten europäischen Nationen einschätzt. Diese Lagebeschreibung und kritische Prognose bestimmt im wesentlichen sein Welt-Bild bis ans Lebensende, und in seinen spärlicher werdenden Äußerungen zur internationalen Politik kehren sie wie ein Leitmotiv wieder: Hoffnung auf Frankreich, Furcht vor dem „wilhelminischen“ Deutschland, Mißtrauen gegenüber Italiens Fähigkeit zur Selbsterhaltung. Die „Tragödie Frankreichs“, schreibt er da, „erfüllt mein Herz ... mit Verzweiflung ... Es ist zwar wahr, daß die Arroganz, die Impertinenz, der Dünkel der Franzosen unerträglich waren und noch, ungeachtet ihres Unglücks, sind, aber schließlich hat Frankreich der modernen Welt Freiheit und Zivilisation gebracht. Und wenn es fällt – geben wir uns keinen Illusionen hin –, dann werden unsere sämtlichen Freiheiten und unsere Zivilisation fallen. Sollen unsere Literaten und unsere Politiker getrost das Können, die Wissenschaften und sogar (Gott möge es ihnen verzeihen) die Künste der Sieger besingen. Doch wenn sie ein wenig tiefer blickten, dann würden sie sehen, daß in ihren Adern noch immer das alte Gotenblut fließt; daß sie über die Maßen hochmütig, hart und intolerant sind; daß sie alles verachten, was nicht deutsch ist, und daß sie grenzenlos raubgierig sind. Menschen mit Kopf, aber ohne Herz; starke Rasse, aber ungesittet. – Und dann dieser König, der ständig Gott und die Vorsehung im Munde führt und mit ihrer Hilfe den besten Teil Europas zerstört! Er hält sich für prädestiniert, die Sitten der modernen Welt zu reformieren und ihre Laster zu bestrafen!!! Was für ein komischer Missionar! Der alte Attila (idem ein Missionar) hat vor der Majestät der Hauptstadt der Alten Welt haltgemacht; aber dieser ist im Begriff, die Hauptstadt der modernen Welt zu bombardieren ... Und wir? Ich hätte gern eine großzügigere Politik gesehen und daß man eine Dankesschuld abstattete! Hunderttausend von uns könnten Frankreich und uns vielleicht retten. Jedenfalls wäre mir lieber gewesen – zusammen mit den Franzosen besiegt –, einen Frieden zu schließen, als diese Tatenlosigkeit, die uns eines Tages Verachtung einbringen wird. Den europäischen Krieg werden wir nicht verhindern, und wir werden geschluckt werden. Es wird nicht morgen sein, aber es wird sein ..."[29]

7

Verdis politischer Pessimismus – so hellsichtig er in einzelnen Punkten artikuliert ist – war am Ende seines Lebens wesentlich motiviert von der Sorge um kulturelle Überfremdung, um eine intellektuelle Germanisierung Italiens und speziell um das rasche, erfolgreiche Vordringen des „Wagnerismo", dem, wie er fest glaubte, die ganze jüngere Generation verfallen war. Zwischen diesem vermeintlichen Ausverkauf der italienischen Musik und den fortgesetzten Vorwürfen konservativer Kreise, er selbst verrate die Prinzipien der nationalen Oper an Wagners Musikdrama, suchte Verdi nach dem entwickeltsten Ausdruck seiner künstlerischen Identität. Und insofern bewahren auch die grandiosen abgründig konzessionslosen Spätwerke, die *„Aida", „Othello", „Falstaff"* so gut wie das dem Andenken Manzonis gewidmete *Requiem* einen politischen Impuls, wenn sie ihm nicht sogar überhaupt ihre Existenz verdanken. Dieser Impuls zielt am Ende auf nichts Geringeres als die Bewahrung einer Kunstform, die Italien geschaffen hatte, die der Nation zu allen Zeiten die Bewunderung der Welt sichern konnte und die erneuert zu haben der Komponist sich wohl rühmen durfte.

Die neue musikalische Qualität ist aber von ihrem Ausgangspunkt her gar nicht denkbar ohne die ideale Übereinstimmung mit dem revolutionären Pathos eines Landes, das über ein halbes Jahrhundert hin mit patriotischem Fieber seine Freiheit ersehnte. Einer, der mit Recht von sich behaupten konnte, er schreibe keine „Zufalls-Musik", die „für alle und alles paßt"[30], mußte notwendigerweise die politische Konditionierung der Klangsprache mitvollziehen. Sie kommt am sprechendsten zum Ausdruck in der stürmischen Kraft seiner Gesänge, in der einheitsstiftenden Verve der Massenchöre, in den von Rossini so genannten „behelmten", den zackigen, zuckenden, züngelnden Rhythmen, dem unerschöpflichen Arsenal der „unmittelbar schlagenden, auftrumpfenden Geste"[31] – kurz: im Ton der Musik als ebenso zwingender wie agitatorischer Rede. „Erst der Symbiose von Einfachheit und Kraft in den Melodien des jungen Verdi konnte es gelingen, den progressiven Glauben Italiens an sich selbst emotional zu stimulieren, die Bewegung des Risorgimento mit politischen Kampfliedern im Opernhaus zu begleiten ... Indem Verdi die Kantilene Bellinis und die Koloraturen Donizettis für die jungen politischen Hoffnungen seines eigenen Volkes öffnet, verleiht er den italienischen Opernhäusern zumindest im Augenblick der Entfaltung vaterländischer Gesänge und ihrer emphatischen Zustimmung durch das Publikum Merkmale eines republikanischen Parlaments, zeigt er im zuvor bloßen Spiel des schönen Scheins auch immer wieder Abbilder und Expressionen des engagierten Willens einer nach Autonomie und Einheit drängenden Nation."[32] Spätestens an seinem Totenbett wußte das auch ein jeder. In der Trauersitzung des Senates machte es der Dichter Antonio Fogazzaro öffentlich: „Verdi ist einer unserer großen Einiger gewesen."[33] Und ein anderer großer Dichter, Gabriele d'Annunzio, gab dafür die knappste und präziseste Begründung: „Pianse ed amé per tutti."[34] – Er weinte und liebte für alle!

1 Verdi, zit. nach Hans Kühner, Giuseppe Verdi in Selbstzeugnissen und Bilddokumenten, Hamburg 1961, S. 151.
2 Gängiger Begriff zur Charakterisierung des Komponisten; seine Herkunft ist nicht eindeutig zu ermitteln.
3 Giuseppe Verdi, Briefe, Berlin 1983, S. 154.
4 Briefe, a. a. O., S. 303.

5 Bemerkung Metternichs, zit. nach Wolfgang Marggraf, Giuseppe Verdi – Leben und Werk, Leipzig 1982, S. 12.
6 Hans Kühner, a. a. O., S. 45.
7 Antonio Ghislanzoni, „Storia di Milano del 1836 al 1848“, zit. nach Verdi – Eine Dokumentation, Berlin 1980, S. 149.
8 Begriff von Verdi.
9 Hans Kühner, a. a. O., S. 10.
10 Wolfgang Marggraf, a. a. O., S. 78.
11 Hans Kühner, a. a. O., S. 31.
12 Begriff von Verdi.
13 Vgl. Anmerkung 29.
14 Brief Verdis vom 9. 3. 1848, zit. nach Verdi – Eine Dokumentation, a. a. O., S. 171.
15 Brief Verdis vom 21. 4. 1848, zit. ebd., S. 171.
16 Brief Verdis vom 18. 10. 1848, zit. ebd., S. 172.
17 Begriff wurde in dieser Zeit geprägt.
18 „La Pallade“, Rom 5. 2. 1849, zit. nach Verdi-Dokumentation, a. a. O., S. 173.
19 Brief Verdis an Piave, 1. 2. 1849, zit. ebd., S. 173.
20 Brief Verdis an Luccardi, 14. 7. 1849, zit. ebd., S. 174.
21 Brief Verdis an Marie Escudier, 3. 11. 1849, zit. ebd., S. 174.
22 Joachim Herz, Die Tragödie eines Narren, in: Giuseppe Verdi, Rigoletto – Texte, Materialien, Kommentare, Hamburg 1982, S. 186.
23 G. Strepponi an De Sanctis, zit. nach Verdi-Dokumenten, a. a. O., S.199.
24 Verdis Sammelliste, zit. ebd., S. 200.
25 Verdi an C. Maffei, 23. 6. 1859, ebd., S. 200.
26 Verdi an C. Maffei, 14. 7. 1859, ebd., S. 200.
27 Verdi an die Stadträte, 28. 4. 1860, zit. ebd., S. 201.
28 G. Strepponi, Tagebuch, zit. nach ebd., S. 212.
29 Verdi an C. Maffei, 30. 9. 1870, ebd., S. 222.
30 Zit. nach Kühner, a. a. O., S. 57.
31 Leo Karl Gerhartz, Von Bildern und Zeichen, in: G. Verdi, Rigoletto, a. a. O., S. 19.
32 Gerhartz, ebd., S. 19f.
33 Zit. nach Marggraf, a. a. O., S. 349.
34 Zit. nach Verdi-Dokumentation, a. a. O., S. 252.

WIE SCHAFFT MAN DAS UNHEIL AUS DER WELT?

Richard Wagner

1

Im achten Jahr seines Schweizer Exils, Ende April 1857, bezieht Richard Wagner mit Gattin nahe Zürich ein Haus, das ihm der befreundete Fabrikant Otto Wesendonck großzügig zur Verfügung gestellt hatte. Dieses „Asyl", der Wesendonckschen Villa benachbart, sichert dem Komponisten für kurze Zeit sorglose Ruhe, eine rein private Existenz „in der größten Abgeschiedenheit von der Welt"[1]. Aber solch eine Fermate in Wagners explosiv aufreibendem Leben führt nur zur Umgruppierung der Energien: zu einer Phase höchster künstlerischer Produktivität wie tiefster seelischer Verwirrung – nicht zuletzt ausgelöst durch die Liebe zu Mathilde, der so kunstbeflissenen wie anmutigen Frau des neuen Mäzens. Im August unterbricht er nach dem zweiten Akt des *„Siegfried"* die kompositorische Arbeit am *„Ring"*, um die Dichtung zu *„Tristan und Isolde"* zu entwerfen. Während des September wird sie fertig, und bis Jahresende gelingt Wagner die Kompositionsskizze für den ersten Akt. Inmitten jener weltentrückten, die Kunstwelt verändernden Geburtsstunden der musikalischen Moderne übergibt ihm Ende November Mathilde ein paar Verse, ihr Gedicht *„Der Engel"*, das er sofort vertont. Die Gedichte *„Schmerzen"* und *„Träume"* folgen im Dezember. Im Februar und Mai 1858 schließt er mit der Komposition von *„Stehe still!"* und *„Im Treibhaus"* den fünfteiligen Zyklus von „Dilettanten-Gedichten"[2] – so Wagner – endlich ab.

Klanglich, als Studien in Form lyrischer Miniaturen, stehen diese Lieder ganz im Zeichen des innovatorischen „Tristan-Stils". Poetisch verklären sie die Wünsche und Versagungen einer komplizierten Liebesbeziehung. Der ideelle Gehalt freilich meint auch andere und tiefere Aspekte: Er feiert ein romantisches Paradies der Einsamkeit und des schöpferischen Rauschs, des „himmelwärts" gerichteten Geistes als Reaktion gegen die Schmerzen der Welt, gegen ihren so falsch lärmenden Lauf. Es triumphiert offen pessimistische

Richard Wagner, „Götterdämmerung", Trauermarsch (Klavierauszug)

Willens-Metaphysik der Wirklichkeitsverneinung, die „schwarze Flagge“ Schopenhauers wie im großen dramatischen Seitenstück. Und wie in Wagners gigantischem, zielstrebig durchgeplantem Gesamtwerk quellen auch in diesen Liedern die ideologischen Implikationen aus allen Poren. Gleichwohl bilden sie, durch ihr intimes ästhetisches „Treibhaus“-Klima, in ihrer unausgesprochenen, aber dadurch nicht weniger bestimmten Negation jeglichen politischen Moments, einen der wenigen extremen Ausnahmefälle. Denn es sind auskomponierte Pausen, entlastete Wendepunkte im permanent angestrengten Durchsetzungskampf für Wagners Kunstleistung, die ohne Politik als entscheidende Triebkraft, als sowohl begehrter wie verachteter Widerpart, als Anlaß, Gegenstand oder Endzweck der Produktion, gar nicht denkbar wäre.

2

Wagners Verhältnis zur Politik zu thematisieren heißt, sich in ein verschlungenes, beinahe auswegloses Labyrinth zu begeben. Auf Tausenden Seiten der Schriften und Briefe ist davon in unablässiger Suada, in zahllosen Windungen und widerspruchsvollen Wendungen die Rede. Die voluminösen Musikdramen begriffe man nur schlecht, wollte man die Analyse ihres stets intendierten politischen Untertextes vernachlässigen. Wieder ein anderes ist es, Wagners aktive Verwicklungen in die politische Praxis der Zeit, als Opfer, als Sekundant, als eingreifender Agent, ins Visier zu nehmen. Nochmals völlig neue Aspekte eröffnen sich, wenn sein „Bayreuth“ zur öffentlichen Institution und damit zum Objekt politischen Kalküls wird. Und schließlich gehörte dialektisch auch das vielleicht langwierigste, prekärste und bis heute unabgegoltene Kapitel der postumen Wirkung Wagners dazu: Daß er der Ausbeutung seines musikalischen und schriftstellerischen Erbes durch nationalistische und faschistische Ideologen Vorschub geleistet hat, steht ebenso außer Zweifel wie die Tatsache, daß er nicht als Vorläufer für deren politische Verbrechen verantwortlich gemacht werden darf. Niemand bestreitet mehr im Ernst die fatalen Entgleisungen seines Denkens, seinen scharfen Antisemitismus etwa, aber die Unterstellung gewisser

„linksradikaler" Kritiker, Wagner sei ja doch überhaupt mehr Politiker als Künstler gewesen, und er habe seine gesamte künstlerische Leistung als Mittel zur Durchsetzung einer systematisch konzipierten, utopisch-reaktionären Privat-Ideologie eingesetzt, verfehlt doch einigermaßen die reale Kompliziertheit des Problems.
Wenn es auch stimmt, daß Wagner nicht müde wurde zu betonen, seine Musik sei mehr als Musik,[3] er sei nicht bloß Künstler im naiven Sinne, so heißt das ja wohl kaum, er könne es in erster Linie dann auch keinesfalls gewesen sein. Denn trotz unermüdlicher, ja fanatischer Reflexion über alle möglichen und unmöglichen Facetten „öffentlicher Angelegenheiten" hat er am Aufbau einer expliziten politischen Theorie überhaupt kein Interesse gezeigt. Er sammelte und wechselte hingegen solche Theorien zu einem Agglomerat von Anschauungen aus höchst subjektiver Sicht: aus dem Drang, seine Kunst zu erklären, ihr durch Einbettung in universelle Zusammenhänge Autorität zu sichern und ihre öffentliche Wirksamkeit als gesellschaftlich relevanten Politik-Ersatz propagandistisch vorzubereiten. In solchen Zügen eines messianischen Egoismus, einer kampfesmutigen Überheblichkeit und schließlich immer unbedenklicheren Selbst-Vergottung wurzeln die Intensität wie die Kontinuität von Wagners politischer Programmatik, die alles in allem nicht originär wie seine Kunst, nicht aufregend wie sein Leben geriet, sondern zeitlebens eklektisch und dilettierend blieb. Dahingehend differenziert auch die neuere marxistische Wagner-Forschung, wenn sie insbesondere anerkennt, daß ihr älteres Schema – die Trennung zwischen einem frühen, progressiven, revolutionären und einem späteren regressiven, ja reaktionären Wagner-Bild – eine viel zu grobe Vereinfachung darstellt. Denn beim frühen Wagner, um es beispielsweise verkürzt zu sagen, fehlen die mystisch-nationalistischen Elemente sowenig wie beim späten die utopisch-sozialistischen, und man weiß, daß Marx' beiläufige Qualifizierung der Bayreuther ersten Festspiele als „Narrenfest des Staatsmusikanten Wagner"[4] nicht alles sein kann, was in dieser Sache zu sagen wäre.
Wie aber auch immer: Wagners politische Versessenheit oder Verstiegenheit ist in der gesamten neueren Musikgeschichte ein singulärer Fall. Kein anderer bedeutender

Komponist vor, neben und nach ihm hat Politik in nur annähernd vergleichbarer Weise als integrierendes Interessenfeld bestellen wollen. Bestenfalls berührt sie sie „normalerweise" als Sphäre am Rande, eigentlich gleichgültig für die spezialistischen Interessen der Musiker, beachtet erst, wenn sie ihnen zum unmittelbaren Störfaktor wird. Genau in dieser passiven, den verklärenden, schönen Schein produzierenden Rolle, als Gegensatz zum profanen Leben, akzeptierte und verehrte die bürgerliche Welt gerade des vorigen Jahrhunderts „ihre" Komponisten. Und daß Wagner sich da ganz anders verhielt, daß er sich politisch artikulierte und gleichsam grenzüberschreitend-unbotmäßig einmischte, machte ihn lange zu einem Ärgernis, zum öffentlichen Skandal, zum politischen „Fall" eben, den er nun seinerseits durch provokative Radikalität am Kochen hielt – mit schmerzlicher Lust übrigens auch als einen durchaus stimulierenden Faktor kreativer Unruhe.

Worin wurzelt solche Passion? Im Kern ist sie sehr persönlicher Natur, und sie hängt mit Herkunft, mit der Spezifik seiner Begabung, mit der Universalität seiner künstlerischen Visionen wohl zusammen. Da gibt es den Ehrgeiz des niedrig Geborenen, beinahe Deklassierten, der die herrschenden Zustände „von unten" kennenlernt; der sie für seine Mißerfolge verantwortlich macht und sie gründlich analysiert, um sie öffentlich anzuklagen; der nach „oben" will, um selber zu herrschen. Da ist der fortwährende Zweifel, wo denn eigentlich der Schwerpunkt seiner vielen Talente liegen solle; und der Mangel an genialer Spezialbegabung kompensiert sich in einem Genie der Synthese, das glaubt – darin Politikern ebenbürtig –, überhaupt alles zu können und im Detail deshalb dilettieren zu dürfen. Und schließlich entspringt Wagners Konzeption des „Gesamtkunstwerks" eben nicht aus einer musikalischen, sondern aus einer theatralischen Vision, aus desolaten praktischen Erfahrungen mit einer Institution, die ihm die Misere der gesellschaftlichen Zustände zu bündeln schien. Genau hier entzünden sich seine politischen Energien, denn – wie Joachim Herz treffend diesen kreisenden Konnex beschreibt – „daß Theater nicht für das Theater da ist, war Wagners Grundüberzeugung. Theater sollte für die Gesellschaft dasein, sollte diese verändern helfen. Daß sie verändert werden mußte, war ihm klargeworden: im Theater! Weil Theater so, wie die Verhältnisse waren, nicht funktionieren konnte, aber für die Gesellschaft doch eine wesentliche Funktion haben sollte – dies eben zeigte, daß die Gesellschaft verändert werden mußte, um ein Theater zu ermöglichen, das die Gesellschaft verändern kann."[5] Dies genau war das entscheidende Programm einer künstlerisch-sozialen Ein-Mann-Revolution, deren Gelingen entscheidende politische Umwälzungen voraussetzte. Und es erklärt, warum der Komponist sich engagierte.

3

Wagner wurde im Mai 1813 in Leipzig geboren, während eine der großen politischen Entscheidungen des Jahrhunderts heranreifte: inmitten der patriotisch stimulierten Kriegswirren, die bald darauf mit dem Sieg der europäischen Koalition über das napoleonische Frankreich endeten. Dieser Zufall entfaltet im nachhinein seine eigene Symbolik, denn vom unruhigen, romantischen Freiheitsgeist, seiner Literatur, Philosophie und Musik, fühlt sich Wagner ebenso inspiriert, wie er Widerstand gegen den dumpfen Despotismus der „Heiligen Allianz", die herrschende politische Reaktion seiner Jugendjahre, entwickelt. Beethoven und Weber bleiben ihm, als wichtige Früherfahrungen, zeitlebens dafür musikalische Kronzeugen. Beim Pastor Wetzel, in Possendorf bei Dresden, lauscht der Knabe um 1820 Berichten über den griechischen Freiheitskampf, und von seiner „begeisterten und schmerzlichen Teilnahme"[6] leitet er selbst seine spätere Griechenland-Liebe her. Aber konkretes politisches Bewußtsein erwacht erst im Frühjahr 1830, als er in Leipzig, beim Korrekturlesen einer „Weltgeschichte" für den Schwager Friedrich Brockhaus, vom Kapitel über die Französische Revolution fasziniert ist. Wenig später im gleichen Jahr stürzt Paris die reaktionäre Bourbonen-Dynastie, und unmittelbar gleichzeitig, im Juli, beginnen Aufstände in Polen. „Die geschichtliche Welt", kommentierte Wagner später in seiner Autobiographie, „begann für mich von diesem Tage an; und natürlich nahm ich volle Partei für die Revolution."[7]

Namentlich die blutige Niederwerfung der polnischen Be-

freiungskämpfe durch die zaristischen Truppen, die Bekanntschaft mit polnischen Emigranten und deren Schicksal beschäftigen Wagner noch länger und finden schließlich 1836 ihren Widerhall in einer *„Polonia-Ouvertüre“* für Orchester. Im Oktober 1830 kommt es auch in Leipzig, wo Wagner studiert, zu revolutionären Aktionen. Er schließt sich zunächst studentischen Demonstrationen an, verteidigt dann aber gegen streikende Arbeiter doch die Maschinen seines Schwagers, des Verlegers Brockhaus. Mit der liberaldemokratisch gesinnten Studentenbewegung wie der ebenfalls illegalen, von der Metternichschen „Demagogenverfolgung“ betroffenen literarischen Strömung des „Jungen Deutschland“ sympathisiert er länger, als diese Bünde Bestand hatten. Literarisch von Heine und Börne, philosophisch von Hegels Entwicklungslehre und Saint-Simons utopischem Sozialismus beeinflußt, wirkten sie für bürgerliche Emanzipation, besonders der Juden und der Frauen, sowie für Meinungs- und Pressefreiheit. 1833 wird Wagner mit einem ihrer führenden Vertreter, dem vielseitigen Literaten Heinrich Laube, freundschaftlich bekannt und namentlich von dessen programmatischem Roman „Das junge Europa“ beeinflußt.
Die hier proklamierten Tugenden der Sinnenlust und Diesseitsfreude oder individuellen Freiheit und moralischen Ungebundenheit macht der junge Komponist ebenso zu Lebensmaximen wie zu Themen seiner ersten Opernversuche *„Die Feen“* und *„Das Liebesverbot“*. In dem Gedanken, „das wahre, warme Leben“[8] darzustellen und europäisch-universell zu gestalten, lag damals ein provokativer Impuls, der natürlich bei den philiströsen Theatern auf Ablehnung stieß. Immerhin bleibt bemerkenswert, weil es der Musik abzuhören ist, daß Wagner zeitweise seine geliebten deutschen Vorbilder zugunsten modischer italienischer und französischer Komponisten zurückstellte. Paris hielt er ebenso politisch wie künstlerisch für das Zentrum des Fortschritts, von dem aus auch er seinen Ruhm zu begründen hoffte. Erst nachdem er an der Seine zu bitterster Armut herabsank und trotz hilfreicher Hände ohne allen Erfolg blieb, entwickelte er jene haßvollen antifranzösischen Ressentiments, denen er treu blieb, obwohl er später noch oft Paris umwarb und von Frankreich paradoxerweise

schließlich das europäische Fieber des „Wagnerismus“ ausging.

Während nach dem ersten gültigen Opernwerk *„Rienzi“* in der musikdramatischen Trias *„Holländer“*, *„Tannhäuser“* und *„Lohengrin“* verschiedenartige romantische Erlösungskonzeptionen eher als Problem individueller Freiheitssehnsucht durchgespielt werden, gewinnt Wagner aus bitteren existentiellen Erfahrungen und zeitgenössischer politischer Lektüre immer radikalere Einsichten in die soziale Wirklichkeit. 1840, noch in Paris, lernt er Proudhons Buch „Was ist Eigentum?“ kennen, und dessen Antwort, es sei Diebstahl, findet er im Treiben der Bankiersgesellschaft bestätigt. Die Theorie vom unaufhörlich-unheilvollen Kreislauf des Geldes wird für die spätere *„Ring“*-Konzeption ebenso maßgeblich werden wie Ludwig Feuerbachs Schrift „Das Wesen des Christentums“ mit seiner atheistischen Vision von einer Diesseits-Religion der Menschenliebe nach dem Sturz der Götter. In der Fremde entwickelt er zum ersten Mal patriotische Gefühle, so daß er angeblich, bei seiner Rückkehr nach Sachsen, seinem „deutschen Vaterland ewige Treue“[9] schwor. Freilich bekennt er später auch, dieser Patriotismus sei „frei von jeder politischen Beifärbung“[10] gewesen; „denn so aufgeklärt war ich allerdings schon damals, daß das politische Deutschland, etwa dem politischen Frankreich gegenüber, nicht die mindeste Anziehungskraft besaß“[11].

Kaum in Dresden 1842 angelangt, macht er brieflich seinem Unmut Luft: „Das ist ein verfluchtes Volk, diese Sachsen – schmierig, dehnig, plump, faul und grob – was habe ich mit ihnen zu tun?“[12] Bald bringt ihn sein enormer Einsatz als sächsischer Hofkapellmeister in mannigfaltige Konflikte mit der zuständigen Bürokratie; die Zerwürfnisse häufen sich; und es kommt die relative Erfolglosigkeit seiner Stücke hinzu, die er aus der absoluten Desorganisation und Leistungsschwäche des Theaterbetriebs erklärt. „Auf dem Wege des Nachsinnens über die Möglichkeiten einer gründlichen Änderung unserer Theaterverhältnisse ward ich ganz von selbst auf die volle Erkenntnis der Nichtswürdigkeit der politischen und sozialen Zustände hingetrieben, die aus sich gerade keine andern öffentlichen Kunstzustände bedingen konnten, als eben die von mir angegriffenen."[13] Also weil Wagner ein neues Theater und ein neues Publikum für seine Kunst haben wollte, ersehnte und begrüßte er die Revolution als das dafür radikalste Mittel. So war er dann seit Ausbruch der Aufstände im Februar 1848 „ganz Politik"[14], wie Hanslick notierte. Er hoffte, daß nun endlich für seine künstlerischen Ideen die Stunde schlagen würde.

Er verwandelt sich in einen Agitator, hält Reden, schreibt politische Gedichte, publiziert anonyme Artikel, diskutiert heftig mit Revolutionären verschiedener Couleur (darunter mit dem russischen Anarchisten Bakunin), appelliert an sächsische Abgeordnete, verfaßt Denkschriften. Daneben dirigiert er weiter pflichtgemäß in der Oper, entwirft er ein Drama, in dem Jesus als Sozialrevolutionär agiert, beschäftigt ihn die Nibelungensage als mythisches Gleichnis im Sinne der sozialistischen Ideen seines Freundes August Röckel. Und endlich, als im Mai 1849 auch in Dresden die Revolution kämpferisch auf die Barrikaden geht, verwandelt sich Wagner nochmals vom phrasenreich-beschwörenden Aufrührer zum aktiven Teilnehmer, ja zu einem führenden Kontrollposten des Aufstandes. Von den Leidenschaften der Tage mitgerissen, beweist er Mut, riskiert er seine Stellung, sein Leben. Man weiß, wie es ausging: Die Niederlage war unvermeidlich, Wagner mußte fliehen, er wurde steckbrieflich verfolgt. Über Weimar, mit Liszts Hilfe, glückte ihm die Flucht in die Schweiz. Das Resümee hat er sofort bereit. Aus Weimar schreibt er schon am 14. Mai an seine Frau: „Nicht das Zerstören reizt uns, sondern das Neugestalten, und deshalb sind wir nicht die Menschen, die das Schicksal braucht ... So scheide ich mich von der Revolution."[15]

4

Es ist wahr, daß das Scheitern der demokratischen Erhebungen für Wagner den gravierendsten Einschnitt seines Lebens zur Folge hatte: langjährige Emigration, Isolierung von der praktischen Welt der Politik und Kunst, Umverteilung seiner schöpferischen Energien. Aber es ist nicht wahr – sowenig eine Äußerung von Wagner je ganz wahr sein kann –, daß er sich „von der Revolution" scheidet. Zu dieser äußerst schwierigen und komplizierten Frage sind wenigstens drei skizzenhafte Anmerkungen nötig. Erstens entsprang seine Revolutionsbegeisterung nicht aus altruistischen, sondern aus egoistischen Motiven; seine Lust an der anarchischen Revolte galt eher dem vernichtenden Feuerbrand der bestehenden Welt als dem Kampf für die konkrete soziale Befreiung des unterdrückten Proletariats, und den Kommunismus verwarf er unerbittlich als Unsinn schlechter Gleichmacherei. Trotz aller Angleichung und Zugeständnisse an das soziale Kampfvokabular der Zeit hat er mit den Zielstellungen etwa des „Kommunistischen Manifests" wenig gemeinsam. Im Gegenteil: Während es Marx und Engels um die Aufhebung des Privateigentums und den Sieg des Proletariats ging, dachte Wagner bei „Revolution" – wie Hartmut Zelinsky schreibt, „an die durch das System seines Gesamtkunstwerks zu erfolgende Aufhebung der überlieferten Opernform und daher die ‚Vernichtung der sinnlichen Form der Gegenwart' und Erlösung durch Selbstvernichtung des ‚männlichen Egoismus'"[16]. Unter dem Begriff des Kommunismus verstand er „das Volk in dem Sinne der unvergleichlichen Produktivität der vorgeschichtlichen Urgemeinschaftlichkeit", das er sich „im vollendetsten Maße als allgemeinschaftliches Wesen der Zukunft wiederhergestellt dachte"[17]. Ihm ging es also um eine konservative, wieder-herstellende Revolution, „und die Tatsache" (schreibt Zelinsky weiter), „daß er Begriffe wie Revolution, Kommunismus, Volk, Zukunft ausdrücklich benutzte, läßt die Vermutung zu, daß er sie als genaue Gegenbegriffe gegen das ‚Kommunistische Manifest' in einer bestimmten von ihm deshalb mitgetragenen revolutionären Situation verstand, weil er sie für seine privat-revolutionären Pläne nutzbar machen wollte"[18].

Zweitens bleibt das Revolutionserlebnis für lange Zeit ein zentrales Problem der kritischen Analyse, und namentlich in den großen programmatischen Kunstschriften zu Beginn der fünfziger Jahre bildet es den Dreh- und Angelpunkt von Wagners Reflexionen. Man kann ohne Übertreibung sagen, daß er zwar wegen der harten Rückschläge nach 1848 in allen Aspekten von den gesellschaftlichen und politischen Verhältnissen enttäuscht war, deswegen aber keineswegs die Hoffnung auf eine sozialistische Gesellschaftsperspektive aufgab. Er fuhr fort, die kapitalistische Restauration, vor allem natürlich am Modell der künstlerischen Zustände, unnachgiebig zu geißeln, und noch am Ende seines Lebens träumte er hin und wieder eine sozialistische Umwälzung herbei, auch wenn solche Träume bedenklich mit teils nationalistisch-rassistischen, teils komisch-marottenhaften Bedingungen (wie Vegetarianismus, Tierschutz oder Mäßigkeits-Forderungen) verknüpft wurden. Aber immer wieder bleibt es doch dabei, daß Wagners anti-bourgeoise Invektiven dem Motiv des beleidigten, gedemütigten, mißverstandenen Künstlertums entspringen und in zunehmend illusionären Vorstellungen über eine mögliche Selbstbefreiung der Menschheit mittels Kunst, der seinen zuerst, münden. So heißt es in der bedeutsamen Schrift *„Die Kunst und die Revolution"* durchaus mit leitmotivischer Verbindlichkeit, die gegenwärtige Kunst sei ihrem wirklichen Wesen nach „Industrie", ihr moralischer Zweck sei „der Gelderwerb, ihr ästhetisches Vorgeben" die „Unterhaltung der Gelangweilten"[19]. Dagegen sei echte Kunst „revolutionär, weil sie nur im Gegensatz zur gültigen Allgemeinheit existiert ... Nur die große Menschheitsrevolution ... kann auch dieses Kunstwerk uns gewinnen ... Umfaßte das griechische Kunstwerk den Geist einer schönen Nation, so soll das Kunstwerk der Zukunft den Geist der freien Menschheit über alle Schranken der Nationalität hinaus umfassen; das nationale Wesen in ihm darf nur ein Schmuck, ein Reiz individueller Mannigfaltigkeit, nicht eine hemmende Schranke sein."[20] Und seine eigene Rolle in solcher Zukunft? Es wird Wagners „Gesamtkunstwerk" sein und selbstverständlich im Kern die Tetralogie des *„Rings"*: „Mit ihm gebe ich den Menschen der Revolution dann die Bedeutung dieser Revolution, nach ihrem edelsten Sinne, zu erkennen. Dieses Publikum wird mich verstehen; das jetzige kann es nicht!"[21]

Damit ist eine dritte wichtige Seite berührt: Wagner hebt seine Revolutionserfahrungen und -erwartungen in die künstlerische Sphäre. Dort, im *„Ring"*-Mythos, in den *„Meistersingern"*, aber auch im *„Tristan"*, verarbeitet er in weit entrückten Fabeln konkrete Geschichtserfahrungen und Erlösungsvorstellungen, dort bewahrt er jene Ideen schärfster

Gesellschafts-Kritik und Freiheits-Hoffnungen, die zu verwirklichen es der realen Geschichte seiner Zeit ja tatsächlich gebrach. Gerade in bezug auf die *„Ring"*-Konzeption hat dies keiner besser festgehalten als der Freund-Feind Friedrich Nietzsche, der, ein eingefleischter Revolutionsgegner, die Fabel nur als Glosse erzählen konnte: „Wagner hat sein halbes Leben an die Revolution geglaubt, er glaubte in Siegfried den typischen Revolutionär zu finden. – ‚Woher stammt alles Unheil in der Welt?' fragte sich Wagner. Von ‚alten Verträgen', antwortete er, gleich allen Revolutions-Ideologen. Auf deutsch: von Sitten, Gesetzen, Moralen, Institutionen, von Alledem, worauf die alte Welt, die alte Gesellschaft ruht. ‚Wie schafft man das Unheil aus der Welt? Wie schafft man die alte Gesellschaft ab?' Nur dadurch, daß man den ‚Verträgen' (dem Herkommen, der Moral) den Krieg erklärt. Das tut Siegfried. Siegfried fährt fort, wie er begonnen hat: er folgt nur dem ersten Impulse, wirft alles Überlieferte, alle Ehrfurcht, alle Furcht über den Haufen. Was ihm mißfällt, sticht er nieder. Er rennt alten Gottheiten unehrerbietig wider den Leib. Seine Hauptunternehmung aber geht dahin, das Weib zu emanzipieren. Siegfried und Brünhilde: das Sakrament der freien Liebe, der Aufgang des Goldenen Zeitalters; die Götterdämmerung der alten Moral – das Übel ist abgeschafft."[22] Wir wissen, daß der Optimismus so nicht durchgehalten wurde, daß Wagner ein positives Ideal nicht ausmalt, daß er den *„Ring"* für mannigfaltige Deutungen offenhält. Ob, wie noch Nietzsche meinte, dafür das Schopenhauer-Erlebnis von 1854 verantwortlich ist, oder ob, wie wir heute sicher wissen, die Aspekte tragischer Vergeblichkeit in der *„Ring"*-Konzeption Wagners eigener politischer Desillusionierung zuzuschreiben seien, soll hier nicht diskutiert werden. Es bleibt nur wichtig festzuhalten, daß Wagners progressive politische Überzeugungen in seiner Kunst fortwirken, sogar im Gegensatz zu seinem empirischen Denken, das zum Verrat an alten Idealen bereit war und sich zur Kollaboration mit reaktionärem Gedankengut bequemte. Wagner scheute eben im Leben wie in seinem pragmatischen Politikverständnis am Ende vor keiner Lumperei, vor keinem geistig anrüchigen Zweckbündnis zurück, wenn es ihm nur half, seine Kunstwerke öffentlich durchzusetzen.

Nur darauf kam es ihm an, das war ihm allein wirklich wichtig – und ist es auch uns, sonst wäre Wagner ein vergessener Fall, Treibsand in den trüben Wolken der nicht eben rühmenswerten Geschichte der großbürgerlichen deutschen Politik. Wie er sich darin während der letzten Jahre seines Lebens zurechtfand, ist leider allzu bekannt, von seinen Nachfahren schamlos zugerüstet worden und der minutiösen Darstellung kaum wert. Dafür, daß Ludwig II. von Bayern ihn aus allen materiellen Nöten befreite und den Lebenstraum eines eigenen Theaters erfüllte, revanchierte er sich mit monarchistischen Lobhudeleien. Ungeschickt genug sorgte er gerade in München für allerhand politische Verwirrung, nicht zuletzt dadurch, daß er aufgrund seines Einflusses auf den König zum Ratgeber praktischer Diplomatie in Staatsangelegenheiten avancierte. Inzwischen hatte seine Selbststilisierung zum deutschesten aller deutschen Künstler[23] flammende Nahrung erhalten, als der Krieg mit Frankreich 1870 ausbrach und im Ergebnis das Deutsche Reich gezimmert wurde. Chauvinistische Gedichte, eine bitterböse antifranzösische Komödie, ein *Kaisermarsch,* wieder ein Sturzbach publizistischer Frohlockungen befeuerten die allgemeine Hochstimmung. Doch sie hielt nicht an, vor allem, weil Wagners Buhlen um Bismarck und um den neuen deutschen Kaiser auf Reserviertheit stießen, weil nicht genügend Geld für Bayreuth floß. Der ökonomische Aufschwung ging an ihm vorbei, der aufpolierte Staat versagte als erwünschter Kunstmäzen. So dachte er an Auswanderung nach Amerika und überließ sich den Einflüsterungen rechter Ideologien. Nicht zu unterschätzen ist dabei der Einfluß der erzreaktionären, insbesondere judenfeindlichen Cosima, die ihn anregte, die alte Schrift „Über das Judentum in der Musik" 1869 erstmals ohne Pseudonym zu veröffentlichen. Da wurde ihm der politische Publizist Constantin Frantz zum einverständigen Briefpartner, weil beide die Bismarcksche kleindeutsche Lösung und dessen liberale Wirtschaftspolitik verachteten. Und da trat als letzter der Graf Gobineau in sein Leben und half, schlummernde Theorien über Rassismus, über die notwendige Regeneration der arischen Rasse zu formulieren. Was davon der *„Parsifal"* noch verschleierte, sandte eine Bayreuther Hauszeitschrift unverblümt in die Öffentlichkeit. Am Ende ließ Wagner sich wirklich zum Ideologen umbiegen, dessen künstlerische Ideale überdeckt und verschnürt werden konnten.

5

An Wagners politischer Biographie, so wechselhaft und schillernd sie auch verlaufen mag, so verzweigt ihre Motive und Themen auch wuchern, sind zwei leitende Merkmale vor allem bemerkenswert: Zum einen wird sie zum repräsentativen Jahrhundert-Leben dadurch, daß sie in die großen europäischen Brennpunkte der Politik – markiert durch die Revolutionen von 1830 und 1848 sowie den Deutsch-Französischen Krieg von 1870 und die daraus hervorgehende Reichseinigung – unmittelbar verflochten ist, von daher ihre Inhalte bezieht und entscheidenden Wendepunkte diktiert bekommt. Zum anderen zirkuliert Wagners sozialpolitisches und geschichtsphilosophisches Denken ehrgeizig um die großen theoretischen Entwürfe und Auseinandersetzungen seiner Epoche, die hier nur in einigen Schlagworten wie kapitalistische Ausbeutung und sozialistische Revolution, Nation und Staat, Monarchie oder Demokratie, Religions- und Kunstfunktion, Klassen- oder Rassen-Antagonismus charakterisiert seien. Und dabei kann man eben doch nicht übersehen, daß sich insbesondere nach dem entscheidenden Einschnitt der gescheiterten demokratischen Revolutionen von 1848/49 die Geister scheiden, daß Wagners Denken von nationalen, chauvinistischen und rassistischen Utopien des Bürgertums in dem Maße beeinflußt wird, wie gleichzeitig – von ihm aber lächelnd negiert – die Arbeiterklasse erstarkt, der Klassenkampf sich verschärft und die marxistische Theorie zur materiellen Gewalt sich formiert.
Gleichwohl opponiert Wagner bis zuletzt den jeweils bestehenden Verhältnissen, und seine politische Philosophie ist niemals nur ihr bestätigender Spiegel. Denn eher instinktiv als rational begreift er das Phänomen der Masse, ahnt er ihre historische Mission und hofft auf sie, wenn er die Dialektik von Untergang und Auferstehung, Vernichtung und Erlösung zum zentralen Problemkreis seiner mythisch verschlüsselten Musikdramen umschmiedet. Für solche Mas-

sen ist diese enorme Kunstanstrengung gedacht, sie soll an ihr sich nicht nur berauschen, sondern darin Schicksale ihrer Zukunft erkennen. Daß die Voraussetzungen solcher utopischen Freiheiten in der Vernichtung der ungerechten, gegenwärtigen Welt liegen, zeigt Wagner allenthalben deutlich genug. Die Crux seiner Weltanschauung aber besteht mit zunehmender „Reife" in der zunehmend pessimistischen Einsicht, daß die Massen diese ihre Befreiung nicht werden selbst leisten, aus sich heraus hervorbringen können. Deshalb bleibt in den Musikdramen die mitwirkende Masse entweder ganz ausgespart oder in Anwesenheit stumm oder hilflos schwankend und verführbar, letztlich: Statist der Geschichte. Wagner konnte sich die Rettung der Welt nicht anders denn von oben, durch „höhere" Aufklärung, über freiwilligen Machtverzicht der Herrschenden, vorstellen. Wirklich trügerisch wird seine ganze politische Philosophie erst an dem Punkt, wo er sich selbst als die einzige Aufklärungsinstanz setzt, wo er seine Kunst als das opportunste Mittel zur „Erlösung von allen Übeln" propagiert, wo er am Ende sich als Messias der Volksbeglückung sieht und dafür zum Preis bedenkenlos mit allen irdischen Mächten arrangiert, die alles Volk unnachgiebig in die Schranken ihrer Ausbeutung zwingen.

Wagner hat ja selbst diese paradoxen Folgen seines kulturpolitischen Kalküls noch am eigenen Leibe verspürt, ohne daß er sonderlich darunter gelitten hätte. Sein alter Traum vom demokratischen Volkstheater wich in Bayreuth sehr schnell einer ernüchternden Realität: dem von Marx zynisch apostrophierten „Narrenfest", auf dem sich statt der „Erniedrigten und Beleidigten" die Nobilitäten und Schmarotzer des Kapitals versammelten. Aber erst recht, und das nicht zufällig, wurde Bayreuth korrumpiert, als der deutsche Nationalismus von Wagners geistigen Erben dort einen Goldschatz präsentiert bekam, der in der Tat eine irdische Götterdämmerung katastrophalen Ausmaßes umglänzte, die Wagner so nicht gedacht haben konnte. Wohl stärker als seine Werke haben seine politischen Bekundungen dazu allerdings beigetragen, und in dieser Hinsicht ist er heute alles andere als ein produktives Beispiel für das so notwendige politische Engagement der Künstler. Zum Glück aber war Wagner dennoch vor allem Künstler, ein gestaltender Revolutionär, in dessen Leistung der kritische ideologische Impuls nicht verging. Dort leben nicht die schnellen Lösungen seiner politischen Pamphlete, sondern die schwierigen Konflikte, die Probleme und Träume von Helden, die auch für uns nicht abgegolten sind. Sie bleiben immer aufs neue interpretierbar, durch die involvierten Schwierigkeiten ihrer Deutung gerade interessant, und zuletzt einer Musik verbunden, die politische Begrenzungen und historische Schranken zu übertönen vermag.

1 Brief vom 29. 10. 1857, zit. nach Eberhard Kretschmar, Richard Wagner – Sein Leben in Selbstzeugnissen, Briefen und Berichten, Berlin 1939, S. 116.
2 Wagner auf dem Autograph des Titelblattes.
3 Vgl. dazu: Friedrich Nietzsche, Nietzsche contra Wagner, zit. nach Hartmut Zelinsky, Richard Wagner – ein deutsches Thema 1876–1976, Frankfurt (Main) 1976, S. 67.
4 Marx' Brief an Engels vom 19. 8. 1876, in: Werke, Bd. 34, Berlin 1966, S. 23.
5 Joachim Herz, Die realistisch-komödiantische Wagner-Interpretation 1960–1976, in: Sinn und Form 5/1983, S. 982.
6 Richard Wagner, Mein Leben, zit. nach Martin Gregor-Dellin, Wagner-Chronik, München 1972, S. 11.
7 Ebd., S. 15.
8 Ebd., S. 19.
9 Richard Wagner, Autobiographische Skizze, zit. nach Gregor-Dellin, a. a. O., S. 32.
10 Richard Wagner, Eine Mitteilung an meine Freunde, zit. nach Gregor-Dellin, a. a. O., S. 32.
11 Ebd.
12 Brief an Lehrs vom 12. 6. 1842, nach Gregor-Dellin, a. a. O., S. 33.
13 Richard Wagner, Eine Mitteilung an meine Freunde, zit. nach Gregor-Dellin, a. a. O., S. 44.
14 Zit. nach Gregor-Dellin, a. a. O., S. 47.
15 Brief an Minna Wagner vom 14. 5. 1849, zit. nach Gregor-Dellin, S. 53.
16 Hartmut Zelinsky, Richard Wagner und die Folgen, in: Richard Wagner – ein deutsches Thema 1876–1976, a. a. O., S. 10.
17 Dietrich Mack, zit. nach Zelinsky, a. a. O., S. 10.
18 Hartmut Zelinsky, a. a. O., S. 10.
19 Richard Wagner, Die Kunst und die Revolution, zit. nach Gregor-Dellin, S. 55.

20 Ebd.
21 Brief an Theodor Uhlig, zit. nach Zelinsky, a. a. O., S. 10.
22 Friedrich Nietzsche: Der Fall Wagner, zit. nach Zelinsky, a. a. O., S. 67.
23 Zum Beispiel im Brief an Franz Liszt: „Die guten Deutschen sollten wirklich etwas tun, um ihren germanischsten aller germanischen Opernkomponisten diese gräßliche Prüfung zu ersparen." Zit. nach Zelinsky, a. a. O., S. 8.

Johannes Brahms, „Kein Haus, keine Heimat" aus den Fünf Liedern für Singstimme und Klavier op. 94

WELT, WAS FRAG ICH NACH DIR?

Johannes Brahms

1

„Kein Haus, keine Heimat, kein Weib und kein Kind,
so wirbl ich, ein Strohhalm, in Wetter und Wind!
Well auf und Well nieder, bald dort und bald hier;
Welt, fragst du nach mir nicht, was frag ich nach dir?"

Das letzte, was man Brahms als Künstler unterstellen dürfte, wäre Gedankenlosigkeit. Vertonte er einen Text, so ließ wohl keiner ihn gleichgültig. Wie jedes seiner Lieder enthält auch diese lakonische Miniatur – sie entstand 1884 auf ein Gedicht von Friedrich von Halm – ein Stück seines Selbstverständnisses und Weltverhältnisses. Nun spricht hier ein Ruheloser, Umhergetriebener, der von des Lebens Wellen geschaukelt wird. Aber kann denn das Bild für jene Zeit wirklich noch gelten? Brahms war in Wien längst seßhaft geworden, lebte bequem in einem illustren Kreis von Freunden und Verehrern. Er war materiell glänzend gestellt; jedes neue Werk wurde sofort gedruckt und aufgeführt und vermehrte seinen Ruf als einen der bedeutendsten Komponisten der Epoche. Äußerlich also: eine beneidenswert glückliche und, wie man ja sagen könnte, wohlsituierte bürgerliche Existenz!
Doch wer tiefer und gründlicher in den Menschen hineinblickt, wer die von ihm bewußt errichtete Schranke der Verschlossenheit, seiner Verschweigekunst und ironisch-sarkastischen Maskierungen durchbricht, dem enthüllt sich schließlich ein äußerst problembewußter, widerspruchsvoller Charakter, der zumindest sich selbst so glücksgesegnet nicht fand. Dies hat vor allem mit seiner Arbeit, dem Komponieren, zu tun. Ihr war er völlig, sozusagen selbstlos ergeben, sie kostete ihn Schweiß und Mühe, sie nötigte ihm eine Reihe schmerzlicher Entsagungen auf, die ihn oft genug in Konflikte mit seiner Sehnsucht brachten, ein Normalfall des bürgerlichen Lebens sein zu dürfen. Er sah sich als Außenseiter, als ein seelisch Vagabundierender und im innersten Denken als eher befremdliche Gestalt, die sich

fast widerwillig in die gültigen Normen einer etablierten Existenz schickte. Seinem ungehemmten Schaffen zuliebe hielt er gesellschaftliche Bindungen nur allzugern auf Distanz. Die trotzige Rhetorik am Schluß des Liedes: „Welt, fragst du nach mir nicht, was frag ich nach dir?" stilisiert genau dieses Moment nicht ganz freiwilliger Isoliertheit, die andererseits auch den positiven Konnex anerkennt, wenn die realen Bedingungen eine Aufhebung der Negation ermöglichen. In solcher Doppelseitigkeit taugt die Formel am Ende recht gut demjenigen zur Antwort, der nach Brahms' Verhältnis zur Politik, nach ihrer Bedeutung für sein Schaffen fragt.

2

Immerhin hat der Komponist, zumindest punktuell, diesbezügliche Zusammenhänge reflektiert. So schreibt er beispielsweise 1864 an Hermann Levi: „Wo man lebt, lebt man alle Verhältnisse mit, und es ist eine Einbildung, wenn man glaubt, sich aussuchen zu können, was einem gefällt."[1] Wir wissen, daß Brahms die wichtigen politischen Ereignisse während seines Lebens interessiert und andauernd verfolgte, daß er ein intensiver, kritischer Zeitungsleser war (um von der Vorliebe für Literatur zur politischen Historie gar nicht zu sprechen); daß er unter Freunden hart und hitzig diskutierte und in manches seiner Werke sogar politische Anspielungen hineingeheimnißte. Nur scheute er, wie generell, die schriftliche oder anderweitig öffentliche Mitteilung über solche Probleme, und so nehmen sie etwa in seinem ja umfangreichen Briefwechsel einen nur unbedeutenden Raum, gleichsam „zwischen den Zeilen", ein. Dies gilt natürlich in noch gesteigertem Maße für seine Musik, die jede deklarative Bindung an politische Aktualitäten scheut oder bei den gezielt manifestären Ausnahmen den Makel des Gelegenheitsproduktes um so auffälliger hervorkehrt. Dennoch liefern gerade die Regel-Verletzungen wichtige Belege dafür, daß Brahms, völlig konträr etwa zu Wagner, politische Intentionen kaum im Zentrum seiner künstlerischen Überlegungen ansiedelte, ohne deswegen sich gleich dem Verdacht auszuliefern, er produziere absolut unberührt von allen „öffentlichen Angelegenheiten". Er akzeptierte nur die Rolle der gehobenen Musik als ideale Realitätsebene, als „öffentliche Angelegenheit" sui generis, als sinngebende ästhetische Gegeninstanz zur Sphäre der bürgerlichen Politik, Wirtschaft und Lebensweise im Alltag. Für dieses Schaffenskonzept fand Brahms selbst die hintersinnig treffende Formulierung: „Man muß nicht herein, sondern hinaus empfinden."[2]

Selbstverständlich wechseln die Empfindungen, denn es wechseln auch die politischen Zeichen der Zeit. In seiner Jugend begrüßte er ganz offensichtlich die Ziele der bürgerlich-demokratischen Revolution von 1848. Auch die (unveröffentlichte) Bearbeitung einer „Robespierre"-Ouvertüre von Litolff zeugt davon. Noch kurz vor seinem Tode entsann sich Brahms, daß er alle revolutionsfreundlichen Nachrichten geradezu „verschlang".[3] Eine kleine Arbeit, eine Arrangieraufgabe des Sechzehnjährigen für Klavier vierhändig, ist erhalten und demonstriert, wie die politischen Sympathien des jugendlichen Komponisten verteilt waren. Das erste der sechs Stücke mit dem Titel *„Russische Nationalhymne"* verarbeitet zwar diese Melodie, aber das Material einer anderen leitet sie ein, kontrapunktiert sie und triumphiert am Schluß. Es ist die Hymne der ungarischen Revolution, der Rákóczy-Marsch. Der Freiheitskampf dieses Volkes wurde bekanntlich auf Ersuchen Österreichs von zaristischen Truppen blutig niedergeschlagen. Trotzdem schwelte er jahrzehntelang weiter, begleitet von der weltweiten Anteilnahme patriotischer Kräfte. Man wird wahrscheinlich auch Brahms' anhaltende Beschäftigung mit magyarischer und Zigeunerfolklore, den „ungarischen" Ton in vielen seiner Instrumentalwerke oder die berühmten „Tänze" kaum überinterpretieren, wenn man ihnen einen politischen Impuls beigesellt.[4]

Seine Meinung zu den deutschen Verhältnissen in den ersten Jahren nach der gescheiterten Revolution läßt uns Brahms ebenfalls deutlich genug ahnen. Bei den Schumanns in Düsseldorf, nach 1853, legte er kleine Hefte an,[5] in die er eintrug, was ihm bei seiner stets weitgreifenden Lektüre bewahrenswert erschien. Das Zitaten-Repertoire reicht von antiken Autoren bis zu den modernen demokratischen Dichtern, und es enthält unter anderem die folgenden Verse des exponierten „Achtundvierzigers" Ferdinand Freiligrath:

„O Volk, ist immer Friede nur
in deines Schurzfells Falten?
Sag an, birgt es nicht auch den Krieg?
den Krieg herausgeschüttelt!
Den zweiten Krieg, den letzten Krieg
mit allem, was dich büttelt!
Laß deinen Ruf: ‚Die Republik!'
die Glocken überdröhnen,
die diesem allerneuesten
Johannesschwindel tönen!"

Mindestens so bemerkenswert wie dieses Notat ist die Tatsache, daß Brahms dergleichen nicht vertonte und für seine frühen Freiligrath-Lieder gerade harmlose Lyrik des brisanten Dichters auswählte. Aber im stillen dürfte er mit dem Inhalt jenes Gedichts „Die Toten an die Lebenden" von 1848 übereingestimmt haben. Und er fand gleichwohl eine künstlerische Methode, um sich so unverfänglich wie unmißverständlich zu ihm zu bekennen. 1853 hatte Brahms unter anderem den Entwurf der großartig-ausgreifenden *Klaviersonate f-Moll* zu Schumann mitgebracht. Offenbar unter dem Eindruck der Diskussionen entwarf und verwarf er das Finale und teilte dem Mentor im November stolz mit, daß er es „bedeutend geändert"[6] habe. Es ist gewiß kein Zufall, daß dieser Satz, in seiner echt Schumannischen Entfesselung stürmischer Klangmassen, in hymnischen Intonationen kulminiert und daß dabei insbesondere auf das von Hoffmann von Fallersleben (nach Haydns alter Kaiserhymne) neu textierte, damals progressiv verstandene Deutschlandlied angespielt wird. Im musikalisch-wortlosen Triumph dieses Gesangs gestaltet Brahms rückhaltloser seinen Konsens mit den fortschrittlichsten Kräften der Epoche, als er es jemals in verbaler Form versucht oder vermocht hätte. Aber auch kompositorisch bleibt diese spezifisch artikulierte politische Demonstration unwiederholt.

3

In den folgenden Jahrzehnten ist das Weltbild und die politische Haltung Brahms' starken Veränderungen unterworfen. Es kommt zu Umschichtungen, die deutlich zwar mit der Verlagerung der ideologischen Haupttendenz von den sozialen Kämpfen zu den national-patriotischen Einheitsbestrebungen des nachrevolutionären Großbürgertums parallelliefen, die aber auch durch des Komponisten zunehmenden Verzicht auf umfassende politische Orientierung und Kommunikation von betont konservativen Strömungen beeinflußt waren. Im Grunde verhält sich Brahms eklektisch, in friedlicher Koexistenz die verschiedenartigsten, gegensätzlichsten Facetten und Prinzipien politischer Auffassungen versöhnend. So konnte er gleichzeitig mit demokratisch gesinnten Republikanern wie den Schweizer Schriftstellern Joseph Widmann und Gottfried Keller und einem preußischen Erzreaktionär wie dem Diplomaten und Dichter Ernst von Wildenbruch befreundet sein. Er verehrte die deutschen und österreichischen Kaiser und Garibaldi; er verteidigte bedingungslos die Monarchie und empfand tiefes Mitleid für das Elend ihrer ausgebeutetsten Untertanen, er schätzte Nietzsche und vermochte ein Buch wie den „Sonnenwirt" von Hermann Kurz nicht zu Ende zu lesen, weil er die Schilderungen sozialer Not darin kaum verkraften konnte.
Zum Glück, möchte man sagen, blieb er weitgehend nur registrierender Beobachter gesellschaftlicher Vorgänge, soweit sie die offizielle Fassade des neuen Reiches betrafen; und er hielt in seinem Schaffen zu ihnen so weit Abstand, daß sie dessen wichtigste Maximen – kompositorische Materialkritik, funktionale Autonomie und freigeistigen Protestantismus – nicht gefährdeten. In keinem seiner Werke von Rang, den sinfonischen zumal, haben Brahms' Neigungen zur Staatstreue und zum deutschen Nationalismus, seine große Kaiserverehrung oder seine kleinen, besonders antifranzösischen Chauvinismen, einen wesentlichen Niederschlag gefunden. Aber es fällt auch nicht leicht, gerade die Hauptwerke der siebziger und achtziger Jahre ohne wenigstens atmosphärischen Einfluß der politischen Philosophie von einem mächtigen und starken Vaterland, der Lö-

sung seiner Probleme „von oben“ und der großzügigen Schirmung aufblühender Künste zu denken. So vehement und affirmativ er seine Hoffnungen und Utopien von einer inneren wie äußeren nationalen Versöhnung und Harmonie wahrscheinlich auch musikalisch artikuliert, so deutlich gibt er, je später, um so rückhaltloser, seiner Enttäuschung und Resignation Ausdruck, als die realen politischen und sozialen Entwicklungen in den späten achtziger und neunziger Jahren sie allmählich zerrinnen lassen.

Man kann es nicht nur als Altersphänomen bewerten, daß er von den appellativen, massenbewegenden Gattungen der Instrumentalmusik konsequent in die Bereiche „monologisierender“ vokaler und instrumentaler Kammermusik zurückkehrt, um dort einerseits die künstlerische Integrität ausgefeiltester Arbeit zu bewahren und um andererseits in melancholischer Privatheit seine streitbar resignativen oder gar pessimistischen Gestimmtheiten Klang werden zu lassen. Daß Brahms sich durchaus ein Gespür für solche politisch-musikalischen Junktims bewahrt hatte, zeigt beispielsweise die folgende Briefstelle von 1884 aus einem Schreiben an seinen Verleger Simrock: „Nun aber dürfen Sie sich in einer Stadt und in einem Land, wo alles bergab – nicht geht, sondern fällt, nicht erwarten, daß es mit der Musik besser wird. Es ist wirklich traurig und jammerschade, nicht bloß um die Musik, um das ganze schöne Land und die schönen vortrefflichen Menschen.“[7] Dem wollte Brahms natürlich widerstehen und in den Arm fallen, und nicht zuletzt um seiner Sache, der Musik, willen nahm er auch Anteil am politischen Schicksal seiner Wahlheimat Österreich und mehr noch seines Geburtslandes. Gern ließ er sich von Widmann einen „getreuen Eckart des deutschen Volkes“[8] nennen, ohne der ironischen Kritik des Demokraten zu achten.

Den etwas rätselhaften soldatesken Auftakt zu Brahms’ wenigen, politisch motivierten Musikstücken bilden einige *Lieder für vierstimmigen Männerchor op. 41* auf Texte von Carl Lemcke, die in Hamburg um 1862 entstanden sein müssen und jene hurrapatriotischen Stimmungen einfangen, die dann während des Deutsch-Dänischen Krieges von 1864 auch voll ausbrachen. Bereits die Titel deuten an, daß es sich hier um scharfmacherisches Parlieren handelt: *„Freiwil-*

lige her!", *„Was freut einen alten Soldaten?"* oder *„Marschieren"*. Übrigens muß Brahms 1868, wie wir von Klaus Groth erfahren,[9] in Kopenhagen auch verbal solche Töne angeschlagen haben, die die Dänen verletzten und seinen Freund Stockhausen bewogen, Lieder von ihm lieber dort nicht zu singen. Die erwähnten Chöre indessen können wir übergehen, weil sie musikalisch kaum von Bedeutung sind und nie besonders Resonanz gefunden haben.

Anders jedoch verhält es sich mit dem berüchtigten *„Triumphlied"* für Bariton-Solo, achtstimmigen Doppelchor und großes Orchester op. 55, das Brahms 1870/71 auf den „Sieg der deutschen Waffen" schrieb und „ehrfurchtsvoll"[10] „Seiner Majestät dem Deutschen Kaiser" widmete. An seinen Absichten gibt es diesmal nichts zu rütteln, und sogar die Briefe strotzen von Kriegsbegeisterung und Kummer darüber, daß er, als Wiener nun außerhalb des neu gebildeten Reichs, nicht im Kreis der Seinen mitfeiern könne. Im Februar 1871 kündigt er das Werk als „eine meiner politischen Betrachtungen über dies Jahr"[11] an. Der Gedanke, die Niederringung des „Erbfeindes" mit einem mächtigen Dank- und Preislied zu kommentieren, stammt von Anfang Oktober 1870 – aus der Zeit unmittelbar nach der Schlacht von Sedan. Doch die für den Komponisten so einzigartige spontane künstlerische Reaktion verraucht bald, und es kostet ihn „unglaubliche Überwindung", auch nur den ersten Teil des Halbstunden-Monstrums niederzuschreiben. Mit bereits sarkastischer Distanziertheit schreibt er an Simrock November 1871: „Das Triumphlied werden Sie vermutlich für eine neueste Seeschlange halten. Mir würde es auch am liebsten sein, wenn Sie sobald nicht von der wirklichen Existenz überzeugt würden. Aber es ist anders beschlossen und das Ungetüm wird ans Land geschafft, daß Sie es besehen können."[12]

Interessant ist, daß Brahms „eigentlich keine" Widmung vorgesehen hatte und das „Lied" eher zur Verherrlichung Bismarcks plante. Seine Verehrung für den Kanzler war grenzenlos; um seinetwillen zerstritt er sich mit Freunden; für ihn votierte er noch nach dessen Vertreibung aus dem Amt durch Wilhelm II. in den neunziger Jahren als Ehrenpräsident eines Bismarck-Vereins. Die Texte zu diesem Glanz-und-Gloria-Stück, das musikalisch höchst interessant ist als Beispiel dominierender Fremd-Bestimmung und stark auf Händelschen Lapidarstil zurückgreift, entnahm Brahms nach oft geübtem Brauch der Bibel, genauer der Apokalypse, um sie mit gezielt politischer Sinngebung neu zu montieren. Dabei bedient er sich gelegentlich des Verfahrens, bestimmte Stellen, die prophetischen Verkündigungen, vokal zu vertonen, ihre originale Fortsetzung aber lediglich instrumental zu paraphrasieren. Beispielsweise läßt er folgende Stelle singen: „Denn wahrhaftig und gerecht sind seine Gerichte", während das anschließend erklärende Diktum bloß von Instrumenten skandiert wird: „daß er die große Hure verurteilt hat, welche die Erde mit ihrer Hurerei verderbte". Brahms hat die Worte in sein Handexemplar der Partitur eingetragen, denn nicht jedermann mußte sogleich wissen, daß für ihn Babylon Paris hieß, über das er sein vernichtendes Urteil fällen wollte. Man wußte es ohnehin.

4

Aus der Entstehungsgeschichte des *„Triumphliedes"* läßt sich ablesen, daß des Komponisten patriotische Hochstimmung nur von kurzer Dauer war, während sich das Komponieren über ein ganzes Jahr hinzog und immer lästiger wurde. Wenig später nannte er das Stück nur noch sein „Ungetüm", sein „Schreistück", seinen „kaiserlichen Schnadahüpferl" oder „Kaiserschmarrn",[13] womit pointiert die selbstkritischen Zweifel an der Haltbarkeit seiner Ideologie (aber keineswegs der Musik) beurkundet sind. Wenn es auch Brahms' extrem affirmative Haltung zu den Ereignissen von 1870/71 repräsentiert, so blieb es doch andererseits nicht die einzige künstlerische Äußerung zu dieser Zeit und nicht die ganze Wahrheit seines politischen Horizontes. Denn er unterbrach die Fertigstellung des *„Triumphliedes"* mehrmals, weil es ihn drängte, ein ihm offenbar künstlerisch wichtigeres, weltanschaulich vertieftes Gegenstück dazu abzuschließen, das eine differenziertere Wirklichkeitsbewältigung dokumentieren konnte. Es handelt sich um das *„Schicksalslied"* op. 54, eine kleinere, dreiteilige Chorkantate mit Orchester auf Verse von Friedrich Hölderlin. Dessen antithetisches, zweistrophiges Gedicht aus dem „Hyperion" stellt im unvermittelten, dissonanten Kontrast die Reinheit, Erhabenheit und „ewige Klarheit" einer Götterwelt (als idealer Sphäre freien Geistes) und die unausweichlich-ohnmächtige, schicksalhaft zu Leid, Verwirrung und Tod verurteilte Menschenwelt (als Sphäre negativer Realität) gegeneinander. Hölderlin schließt seine Verse mit der Vorstellung vom Desaster des irdischen Lebens:

„Doch uns ist gegeben,
auf keiner Stätte zu ruhn,
es schwinden, es fallen
die leidenden Menschen
blindlings von einer
Stunde zur andern,
wie Wasser von Klippe
zu Klippe geworfen,
jahrlang ins Ungewisse hinab."

Brahms folgt in der Vertonung zunächst genau der Hölderlinschen Dichotomie, und vor allem im zweiten Teil hat er auf drastische Weise, mit bildhafter Deutlichkeit, der menschlich-gottverlassenen Selbstverwüstung, auch seinem Protest dagegen, Ausdruck gegeben – und zwar nach 1870 gewiß nicht ohne Blick auf die Schrecknisse, die Greuel des Krieges, das Leiden und Sterben von Hunderttausenden. Aber Brahms' letztes Wort galt eben nicht und niemals der Beschreibung irreparabler Katastrophen, sondern es galt der Hoffnung auf Weiterleben, auf harmonische Entwicklung der menschlichen Beziehungen, auf ein alle versöhnendes positives Ziel, auf einen „protestantisch" humanisierten Endzweck. Daher korrigiert er Hölderlin im Sinne seiner eschatologischen Kunstkonzeption und fügt dem Werk ein instrumentales Nachspiel an, in dem er auf verallgemeinernde und natürlich abrundende Weise die Errettung des Menschengeschlechts durch oberste Segnung ausmusiziert. Denn substantiell wiederholt dieser Epilog das Material der eröffnenden Götter-Sphäre. Diese philosophisch-politische Versöhnungskonzeption des naturhaften mit dem göttlichen Element im Menschen, als klassische Utopie „vom ewigen Frieden", war ihm gerade als Kontrapunkt zu den lärmenden Kriegstagen von 1870 zu betonen ein echtes Bedürfnis. Eines, das er wichtiger nahm als ein richtiges Verständnis für Hölderlins Intention. Mit Bezug auf sein Finale schrieb er im Oktober 1871 an den Dirigenten Reinthaler immerhin diesen erstaunlichen Satz: „Wie wir genug besprochen: ich sage ja eben etwas, was der Dichter nicht sagt, und freilich wäre es besser, wenn ihm das Fehlende die Hauptsache gewesen wäre.“[14]

Während der siebziger und ersten achtziger Jahre vollzog sich Brahms’ Schaffen durchaus in positiver Korrespondenz zum heroisch-nationalen Zeitgeist und zur ökonomischen Prosperität der Gründerjahre. Wie Georg Knepler sagt, knüpften sich für ihn „hohe Erwartungen ... an den neuen Abschnitt der deutschen Geschichte“[15]. Dies wird vor allem beredt in der lang vorbereiteten Hinwendung zur Sinfonik und großen Konzertmusik, in deren Konzeption Brahms die bürgerlichen „heroischen Illusionen“ der Klassik aufgreift und weiterentwickelt. Aber es ist bei allem vermittelten Fortsetzen, namentlich der Beethovenschen Intentionen, der Brahmsschen Sinfonik doch auch abzuhören, daß sich das Klima der gesellschaftlichen Verhältnisse gewandelt hat und daß die musikalische Idealbildung in die Krise gerät. Der triumphale Schluß der *1. Sinfonie in c-Moll,* Fazit einer grandiosen Durchbruchs-Vision zu Beginn des Final-Satzes, verleugnet doch nicht seinen Charakter als gewaltsam veranstaltete Jubel-Apotheose, die nicht ohne Eingriff von „außen“ oder besser „von oben“ (wieder einmal) in Gestalt des demiurgisch herbeizitierten Choral-Satzes in Gang kommt.

Daß Brahms in seinen anderen Sinfonien eine solche Schluß-Lösung nicht wiederholt, liegt sicher kaum an einer bloß empfindlichen Abneigung, bereits Gesagtes noch einmal aufzutischen, sondern auch im fortschreitenden Bewußtwerden für das Unangemessene glorioser Hymnik angesichts einer wachsenden Desillusionierung gegenüber der wieder überhandnehmenden Prosaik der neu etablierten Lebensformen. Die melancholische Resignation am Ende des so zugespitzt konfliktgeladenen Finales der *3. Sinfonie* deutet diese Tendenz ebenso an wie die offene, hartnäckig durchgehaltene Streitbarkeit des Chaconnen-Finales der *4. Sinfonie.* Der „Abfall“ vom herrschenden bürgerlichen Zeitgeist mit seinen flachen Optimismen, das Zeugnis tiefer erlebter, fortbestehender Konflikte hinter prosperierender Fassade und urbaner Bequemlichkeit verleiht der Brahmsschen Sinfonik ihre spürbar kritische Dimension und ihren besonderen Protestgehalt – unabhängig davon, in welchem Maße sich Brahms solcher Implikationen bewußt war. Durch seine mit konstruktiven Mitteln betriebene Ausgrenzung offizieller bürgerlicher Ideologeme, mit seiner gegen jegliches billige Amüsement abgedichteten späten Kammermusik erreicht er die kritische Grenze dessen, was gedankenloser Musikverwertung und bürgerlichem Sentiment erträglich sein konnte.

5

Den Übergang zum Spätwerk, das sich insbesondere im Kontext der operettenselig musizierenden Donaumetropole einigermaßen befremdlich plaziert, bildet ein Chorwerk, in dem Brahms zum letzten Mal ein kaum verschlüsseltes politisches Bekenntnis ablegt. Es sind die drei *„Fest- und Gedenksprüche“* für achtstimmigen Chor a cappella aus dem „Dreikaiserjahr“ 1888. An welche Verwendung er dabei dachte, geht aus einem Brief an Hans von Bülow hervor: „Es sind drei kurze hymnenartige Sprüche, die geradezu für nationale Fest- und Gedenktage gemeint sind, und bei denen recht gern gar ausdrücklich die Tage Leipzig, Sedan und Kaiserkrönung angegeben sein dürften.“ Nun folgt aber ein bezeichnender Nachtrag: „Doch besser nicht!“[16] Denn schließlich sind die politischen Mahnungen, die Brahms mit Hilfe wieder der (von ihm stets „heidnisch“[17] gelesenen und „ketzerisch“ interpretierten) Bibel zu erteilen gedenkt, alles andere als eine solenne Predigt.
Die erste Nummer mit ihrem Initialtext „Unsere Väter hofften auf dich; und da sie hofften, halfst du ihnen aus“ mag immerhin als Huldigung an weltliche Potentaten funktionieren. Fehlt aber schon hier durch die kunstvolle musikalische Gestaltung jegliches agitierende Moment, so setzt Brahms mit der Textwahl für Nummer 2 und 3 einen skeptisch warnenden Akzent, der gegen politische Pragmatik die höhere Ebene philosophisch-kritischer Wahrheit ins Feld führt:
„Wenn ein starker Gewappneter seinen Palast bewahret, so

bleibet das Seine mit Frieden. Aber, ein jeglich Reich, so es mit ihm selbst uneins wird, das wird wüste, und ein Haus fället über das andere ... Hüte dich nur und bewahre deine Seele wohl, daß du nicht vergessest der Geschichte, die deine Augen gesehen haben, und daß sie nicht aus deinem Herzen komme alle dein Lebelang. Und sollt deinen Kindern und Kindeskindern kund tun."

Diese Bibelworte kann man als eine Art politisches Credo des alternden Brahms werten. Sie entsprechen seiner Äußerung von 1864: „Wo man lebt, lebt man alle Verhältnisse mit, und es ist eine Einbildung, wenn man glaubt, sich aussuchen zu können, was einem gefällt."[18]

Es waren bürgerliche Verhältnisse, innerhalb derer er sich bewegte und behauptete. Er hat sie weder bekämpft noch schlichtweg gutgeheißen, und über theoretische Alternativen hat er nicht annähernd so vehement spekuliert wie beispielsweise seine großen Zeitgenossen Wagner oder Verdi. Er erkämpfte sich im Laufe seines Lebens ein Stück unantastbaren, integren Raumes, von dem aus er lernte, das gesellschaftliche Umfeld zu diagnostizieren, seine Geschichte zu sehen und seine eigene historische Verantwortung als ihr befeuernder oder kritisierender schöpferischer Mitautor wahrzunehmen. Mit dieser Geschichte wünschte er letztendlich nicht uneins zu werden, auch wenn ihn sein schöpferischer Impuls oft genug in die Rolle eines Abseitsstehenden und Außenseiters drängte. Zwischen den Fronten der Politik und den Schranken der Klassen wollte er Trost und Zuspruch allen Menschen vermitteln, besonders aber allen, die „Unrecht leiden unter der Sonne". Daß er am Ende, mit dem zweiten der vier *„Ernsten Gesänge"*, gerade ihrer gedenkt, bleibt ein überaus bemerkenswerter Zug. Er rückt noch einmal jene soziale Frage ins Licht, die schon den jungen Brahms, seiner ganzen Herkunft gemäß, beschäftigt haben muß. Sie war ihm brennend bewußt auch als ein Fokus, von dem seine künstlerischen Phantasien sich nachhaltiger nährten, als wir vielleicht ahnen mögen:

„Ich wandte mich und sah an alle, die Unrecht leiden unter der Sonne; und siehe, da waren Tränen derer, die Unrecht litten, und hatten keine Tröster; und die ihnen Unrecht taten, waren zu mächtig, daß sie keinen Tröster haben konnten. Da lobte ich die Toten, die schon gestorben waren, mehr als die Lebendigen, die noch das Leben hatten, und der noch nicht ist, ist besser, als alle beide, und des Bösen nicht inne wird, das unter der Sonne geschieht."

1 Brief an Levi, zit. nach Walther Siegmund-Schultze, Johannes Brahms, Leipzig 1966, S. 5.
2 Zit. nach Georg Knepler, Musikgeschichte des 19. Jahrhunderts, Bd. 2, Berlin 1961, S. 904.
3 Brief an Hecht (1897), in: Johannes Brahms, Briefwechsel, Berlin 1907ff., Bd. 7, S. 233/34.
4 Vgl. Brief an Clara Schumann (1856), in Johannes Brahms, Briefe, Leipzig 1983, S. 72f.
5 Des jungen Kreislers Schatzkästlein, Aussprüche von Dichtern, Philosophen und Künstlern, zusammengetragen von Johannes Brahms, Berlin 1909.
6 Brief an Schumann, in: Briefe, a. a. O., S. 18.
7 Brief an Simrock, zit. nach Max Kalbeck, Johannes Brahms, Bd. 3, Berlin 1908, S. 402.
8 Zit. nach Knepler, a. a. O., S. 912.
9 Vgl. V. Pauls, Briefe der Freundschaft: Johannes Brahms – Klaus Groth, Heide 1956.
10 Text des autographen Widmungsexemplars.
11 Briefwechsel, Bd. 2, a. a. O., S. 186.
12 Briefwechsel, ebd., S. 197.
13 Vgl. Siegmund-Schultze, a. a. O., S. 62.
14 Brief an Reinthaler, zit. nach: Briefe, a. a. O., S. 282.
15 Knepler, a. a. O., S. 913.
16 Vgl. Siegmund-Schultze, a. a. O., S. 81.
17 Vgl. Bricfc, a. a. O., S. 194.
18 Vgl. Anmerkung 1.

Modest Mussorgski, „Der Floh“, Lied für Singstimme und Klavier

DAS VOLK MÖCHTE ICH DARSTELLEN

Modest Mussorgski

1

„Es war einmal ein König, der hatt einen großen ..." Wer kennt es nicht, dieses Lied vom Floh, das Goethes Mephisto den so beschränkten wie betrunkenen Studenten in Auerbachs Keller vorsingt? Und wer liebte, unter mehreren Vertonungen, nicht gerade die Mussorgskische? Es war das letzte Lied, das der Komponist 1879 schrieb, für eine Sängerin, die mit ihm, als pianistischem Begleiter, Südrußland und die Krim bereiste. Schon damals ernteten die beiden mit jener kleinen Gelegenheits-Piece überall begeisterten Beifall – ganz im Gegensatz zur notorischen Reserviertheit gegenüber dem, was Mussorgski hauptsächlich hervorbrachte. Das hat sich inzwischen entschieden verändert, denn trotz mancher postumen Kritik an dem vermeintlich genialen Dilettanten bekam der Komponist als heroische Gestalt, als genialer Neuerer, als radikaler „Realist" einen herausragenden Platz in der jüngeren Musikgeschichte zugewiesen.[1] Und sein unverwüstliches *„Floh"-Lied* figuriert darin als eine gefällige, humoristische Nebensache am Rande, besonders tauglich als pointierte Zugabe für klug planende Sänger, die mit ihr einen sicheren Konzerterfolg komplett machen können.

Wie so viele kleine Kostbarkeiten der Kunst teilt das Lied ein Schicksal der Verharmlosung seines Gehalts, dem natürlich auch die Biographik und musikalische Analyse immer wieder Vorschub leisten mit Behauptungen, es sei „nicht stark in der Erfindung"[2], es widerspiegle, ziemlich unergründlich, Mussorgskis „skurrilen Humor"[3], es stecke „voll sprühender Laune und ironischem Temperament"[4]. Nur das und all dies zu einer Zeit, da der Komponist längst deklassiert, ja asozial, der dominierenden musikalischen und sozialen Öffentlichkeit entfremdet lebte, dem Alkohol verfallen und von tödlicher Krankheit gezeichnet war? Diese tragische Wahrheit, die Biographie eines bewußt gelebten Abfalls sowohl von der großen Gesellschaft wie von dem kleinen alten Freundeskreis, dem sogenannten „Mächtigen

Häuflein", mit den bekannten, körperlich ruinösen Konsequenzen, verdrängt indessen abermals ihr eigentliches Motiv: den zähen, rückhaltlosen Willen zur künstlerischen Vervollkommnung, zum Ausdruck der Wahrheit in einer wahrhaft neuen, unerhörten musikalischen Sprache. Bei Mussorgski ist es gerechtfertigt, von einem regelrechten Kampfprogramm des Lebens und Schaffens zu sprechen, in dem sich musiktechnische, ästhetische, moralische, soziale und politische Komponenten unauflöslich verknüpfen und zu einer existentiellen Radikalität des künstlerischen Ausdruckswillen zusammendrängen, wie dies in der Musikgeschichte höchst selten einem begegnet. So wäre denn auch, gegen alle „gute Laune" und den Sinn für heiteren Witz, am *„Floh"-Lied* zuerst das Element der bitter ernsten politischen Satire hervorzukehren – damit aber zugleich ein Element, das durchgängig in Mussorgskis Schaffen präsent ist, entsprechend seiner grundlegenden Devise, gerade im Vergangenen stets das Gegenwärtige darstellen zu wollen.
Man darf dem universell gebildeten, politisch äußerst interessierten und moralisch intransigenten Mussorgski wohl unterstellen, daß er Mephistos Gesang nicht als biederes Kulturgut, sondern als höchst aktuelle Attacke auf die Günstlingswirtschaft und die Willkür feudalabsolutistischer Herrscher, als eine politische Invektive gegen den zaristischen Beamtenstaat verstand. Aber während Goethes Mephisto mit den Schlußversen den Studenten das Gefühl suggeriert, „im Gegensatz zur feigen Hofgesellschaft mutige Revolutionäre zu sein"[5], stellt Mussorgski gerade diese Attitüde mephistophelisch in Frage. Die aufgeplusterte Musik, die die stechenden russischen Floh-Minister und Beamten karikiert, ist die gleiche wie für die bramarbassierenden Widersacher, die sich als Totengräber aufschwingen: „Doch wir, wir knicken und ersticken doch gleich, wenn einer sticht!"[6] Mussorgski legt den absolut divergierenden Doppelsinn des Textes gleichsam negatorisch aus: Musikalisch ersticken die großmäuligen Befreier an ihrer eigenen Hybris. Auch sie werden verlacht, während in den ungerührten Marschfloskeln die Dinge ihren alten Lauf nehmen.

2

Sollten wir demnach Mussorgski als einen Skeptiker sehen? Zumindest kannte er die Macht der Regierungsapparate, ihr Bestechungs- und Repressions-Unwesen zu genau, um sich Illusionen über ihre Zerstörbarkeit zu machen. Schließlich mußte er selbst ein halbes Leben in dieser Maschinerie, als subalterner „Tschinownik" in verschiedenen Ministerien, vergeuden, um wenigstens das tägliche Brot zu sichern. Und andererseits: Obwohl er bedingungslos alle Reformen des Staatswesens, alle freiheitlichen Bestrebungen, sozialen Utopien und revolutionären Aktionen geistig und künstlerisch unterstützte, setzte er wenig Hoffnung auf Konzepte des sozialen Umsturzes, solange sie theoretisch-professionell, sektiererisch „von oben" oder als Import westeuropäischer Fortschrittsvorstellungen angeboten wurden. Mit anderen Worten: Alle positiven Veränderungen erwartete er nur von einem erwachenden und sich stärkenden Selbstbewußtsein der breiten Massen des russischen Volkes, der Bauernmassen vor allem. Indessen kannte er auch deren nationale Mentalität und soziale Rückständigkeit, ihre politische Unreife und Bildungsnot, ihre barbarischen wie kraftstrotzenden Züge viel zu gut, um nicht Realist zu bleiben. In einem aufschlußreichen Brief an seinen Freund, den Kunstkritiker und Literaten Wladimir Stassow, vom Juni 1872 faßte Mussorgski sein diesbezügliches Credo zusammen. Gerade intensiv beschäftigt mit den historischen Studien zur Volksoper „Chowanschtschina", selbst ein hochbrisanter politischer Stoff, macht er sich Gedanken über die Folgen der Reformen Peters des Großen, die doch schon zu Beginn des 18. Jahrhunderts Rußland aus der feudalen Rückständigkeit herausführen und den Anschluß an das fortschrittliche Westeuropa ermöglichen sollten. Dabei setzt er gleich zu Beginn metaphorisch das Scheitern solcher Reformen bis in seine Gegenwart, ebenfalls einer Zeit ähnlich motivierter Reformen von oben, in einen scharfen Gegensatz zu seinen revolutionären Aufgaben als Komponist, als Künstler, der sich als wahre Stimme und kritischer Vorposten der Volksinteressen begreift:

„Wie konnten Sie annehmen", heißt es da, „daß ich nicht verstehe, daß Sie mich verstehen? Der Slawe weiß, wie-

viel er gesündigt hat! Und was wird, wenn Mussorjanin erst seine Stimme durch ganz Mütterchen Rußland erschallen läßt. Daß ich die Schwarzerde" [das russische Volk; F. S.] „beackere, geschieht nicht zum erstenmal, aber ich will kein gedüngtes Land beackern, sondern bin ganz nach unberührtem aus. Nicht Bekanntschaft schließen mit dem Volk, sondern mich mit ihm verbrüdern, danach dürste ich: schrecklich, aber schön! ...
Die Kraft der Schwarzerde wird sich zeigen, wenn man sie bis zum letzten Grund umgewühlt haben wird. Man kann die Schwarzerde mit Geräten fremder Beschaffenheit beakkern. Und man hat schon Ende des 17. Jahrhunderts Mütterchen Rußland mit solchen Geräten beackert, daß es gar nicht gleich merkte, womit geackert wurde, und es regte sich und begann zu atmen wie die Schwarzerde. Und so nahm die Ärmste die verschiedenen Wirklichen und Geheimen Staatsräte auf, und man ließ sie, die Vielgeprüfte, nicht einmal zur Besinnung kommen und überlegen: ‚wohin drängt sie?' Hingerichtet wurden die Unwissenden und die Verwirrten: das war die Macht! Das Gerichts- und Kanzleiwesen aber besteht fort, und die Fahndung nach Übeltätern ist genau wie damals. Nur die Zeit ist nicht mehr dieselbe: die Wirklichen und Geheimen Staatsräte hindern wirklich und im geheimen die Schwarzerde am Atmen. Das Vergangene im Gegenwärtigen – das ist meine Aufgabe.
‚Wir sind fortgeschritten!' – du lügst, ‚wir sind am gleichen Fleck stehengeblieben!' Das Papier, das Buch ist fortgeschritten – wir sind am gleichen Fleck stehengeblieben. Solange das Volk nicht mit eigenen Augen nachprüfen kann, was man aus ihm zusammenbraut, solange es nicht selbst den Willen hat, daß dieses oder jenes aus ihm zusammengebraut werde – so lange bleibt es auf dem gleichen Fleck stehen! Allerlei Wohltäter und Volksbeglücker verstehen es geschickt, Ruhm einzuheimsen und ihre Berühmtheit noch dokumentarisch zu besiegeln; das gemeine Volk aber stöhnt, und um nicht zu stöhnen, besäuft es sich und stöhnt nur noch mehr: wir sind am gleichen Fleck stehengeblieben!"[7]
Diese geradezu fanatische Liebe zum russischen Volk, oder

besser: zu jenen am stärksten ausgeplünderten bäuerlichen Schichten, zieht sich wie ein roter Faden durch Mussorgskis Denken. Andererseits fehlen ihm jegliche Beziehungen zu dem sich allmählich formierenden Industrieproletariat. Während ihm die Bauern in ihrer sozialen Lage von Kindheit an vertraut waren – er kam vom Lande, aus einer Familie von kleinen Gutsbesitzern –, fehlte ihm weitgehend der reale Kontakt zur städtischen Arbeiterschaft. Sein Leben in Petersburg, nach Aufhebung der Leibeigenschaft 1861 ein Kampf um Lebenssicherung, erschöpfte sich in dem Dauerkonflikt zwischen Staatsdienst und künstlerischer Arbeit, die ihn ja, zusammen mit wenigen Verbündeten, selbst in einen kulturpolitischen Kampf härtester Art gegen den offiziellen Kunst-Kurs und offiziösen Musikgeschmack verwikkelte. Indessen fehlte der Mussorgskischen Verbundenheit mit dem Volk der Bauern jegliche Sentimentalität, ein verbreiteter Zug jener, die es nur als „pädagogische Provinz" oder künstlerisches Quellgebiet idealisierten, ansonsten aber sehr real von der eigenen „höheren" Lebensart ferngehalten wissen wollten. Ihm ging es um die ungeschminkte, harte, wahre Darstellung der „feinsten Wesenszüge der Natur des Menschen und der Menschenmassen"[8] bis in ihre feinsten psychologischen und sozialen Verästelungen. Dachte er doch in seinen späteren Jahren daran, selbst „ins Volk" zu gehen, mit ihm zu leben, gleich den russischen Sozialisten der sechziger Jahre, den sogenannten „Narodniki". Auch dabei war weniger Nostalgie, kein kontemplatives Mitleid, sondern ein durchaus egoistischer Vervollkommnungstrieb im Spiel, der des anschaulichen Nährbodens bedurfte.

Ein solcher Wunsch kam schließlich aus dem Born künstlerischer und politischer Sympathien, die Mussorgski unbeirrt hegte. Davon ist in unzähligen Äußerungen immer wieder die Rede – unter anderem in einem Brief, den er 1873 an den befreundeten Maler Ilja Repin schrieb: „Das ist es eben: das Volk möchte ich darstellen: Schlafe ich, so träume ich davon; esse ich, so denke ich daran; trinke ich, so erscheint es vor meinen Augen. Das Volk allein ist unverfälscht, groß und ohne Tünche und Flitter. Und welch unheimlichen Reichtum (wahrhaftig) bietet die Sprache des Volkes dem Musiker, solange die Eisenbahn noch nicht ganz Rußland umgekrempelt hat! Welch unerschöpfliches Erz ist doch (bis auf weiteres wiederum), für den, der alles Echte erfassen will, das Leben des russischen Volkes! Man braucht nur ein bißchen zu stochern, schon kann man vor Freude hüpfen – wenn man ein wahrer Künstler ist."[9] Mussorgski, der vor allem als Dramatiker die konventionellen, die sozusagen bürgerlichen Stoffe mit künstlich eingewebtem „sozialem Motiv"[10] für die Opernbühne ablehnte, hat kaum ein reifes Werk hinterlassen, in dem sich nicht auf die eine oder andere, textliche oder musikalische Weise die Gefühle und Gedanken der Volksseele widerspiegelten. Und es gehört zu seinem engagierten Demokratieverständnis, daß es gerade die leidenden und leidenschaftlichen Figuren dieser vox populi sind, denen seine Sympathie, sein genial einfühlender Gestaltungs-Sinn gilt, während er andererseits – auch in einer Fülle von Liedern – alle Sorten von Ausbeutern, Spießern, Akademikern, Ewiggestrigen, Reaktionären in der Kunst und Politik mit Spott und satirischer Schärfe bedenkt. Dabei war das *„Floh"-Lied* nur das letzte Glied einer Kette, zu der beispielsweise auch ein Lied ganz offener sozialer Klage und Anklage gehört: das *„Wiegenlied Jerjomuschkas"* aus dem Jahr 1868, Text von Nekrassow, gewidmet dem befreundeten Komponisten Dargomyshski, „dem großen Lehrer musikalischer Wahrheit"[11]. Eine Frau singt einen Waisenknaben in Schlaf mit dem Rat, dem wenig tröstlichen, daß er sich wohl später im Leben vor den Großen und Starken dieser Welt beugen müsse, wenn er es zu etwas Rechtem bringen wolle. Wenn aber der Text die Freuden der Welt nur per Anpassung an die herrschende Obrigkeit als erreichbar verheißt, bleibt die Musik querständig verhalten, gebrochen, am Ende dem Schluchzen nahe.

3

Nach dem Gesagten kann grundsätzlich kein Zweifel mehr an Mussorgskis weltanschaulicher Gesinnung bestehen. Er befindet sich in dem breiten Strom freiheitlicher, linksdemokratischer, radikal veränderungswilliger Intellektueller, an denen das russische Geistesleben besonders in der zweiten Hälfte des 19. Jahrhunderts so reich war. Je despotischer das zaristische Regime herrschte, desto mehr erstarkte die gesellschaftliche Opposition, und je schärfer diese das feudale System angriff, desto härter schlug es zurück. Der brutale, selbstherrliche Nikolaus I. schoß den Dekabristenaufstand 1825 ebenso brutal nieder wie die Freiheitsaufstände der Polen 1830 oder der Ungarn 1848. Ihm folgte 1855 bis 1881 der etwas liberalere, aber schwankende und beeinflußbare Alexander II. auf dem Thron. Unter seiner Herrschaft konnte eine ganze Reihe bürgerlicher Reformen durchgesetzt werden, darunter 1861 die entscheidende, wenn auch halbherzige Aufhebung der bäuerlichen Leibeigenschaft. In gewissen Grenzen kam es zu einer Blüte der Wissenschaften, der Kultur und der Künste. Gegen den reaktionären Panslawismus kämpften mehr oder weniger offen verschiedene, kaum schon recht organisierte, fortschrittliche Bewegungen wie die Revolutionären Demokraten in den sechziger und die sogenannten „Narodniki", die Volksfreunde, in den siebziger Jahren. Die russische Literatur, unterstützt von einer materialistisch argumentierenden Kritik, thematisierte unerbittlich die Realität der sozialen Zustände, besonders in den großen Werken von Herzen, Gontscharow, Tschernyschewski, Turgenew, Dostojewski und Tolstoi. In der Malerei setzte sich eine antiakademisch orientierte realistische Schule ebenso durch wie in der Musik die Besinnung auf die nationalen Stoffe, Gebräuche und Intonationen. Besonders das Petersburger „Mächtige Häuflein", eine Gruppe zeitweilig befreundeter, zunächst kaum professionell geschulter Komponisten unter Führung Mili Balakirews, schrieb Begriffe wie „Volk" und „nationale Spezifik" als Quelle und Zweck der Arbeit auf ihre Fahnen, damit anrennend sowohl gegen die Verflachung und Überfremdung des Musiklebens mit italienischer oder deutscher Import-Musik als auch gegen Komponisten wie Rubinstein oder Tschaikowski, die man eines verräterischen „Westlertums" bezichtigte. Doch diese Phase gewisser geistiger Liberalität, einer russischen Zeit des gärenden Sturm und Drang, fand ihr jähes Ende mit dem 1. März 1881 – übrigens sechzehn Tage vor Mussorgskis Tod: Wenige Stunden, nachdem Zar Alexander eine Verfassung – mit Regulativen im Sinne einer bürgerlich konstitutionellen Monarchie – unterzeichnet hatte, traf ihn die tödliche Bombe eines Anarchisten. Sofort wütete die Reaktion der Romanows auf das grausamste; es wurde der Ansatz zu Reformen rückgängig gemacht, jegliche freidenkerische Ideologie und Praxis verfolgt, eine ganze Epoche liquidiert.

Von den grundlegenden politischen Veränderungen während seiner Lebenszeit war Mussorgski einzig durch die Aufhebung der Leibeigenschaft unmittelbar betroffen, und dies so nachhaltig, daß sie sein Leben entscheidend, und zwar nachteilig veränderte. Von den Einkünften der Familiengüter hätte er leben können, um seine Zeit voll dem Komponieren zu widmen. Aber die Bauernbefreiung brachte der Familie, trotz mancherlei Rettungsversuchen, den ökonomischen Ruin. Er selbst war gezwungen, sich in die Tretmühle des Staatsdienstes zu begeben, seine Zeit dem Broterwerb in einem der Petersburger Ministerien zu opfern – voller Haß auf seine erzwungene Mitwirkung in diesem zermürbenden Apparat, voller Verzweiflung über die so eingeschränkten Möglichkeiten, seine musikalischen Visionen ausreifen, seine zahllosen Einfälle, Entwürfe und Pläne endgültig Wirklichkeit werden zu lassen. Es wäre in dieser Lage verständlich gewesen, wenn Mussorgski das Bauerngesetz abgelehnt hätte. Aber auch hier opferte er seine demokratischen Grundsätze keineswegs der Frage des persönlichen Vorteils auf. Unterwegs in Sachen Güter-Auflösung, beschreibt er 1863 an den Freund César Cui das Treiben der entmachteten Land-Aristokraten – und distanziert sich davon, wie sie in einem Adelsklub die Rückeroberung ihrer Ausbeuterrechte betreiben: „Und was gibt es bei uns für Gutsbesitzer! Was für Plantagenbesitzer! Sie freuen sich über den in der Stadt gegründeten Klub und versammeln sich nun dort fast jeden Tag, um R a d a u zu m a c h e n. Die Sache beginnt mit T i s c h r e d e n und E r k l ä r u n g e n an die Herren a d l i g e n S t a n d e s g e n o s s e n und endet jedesmal fast mit einer Prügelei, so daß man die Polizei rufen könnte ... Täglich peinigen sie einen in weinerlichen Tiraden über ihre v e r l o r e n e n R e c h t e und ihren v ö l l i g e n R u i n ... Heulen, Klagen und skandalöse Auftritte! ... mit Fäusten und Schimpfworten. L a ß e i n e n D u m m k o p f z u G o t t b e t e n, u n d e r w i r d s i c h d e n S c h ä d e l e i n s c h l a g e n! Und in dieser Weise reden sie von ihren v e r l o r e n e n R e c h t e n. Es gibt allerdings auch ordentliche junge Leute – noch Knaben, die ich jedoch fast niemals zu Gesicht bekomme. Diese jungen Leute betätigen sich als Vermittler und sind daher ständig unterwegs."[12] Daß natürlich diesen „Jungen" Mussorgskis Sympathie gehört, versteht sich, bemerkt er doch abschließend zu jener adligen „Retiraden-Atmosphäre", er habe leider übergenug damit zu tun, „wie man sich von dem Gestank frei halten kann und nicht erstickt (wie soll man da an Musik denken!)"[13].

4

Schon vor dieser Zeit der einschneidenden Lebens-Wende hatten sich Mussorgskis weltanschauliche Prinzipien geändert. „Alles Russische wird mir vertraut, und es würde mich verdrießen, wenn man mit Rußland gegenwärtig ohne viel Federlesen umspringen dürfte."[14] In einem Brief an Balakirew von 1859 stellt er diese Haltung seinem früheren Kosmopolitismus gegenüber, der geprägt war durch eine konventionell-aristokratische Erziehung. Mussorgski besuchte ein deutsches humanistisches Gymnasium, sprach deutsch und französisch fließend, las und kannte die große westeuropäische Literatur und Kunst. Auch der Besuch der Petersburger Gardejunker-Schule und sein Offiziersdienst im Preobrashensker-Garde-Infanterie-Regiment vollzog sich im Sog eines geistigen Klimas, das alles „Westliche" anbetete und alles Nationale, soweit es Sprache und Lebensweise des Volkes betraf, verachtete. Erst die Begegnung mit dem geschichtsträchtigen Moskau, mit demokratischen Intellektuellen, den Büchern eines Alexander Herzen, eines Tschernyschewski, die Diskussionen mit dem Kritiker Wladimir Stassow, dem theoretischen Kopf, und mit Mili Balakirew, dem musikalischen Mentor des „Mächtigen Häufleins", führten Mussorgskis ideologische und kunsttheoretische Wende herbei. Zwar entwickelte er nun, namentlich unter dem Einfluß Stassows, des öfteren slawophile Gedanken, doch entbehren sie (wie einige antisemitische Zungenschläge) jeglichen militanten Zugs, und vor allem fehlt ihnen aller separatistische Hochmut. Des öfteren beklagte er seine Isolierung, die „Abgeschiedenheit" der russischen Musikentwicklung – besonders nachdem er erfahren hatte, wie sehr sich etwa Franz Liszt für sie interessierte. So schrieb er 1873 an Stassow nach Wien: „Das ist eben dieses schlaftrunkene russische Reich! In der Gelehrtenwelt, wo die Gehirne unwillkürlich schneller arbeiten, stehen die tätigen Kräfte fast aller Länder untereinander in ständiger Verbindung. Ich weiß zwar nicht, wie es in den anderen Künsten steht, aber auf unserem musikalischen Gebiet sind unsere Europa bereisenden Musiker sich einer solchen Aufgabe noch nicht bewußt geworden ... Wenn unsere ständigen Beziehungen zu Europas Vorhalle uns allen schon so manchen Nutzen gebracht haben, so würde uns die Verbindung mit Europa selbst sicherlich noch weiter voranbringen."[15]

Wie wenig Mussorgski dem regierungsamtlichen Großmachtchauvinismus nahestand, könnte aus unzähligen Briefstellen erhellt werden. Indessen hat seine Sympathie für freiheitliche Bestrebungen, für Helden nationaler Selbstbestimmung, mehrmals auch einen direkten künstlerischen Niederschlag gefunden, „fühlte er sich doch auf musikalischem Gebiete zu ähnlichen Taten berufen, wie sie von jenen auf politischem vollbracht wurden"[16]. Da ist, als Klavierauszug, ein *„Marsch des Schamil"* erhalten. Schamil versuchte jahrelang, als Führer der kaukasischen Bergvölker, deren Freiheit gegen den Statthalter des Zaren, den Fürsten Barjatinsky, zu verteidigen. Nach erbittertem Widerstand unterlag er den russischen Truppen endgültig am 25. August 1859. Mussorgskis *„Marsch"* war als eine Art Kantate mit georgischem Text für Chor, Tenor- und Baßsolo gedacht, doch blieb das Ganze im ersten Entwurf stekken – vielleicht aus kompositionstechnischem Grunde, vielleicht aber auch aus einem politischen, denn Schamil lehnte es nach seiner Gefangennahme durchaus nicht ab, sich mit dem Zaren aufs beste zu arrangieren.

In diesen Zusammenhang gehört auch das Sujet einer Oper *„Salammbô"* (nach Flauberts Roman), deren Titelheldin, eine andere ‚Judith', die Rolle einer Volksbefreierin gegen mächtige Usurpatoren spielt. Ungleich gewichtiger aber sind Mussorgskis Beiträge zur sogenannten „ukrainischen" Frage, einer politischen Problematik von damals andauernder Aktualität. Dabei ging es um die Unabhängigkeit dieses riesigen „kleinrussischen" Gebiets vom Zarenreich als einer freiheitlichen Bestrebung, die von der russischen demokratischen Intelligenz so engagiert unterstützt wie von der Zentralregierung unterdrückt wurde. Es gab ein Verbot, Ukrainisch als Schriftsprache zu verwenden, und insbesondere einer ihrer poetischen Protagonisten, der Dichter Schewtschenko, wurde unnachgiebig verfolgt, auch durch die Konfiszierung seiner Schriften. Bei Mussorgski, der ja natürlich oppositionell und revolutionär gestimmt war, löste die ukrainische Bewegung ein glühendes Mitgefühl aus, und er unterließ es nicht, ihr mehrfach musikalisch zu huldigen. Er vertonte zwei Lieder aus Schewtschenkos Drama „Die Haiducken", den *„Hopak"* und das *„Lied Jaremas"*, das im zaristischen Rußland nicht publiziert werden durfte. Die Zensur fürchtete den Text, weil dieses *„Lied vom Dnepr"* eine imposante Siegesvision ukrainischer Freiheit und Unabhängigkeit darstellt. Schließlich sei in diesem Zusammenhang an die unvollendete komische Oper nach Gogol *„Der Jahrmarkt von Sorotschinzy"* erinnert, die in der musikalischen Gestaltung nicht weniger als mit dem Sujet eine Huldigung an das ukrainische Volksleben meint.

Die angedeuteten Schwierigkeiten mit der zaristischen Zensur bilden auch ein Dauerthema in Mussorgskis Biographie. Trotz einer teilweisen Milderung der Bestimmungen arbeitete sie wachsam und unnachgiebig wie je, wenn es um vermeintlich direkte Angriffe oder auch nur kritische Anspielungen auf die Grundwerte des Zarismus, seiner Politik und Religion ging. Und bei Mussorgski ging es nicht selten darum: So fiel der Zensur beispielsweise jene Szene aus dem *„Boris Godunow"* in den frühen Aufführungen zum Opfer, wo das hungernde Volk vor der Moskauer Basilius-Kathedrale den Zaren um Brot anschreit. (Im übrigen wurde erst im Zusammenhang mit Mussorgskis Absicht, diese Oper zu vertonen, die Aufhebung des Aufführungs-Verbots für Puschkins Drama und das Verbot, einen Romanow-Zaren auf der Bühne agieren zu lassen, durch einflußreiche Freunde des Komponisten erwirkt). Das Ärgernis eines solchen skandalös nahen Kontakts des Herrschers mit seinen Untertanen könnte man ja beinahe nachfühlen; aber es kam auch zu ganz absurden Relegierungen, beispielsweise im Falle eines Spottliedes auf einen *„Seminari-*

sten". Mussorgski, der sich den Text selber schrieb, führt darin vor, wie ein Student mit seinen Gedanken von der lateinischen Paukerei zu des Popen Töchterchen abschweift und dafür vom Vater verprügelt wird. Die Zensur verbot das Lied wegen „Anzeichen von Gotteslästerung"; es wurde zwar 1870 in Leipzig gedruckt, jedoch verhinderte man seine Einfuhr und den Vertrieb. In einem Brief macht Mussorgski Stassow gegenüber seiner unbändigen Wut Luft, indem er in diesem „Sendschreiben" dem Freund alle Einzelheiten solcher Schikanen mitteilt und mit stolzer Ironie schließt: „Dieses Sendschreiben soll (unter uns) als Zeugnis der ersten Feuertaufe und Gevatterschaft eines Musikers mit der hohen Regierung dienen. Bislang hat die Zensur die Musiker übergangen. Das Verbot des ‚Seminaristen' dient als Beweis, daß die Musiker aus ‚Nachtigallen, Waldsingvögeln und seufzenden Mondschwärmern' nunmehr zu Mitgliedern der menschlichen Gesellschaft aufrücken, und wenn man mich ganz und gar verbieten sollte, so würde ich doch nicht aufhören, den Stein auszuhöhlen, bis meine Kräfte erschöpft sind; denn ‚für den Verstand existiert keine Versuchung, und auf Grund von Verboten spüre ich umso größeren Eifer'. – Vade retro satanas!"[17]

5

Viele Züge in Mussorgskis Biographie, „ganze Schichten seines Lebens" (Schostakowitsch)[18] – wie die innersten Motive für getroffene oder unterlassene Entscheidungen und Handlungen – sind bis heute weitgehend unaufgeklärt. Dies gilt für Fragen seines künstlerischen Schaffens, dessen Bedeutung für die russische und europäische Musikgeschichte enorm ist. Dies gilt mehr noch für das tägliche, das gewöhnliche Leben, seinen Umgang mit Menschen, die wir kaum kennen, deren Identität er bewußt verschleierte, für die sonderbare Diskrepanz etwa zwischen seinen schriftlichen Äußerungen mit ihren pathetischen, maskenhaften Stilallüren und der äußersten Zurückhaltung, spartanischen Bedürfnislosigkeit, dem Hang zur Selbstquälerei, zur kampflosen Zurückgezogenheit in eine fast mönchische Existenzweise. Es gilt schließlich insbesondere für eine scharfe Bestimmung seiner intellektuellen Positionen, die gerade wegen ihrer Vielschichtigkeit, universellen Ambiguität, dem Widerspruch zwischen universellen Interessen und unilateralen Gleichgültigkeiten mit Ausnahme der ureigenen schöpferischen Probleme eher rätselhaft bleiben. Das einzig Verbindende in den vielen widersprüchlichen Zügen seiner Persönlichkeit scheint Mussorgskis Allergie gegen jede Form von Heuchelei, Taktiererei und egoistischem Karrierismus zu sein, also sein radikal ausgeprägter Sinn für Wahrheitsliebe, die jede autoritäre Bevormundung zurückwies. Dies erklärt einigermaßen die anarchischen Elemente seiner Biographie, und es erklärt in bezug auf seine altruistische Liebe zum russischen Volk den Haß auf jene Formen von Politik, die im Namen des Volkes nur dessen Versklavung betreiben.

Es versteht sich von selbst, daß er dabei insbesondere den Krieg in jeglicher Form ablehnte, aber vor allem jene demagogische Propaganda, mit der er möglich gemacht werden sollte. Um einen Beleg dafür zu bieten, sei jene Briefstelle vom Juli 1870 zitiert, da er an zwei befreundete Sängerinnen nach Pillnitz bei Dresden seine Ansicht über den heranreifenden Deutsch-Französischen Krieg mitteilt und dabei das verlogene Wesen von Kriegshysterie überhaupt mit psychologischem Scharfsinn aufdeckt. Seine Frage, wer siegen werde, beantwortet er sich selbst wie folgt: „Strenggenommen kann niemand außer den kämpfenden Parteien sie beantworten … Sie müssen von einem tragischen Bild kriegerischer Vorbereitungen umgeben sein, vom Anblick der ‚Schlachtopfer', die gleich unschuldigen Hammeln zur Schlachtbank geführt werden, falls Hammel überhaupt unschuldig sind. Dem Vaterland droht Gefahr, und folglich müssen die Bewohner des Vaterlandes in menschenmörderischem Eifer entbrennen – und sie entbrennen bis zur Amputation. Andererseits wurde die grrrrrande nation" [gemeint ist Frankreich; F. S.] „von der klugen Schönhauser Schlange" [gemeint ist Bismarck; F. S.] „gebissen, und die Wirkung des Schlangengiftes äußert sich in einem ebenso menschenmörderischen Eifer – die gleiche Erhitzung der Gemüter und ebenfalls bis zur Amputation. Als Resultat gibt es klinische Expertisen – die Zeitungen hingegen schreiben von ‚Krieg' …"[19]

Diese Kämpfe zwischen Herrschern, die dazu die Be-

herrschten brauchen, dieser für Mussorgski kaum auflösbare Konflikt zwischen Unterdrückern und Unterdrückten, ausgetragen stets auf dem Rücken und zum katastrophalen Nachteil der letzteren – dies ist für den Musiker schließlich nicht nur kontemplatives Gedankenmaterial, sondern es bildet den innersten politischen Gehalt gerade seiner bedeutendsten Werke, der beiden Volksdramen *„Chowanschtschina"* und *„Boris Godunow"*. Und das Bedeutende an ihnen, neben dem musikalisch und musikdramatisch Bemerkenswerten, ist doch wohl die Darstellung solcher politischer Aktionen, Verwicklungen, Intrigen, Machtkämpfe aus der Sichtweise, „mit" dem wirklichen Bewußtsein der Volksmassen, einem unnachahmlich differenzierten, uneinheitlichen, unbeschönigten Bewußtsein. Beide Opern holen ihre Sujets aus der politischen Geschichte Rußlands, aus Epochen sozialer Umbrüche und politischer Führungskrisen, da die Volksmassen vorübergehend zu entschieden mit-wirkenden Faktoren wurden, da Unzufriedenheit in Aufstände und Revolutionen umzuschlagen drohten. Mussorgski, der exakt kundige, mitfühlende, doch unbestechliche Realist, stellt in beiden Opern ganz unverhüllt dieses revolutionäre Potential dar, ohne romantische Illusionen, die Kräfte des Volkes vorzeigend und dessen Mißbrauchbarkeit für despotisches Machtspiel, solange es eben unaufgeklärt, unkoordiniert bleibt und solchen Mißbrauch „für höhere Zwecke" nicht durchschauen kann. Wo in der Opernliteratur gibt es dafür ein kühneres, gewaltigeres Beispiel als im *„Boris Godunow"*, in jener Schlußszene, die Mussorgski nicht von Puschkin bezog, sondern selber dichtete, und in der er, in der „Waldlichtung bei Kromy", das Volk seine fällige Revolte proben läßt?
Enttäuscht vom Zarenmörder Boris geht es in Scharen zu jenem nach Moskau vorrückenden falschen Dmitri über, hoffend, ohne Grund, auf bessere Zeiten. In entfesselter Wut, in rückspiegelnder Grausamkeit martert es einen gefangenen Bojaren, Vertreter aller Blutsauger, zu Tode. Von zwei Bettelmönchen läßt es sich aufputschen, und fast werden zwei Jesuiten die nächsten Opfer. Da erscheint Dmitri, der den Zarenthron beansprucht, und ihm folgt das Volk in seiner begeisterten Verblendung mit fliegenden Fahnen. Nur ein hellsichtiger Irrer, ein „Jurodiwy", ein in Rußland

stets verehrter Gottesnarr, bleibt einsam zurück und beklagt das ewig tragische Los des Landes. Neue Feinde werden dem Volk erwachsen, und weiter wird es hungern. Bedarf es noch des Hinweises, daß dieses einzigartige Schlußbild des „Boris" zu den Szenen gehörte, die nach der Uraufführung in Petersburg der Zensur weichen mußten? Aber mit dieser Klarheit paart sich doch wieder ein Rätsel: In einem lange unveröffentlichten Brief sprach Mussorgski sich selbst gegen das Kromy-Bild aus,[20] denn es biete nur „Anarchie" und „Chaos" statt echter Revolution. Hätte er diese, auf Kosten der historischen Wahrheit, lieber dargestellt oder gehörte die Revolution des Volkes zu jenen für ihn nicht glaubhaften und daher nicht darstellbaren Utopien? Wir wissen es nicht, und was würde dies Wissen auch ändern! Das russische Volk blieb sein Held auch ohne Revolution. Und als es seine Revolution gemacht und verteidigt hatte, gehörte Mussorgski zu seinen Helden, die ihr dennoch künstlerisch vorgearbeitet hatten.

1 Vgl. Carl Dahlhaus, Mussorgski in der Musikgeschichte des 19. Jahrhunderts, in: Modest Mussorgski – Aspekte des Opernwerks. Musik-Konzepte, Bd. 21, München 1981, S. 7ff.
2 Kurt von Wolfurt, Mussorgskij, Berlin/Leipzig 1927, S. 238.
3 Oskar von Riesemann, Monographien zur russischen Musik, Bd. 2, Modest Petrowitsch Mussorgski, S. 433.
4 Ebd.
5 Heinz Hamm, Goethes „Faust", Werkgeschichte und Textanalyse, Berlin 1978, S. 37.
6 Mussorgski vertonte das Gedicht allerdings in einer russischen Übersetzung.
7 Modest Mussorgski, Briefe, Leipzig 1984, S. 111f.
8 Ebd., S. 128.
9 Ebd., S. 140.
10 Vgl. Brief an Stassow, zit. nach ebd., S. 141.
11 Mussorgskis offizielle Widmung.
12 M. Mussorgski, Briefe, a. a. O., S. 41f.
13 Ebd., S. 42.
14 Ebd., S. 19.
15 Ebd., S. 151.
16 Wolfurt, a. a. O., S. 53.
17 M. Mussorgski, Briefe, a. a. O., S. 91f.

18 Solomon Volkow, Zeugenaussage, Die Memoiren des Dmitri Schostakowitsch, Hamburg 1979, S. 254.
19 M. Mussorgski, Briefe, a. a. O., S. 84.
20 Ernst Krause, Oper A–Z, Leipzig 1978, S. 323.

MEINE SEELE STIRBT VOR ZUVIEL SONNE

Claude Debussy

1

„Feux d'artifice", „Feuerwerk" also, nennt Claude Debussy ein virtuoses Stück, mit dem er seine zwischen 1909 und 1913 entstandene Sammlung von zweimal zwölf *Préludes* für Klavier beschließt. Die Musik soll des Titels nicht eigentlich bedürfen – deshalb ist er, in Klammern, ihr nachgestellt. Aber er erlaubt das Nach-Denken über einen klingenden Vorgang und dessen mehr oder weniger geheimnisvolle Beziehungen zu anderen Aspekten von Realität. Im Falle des *„Feuerwerks"* scheinen solche Bezüge geradewegs offenzuliegen: Wirkliche Bilder werden zu musikalischem Sinn. Doch darin stecken auch wiederum Intentionen des Autors, die so bestimmt wie vieldeutig wirken. Es dürfte kaum Zufall sein, daß Debussy ans Ende des Zyklus eine Musik stellt, die die subjektiven und privaten Impulse abstreift, die ins Freie geht und ihr „Feuerwerk" an einem Vorgang entzündet, der als anschauliches Objekt des kunstvollen Vergnügens in der massenhaften, öffentlichen, sozialen Versammlung eines Volksfestes figuriert.
Solche Kontaktaufnahme mit populären Bedürfnissen und künstlerischen Volksgebräuchen bildet ein durchgängiges „Motiv" für Debussy, und es bleibt festzuhalten, weil es andererseits nur in Formen vorsichtiger und flüchtiger Annäherung artikuliert wird. Auch was im *„Feuerwerk"* zu hören ist, kommt zunächst, als räumlicher Effekt disponiert, aus der Ferne, nähert sich an, erhält in Figurationen und grellen Signalen prägnante Gestalt, um dann rasch wieder Distanz zu gewinnen und zu verebben. Da aber geschieht noch etwas Seltsames, für den Komponisten ganz und gar nicht Selbstverständliches: Er zitiert, wie von weit her und doch pointiert, ein paar Takte der „Marseillaise", der revolutionären Hymne der französischen Republik. Das Zitat ist bedeutsam, verändert es doch schlagartig das musikalische Bild durch einen fremden, einen deutlich politischen Akzent. Aber was es konkret bedeutet, bleibt einigermaßen rätselhaft: Verweist es einfach auf den realen Sachverhalt,

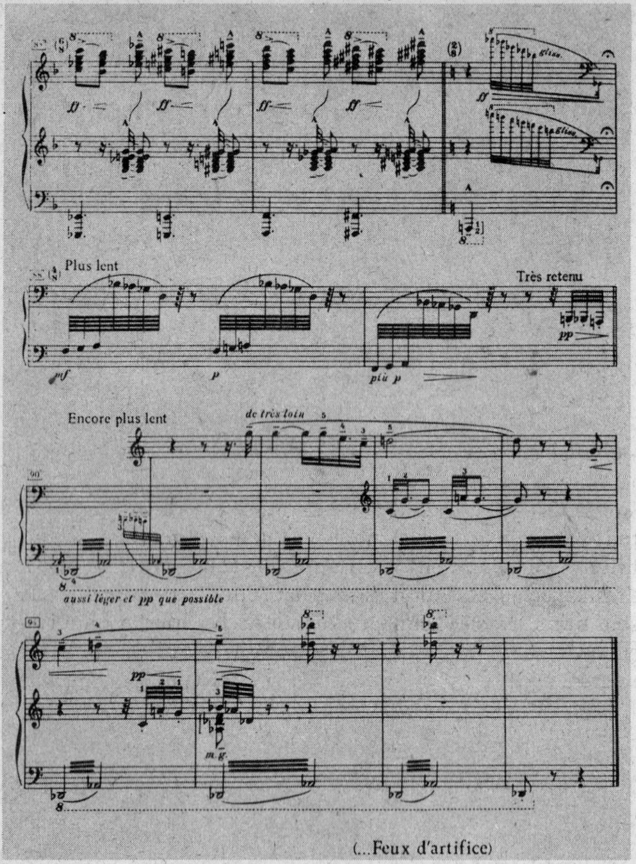

Claude Debussy, „Feux d'artifice" (Modérément animé) aus Préludes für Klavier, 2. Heft, Nr. 12

daß zum Schluß des Nationalfeiertages, am 14. Juli, traditionellerweise die Hymne erklang? Oder steht es als Symbol für Ideen, die ankommen, wenn auch als Floskel, fragmentarisch und eben ferngerückt? Handelt es sich schließlich vielleicht sogar um eine wertende Bezugnahme, um eine heimliche Sehnsucht, eine gebrochene Illusion, ist Abwehr oder Zuwendung gemeint oder nur ein Signum für Debussy selbst, der sich als „Musicien français“ empfiehlt? Niemand kann dies entscheiden. „Musik ist eine Summe zerstreuter Kräfte“[1], sagte der Komponist, und wer insbesondere die seine eindeutig machen wollte, müßte sie abschaffen.

2

Gerade in der Vieldeutigkeit der gleichwohl erkennbaren Reflexe der Wirklichkeit taugt ein Stück wie *„Feuerwerk“* als vorweggenommene Antwort auf die Fragen nach Debussys Verhältnis zur Sphäre der Politik mit ihren diversen Aspekten. Von wenigen, eklatanten Beispielen abgesehen, wo politische Betroffenheit sofort zu einer kaum verschlüsselten musikalischen Reaktion führte, hat sein politisches Bewußtsein nur schwer erkennbare künstlerische Spuren hinterlassen. Denn in diesem Denken, soweit es nicht überhaupt von Musik absorbiert war, in dieser „Summe zerstreuter Kräfte“, denen ungleich entwickelte Interessen entsprachen, spielt jener Bereich nur eine periphere und zudem oft stillgelegte Rolle. Zumindest vermittelt der umfangreiche schriftliche Nachlaß nicht gerade den Eindruck, daß Debussy sich durch die normalen, laufenden Ereignisse der Politik im Sinne professioneller, ressortgemäßer Aktivitäten herausgefordert gefühlt hätte. Und wirklich herausfordernde Ereignisse gab es in der langen Friedensperiode zwischen 1871 und 1914 auch kaum. Unter den wechselnden bürgerlichen Ministerien der Dritten Republik kompensierte der Staat die Niederlage relativ rasch, vor allem, weil trotz gewaltiger Reparationszahlungen an den Sieger Deutschland die kapitalistische Wirtschaft gleichsam mühelos wieder erstarkte. Daß dabei die Rüstungsindustrie den entscheidenden Motor bildete, störte um so weniger, als aus der nationalen Demütigung und den bürgerlichen Ängsten vor einer Wiederholung der „Pariser Commune“ das Bewußtsein von einem starken Frankreich und Revanche-Gefühle in breitesten Schichten genährt wurden und sich festigen konnten. Denn auch die Arbeiterbewegung war nach der grausamen und massenhaften Verfolgung der Kommunarden geschwächt und eingeschüchtert, zudem gespalten und reformistisch geführt, so daß letztlich die sozialen Kämpfe von der Bourgeoisie beherrscht blieben.

Mit ihrem perfektionierten System der Ausbeutung, abgedeckt durch die politischen Spielregeln formaler Demokratie und Pressefreiheit, brachte die Politik natürlich auch die Kunst unter Kontrolle, die berufen und bezahlt war, den schillernden Schein einer „Belle Epoque" leuchten zu lassen. Gegen ein solches offiziell gefördertes, zur Verhüllung gesellschaftlicher Mißstände aufgefordertes Dienst-Verhältnis der Kunst rebellierte aber jene Avantgarde, die das Konzept einer „Kunst um der Kunst willen", um ihrer Entwicklungsfähigkeit und Wahrheitsansprüche willen, emphatisch verteidigte und sich dafür als „dekadent" brandmarken ließ. Die Avantgarde wiederum verstand sich als Reaktion auf die „politische Dekadenz" der Epoche, auf eine in jeder Weise menschlich zerstörerische und kranke Politik, der man sich, wie Anatole Baju formulierte, „als einer in geistiger Hinsicht widerlichen und verworfen-verächtlichen Sache enthalten"[2] müsse. Und wenn Paul Verlaine den „Décadisme" als „eigentlich eine in einer Niedergangszeit aufglänzende Literatur" definiert, „nicht um in den Spuren ihrer Epoche zu wandeln, sondern ‚ganz gegen den Strom', um sich dagegen aufzulehnen, mittels des Zarten, Hohen – wenn man will – Raffinierten ihrer Tendenz gegen die literarischen und anderen im Umkreis befindlichen Flachheiten und Schändlichkeiten"[3], dann meint dieser von Debussy bevorzugte Dichter kaum etwas anderes als Stéphane Mallarmé, der seine Arbeit bewußt als kunstimmanente „Politik auf die allerweiteste Sicht"[4] begriff. Es sei die vernünftigste „Haltung des Poeten in einer Epoche wie dieser, wo er sich angesichts der Gesellschaft im Streik befindet" und „sämtliche verdorbenen Mittel, die sich ihm nur anbieten können, beiseite zu schieben"[5] hat.

Dies ist, im groben, das stille Kampfprogramm einer ästhetischen Résistance, dem sich auch Debussy verpflichtet fühlte, das er auf sein Metier anwandte und beinahe allein, mit trotzigem Instinkt für die „Kunst des Möglichen", auf lange Sicht durchsetzte. Denn Politik offenbarte sich ihm unmittelbar, in den sinnlich faßbaren musikalischen Verhältnissen, im Betrieb einer reibungslos funktionierenden Maschinerie der musikalischen Ausbildungs- und Aufführungsinstitute, der Verleger und Publizisten. Sie kreierten zusammen eben jene scheindemokratische öffentliche Meinung, die alles Neue in der Kunst, sofern es sich nicht dem Modischen schlechthin bequemte, mit Repressionen bedrohte. Dagegen wollte Debussy seine Integrität behaupten, und dies gelang ihm unter anderem, weil er, wenn auch oft genug wider Willen, die Regeln musikpolitischer Diplomatie, die er verletzen mußte, vorher zu durchschauen verstand. Auch jenseits seiner existentiellen Interessensphäre nahm der Komponist sicherlich genau und intensiv zur Kenntnis, was die Journale oder die Diskussionsrunden mit seinen zahlreichen Freunden ihm zutrugen. Aber dies freilich reichte nicht hin, um zu einer in sich eindeutigen, festen sozialen und ideologischen Position zu reifen, und entsprechend der Ambivalenz seiner sozialen Lage schwankt und schillert sein Weltbild. Er blieb zeitlebens der Kleinbürger mit aristokratischen Kapricen, mit einem Hang ebenso zur deklassierten Boheme wie zur saturierten Bürgerlichkeit: Züge eines anarchistischen Rebellentums und die Sehnsucht nach sozialem Aufstieg vertrugen sich bei ihm durchaus. Wie etwa auch seinen bevorzugten Dichter Verlaine „trieb ihn seine Enttäuschung über die bürgerliche Demokratie der Dritten Republik bis zur Absage an die Demokratie überhaupt"[6]; Freiheit, Gleichheit, Brüderlichkeit seien „Worte, die höchstens für Droschkenkutscher taugen"[7], äußerte er einmal. Gleichwohl sind Sympathien für das einfache Volk nicht zu verkennen – das beweist auch, wie Eberhardt Klemm betonte, „sein Interesse am Volkstheater, an der Volksmusik und an verschiedenen Arten der Subkultur"[8].

Er bewahrte zeitlebens einen klaren Blick für die Gebrechen der bürgerlichen Gesellschaft, eine unveränderliche Abneigung gegen die Bourgeoisie, besonders eine „grenzenlose Verachtung jener halbgebildeten Masse, die sich als Richter über die Kunst aufspielt"[9]. Öffentlich plädierte schon er (nicht erst Boulez!) für das Abbrennen der Pariser

Oper,[10] als dem Inbegriff eines kapitalistischen Profitunternehmens, das er mit Bahnhöfen, türkischen Bädern und Fabriken verglich. Doch meint er skeptisch: „Das wird sich übrigens niemals ändern, es sei denn durch eine Revolution, obgleich Revolutionäre selten an diese ehrwürdigen Stätten denken."[11] An die wirkliche große Revolution, die „Tage der Commune", die er achtjährig erlebte, wird er kaum echte Erinnerungen bewahrt haben, oder er verdrängte das Nachdenken darüber so gründlich, wie er die Tatsache verheimlichte, daß sein Vater als Kommunard aus politischen Gründen inhaftiert worden war.[12] Immerhin kann man, vermittelt über die poetische Metaphorik seiner lyrischen Vorlagen, vor allem in den frühen Liedern eine Fülle von Anspielungen auf dieses Ereignis und die tragischen Folgen des Scheiterns der Commune erkennen. Ein schönes Beispiel dafür bietet die zweite der *„Ariettes oubliées"*, der „Vergessenen Liedchen" von 1887. Verlaine, selbst Kommunard, dichtete den kleinen Zyklus 1872, und besonders im Symbol des Regens gibt er seiner Trauer um das verlorene Paris Ausdruck: „In meinem Herzen weint es, wie es auf die Stadt regnet. Welch Sehnen ist dies, das mein Herz durchdringt ... Ohne Grund weint es in diesem sich ekelnden Herzen. Was! Gab es keinen Verrat? Diese Trauer ist grundlos?"[13] Genau diese Frage markiert auch Debussy als rezitativischen Drehpunkt der Musik. Aus ihrem „traurigen und monotonen"[14] Fluß hebt er sie mit stockenden Klagemotiven hervor: man spürt ihr bleiernes Gewicht.

3

Kontemplatives Mitleid, auch ein nostalgisches Verständnis für die deprimierende Lage des Proletariats blitzt hin und wieder mit den Texten seiner Lieder auf. Da vertont er Verlaines *„Holzpferde"*, jenen blinden Kreislauf von Karussell-Tieren, die zum Symbol für den unausweichlichen Stumpfsinn von Arbeit und billiger Erholung kleiner Leute werden. Da gedenkt er mit Baudelaire, in schmerzlicher Abgeschiedenheit, der „gemeinen Menge" in den Städten, die „unter der Peitsche der Lust, diesem gnadenlosen Schinder auf dem knechtischen Fest"[15], Vergessen des täglichen Elends suchen muß. Oder er reflektiert in den selbstverfaßten *„Proses lyriques"* über die Menschenmassen, die sonntags fluchtartig ihre Arbeitswelt verlassen und in überfüllten Zügen das Weite suchen. Überhaupt sind es die Menschen in den Städten, die er wie Blumen in Treibhäusern verzüchtet sieht, gebannt in die gleißnerischen Fassaden von betrügerischen, manipulierenden Ideologien. „Kommt, kommt, rettende Hände! Zerbrecht die Glasscheiben der Lügen, zerbrecht die Glasscheiben der Behexung. Meine Seele stirbt vor zuviel Sonne!"[16] Dennoch überwiegt bei ihm, dem tendenziellen Aristokraten, so eine Art Berührungsangst, ein ästhetisches Unbehagen gegenüber der Masse. Als Milieu oder sozialkritischer Gegenstand für Kunst kam sie nicht in Frage. Das diesbezügliche Engagement des literarischen Naturalismus und musikalischen Verismus lehnte er stets mit bissiger Ironie ab. Daher sein mangelndes Verständnis für Zeitgenossen wie den mit Zola befreundeten Opernkomponisten Alfred Bruneau oder für Gustave Charpentiers „Louise", die als erste versucht hatten, die Welt der kleinen Leute, sozusagen lebensecht, auf die Opernbühne zu bringen. Am 6. Februar 1900 schrieb er beispielsweise an den befreundeten Dichter Pierre Louÿs: „Dieser Charpentier nimmt den ‚Cri de Paris' her, der, was menschliche Anschaulichkeit betrifft, köstlich ist, und macht aus ihm wie irgendein dreckiger Rompreisträger bleichsüchtige Kantilenen, auf Harmonien, die, höflich ausgedrückt, Schmarotzerpflanzen sind. Aber potz Donnerwetter, das Ganze ist konventioneller als die ‚Hugenotten', und er verwendet, ohne daß es danach aussieht, die gleichen Mittel! Und so was nennt man dann Leben! Gott im Himmel, lieber will ich auf der Stelle sterben ... Wenn es viele Werke von der Art der ‚Louise' gibt, muß jeder Versuch, die Leute aus dem Dreck zu ziehen, scheitern."[17]

Diese Briefstelle verrät durchaus etwas über Debussys programmatische Kunstpolitik. Er, der das parasitäre, bourgeoise Publikum des öffentlichen Musikmarkts zusammen mit den ganzen professionellen „Mandarinen unserer Kaste"[18] gründlich verachtet, akzeptiert das einfache Volk als potentiellen Adressaten, dem er mehr „Bereitschaft zum Verständnis"[19] des wahrhaft Kunstschönen zubilligt. Aber gerade deswegen kritisiert er die demokratischen Bestrebungen der „kleinen Buddhas"[20], die gut gemeinten, aber

schlecht gemachten Produkte aus bürgerlicher Küche mit sozialistischen Gewürzen wie altes Konfekt jenen anzubieten, die sich daran erst den gesunden Magen verderben und dann süchtig werden. In seinem Feuilleton „Volkstheater" sagt er daher: „Im allgemeinen bringen diejenigen, die solche Versuche unternehmen, eine Art von herablassendem guten Willen mit, aus dem die einfachen Leute sehr wohl das Gezwungene und Gemachte herausfühlen. Gewiß entschließen sie sich immer dazu, zu lachen oder zu weinen, je nach dem Erfolg. Aber das ist nicht offen und ehrlich! Es gibt ein Gefühl instinktiven Neids, das unbestimmt über dieser Vision des Luxus schwebt, die für einen Augenblick in alle die dunklen Leben hineingetragen wird ... Wenn es sich darum handelt, die Menschen ihre häuslichen Sorgen vergessen zu lassen, kann man nicht allzu verfeinerte Mittel anwenden; wenn es das Ziel ist, sie aus dem Alltagsleben herauszureißen, ist es eher schädlich, ihnen allzu genaue Abbilder zu zeigen, so gelungen diese auch sein mögen."[21]
Was Debussy dagegen zu empfehlen vermag, ist dreierlei: erstens ein Theater, das wie die Commedia dell'arte oder der Zirkus aus den traditionellen Bedürfnissen des Volkes selbst sich entwickelt; zweitens ein suggestives Theater der großen und lapidaren Themen wie bei den Griechen oder in Ostasien; drittens eine völlig neue Theaterstruktur, ohne „heuchlerische Spekulationen"[22], außerhalb der konventionellen Spielstätten, auch im Freien, aus dem Geist der natürlichen Schönheitsgesetze, die ungefähr das Gegenteil dessen sind, was die „Mittelmäßigkeit, das tausendköpfige Ungeheuer" der „modernen Gesellschaft"[23] unablässig hervorbringt.
Als Beitrag zu dieser, man darf wohl sagen, plebejischen Theaterkonzeption verstand Debussy auch seine eigenen Bemühungen um die Oper. Das Resultat einer zehnjährigen Arbeit an Maurice Maeterlincks symbolistischer Tragödie um *„Pelleas Melisande"* steht nur dem Anschein nach dazu in einem völligen Gegensatz. Zu Recht konnte der Komponist sagen, daß seine Oper trotz des ästhetischen Raffinements und seiner „traumhaften Atmosphäre bei weitem mehr Menschlichkeit enthält als all die sogenannten ‚lebensechten Stoffe'"[24]. Das bezieht sich natürlich nicht nur auf den neuartigen „natürlichen" Gesangsstil, das polemisch

auf Wagner bezogene „unendliche Rezitativ“ oder auf die gleichsam ewig allzu menschliche Trivialität einer Dreiecksgeschichte mit fatalem Ausgang. Nein: formuliert ist per sagenhafter Symbolik das Grundgefühl der Ohnmacht, der Angst, der erzwungenen Passivität des einzelnen angesichts einer sich um die Jahrhundertwende rapide verändernden Welt; angemeldet wird Skepsis gegenüber der imperialen Durchorganisierung der Gesellschaft, der kruden Rationalität, die kaltblütig große Verbrechen zeugt, der Urbanisierung, der die Menschen in moderner Sklaverei ausgeliefert sind. Das Stück ist „überall und nirgends“ zu einem Zeitpunkt angesiedelt, „in dem der ‚Alte Mensch‘ des kosmischen Bewußtseins, des intuitiven Wissens und der hellseherischen Fähigkeiten abgelöst wird vom ‚Neuen Menschen‘ des rationellen, wissenschaftlichen, materialistischen, klaren und scharfen Denkens“[25]. Die Personen symbolisieren die geistigen Strömungen und Auseinandersetzungen in der damaligen Umbruchssituation. Vor allem Golauds Machtwille, Grausamkeit und Aggressivität, als Zeichen eines schicksalhaften Zerstörungstriebs, lösen das überkommene, schon morsche patriarchalisch-idyllische Sozialgefüge auf. Nur auf Melisandes Kind liegt am Ende ein Schimmer der Hoffnung.

4

Insofern ist auch bei Debussy von „Décadence“ zu sprechen, als er für die gesellschaftlichen Zustände die Verfallssymptome überwiegen sieht. Innerhalb dieser Strukturen glaubt er nicht an Veränderungen – schmerzlich genug für einen Komponisten, der vom Drang nach Veränderung und ständiger Selbsterneuerung geradezu besessen war. Sein langjährig gehegtes Opernprojekt nach Edgar Allan Poes Erzählung „Der Teufel im Glockenstuhl“ hätte eine krasse Satire auf die ewiggestrige Spießbürger-Sozietät werden sollen. Besonders aufschlußreich ist, wie Debussy den Teufel, eine stumme Rolle übrigens, verstanden wissen wollte: Er ist nicht der vulgäre „Geist des Bösen“, sondern „viel eher der Geist des Widerspruchs, und vielleicht berät er insgeheim diejenigen, die nicht wie alle Welt denken“.[26] Interessant auch, wie er die Volksmenge gestaltet sah: Mit Blick auf Mussorgskis und Wagners Chorbehandlung schreibt er: „Was ich schaffen möchte, soll viel lockerer, aufgeteilter, ungebundener, ungreifbarer sein, etwas dem Anschein nach Unorganisches, das aber trotzdem im tiefsten seine Ordnung hat, eine echte Menschenmenge, in der jede Einzelstimme frei ist und die trotzdem mit der Vereinigung ihrer Stimmen einen Gesamteindruck und eine Gesamtbewegung erzeugt."[27] Damit ist nichts anderes als einer der vielfältigen positiven Bezugspunkte benannt, die Debussy im Sinne ästhetischer und sozialer Alternativen gegen die bestehende Bürgerwelt anvisiert.

Vieles von dem, was für ihn das wünschbar andere, das Entfesselte, Freie, noch Unbeherrschte verkörperte, prägt seine musikalische Welt ganz entschieden: Dazu gehört als Gestaltungsmethode das Abstreifen von genormten Form- und Ausdrucksschablonen, die Überwindung des dramaturgischen Konfliktmodells zugunsten einer, wie Boulez es sagte, suggerierten Improvisation und der Demontage von verfestigten Hierarchien.[28] Dazu gehört das Durchbrechen des unmittelbar gegebenen europäischen Kulturkreises, sowohl geographisch etwa in Richtung auf die andersartig asiatischen Musikkulturen, sowohl historisch mit Blick auf die Antike, die Archaik der mittelalterlichen Kirchenmusik bis zur Rekultivierung der französischen Klassik, als auch sozial sein Interesse an alter Volks- und neuer Populär-Musik von Amerika bis Rußland. Schließlich gehören hierher die thematischen Schwerpunkte, die er als seine „künstlichen Paradiese" (Baudelaire) gesetzt hat: das plebejische Fest, das Spiel der Kinder, und natürlich die unberührte Natur. Vor allem das Meer wurde ihm zur großen, differenzierten Metapher für seine verfeinerte, emanzipierte Klangalchimie, in der er, wie an jenem, die Freiheit fortwährender Beweglichkeit, Verwandlung und Offenheit ohne zweckorientierten menschlichen Zugriff erträumt. In solchen Bildern der Natur realisierte Debussy auch seine Vorstellungen von Opposition gegen die Bedrohungen des heraufziehenden Industriezeitalters und einer verwalteten Gesellschaft, die zunehmend ihren flachen Fortschrittsoptimismus durch menschliche wie natürliche Zerstörung und entfremdete Ausbeutung erkaufte. Wie wenig es ihm in den berühmten drei sinfonischen Skizzen *„La mer"* um die übliche Klangmalerei ging, zeigt nicht nur die enttäuschte bis bittere Reaktion des ersten Auditoriums. Ein Gedicht von Verlaine aus dem Zyklus „Weisheit", das Debussy 1891 vertonte, enthüllt den sozialen Untertext gewiß auch für das sinfonische „Spiel der Wellen" oder den „Dialog zwischen Wind und Meer": „Das Meer ist schöner als die Kathedralen, diese treue Amme, die die Röchelnden wiegt ... Es hat alle Gaben, schreckliche und sanfte. Ich vernehme sein Verzeihen und das Grollen seines Zorns. Diese Unendlichkeit hat nichts von Starrsinn. Oh, es ist geduldig, selbst im Tosen. Ein freundlicher Hauch besucht die Woge und singt für uns: ‚Ihr, die ihr hoffnungslos seid, sterbt, ohne Schmerz!' ... Schöner ist es als alles und edler als wir!"[29]

5

Genau wie seine avancierten Zeitgenossen auf dem Gebiet der Malerei oder der Dichtung besaß also Debussy ein äußerst empfindliches Organ für die sozialen Widersprüche seiner Epoche. In bezug aber auf ihre allgemeine innen- und außenpolitische Entwicklung schwamm er keineswegs gegen den Strom, sondern teilte recht unbedenklich die grundsätzlichen desinteressierten Meinungen und Vorurteile der herrschenden Kreise des republikanischen Bildungsbürgertums. Er vertrat hier ohne Abstriche eine konservative Position. Für diesen Bereich gilt nicht, worauf er sonst so stolz war: auf seine Einsamkeit, seine Unabhängigkeit, seine Verachtung majorisierter Meinungen. „Ein Mann", schrieb er einmal, „der seine Meinung gegen die Allgemeinheit verficht, ist notwendigerweise der Wahrheit näher – und zwar deshalb, weil der menschliche Geist dem Irrtum unterworfen ist, woraus folgt, daß seine Chance in dem Maße wächst, je mehr Menschen sich über eine Sache einig werden müssen."[30] In Fragen gewisser ideologischer Grundwerte war er einig mit dem common sense, vielleicht nur atmosphärisch und unbewußt, sicher jedoch beeinflußt von intellektuell überlegenen Freunden. Eine wichtige Rolle scheint während der achtziger und neunziger Jahre der Dichter Pierre Louÿs in dieser Hinsicht gespielt zu haben, ein Dandy, der mit Debussy den Kult des Sinnlichen, Preziösen und Schönen ebenso teilte wie die Verachtung

des institutionalisierten Christentums, das Bekenntnis zu nationalistischen und antirepublikanischen Ideen. Doch verhielt sich Debussy eher lässig als militant, da er doch mit politischen Parteien konkret nichts zu tun haben wollte, aber gleichwohl das Kreuz der Ehrenlegion nicht ohne Stolz empfing.
Seine laxe konservative Haltung zeigte sich besonders während der berüchtigten Dreyfus-Affäre, jener auf gefälschte Indizienbeweise gestützten zweifache Verurteilung und Verbannung des französisch-jüdischen Generalstabsoffiziers als angeblich deutschem Spion, die die Öffentlichkeit jahrelang beschäftigte und die Nation in zwei Lager spaltete. Debussy, von der Redlichkeit der Armeeführung überzeugt, billigte die Verurteilung des Hauptmanns: er war also überzeugter Antidreyfusiard. Dennoch, als er einmal mit dem befreundeten René Peter eine Protestversammlung der „Dreyfusiards" besuchte, konnte er sich auch den Argumenten des eloquenten Sozialistenführers Jean Jaurès nicht verschließen. Sein Kommentar: „Das ist alles von einer bestürzenden Richtigkeit – komm, trinken wir einen ‚bock' auf das Wohl deines kleinen Freundes auf der Teufelsinsel."[31] Indessen ließ sich Debussy in dieser „Affäre" auf eine prekäre Solidarität mit der „Ehre der Nation" ein, und zwar um so rückhaltloser, als sie vor allem vom feindlichen Ausland – sprich Deutschland und Österreich – in heuchlerischer Weise hochgespielt wurde, um Frankreich zu denunzieren und zu demoralisieren. Dies wird beispielsweise deutlich in einem polemischen Angriff auf den norwegischen Komponisten Edvard Grieg, der im April 1903 zu einem Dirigat nach Paris gekommen war, nachdem er einige Zeit vorher eine ähnliche Einladung abgelehnt hatte: nämlich aus Protest gegen die Verurteilung von Dreyfus und in der Überzeugung, ganz Frankreich teile sie. Darauf reagierte Debussy in einer seiner Musikkritiken für den „Gil Blas" in der Pose des verletzten Patrioten: „Herr E. Grieg ist ein skandinavischer Komponist, der während der Dreyfus-Affaire Frankreich gegenüber wenig freundlich war. In dem Antwortbrief auf die Einladung des Monsieur Colonne, sein Orchester zu dirigieren, erklärte Herr Grieg pikiert, er wolle seinen Fuß nicht mehr in ein Land setzen, das die Freiheit so schlecht verstehe ... Frankreich mußte also

Herrn Grieg entbehren, aber anscheinend kann Herr Grieg nicht auf Frankreich verzichten, da er heute gern verzeihen und die Grenzen überschreiten will, um das französische Orchester zu dirigieren, das seinerzeit Gegenstand skandinavischer Verachtung war."[32] Es erübrigt sich keinesfalls zu vermerken, daß auch Griegs Musik wenig Gnade vor Debussys Ohren fand.

Denn man darf dem Komponisten nicht unterstellen, nationale Sympathien oder Antipathien hätten seine Urteile über die entsprechend zugehörige Musik entscheidend präjudiziert. Dazu waren seine musikalischen Überzeugungen, sein technisches Wissen und ästhetischer Geschmack viel zu bestimmt und zu autark. Was nun aber Debussys Haltung zu den ihn berührenden Völkern und Nationen anbelangt, so spielen gewiß vielfältige, kompliziert verwobene Faktoren eine Rolle, die hier nicht diskutiert werden können. Auffällig ist nur eine sicher nicht gerade zufällige Übereinstimmung mit der Strategie der französischen außenpolitischen Diplomatie. Mit den Pariser Weltausstellungen beispielsweise, die Debussy die so faszinierende Begegnung mit ostasiatischer Musik ermöglichten, verbanden sich ja sehr handfeste ökonomisch-politische Weltmarkt-Interessen. Die expansive französische Kolonialpolitik führte zu kulturellen Kontakten mit nordafrikanischen und lateinamerikanischen Kulturen, die manche Spuren in seinem Werk hinterließen. Ohne die immer festere Annäherung an Rußland seit den achtziger Jahren wäre Debussys Kenntnis und Bewunderung der russischen Musik möglicherweise weniger intensiv gewesen, und noch die spätere Zusammenarbeit mit Diaghilews Ballett-Unternehmen, anfänglich ein attraktiver Bestandteil des gezielten Kulturexports, hätte ohne die politische Allianz seit 1895 nicht so stattfinden können. In den neunziger Jahren intensivierte Frankreich die Kontakte zu Großbritannien, die 1904 zum Entente-Vertrag, 1907 zum französisch-englisch-russischen Dreibund führten. Eine Dauerwelle der Anglophilie war die kulturelle Begleiterscheinung, der sich natürlich auch Debussy nicht entzog. Man braucht die vielen Stücke nicht aufzuzählen, in denen er seiner wirklich rückhaltlosen Sympathie klingenden Ausdruck gab. Schließlich sei an das so vielfarbige spanische Kolorit erinnert, in dem sich auch die

Zuneigung zu einem Volke kristallisiert, das um seine Mündigkeit zu kämpfen begann und dessen Staat als enger, weil abhängiger Verbündeter Frankreichs galt.
Dieses Netz internationaler politischer Beziehungen wurde natürlich geknüpft und ausgebaut, um den politischen Hauptgegner, das auf Kosten Frankreichs vereinigte Deutsche Reich, zu schwächen und diplomatisch zu isolieren. Wen wundert es, daß Debussy, der in ein Klima der Furcht und Angst vor den Deutschen und eines revanchelüsternen, antideutschen Chauvinismus hineinwuchs, davon nicht unberührt blieb. Freilich hatte er in Friedenszeiten wenig Grund zu abstrakten militanten Äußerungen, und seine Ressentiments verteilte er eher latent auf eine kritisch differenzierte Beurteilung der deutschen Musik. Oft gab er in den Musikkritiken und Interviews „seinen französischen Neigungen, seinen nationalen Lieblingsideen, seinem Abscheu vor gewissen germanischen Maßlosigkeiten Ausdruck“[33]. Er bekämpfte musikalische Überfremdung und verwies auf das verschüttete Erbe der eigenen klassischen Meister. So etwa verkündete er achtzehn Monate vor Ausbruch des ersten Weltkrieges in einem Artikel: „Laßt uns zurückfinden zu unserem Geschmack – er ist nicht verloren, aber wir haben ihn unter den nordischen Federbetten erstickt. Er wird unser bester Halt sein in dem Kampf, den wir gegen die Barbaren zu bestehen haben. Sie sind noch weit schrecklicher geworden, seit sie das Haar in der Mitte gescheitelt tragen.“[34] Der Beginn der Kriegshandlungen im August 1914 lähmte ihn. Er rührte nicht einmal das Klavier an und untersagte die Aufführung seiner Musik. Aber irgendwie wollte er seinen aufflammenden Patriotismus dennoch bekunden, wenn ihn der „gewisse Sonntagscharakter“ kriegerischer Gebrauchsmusiken nicht abgehalten hätte, „einen heroischen Marsch zu komponieren“[35]. Was er schließlich zustande brachte, im November 1914, war das Gegenteil, und dennoch sein erster Versuch einer wirklich politischen Musik. Er nannte das Klavierstück, das er wenig später instrumentierte, *„Berceuse héroïque“* und widmete es dem belgischen König Albert I. und seinen Soldaten. Bekanntlich wurde Belgien völkerrechtswidrig das erste Opfer des deutschen Angriffs auf Frankreich. Debussy zitiert daher die „Brabançonne“, die belgische Nationalhymne. „Die

Rahmentakte scheinen das eintönige Bild der flandrischen Schützengräben zu beschwören, über denen das nationale Lied aufsteigt und das Heimweh der niedergeschlagenen Soldaten tröstend wiegt.“[36]

6

Die Jahre des Krieges verdüsterten Debussys Leben. Das, was man sein Spätwerk nennen kann, rang er sich unter einem doppelten Unstern ab: Er litt ebenso unter den Anzeichen seiner Todeskrankheit wie unter den Folgen der Politik. Sie holte ihn schließlich ein: In das Requiem der letzten Tage und des Begräbnisses Ende März 1918 donnerten die deutschen Kanonen, die damals eben Paris beschossen und Frankreich in die bedrohteste Lage des Krieges brachten. Dieser Krieg hatte Debussy aufs äußerste erschüttert und herausgefordert, und selbst was er als Musiker noch zu geben hatte, stand ganz in seinem Zeichen. Aber was er dachte und schrieb, vermittelt kein eindeutiges Bild, zeugt eher von Unsicherheit und Verwirrung. Er haßte ja alles Militante und Militaristische, wie noch die spöttische Miniatur-Musik zur Kriegsepisode des Puppenballetts *„Die Spielzeugschachtel“* von 1913 erkennen läßt. Er wußte schmerzlich, daß er als Musiker seiner Art im wirklichen Kriege abseits stehen mußte, nicht gebraucht wurde. Aber er wollte gebraucht werden, selbst mit krampfhaft-aggressiven Pamphleten für einen Krieg, den er als gerecht ansah, von dem er sich die Vernichtung des Gegners und nationale Wiedergeburt erhoffte. Zwischen Schrecken und Begeisterung bewegen sich seine vielen Äußerungen, die er nicht unterließ und mit „Musicien français“ stolz wie auf ein Adelsprädikat unterzeichnete. Möge für all diese Bekundungen stellvertretend der Auszug eines Privatbriefes deutlich machen, welches Spektrum von Gedanken den Komponisten immer wieder beschäftigte. Der Brief ist vom 24. Oktober 1915 und an den befreundeten Igor Strawinsky in der neutralen Schweiz gerichtet:
„Es geht uns allen fast gut, oder, um deutlicher zu sein: es geht uns wie der Mehrheit der Franzosen. Wir haben unsern Anteil an Kummer, an moralischen und häuslichen Schwierigkeiten, wie es sich gehört, jetzt, da Europa und

die übrige Welt sich genötigt sehen, an diesem tragischen ‚Konzert' teilzunehmen. Es ist nicht einzusehen, warum sich nicht auch noch die Einwohner des Planeten Mars einmischen. Wie Sie schreiben, ‚werden sie uns nicht auch verrückt machen!' Es gibt immerhin etwas, das über der brutalen Gewalt steht. Vor der Schönheit ‚die Fenster schließen', ist widersinnig und erstickt den wahren Sinn des Lebens. Aber man muß die Augen und Ohren wieder anderen Klängen offen halten, wenn der Lärm der Kanonen verstummt! Man muß die Welt reinigen von dieser schlimmen Saat. Man muß sie ausrotten, diese Mikrobe der falschen Größe, diese organisierte Häßlichkeit, bei der wir nicht immer gemerkt haben, daß sie einfach Schwäche war. Sie gehören ganz gewiß zu denen, die imstande sind, siegreich ‚Gase' zu bekämpfen, die nicht weniger tödlich sind als die andern, für die es aber keine ‚Masken' gibt. Lieber Strawinsky, Sie sind ein großer Künstler! Seien Sie mit all Ihren Kräften ein großer russischer Künstler! Es ist so schön, seinem Land anzugehören, seiner Erde verbunden zu sein wie der geringste Landmann! Und wenn der Fremde seinen Stiefel draufsetzt, wie bitter werden dann die internationalistischen Schlagworte! In diesen letzten Jahren, als ich es spürte, wie die Austro-Boche-Miasmen sich in der Kunst ausbreiteten, hätte ich mehr Ansehen haben mögen, um meine Bedenken hinauszuschreien und vor der Gefahr zu warnen, in die wir arglos hineinliefen. Wie konnten wir daran vorbeisehen, daß es diesen Leuten um die Vernichtung unserer Kunst ging, so wie sie auch die Zerstörung unseres Landes vorgesehen hatten? Und vor allem dieser Rassenhaß, der erst mit dem letzten Deutschen aufhören wird? Denn ich bin nach wie vor überzeugt, daß die deutschen Soldaten sich selbst forthin weiter erzeugen."[37]

Debussy teilt Strawinsky noch mit, daß der Krieg ihn lange zur Arbeit unfähig gemacht habe, und er bestaunt „den Egoismus eines Goethe, der, wie es scheint, an dem Tag zu arbeiten vermochte, als die Franzosen in Weimar einmarschierten". Er selbst hingegen habe sich erst langsam endlich durchringen können, „musikalisch zu denken", und versichert: „Ich habe übrigens nur absolute Musik geschrieben: zwölf Etüden für Klavier; zwei Sonaten für verschiedene Instrumente, in unserer alten Form."[38] Allein dieser

Nachsatz verrät etwas anderes: Die bewußte Bezugnahme auf die „alte Form“ der französischen Klassiker ist natürlich nicht ‚losgelöst‘, sondern Gegenreaktion auf die „neuen Inhalte“, die ihm der Krieg bewußtgemacht hat. Aber die Bezugnahme auf die Zeitverhältnisse sollte letztendlich in ganz handfester Weise realisiert werden: Da entstand im Dezember 1915, auf einen eigenen Text, ein kleines Meisterwerk, das *„Weihnachtslied der heimatlosen Kinder“*. Es ist, als naives Gebet für Gesang und Klavier, eine Klage über die unmenschlichen Verwüstungen des Krieges. Debussy verweigerte in diesem Fall eine Instrumentierung mit dem Argument: „Man darf kein Wort von dem Text verlieren, der von der Raublust unserer Feinde eingegeben ist; das ist für mich die einzige Art, Krieg zu führen.“[39] Im Winter 1916/17 begann er mit der Arbeit an einem großen patriotischen Werk für Soli, Chor und Orchester. Es blieb in den ersten Skizzen stecken. Den Text dieser *„Ode an Frankreich“*, die das Schicksal Jeanne d'Arcs heraufbeschwor, schrieb Louis Laloy. Gleichwohl ist das Stück zehn Jahre nach Debussys Tod in einer stümperhaften Instrumentierung vervollständigt und aufgeführt worden.
Als das künstlerisch gewichtigste Vermächtnis Debussys im Sinne eines politischen Bekenntnisses aus der Kriegszeit besitzen wir schließlich drei Stücke für zwei Klaviere, die 1915 entstanden und unter dem seltsamen Titel *„En blanc et noir“* – In weiß und schwarz – veröffentlicht wurden. Er ist mehrdeutig und bezieht sich wahrscheinlich ebenso auf die Beschäftigung mit Goyas „Caprichos“ wie auf die Farben der Klaviertastatur. Und warum sollte er nicht Symbol sein für Frieden und Krieg? Denn damit haben die drei musikalisch großartig kühnen und schwierigen Stücke unmittelbar zu tun. Dem ersten ist als Motto ein Vers aus Gounods Oper „Romeo und Julia“ vorangestellt: „Wer an seinem Platz bleibt – und den Tanz nicht mitmacht – gesteht leise ein – daß er etwas dagegen hat.“[40] Angespielt wird wohl damit auf jene, die sich aus dem Krieg herauszuhalten oder an ihm zu bereichern suchen. Wirklich hört man eine zwischen mechanischer Etüde und wollüstigem Tanz changierende Musik des falschen Friedens, einer frivolen Eleganz und „schäbigen Lebensfreude“ (würde Eisler gesagt haben). Das zweite Stück dagegen bringt eine Musik des Krieges.

Claude Debussy, „En blanc et noir“ für 2 Klaviere, 2. Satz: Lent. Sombre

Es ist einem gefallenen Bekannten, dem Leutnant Jacques Charlot, postum gewidmet. Das Motto wurde François Villons „Ballade gegen die Feinde Frankreichs" entnommen und lautet:

> „Mein Fürst, von Aeolsknechten sei der Wicht
> verschleppt in Glaukus' Wälder wild und dicht;
> ihm blühe Frieden nicht an Hoffnungsranken;
> denn er kennt wahrlich Zucht und Tugend nicht,
> wer übel will dem Königreich der Franken!"[41]

Und was darauf musikalisch folgt, ist eine wahrhaft „schwarze" Schilderung des Krieges – sogar mit drastisch programmatischen Insignien: Es beginnt als eine Art Trauermarsch, durchsetzt mit militärischen Signalen und einem Grollen von Geschützen. Dann folgt ein dumpfer, sich verkrampfender Tumult, einerseits geführt vom mißtönigen Zitat des Luther-Chorals „Ein feste Burg ist unser Gott" als tönende, dröhnende „Allegorie des imperialistischen Deutschland"[42], andererseits gekontert durch eine schlichte altfranzösische Weise. An seinen Verleger schrieb dazu Debussy: „Sie werden sehen, was aus der Lutherschen Hymne zu machen ist, wenn sie sich unklugerweise in ein französisches Capriccio verirrt. Gegen Ende stimmt ein bescheidenes Glockenspiel eine vorzeitige Marseillaise an; wobei ich mich wegen des Anachronismus entschuldige; er ist zulässig in einer Zeit, da die Pflastersteine auf den Straßen, die Bäume in den Wäldern von diesem zahllosen Gesang erbeben."[43] Debussy hegte also keinen Zweifel über die Frage, wer in diesem Krieg siegen würde. Vor allem wären es die Friedenswerke der Musik, einer freien, frühlingshaften, offenen und jubelnden Musik, wie sie das letzte Stück des Klavierzyklus wohl erträumt. Sie ist Strawinsky gewidmet in dem Sinne, wie er ihm schrieb: Sie öffnet die Fenster der Schönheit, dem wahren Sinn des Lebens, wenn der Lärm der Kanonen verstummt ist. Aber diesen Frieden sollte Debussy nicht mehr erleben – und ihm wäre wohl auch wieder schwergefallen, sich darin zurechtzufinden.

1 Claude Debussy, Einsame Gespräche mit Monsieur Croche, Leipzig 1971, S. 30.
2 Anatole Baju, Aux lecteurs, zit. nach: Der Untergang der romantischen Sonne. Ästhetische Texte von Baudelaire bis Mallarmé, Leipzig/Weimar 1980, S. 254.
3 Zit. nach Paul Verlaine, Poetische Werke (Nachwort), Leipzig 1977, S. 572.
4 Stephane Mallarmé, Sur l'evolution littéraire, zit. nach: Der Untergang der romantischen Sonne, a. a. O., S. 251.
5 Ebd.
6 Sigmar Löffler, Nachwort zu Verlaine, Poetische Werke, a. a. O., S. 567.
7 Debussy, zit. nach Heinrich Strobel, Claude Debussy, Zürich 1940, S. 104.
8 Eberhardt Klemm, Vorwort zu Claude Debussy, Einsame Gespräche, a. a. O., S. 20.
9 Heinrich Strobel, a. a. O., S. 104f.
10 Debussy, Die Oper, in: Einsame Gespräche, a. a. O., S. 50.
11 Ebd.
12 Vgl. Jean Barraqué, Claude Debussy in Selbstzeugnissen und Bilddokumenten, Hamburg 1964, S. 12, Anmerkung.
13 Deutsche Übertragung nach „Ariettes oubliées", hg. von Reiner Zimmermann, Edition Peters Nr. 9236.
14 Debussys Vortragsbezeichnung des Liedes.
15 Deutsche Übertragung nach „5 Poèmes de Baudelaire", hg. von Reiner Zimmermann, Edition Peters Nr. 9235.
16 Deutsche Übertragung nach „Proses lyriques", hg. von Reiner Zimmermann, Edition Peters Nr. 9239.
17 Debussy, zit. nach Léon Vallas, Debussy und seine Zeit, München 1961, S. 193f.
18 Debussy, Einsame Gespräche, a. a. O., S. 27.
19 Ebd.
20 Debussy, Volkstheater, in: Einsame Gespräche, a. a. O., S. 71.
21 Ebd., S. 72.
22 Ebd., S. 73.
23 Ebd., S. 74.
24 Debussy, zit. nach Programmheft der Inszenierung „Pelleas und Melisande", hg. von den Bühnen der Stadt Köln, S. 14.
25 Michael Rothacker, Versuch einer Interpretation der Symbole in Maeterlincks „Pelleas und Melisande", in: Programmheft der Inszenierung Städtische Bühnen Freiburg 1974/75, S. 8.
26 Debussy, zit. nach Léon Vallas, a. a. O., S. 350.
27 Ebd., S. 351.
28 Vgl. Pierre Boulez, Die Korruption in den Weihrauchfässern, in: Anhaltspunkte. Essays, Kassel 1979, S. 12f.

29 Deutsche Übertragung nach „Sechs Lieder nach Verlaine", hg. von Reiner Zimmermann, Edition Peters Nr. 9237.
30 Debussy, zit. nach Strobel, a. a. O., S. 119.
31 Ebd., a. a. O., S. 129.
32 Debussy, Edvard Grieg in: Einsame Gespräche, a. a. O., S. 85.
33 Léon Vallas, Claude Debussy und seine Zeit, a. a. O., S. 388.
34 Debussy, zit. nach Vallas, a. a. O., S. 388.
35 Ebd., S. 389.
36 Léon Vallas, a. a. O., S. 390.
37 Debussy, zit. nach Katalog der 30. (West-) Berliner Festwochen 1980 „Opus Strawinsky", S. 91.
38 Ebd.
39 Debussy, zit. nach Vallas, a. a. O., S. 402.
40 Deutsche Übersetzung zit. nach Debussy, Klavierwerke Bd. IX, hg. von Eberhardt Klemm, Edition Peters Nr. 9078i.
41 Ebd.
42 Ebd., Vorwort von Eberhardt Klemm, S. IV.
43 Ebd.

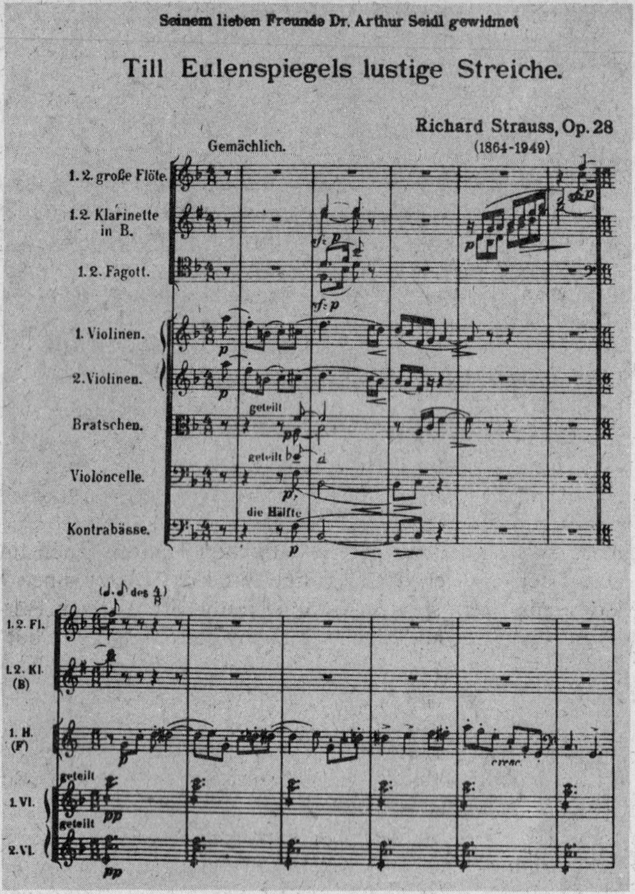

Richard Strauss, „Till Eulenspiegels lustige Streiche", Sinfonische Dichtung op. 28

DER GLEICHMÜTIGE LEIDET NICHTS

Richard Strauss

1

Es war einmal, zu Zeiten des Kaisers Wilhelm II., ein junger Münchner Hofkapellmeister namens Richard Strauss, der komponierte auch ein brillantes sinfonisches Orchesterstück und nannte es *„Till Eulenspiegels lustige Streiche"*. Werk und Autor wurden rasch weltbekannt, so daß bald jeder gebildete Musikliebhaber zu wissen glaubte, was der Komponist hatte darstellen wollen: nämlich pikante und provokante Episoden aus dem volkstümlichen Narrenleben mit gewaltsam tödlichem Ausgang. Doch Strauss verstand sich niemals als musikalischer Historienmaler: Die illustrative Darstellung war ihm stets auch Anlaß und Mittel, seiner eigenen sozialen Befindlichkeit Ausdruck zu geben. Im *„Till"* porträtiert er sich als vitalen, draufgängerischen, nonchalanten Künstler, der mit gesellschaftlichen Konventionen im „Land der Philister, der Dummheit und der Denkfaulheit"[1] (so Strauss) sein spöttisches Spiel treibt. Strauss, den Herkunft, Naturell und Talent zeitlebens der Sonnenseite bürgerlicher Existenz zugehörig machten, spürte weder Neigung noch Nötigung, der Gesellschaft anders als mit naiv-humoriger, spielerisch-gutmütiger Kritik einzelner Aspekte zu begegnen. Bestehende Strukturen in Frage zu stellen, seine sicheren Positionen aufs Spiel zu setzen, war seine Sache nicht.

Genau dieses Programm einer angepaßten, epikureischen politischen Philosophie ist früh mit dem *„Till Eulenspiegel"* objektiviert: Der einzelne Künstler, der sich auch nur in der Narrenkappe zur gesellschaftlichen Provokation hervorwagt, hat unvermeidlich mit der kollektiven, organisierten Rache der so angegriffenen Herrschenden zu rechnen. Wer wie Till sich nicht in die Flucht schlagen läßt, darf vernichtet werden. Strauss scheint das früh verstanden und als fait accompli gerechten gesellschaftlichen Verkehrs akzeptiert zu haben, denn sonst würde er die Till-Geschichte nicht so heiter-distanziert, nicht als märchenhaft raunendes Gleichnis eines im Grunde bewältigten Problems vortragen. Gesellschaftskritische Impulse, soziale Fragestellungen, politische Meinungsäußerungen verdrängte er hinfort mit radikaler Konsequenz aus seinem Werk in dem Maße, wie er als Person zum offiziellen nationalen Repräsentanten avancierte, sich zum Spät-Klassiker eines großbürgerlichen Schönheitskults berufen fühlte und aus dem kommerzialisierten Musikbetrieb erhebliche private Gewinne herausschlug. Als der bekannteste deutsche Komponist seiner Epoche und als ein hoch favorisierter Exponent seiner bürgerlichen Klasse glaubte er allen Ernstes, jenseits von Gut und Böse leben und arbeiten zu können. Ein irgendwie entschiedenes politisches Bewußtsein hielt er daher für entbehrlich; der Instinkt für den sozialen Inhalt politischer Verhältnisse oder Vorgänge ging ihm weitgehend ab; und es mußten diese schon seine Privatinteressen drastisch berühren, ehe er sich zu einer wiederum privaten, gereizten Reaktion verleiten ließ. In Strauss' Leben blieb Politik also eine quantité négligeable. Um so besser dafür konnte seine Kunst dem politischen Kalkül verfügbar werden und den wechselnden politischen Systemen zu deren Legitimation und humanistischer Staffage dienen.

2

Nur wenig hat bisher allerdings das zunehmend kritische Bewußtsein um die problematische, neutralisierende Funktionstüchtigkeit des Straussschen Gesamtwerks seinem schillernden Ruhm und seiner suggestiven Beliebtheit beim breiten Konzert- und Opernpublikum Abbruch tun können. Namentlich einige der frühen Sinfonischen Dichtungen bewahren sich neben *„Rosenkavalier"* und *„Arabella"*, *„Salome"* und *„Elektra"* einen anhaltend durchschlagenden Erfolg und gelten nicht zu Unrecht bei Interpreten und Hörern als Glanzpunkte einer aufregend virtuosen, blendend sinnlichen Musiziergesinnung. Trotz solcher glitzernder Pracht und der unleugbaren Verführungsgewalt der Straussschen Musik, trotz der spezifischen Genußfunktion des vordergründig Interpretatorischen entdeckt das scharfe Ohr jedoch auch andere, wesentlichere Züge: ihren dekorativen, maskenhaften Charakter, ihr ebenso selbstgefälliges wie gefallsüchtiges Arrangement, ihren redseligen, ebenso pastosen wie pompösen Tonfall. Wer diese Musik, nach dem Willen ihres Schöpfers, wohlig erschauernd und entzückt verdaut, sollte nicht vergessen, daß ihm Gaumen und Magen zwar von einem genialen, aber nichtsdestoweniger durchtriebenen und effektvoll würzenden Gastronomen gereizt werden. Er sitzt zu Gast an einem üppig gedeckten bürgerlichen Tische, bei einem satten, erfolggewöhnten, charmant plaudernden Hausherrn, dem der Glaube an private und gesellschaftliche Sekurität das Nachdenken über die Konflikte und Miseren der wirklichen Welt stets ersetzt hat. Dessen idealisches Weltbild und idyllischer Modus vivendi überreden zur Teilhabe und Mitsprache innerhalb der eben bestehenden „Ordnungen“, zum geflissentlichen „Arrangement“ zwischen dem gesellschaftlichen „Oben“ und „Unten“, zwischen den Völkern und Zeiten, zwischen Mythos und Wirklichkeit, zwischen dem Künstler und Bürger, zwischen hoher künstlerischer Poesie und den prosaischen Niederungen des täglichen Lebens.

Als Musiker kennt Strauss Konsequenz nur insofern, als er unter den wechselnden spätbürgerlich-imperialen Regimes während seines langen Lebens der Euphorie einer Kunst „für alle“ nachhing, einer Kunst besser für alle diejenigen, die willens und in der Lage waren, sein zahlendes Publikum zu werden. Diesem gewiß edlen, wenn auch trügerischen Anspruch beugte er willig das Arsenal seiner künstlerischen Mittel und borgte und schliff im weiten Umkreis des musikgeschichtlichen Feldcs solche Materialien, die die eigene Produktion repräsentativ legitimieren halfen. Auf der ständigen Suche nach zugkräftigen literarischen Sujets vagiert Strauss einigermaßen hilflos zwischen Banalem und Wertvollem. Daß er sich eher instinktiv dann doch oft der Aura bedeutender Dichter und weltliterarischer Sujets unterwarf, kennzeichnet deutlich genug seinen Anspruch auf Glaubwürdigkeit und Verankerung in großer Tradition, insgeheim aber wohl auch die Furcht vor dem Mißlingen eigenständiger, musikalisch-konstruktiver Potenzen. Ähnliches gilt für die Selbstaufwertung der Straussschen Privatperson, deren Belange ihm relevant genug erschienen, um in Musik transferiert zu werden, und die, hinter der biedermännischen Maske die genialische Anmaßung versteckend, in eine gleichsam überhöhte Wirklichkeit, zum „Heldenleben“

aufgestockt, dem öffentlichen Interesse anempfohlen wird.

Sein mondäner Über-Blick, sein opportunistischer Egoismus und das utilitäre, pragmatische Schaffenskonzept hinderten Strauss, je länger, desto mehr, durch sein Wirken ein adäquater Seismograph oder gar Kritiker zumindest der bürgerlichen Lebensproblematik und der konfliktreichen, ja katastrophalen Entwicklungen seiner Zeit zu sein. Hatte der Komponist durch seine Parteinahme für und seinen kühnen aktiven Eingriff in die zu Ende des 19. Jahrhunderts sich etablierende musikalische Moderne führend und verändernd mit eingegriffen, so verlief das Weitere, die eigentliche Herausbildung einer „Neuen Musik", deren Voraussetzungen er mitgeschaffen hatte, hinter seinem Rükken. Nicht nur, daß er gegenüber den neuen kompositorischen Standards nach 1910 relativ zurückgeblieben wäre und wenigstens sein eigenes technisches Niveau differenzierend verwaltet hätte, sondern er opferte selbst dieses Können mit zunehmendem Alter einem eleganten, gepflegt kulinarischen Klassizismus, der zwar vollendet dem gehobenen künstlerischen Luxusbedürfnis einer bürgerlichen Spätzeit gerecht zu werden, jedoch kaum mehr jene künstlerischen und sozialen Umbrüche zu registrieren vermochte, durch die eingreifende gesellschaftliche Alternativen historisch akut wurden. Strauss' Abgleiten in künstlerische Unverbindlichkeit und stilistische Promiskuität ist nicht zuletzt der Preis, den er für seine mangelnde weltanschauliche Festigkeit und für seine emphatische politische Abstinenz zu zahlen hatte. Damit soll der fortschreitende Prozeß der Entfremdung des Komponisten von den Forderungen des jeweils progressiven Zeitgeistes, wie ihn auch linke bürgerliche Künstler artikulierten, betont werden. Denn ungeachtet seiner prinzipiellen Neigung zum „unverantwortlich kegelspielenden Sonntagskind der Kunst"[2] (wie ihn Thomas Mann charakterisierte), seiner Blindheit inmitten der krassen sozialen und politischen Krisen und Desaster der Bürgerwelt, gehört er wenigstens in seiner ersten großen Schaffensetappe, mit einer Reihe von Sinfonischen Dichtungen, den Opern *„Salome"* und *„Elektra"*, zu den fortschrittlichen Gestalten der musikhistorischen Entwicklung und zu den führenden Gestaltern des damals modernen, nervös-versachlichten, kritisch-beunruhigenden Lebensgefühls. *„Don Juan“* und *„Till Eulenspiegel“* verfolgen ein deutlich antiphiliströses Programm, während bei *„Tod und Verklärung“*, dem *„Zarathustra“* und mit der *„Sinfonia domestica“* bereits auch jene Züge des dekorativ Monumentalen und Selbstgefälligen entwickelt sind, die die aggressive Militanz der wilhelminischen Epoche um die privatisierende *„Heldenleben“*-Idyllik bereichern. Auf die Katastrophe des ersten Weltkrieges schließlich weiß Strauss nicht anders zu antworten als mit dem kitschig-monströsen Naturbild der *„Alpensinfonie“*, mit einer *„Josephslegende“* und dem allegorischen Weltspiel der *„Frau ohne Schatten“*. Es sind dies nicht nur Endpunkte romantizistischer Epochenerfahrung, es sind Absagen auch an gesellschaftlich eingreifende Kunst.

3

Der Komponist, 1864 in München geboren, wuchs in einer Atmosphäre von Wohlstand und Bildung auf: Er befand sich von Kindheit an in konziliaiter Übereinstimmung mit seiner Umgebung und lebte in gleichsam unbefragter Harmonie mit der Gesellschaft, in die er hineinfand, mit der er prosperierte und expandierte. Denn die ökonomischen Verhältnisse der letzten drei Jahrzehnte des 19. Jahrhunderts waren, wie der Strauss-Biograph Otto Erhardt schreibt, „gekennzeichnet durch einen beispiellosen wirtschaftlichen Aufschwung und Unternehmungsgeist, die sich in einem ungezügelten Gründungsfieber kundgaben und in skrupellose Spekulation ausarteten. Der Merkantilismus streckte seine Fühler nach ganz Mitteleuropa aus, das Utilitätsprinzip bestimmte immer krasser die Lebensauffassung, die sich zusehends auf Komfort und Luxus einstellte und sich, im umgekehrten Verhältnis zur kulturellen Bildung, in bedrohlichem Maße veräußerlichte. Der Umschichtung der Gesellschaftsklassen entsprechend, begannen die sozialen Gegensätze sich immer akuter zu verschärfen.“[3] Davon freilich nahm Strauss, der zielstrebig an seiner Karriere als Komponist und Dirigent baute, kaum Kenntnis. Vielmehr assimilierte er unanstößig jene geistigen Haltungen, die für das durchschnittliche gehobene Bürgertum damals im Kaiserreich typisch waren: Loyalität zum

Herrscherhaus, Glauben an die wirtschaftliche Sekurität, Stolz auf den Sieg der deutschen Waffen, viel Germanophilie und ein wenig nationaler Chauvinismus. Er lebte nach dem deutschen Tugendkodex – Sauberkeit, Pünktlichkeit, Fleiß, Leistungswille, Anpassung an die politischen Mehrheitsverhältnisse –, um das für ihn wichtigste Ziel, die persönliche, ökonomische und künstlerische Superiorität, zu erreichen. Smarter Bürgerstolz und Laxheit in religiösen Fragen gehören ebenso zu seinem Charakterbild wie der traditionelle, alltägliche Antisemitismus. Schon der Jugendliche fand nichts dabei, einen schlechten Pianisten als „Blitzjuden" und „jüdischen Schlamperer"[4] zu disqualifizieren, oder von der Stadt Frankfurt am Main festzustellen, sie sei „bis auf die arg vielen Juden ... ein reines Paradies"[5]. Strauss, der immer spürte, was en vogue war, suchte auch in seinen Bekanntschaften das Establishment und die offiziellen Kreise, Kaufleute, Bankiers, Diplomaten, die staatstragenden Künstler. Er hatte als Bayer keine Mühe, sich in der preußischen Reichshauptstadt wohlzufühlen, als ihm der Papa 1883 „einen Winter Berlin" spendierte. Er bewunderte die glanzvolle Fassade, studierte eifrig wilhelminische Kollossal-Ästhetik etwa bei dem Bildhauer Reinhold Begas, dem Schöpfer zahlreicher monumentaler Bauwerke, bei dem Maler Carl Becker, dem Hauptvertreter der Berliner Historienmalerei, oder bei Anton von Werner, dem offiziellen Hof- und Kriegsmaler des Kaiserreichs.

Es versteht sich, daß ein Komponist wie Strauss, ausgestattet mit einer solchen Assimilationsbereitschaft und kooperativen Mentalität, sein Können auch gelegentlich in den Dienst politischer oder kulturpolitischer Repräsentation stellte, wenn es ihm opportun schien. Dabei handelt es sich allerdings ausnahmslos um Gelegenheitswerke, deren protziger, kraftmeiernder, hymnisch-militanter Ton zwar einen latenten Grundzug des Straussschen Wesens decouvriert, aber doch den Charakter des uninteressiert Nebensächlichen und Beiläufigen auch nicht verhehlt. Es wurde Musik des pflichtschuldigen, untertänigen, auf persönlichen Vorteil berechneten Gehorsams. Beispielsweise hatte er als Weimarer Hofkapellmeister zur Goldenen Hochzeit des Großherzogpaares eine dreiteilige Festmusik für Orchester nach historischen Schlachtenszenen zu komponieren. Diese

Bilder wurden während der Aufführung von Pantomimen als „Living pictures" nachgestellt. Mehrere Musiken zur Glorifizierung preußisch-teutonischen Großmachtstrebens entstanden vor allem während seiner fast zwanzigjährigen Tätigkeit als Erster Königlich-Preußischer Hofkapellmeister, so 1906 der markige *„Bardengesang"* für drei Männerchöre und Orchester nach Texten aus Klopstocks „Hermannsschlacht", ebenfalls 1906 zwei Militärmärsche, die als Nr. 113 und 114 in die offizielle Sammlung der preußischen Armeemärsche aufgenommen wurden, dann 1909 abermals zwei Parademärsche für das Regiment Königsjäger zu Pferde und einen Königsmarsch für Orchester, „seiner Majestät dem Kaiser und König Wilhelm II. in tiefster Ehrfurcht gewidmet"[6], wofür sich der Monarch allerdings nur mit dem Kronenorden III. Klasse revanchierte. Noch einmal 1909 komponierte Strauss eine schlagkräftige Harmoniemusik, den *„Festlichen Einzug der Ritter des Johanniterordens"*, einer weltlichen Adelsgemeinschaft unter Führung des Kaisersohnes Eitelfriedrich von Preußen. Über den Anlaß hinaus wurde das Stück durch eine Textierung verbreitet, die Wilhelm II. als Friedensfürsten lobpreist. Ähnlichen offiziösen Verpflichtungen oblag schließlich der greise Meister, als er 1936 für die Eröffnungsfeier der Berliner Olympischen Spiele eine *„Hymne"* für Massenchor und Orchester verfaßte und 1940 für die Achsenmacht Japan eine monströs schillernde *„Festmusik"* zur Feier des 2600jährigen Bestehens des fernöstlichen Kaiserreiches in Tokio uraufführen ließ.

Die hochrangigen Ämter und sein Bedürfnis nach einer Rolle als nationaler Repräsentant, als Erbe der heroisierten deutschen Musik, brachte Strauss natürlich immer wieder in Kontakt zu den politischen Führern verschiedenster Couleur. Während er zu einigen Lenkern des Nazistaates später im wohlverstandenen wechselseitigen Zweck-Interesse beste Beziehungen unterhielt, gestaltete sich das Verhältnis zu Wilhelm II., seinem obersten Berliner Dienstherren bis 1918, eher kühl und reserviert. Denn „beider Charaktere waren zu verschieden beschaffen, als daß es zu einem wirklich ersprießlichen Verstehen zwischen Fürst und Künstler hätte kommen können. Der Kaiser wußte seinen ersten Kapellmeister als glänzenden und repräsentativen Musiker zu schätzen. Im Hinblick auf dessen Schaffen paßte ihm aber die ganze Richtung nicht. Strauss ließ es nie an der vorschriftsmäßigen Korrektheit fehlen, ohne sich etwas zu vergeben oder gar in Servilismus zu verfallen. Mitunter riskierte er auch ein offenes Wort, das freilich nicht auf günstigen Boden fiel."[7] Ein hierfür sehr charakteristisches, salopp-verbissenes und komisches Zwiegespräch hat Romain Rolland in seinen Lebenserinnerungen mitgeteilt: „Wilhelm II. läßt Strauss kommen und fixiert ihn mit zusammengezogenen Brauen: ‚Sie sind auch einer von diesen modernen Musikanten?' Richard verneigt sich. ‚Ich habe Schillings ›Ingvelde‹ gehört: das ist scheußlich: es hat keine Melodie!' ‚Verzeihung, Majestät, es liegt eine Melodie darin, aber sie ist in der Polyphonie verborgen.' Der Kaiser sieht ihn streng an: ‚Sie sind einer von den Allerschlimmsten.' Wieder Verneigung. ‚Die ganze moderne Musik ist nichts wert; sie hat keine Melodie.' Dieselbe Gebärde. ‚Ich habe den ›Freischütz‹ lieber.' ‚Majestät, ich habe auch den ›Freischütz‹ lieber!' ‚Verdis ›Falstaff‹ ist scheußlich.' ‚Majestät, Verdi ist 84 Jahre alt, und es ist sehr schön, wenn der Schöpfer des ›Troubadour‹ und der ›Aida‹ sich so verjüngt, daß er ein geniales Werk wie ›Falstaff‹ komponieren kann!' ‚Ich hoffe, Sie werden mit 84 Jahren bessere Musik schreiben!'"[8] Und Rollands Kommentar zu dieser Szene: „Viel Humor auf beiden Seiten, und seitdem hat man schlimmere Tyrannen gesehen."[9]

4

In bezug auf soziale Fragestellungen begegnen uns bei Strauss durchaus widerspruchsvolle Züge. Es sind hinlänglich seine unermüdlichen Bemühungen und Erfolge bekannt, dem Musikerstande in Deutschland zu größerer sozialer Sicherheit zu verhelfen. Den ersten bedeutenden Anstoß zur Tantiemenregelung gab er mit der Gründung der Genossenschaft deutscher Tonsetzer im Jahre 1898. Man kann in diesem Zusammenhang auch auf einige Liedvertonungen sozial engagierter Lyrik von Richard Dehmel oder Karl Henckell verweisen, um Strauss ein gewisses, wenn auch peripheres Interesse an solchen Problemen zu attestieren. Aber sie stehen eben auch in keiner gewichti-

gen Relation zu seinen Hauptarbeiten, die nun ihrerseits wenig von einer ausgeprägt altruistischen Gesinnung erkennen lassen. Denn Strauss pochte im Grunde auf den Egoismus des Genies, getreu den Lehren Schopenhauers und Nietzsches – den gewiß wichtigsten Protagonisten seiner Jugendbildung. Im Zusammenhang mit diesen beiden Modeautoren, weil ähnlichen Sinnes, kam auch Max Stirners „Der Einzige und sein Eigentum" wieder zu Ehren, ein Buch, das theoretisch den Anarchismus begründete und in revolutionärer Phraseologie einem schrankenlosen Individualismus huldigt, wie dies zuerst Marx und Engels in der „Deutschen Ideologie" (natürlich ohne Wissen unseres Meisters) aufdeckten. Dieses Buch nun wurde für Strauss zu einem ethischen Schlüsselerlebnis, und die Lektüre brachte ihn dazu, das bereits fertige Textbuch zu seiner ersten Oper *„Guntram"* ideologisch zu revidieren. Er läßt den Helden, einen fast selbsterfundenen mittelalterlichen Minnesänger, eine radikale Absage an kollektive Problemlösungen und den Hymnus des absoluten Selbsthelfertums formulieren, dem nur seines eigenen „Geistes Gesetz" als Richtschnur und Rechtsgrundsatz der Lebensmoral gilt.
Solche Überzeugungen prägten letztlich auch Strauss' fatales Demokratieverständnis noch in Sachen der Kunst, beispielsweise, als er sich 1912 öffentlich gegen *„Parsifal"*-Aufführungen außerhalb Bayreuths engagierte. Seine Haltung hat damals Erich Mühsam wie folgt glossiert: „Strauss will den ‚Willen des Genies' als oberstes Gesetz über alle öffentlichen Maßnahmen aufstellen. Er beschimpft die Juristen und Politiker, weil ihnen das Verständnis für die ‚unbeschränkten Rechte des geistigen Eigentümers' fehlt. Es muß aber gesagt werden, daß ein Künstler, der sein Werk überhaupt veröffentlicht, damit die Allgemeinheit schon zum Miteigentümer macht ... Strauss entsetzt sich bei dem Gedanken, daß eines Tages der Fall eintreten kann, daß jeder Spießbürger, ‚statt fortwährend in den Kintopp und in Operetten zu gehen, auch für die 50 Pfennig den ›Parsifal‹ hören' werde ... Die Exkursionen des Dr. Strauss ins Politische sind reichlich komisch. Er beschimpft das ‚blöde allgemeine Wahlrecht' und wünscht stattdessen eines, bei dem etwa ‚die Stimme eines einzigen Richard Wagner hunderttausend und ungefähr zehntausend Hausknechte zusam-

men eine Stimme bedeuten' ... Ach lieber Herr, ein Wahlrecht ist so blöd wie das andere. Ob die Hausknechte das Genie vergewaltigen oder ob das Genie das ganze Volk zu seinem Hausknecht machen möchte, macht wenig Unterschied. Traurig und jammervoll ist nur, daß zwischen Volk und Genie gar kein Zusammenhang besteht. Ist Wagners Genie so volksfremd, daß sein Werk nur unter Ausschluß der Öffentlichkeit gedeihen kann, so soll man das Volk nicht schmähen, das ihm keine Extrawürste brät."[10]

Gegenüber den Ereignissen des ersten Weltkrieges bewahrte Strauss „ehrfurchtsvolles Stillschweigen"[11]. Er verstand eigentlich nicht, was da vorging, enthielt sich jeder öffentlichen Stellungnahme, vergrub sich in Arbeit und monierte gewisse äußerliche Störungen. An den Kriegsbeginn erinnert er sich wie folgt: „Am 1. August 1914 beschlagnahmten die Engländer mein bei Edgar Speyer in London liegendes Vermögen – die Ersparnisse dreißigjähriger Arbeit. Acht Tage lang war ich reichlich deprimiert, dann fuhr ich in meiner soeben begonnenen *‚Frau ohne Schatten'* weiter und begann ein Leben mühsamen Geldverdienens von vorne."[12] Ohne seine Arbeit, bemerkte er, „käme man um vor Ärger über die Talentlosigkeit unserer Diplomatie, unserer Presse" und all der „Würdelosigkeiten, die man sich zuschulden kommen läßt ... Wer wird aus diesem deutschen Volke klug, dieser Mischung von Talentlosigkeit und Genie, Heroismus und Bedientenhaftigkeit?"[13] Ihm war der aufgeblähte Patriotismus dieser Jahre zuwider, auch wenn er sich gelegentlich vor den „glänzenden Taten" der Armee und den „tapferen Truppen im Felde"[14] verbeugte. In einem Brief von 1917 beklagte er, daß Künstler wie er und Hofmannsthal „Rücksicht nehmen müssen auf Menschen, denen die große Zeit nur Vorwand ist, um ihre eigenen mittelmäßigen Leistungen an die Oberfläche zu bringen, die gute Gelegenheit sehen, wirkliche Künstler als hohle Ästheten und schlechte Patrioten zu verschreien"[15]. Es sei widerlich, heißt es weiter, „in den Zeitungen von der Regeneration der deutschen Kunst zu lesen, ... zu lesen, wie Jungdeutschland gereinigt und geläutert aus diesem ‚herrlichen' Krieg zurückkehren soll, wo man froh sein kann, wenn die armen Kerle erst von Lausen und Wanzen gereinigt und von allen Infektionen geheilt und erst wieder des Mordens entwöhnt werden müssen. Wenn man sich bewußt ist, wie ernst man es immer mit seiner Kunst genommen hat (auch wenn man wirklich mal ein Ballett zuerst in Paris aufgeführt hat), dann faßt einen ein wahrer Ekel vor all der Heuchelei und Ignoranz."[16]

In gleicher Weise wie mit dem wilhelminischen Deutschland arrangierte sich Strauss auch mit dem liberalen Regime der Weimarer Republik, das ihn natürlich in seiner glanzvollen Spitzen-Position bestätigte und förderte. Und es gab in den „kulturtragenden" Schichten wohl niemand, der ihm diese Rolle ernsthaft bestritten hätte. „Ein Musiker", notierte Thomas Mann 1926, „darf einfach sein, was er ist, er hat die reine Erlaubnis zur Naivität. So etwa ist Richard Strauss Repräsentant und Exponent der bürgerlichen Kultur und nichts weiter – es ist genug."[17] Dies mußte jedoch sofort zum Problem und zur höchst fragwürdigen Haltung werden, als sich die politischen Verhältnisse 1933 auf brutale, reaktionäre Weise veränderten. Da er unter der Herrschaft der Faschisten ebenfalls keine Veranlassung sah, seine politische Neutralität aufzugeben und Loyalität nach außen mit verschwiegener, innerlicher Distanzierung zu paaren wußte, erschien Strauss in den Augen der plötzlich „entarteten" Zeitgenossen allmählich als Kollaborateur oder doch zumindest als Argumentationsinstrument der nazistischen Kulturpolitik. Er selbst vermied jegliches kritische Wort, posaunte aber manches apologetische, war aufs lukrativ vorteilhafte Durchkommen bedacht und fügte sich willig den Riten staatlicher Ehrungen, die sich die Nazis mit Blick (und Ohr) auf sein Werk freilich nicht entgehen ließen. Daß es dennoch Spannungen und Verstimmungen zwischen Partei und Künstler gab, erfuhr die Welt erst später und zumeist nicht von seiner Seite.

5

In der trügerischen Hoffnung, über den Dingen zu stehen, übernahm Strauss 1933 die Präsidentschaft der „Reichsmusikkammer", um, wie er an Stefan Zweig, den Librettisten seiner *„Schweigsamen Frau"*, schrieb, „Ärgeres zu verhüten".[18] Daß er mit der arischen Musikpolitik bereits 1934 wenig gemeinsam hatte, geht etwa aus der Art hervor, wie er sich von einer Sitzung dispensierte: „Ich kann am 16. Oktober unmöglich in Berlin sein ... Ich höre, daß der Arierparagraph verschärft werden soll und ‚Carmen' verboten. An derartigen weiteren Blamagen wünsche ich als ‚Verfemter des Geistes' mich sowieso nicht aktiv zu beteiligen. Meine Zeit ist mir zu kostbar, um mich an diesem Dilettantenunfug weiter zu beteiligen."[19] Andererseits wieder sprang er als Dirigent, so in Bayreuth, bereitwillig ein, als berühmte Kollegen, wie Bruno Walter oder Arturo Toscanini, Berufsverbot erhielten oder aus Protest absagten.

Ein gewisses, beileibe kein helles Licht über den tatsächlichen Ernst der Situation ging ihm erst 1935 auf, nachdem er es abgelehnt hatte, sich von Stefan Zweig zu trennen. Der Gestapo war kurz vor der Uraufführung der *„Schweigsamen Frau"* ein Brief Strauss' an Zweig in die Hände gefallen und Hitler überstellt worden, mit der Folge, daß die Naziführung dem festlichen Ereignis fernblieb, die Oper nach drei Vorstellungen endgültig verbot und Strauss zwang, als Präsident der Reichsmusikkammer zu demissionieren. Dieser Brief dokumentiert am besten, welche Haltung der alternde Komponist gegenüber dem Naziregime innerlich einnahm: „Glauben Sie", heißt es, „daß ich jemals aus dem Gedanken, daß ich Germane (vielleicht, qui le sait) bin, bei irgendeiner Handlung mich habe leiten lassen? Glauben Sie, daß Mozart bewußt ‚arisch' komponiert hat? Für mich gibt es nur zwei Kategorien Menschen; solche die Talent haben und solche die keins haben, und für mich existiert das Volk erst in dem Moment, wo es Publikum wird. Ob dasselbe aus Chinesen, Oberbayern, Neuseeländern oder Berlinern besteht, ist mir ganz gleichgültig, wenn die Leute nur den vollen Kassenpreis bezahlt haben ... Wer hat Ihnen denn gesagt, daß ich politisch so weit vorgetreten bin? Weil ich für ... Bruno Walter ein Concert dirigiert habe? Das habe ich dem Orchester zuliebe getan. Das hat mit Politik nichts zu tun ... Daß ich den Präsidenten der Reichsmusikkammer mime? Um Gutes zu tun und größeres Unglück zu verhüten. Einfach aus künstlerischem Pflichtbewußtsein! Unter jeder Regierung hätte ich dieses ärgerreiche Ehrenamt angenommen, aber weder Kaiser Wilhelm noch Herr Rathenau haben es mir angeboten."[20]

Treuherzig genug schloß Strauss die ganze leidige Affäre für sich ab, indem er ein privates Memorandum verfaßte und am 3. Juli 1935 die Zeit eben einfach „traurig" nannte, „in der ein Künstler meines Ranges ein Bübchen von Minister um Erlaubnis fragen muß, was er komponieren und aufführen lassen darf. Ich gehöre halt auch zur Nation der ‚Bedienten und Kellner' und beneide beinahe meinen rasseverfolgten Stefan Zweig, der sich nun definitiv weigert, offen und geheim für mich zu arbeiten, da er im Dritten Reich keine ‚Spezialduldung' beansprucht."[21] Wie recht behielt doch jener Dichter, der an den gemeinsamen Freund Romain Rolland bereits zwei Jahre zuvor geschrieben hatte: „Er, der Gleichmütige, leidet nichts ..., er macht alle Tage seine vier Seiten gute Musik, und seine Verachtung jeglicher Politik ist wahrhaft souverän."[22]

In den folgenden Jahren ließ Strauss trotz alledem nichts unversucht, sein Verhältnis zu den Machthabern wieder zu verbessern: Er schrieb die *„Olympische Hymne"* und dirigierte allenthalben ohne Honorar, um sich weitere Unannehmlichkeiten zu ersparen und um vor allem für seine Schwiegertochter und Enkel eine solche „Spezialduldung" zu erwirken, da diese nach faschistischen Rassegesetzen als „nichtarisch" galten. Es gelang ihm weitgehend, obwohl die Nazis ihn durch allerlei kleine gezielte Schikanen ihr Mißtrauen spüren ließen. Sie drosselten die Festlichkeiten zum 70. und 80. Geburtstag, sie setzten die Oper *„Friedenstag"* bei Kriegsbeginn ab, sie verweigerten ihm ab 1943 Reisen in die Schweiz oder wollten ihm in Garmisch Einquartierungen von Fliegergeschädigten zumuten. Wieder blieb er auch im zweiten Weltkrieg völlig unbeteiligter Zuschauer der grauenvollen globalen Katastrophe. „Arbeiten wir schweigend weiter", hieß seine Devise abermals, und er beruhigte sich mit Goethes Worten: „Verwirrende Lehre zu verwirrtem Handel waltet über die Welt, und ich habe nichts angelegentlicher zu tun als dasjenige, was an mir ist und geblieben ist, womöglich zu steigern und meine Eigentümlichkeit zu kohobieren."[23] Natürlich, und dies soll betont sein, war Strauss kein erklärter Verteidiger dieses grausamen Krieges. Aber er hätte einen deutschen Endsieg sicher begrüßt, so wie sicher ist, daß er nach vollendeter Niederlage um wenig mehr trauerte als um die zerstörten

Opernhäuser, die seine Stücke nun vorerst nicht mehr spielen konnten.

Die erschreckende Bilanz solcher politischen Fehlorientierung wird besonders deutlich, wenn man sich der Szene erinnert, die Klaus Mann in seinem Lebensbericht notiert. Kurz nach Kriegsende hatte er den greisen Komponisten als amerikanischer Offizier in seiner Garmischer Villa aufgesucht – und befand: „Scham und Takt sind seine Sache nicht. Die Naivität, mit der er sich zu einem völlig ruchlosen, völlig amoralischen Egoismus bekennt, könnte entwaffnend, fast erheiternd sein, wenn sie nicht als Symptom sittlich-geistigen Tiefstandes so erschreckend wäre ... Ein Künstler von solcher Sensitivität – und dabei stumpf wie der Letzte, wenn es um Fragen der Gesinnung, des Gewissens geht! ... Mit sanft-sonorer Stimme teilte er mit, daß die Nazi-Diktatur auch für ihn in mancher Beziehung lästig gewesen sei. Da war zum Beispiel, kürzlich erst, der höchst ärgerliche Zwischenfall mit den Ausgebombten, die in seinem – des Meisters – Haus einquartiert werden sollten. ‚Man stelle sich das vor!' rief er, sehr aufgebracht. ‚Fremde hier, in m e i n e m Heim! ... Mein Appell an Hitler hatte keine Wirkung. Er bestand darauf, daß auch ich Opfer bringen müsse.' ... Und sonst gab es nichts, was er Hitler übelnahm? Doch, noch das und dies, noch mancherlei! Der musikalische Geschmack des Führers war, nach Straussens Ansicht, denn doch etwas einseitig und speziell gewesen. Richard Wagner in allen Ehren, aber schließlich waren auch noch andere da. ‚Meine letzte Oper, ›*Die Liebe der Danae*‹, ist einfach ignoriert worden', stellte der Komponist beleidigt fest. ‚Und Sie wissen ja, was für Schwierigkeiten ich wegen des Librettos von Stefan Zweig hatte. Dabei ist die ›*Schweigsame Frau*‹ wirklich ein sehr geschickt gemachter Text – und übrigens konnte ich ja 1933 nicht ahnen, daß die Rassengesetze kommen würden.' Ob er jemals daran gedacht hatte, Nazi-Deutschland zu verlassen? Meine Frage überraschte ihn. Warum hätte er wohl Deutschland verlassen sollen? ‚Ich habe doch meine Einkünfte hier, ziemlich große sogar ... Natürlich, wenn die Lebensmittelversorgung hier noch schlechter werden sollte, würde ich vielleicht doch noch auswandern müssen, in die Schweiz etwa. Aber bis jetzt hat man sich ja immer noch irgendwie durchgewurschtelt ... Auswandern? Ja, wenn das Essen schlecht wird. Im Dritten Reich gab es sehr gut zu essen, besonders wenn man Tantiemen aus mindestens achtzig Opernhäusern scheffelte. Von ein paar dummen Zwischenfällen abgesehen, hatte ich nicht zu klagen.‘ Manche der Nazi-Häuptlinge, sagt Richard Strauss, waren famose Menschen: Hans Frank zum Beispiel, der Fronherr des Polenlandes (‚Sehr fein! Sehr kultiviert! Er schätzt meine Opern‘), und Baldur von Schirach, der über die ‚Ostmark‘ (sonst Österreich genannt) zu gebieten hatte. Dank seiner Protektion genoß die Familie Strauss in Wien eine Vorzugsstellung – und dies, obwohl der Sohn des Komponisten eine rassisch nicht einwandfreie Gattin hatte! ‚Ich darf wohl behaupten, daß meine Schwiegertochter die einzige freie Jüdin in Großdeutschland war.‘ ... Ich fand es an der Zeit, das empörende Gespräch zu beenden.“[24]

6

Klaus Manns Bericht ist wenig hinzuzufügen, denn die nach dem Kriege (und bis heute) inszenierten Versuche der Familie und vieler professioneller Verehrer des Komponisten, ihn aus allen kompromittierenden Verstrickungen zu lösen, würde ein eigenes Thema sein. Gibt man der Wahrheit und der antifaschistischen Position des Schriftstellers die Ehre, dann läßt sich nur das Porträt eines politischen Versagens zeichnen – einer Haltung, die sich freiwillig zur Blindheit verurteilte in Zeiten, da die Politik selbst sich verfinsterte. Strauss ist ein Beispiel dafür, wie sich das Licht des künstlerischen Ästhetizismus im Gebrauch der Barbarei eintrübt und die Physiognomie desjenigen schattenhaft entstellt, der es zündete. Sein zunehmend mangelhafter Wirklichkeitssinn läßt sein Spätwerk in kraftlosen Schönheitskundgebungen erstarren und von heilen Welten träumen, in die nur allzugern flieht, wer der wirklichen Gegenwart abhanden kommen möchte. Zwar komponierte Strauss in den Wochen unmittelbar vor Kriegsende jene lyrisch-verinnerlichten *„Metamorphosen“* für 23 Solostreicher, die wohl zu Recht als Reflex der Trauer über die zerbombten Kulturstätten seiner einstigen Triumphe gelten können, aber in den ersten Monaten danach schrieb er bereits wieder selig-

heitere Kammer- und Orchestermusik, die von den Schrecknissen der Zeit nichts weiß und in ein Märchenland wohltönender Harmonie zurücksinkt. Darunter befindet sich das inzwischen fast populäre *Oboenkonzert*, ein überaus ungetrübt klangsattes Musikstück, das, um sich verständlich zu machen, keiner erklärenden Worte bedarf. Wollte hingegen jemand zu verstehen versuchen, wie ein solches Werk aus der Zeit hervor- und mit ihr zusammengehen konnte, als es entstand, müßte er sich auf erhebliche gedankliche Anstrengungen ohne entsprechendes Hintergrundwissen einlassen. Er hätte zumindest über den schockierenden Abgrund nachzudenken, den ein deutscher Komponist im Jahre 1945, von der Höhe seines Garmischer Hauses aus, zwischen sich und der Welt voller Trümmer und Elend zu graben vermochte.
Nehmen wir daher abschließend das Problem ebenfalls von der leichteren Seite, gehen wir auf den Straussschen Tonfall des eulenspiegelnd-legendären „Es war einmal" ein und ergreifen wir ausnahmsweise seine Partei der künstlerischen Unschuld. Damals hatte er sein musikdramatisches Œuvre bereits abgeschlossen; nur mehr für sich wollte er das kompositorische Handgelenk üben, damit, wie er zu sagen beliebte, „das Handwerk und der Kopf nicht allzu zeitgemäß verblöden"[25] würden! Von den Konzertstücken, die so in den letzten Lebensjahren noch entstanden und die er als „Nachlaß ohne musikgeschichtliche Bedeutung"[26] empfand, zeichnet sich das *Konzert für Oboe* insbesondere durch klassizistisch hellen, mozartischen Divertimento-Geist aus. Die Anregung erhielt Strauss interessanterweise durch einen zufälligen Besucher, den Solo-Oboer des Philadelphia Orchestra, John de Lancy, der in der amerikanischen Armee diente. Die Arbeit begann er noch in Garmisch und beendete sie Ende 1945 in Baden bei Zürich, wohin Strauss – wie zu Klaus Mann gesagt, aus Gründen besserer materieller Versorgung – vorübergehend „ausgewandert" war, während nach dem hungernden Deutschland die ersten antifaschistischen Emigranten zurückkehrten. Das Ganze beschwört Klangbilder einer wahrhaft berückenden Idylle und eines gewaltsam konfliktfreien, anmutigen, fein ziselierten Schäferspiels herauf. Es ist eine emphatische Musik des Vergessens und der Konzentration auf „spielende" Meister-

schaft, die natürlich von Spielenden und Hörenden aufs dankbarste begrüßt wird. Wen interessiert, daß es sich musikgeschichtlich und im Hinblick auf ästhetische Substanz auch um ein höchst anachronistisches Stück handelt? – um einen prekären „Fall“ ins unzeitgemäß Schöne: ins Reich einer abstrakten, ätherischen Humanitas, weit entrückt den Kämpfen um den realen Humanismus der damaligen Epoche. Wahrscheinlich spricht sogar für Strauss, werden seine Liebhaber sagen, daß so schöne Musik so zu denken geradewegs verbietet: „Es war einmal ...“

1 Strauss an Hans von Bülow, zit. nach Ernst Krause, Richard Strauss – Gestalt und Werk, Leipzig 1963, S. 243.
2 Thomas Mann an Fritz Kaufmann, in: Briefe 1937–1947, Berlin und Weimar 1965, S. 193.
3 Otto Erhardt, Richard Strauss – Leben, Wirken, Schaffen, Olten-Freiburg i. Br. 1953, S. 12.
4 Richard Strauss und Ludwig Thuille, Briefe der Freundschaft, München 1969, S. 44.
5 Ebd., S. 54.
6 Widmung in der Originalpartitur.
7 Otto Erhardt, Richard Strauss, a. a. O., S. 68.
8 Romain Rolland, Aus meinem Leben, zit. nach Richard Strauss – Dokumente seines Lebens und Schaffens, München 1954, S. 107f.
9 Ebd., S. 108.
10 Erich Mühsam, Parsifal, in: Ausgewählte Werke, Bd. 2, Berlin 1978, S. 103f.
11 Strauss an Hofmannsthal, zit. nach Krause, a. a. O., S. 65.
12 Richard Strauss, zit. nach Krause, a. a. O., S. 210.
13 Strauss an Hofmannsthal, zit. nach Richard Strauss, Dokumente, Leipzig 1980, S. 196.
14 Strauss an Romain Rolland, zit. nach Krause, a. a. O., S. 66.
15 Strauss an Hofmannsthal, zit. nach Krause, ebd., S. 65.
16 Ebd.
17 Thomas Mann, Pariser Rechenschaft, in: Gesammelte Werke in 12 Bänden, Bd. 12, Berlin und Weimar 1965, S. 89.
18 Strauss an Stefan Zweig, zit. nach Krause, a. a. O., S. 57.
19 Strauss an Julius Kopsch, ebd.
20 Strauss an Zweig, zit. nach: Briefwechsel mit Stefan Zweig, Frankfurt (Main) 1957, S. 141f.
21 Strauss' Nachlaßnotiz, zit. nach Krause, a. a. O., S. 59.

22 Zweig an Romain Rolland, zit. nach Sinn und Form (Zeitschrift), Berlin 1986, Heft 3, S. 557.
23 Johann Wolfgang Goethe an Wilhelm von Humboldt, zit. nach Richard Strauss, Dokumente, a. a. O., S. 255.
24 Klaus Mann, Der Wendepunkt – Ein Lebensbericht, Berlin und Weimar 1979, S. 631.
25 Strauss, zit. nach Ernst Krause, Einführung zur Schallplatte mit dem Oboenkonzert bei Eterna Stereo 826855 (1976).
26 Ebd.

NUR DER BLICKT HEITER, DER NACH VORWÄRTS SCHAUT

Ferruccio Busoni

1

Von Ferruccio Busoni stammt wohl die kürzeste und verblüffendste Ouvertüre der ganzen Operngeschichte: Ein paar Dreiklänge aus 16 Tönen in 5 Takten formieren sich zum Signal, als kämen Soldaten oder der Zirkus. Aber es ruft nur den Titelhelden vor den Vorhang, die unverwüstliche Volksfigur des Harlekin, der auch hier ein paar derbe Späße vorzuführen gedenkt. Indessen, statt zu singen oder zu handeln, hebt er zu einer Erklärung in Versen an. Dem Publikum schärft er ein, das heitere Spiel ernst zu nehmen, den Verstand zu gebrauchen, um im Lachspiegel der Kunst einige harte Wahrheiten des Lebens zu durchschauen. Denn was an diesem ganzen „theatralischen Capriccio" auf den ersten Blick nur wie eine handfeste Parodie auf die Themen und Formen der Großen Oper anmutet, erweist sich schließlich als bittere Satire auf die „reale Welt der Politiker, Militaristen und verlogenen Moralisten"[1], als Plädoyer für die Freiheit des Individuums in einer Zeit, da staatliche Mächte tödlichen Zwang befahlen.

Denn es war Kriegszeit, es herrschte der erste große Völkermord in diesem Jahrhundert, währenddessen der in Deutschland lebende Italiener Ferruccio Busoni zwangsweise in der Schweiz politisches Asyl fand. Und in ohnmächtiger Isolierung, gleichsam zwischen den Fronten, schrieb er zwischen 1914 und 1916 Text und Musik des *„Arlecchino"*, um ein Zeichen seiner pazifistischen Gesinnung zu setzen, um auch – wie er dies im November 1916 an Schönberg schrieb – „auf den Frieden hin in dem Sinne (zu) arbeiten", daß „wir als Ergebnis unser Schaffen gegen des Anderen Zerstörung stellen können! Das Bleibende gegen das Zerfallende"[2]. Das kleine Stück, 1917 mit der ebenfalls miniaturhaften Busoni-Oper *„Turandot"* nach Gozzi in Zürich uraufgeführt, wurde denn auch richtig als politisches Bekenntnis eines der bekanntesten Musiker der Epoche begriffen. Anerkennung und Verunglimpfung galten

Ferruccio Busoni, „Arlecchino", Einleitung (Klavierauszug)

freilich einem Mann, der sich schon fast legendären Ruhm als Pianist erworben hatte – auf einem Felde der Kunst also, das nach seinem eigenen und der bürgerlichen Gesellschaft Verständnis der Sphäre von Politik geradezu diametral entgegengesetzt lag. Und doch lagen die Dinge, wie eben angedeutet, für Busoni ein wenig anders.

2

Obwohl wir sofort einen Kernpunkt unseres Problems berührt haben, scheint es im Falle Busonis dringlicher als bei anderen bedeutenden Komponisten nötig, erst einmal generell über seine Person und Leistung aufzuklären. Denn gerade als Komponist ist er bis heute weitgehend eine unbekannte oder doch zumindest vernachlässigte Größe geblieben, sofern man ihn, im Vergleich mit anderen Zeitgenossen wie Mahler, Strauss, Puccini, Janáček, Sibelius, Skrjabin, Ives oder Schönberg überhaupt „groß" nennen will. Nicht zuletzt liegt die Schwierigkeit, Busoni zu begreifen, in den vielfältigen Widersprüchen, der widersprüchlichen Vielseitigkeit seiner Begabung, ihrer Wandlungsfähigkeit und kunstgeschichtlichen Ambivalenz oder, um den befreundeten Dichter Jakob Wassermann zu zitieren, in den Gegensätzen zwischen der „Passion seines Künstlertums" und dem „seltsam rebellischen Aristokratismus seines Geistes", im „Kontrast einer glühenden Gegenwärtigkeit und einer schicksalvollen Bindung an die Tradition, zwischen Elementarität und alter Form, zwischen lateinischer Helligkeit und deutscher Spekulation", kurz in Busonis Zwitterstellung als „Endphänomen einer Epoche" und „Anfangsgestalt einer neuen"[3].
Eben jene schillernden Mischungen, besonders aber die Bindungen an zwei Nationen, die sich Busoni zugute hielt, wurden immer wieder als Makel von seiten eines kunstpolitischen Nationalismus kritisiert, der seit den frühen zwanziger Jahren seine eigene Tradition vor allem in der deutschen bürgerlichen Musikgeschichtsschreibung besitzt. Er scheint selbst dann auf, wenn man dem Komponisten mit lobender Sympathie begegnen wollte, so zum Beispiel in einem Brief, den der einflußreiche Kritiker Paul Bekker 1921 an Busoni richtete: „Wir wissen, daß Ihre Künstlerschaft,

soviel internationale Elemente sie in sich birgt, deutschem Geist am nächsten steht, ihm auch, wo sie scheinbar opponiert, die stärksten Anregungen verdankt. Italiener, halb deutscher Abstammung, stehen Sie heute zwischen den Völkern. Dies gibt Ihrer Kunst eine gewisse Wurzellosigkeit, soweit der gefühlsmäßige Antrieb in Betracht kommt. Es gibt ihr aber auch zugleich jene Freiheit und schwebende Leichtigkeit des Geistes, die ich weder als espritvoll im gallischen noch als geistreich im deutschen Sinn bezeichnen möchte. Es ist eine besondere Mischung und Steigerung von beiden."[4] Aber auch ein Gegner solcher Theoreme von der nationalen Bedingtheit der künstlerischen Begabung wie Alfred Einstein kann im Falle seiner Kritik an Busoni nicht umhin, darauf anzuspielen, wenn er fragt: „Weshalb ist Ferruccio Busoni sozusagen nur zu einem liebenswerten Schutzpatron und nicht zum großen Repräsentanten der ‚Neuen Musik' geworden? Nicht weil er zwischen den Nationen stand, seine Mutter eine Deutsche und sein Vater ein Italiener war; sondern weil er nicht stark genug war, das Virtuosische, das Lisztsche seines Naturells mit dem Bachschen und Mozartschen zu einer Einheit zu zwingen. Er war nicht etwa nicht genug Italiener oder Deutscher, sondern er war nicht genug Busoni."[5]

War er vielleicht nicht genug Busoni, weil er also zu vieles war? Denn wer über ihn spricht, der muß sofort sagen, welchen Busoni er denn eigentlich meint: den Klaviervirtuosen oder den Komponisten, den Theoretiker oder Editor, den Librettisten, Feuilletonisten, den Mäzen und Organisator oder den Lehrer und Erzieher. Seine Investitionen auf all diesen Gebieten waren beträchtlich und gewiß folgenreich, wenn auch in einem so unterschiedlichen Maße, daß das, was er selbst als universell-einheitliches Handeln begriff, in der geschichtlichen Rezeption auseinanderfiel und mit bemerkenswerter Konstanz höchst divergent beurteilt wurde. So entspricht einer allgemeinen Bewunderung für die kühnen spekulativen Theorien eine verbreitete Gleichgültigkeit gegenüber dem kompositorischen Werk und hält die legendäre Verklärung des Pianisten dem fortdauernden Streit um dessen Transkriptionspraktiken die Waage. Das Interesse am Komponisten Busoni, der mit experimentierendem Ehrgeiz wenigstens – wie er 1908 schrieb – „gern einen Zipfel der neuen Tonkunst erwischen und womöglich selbst einen Saum daran nähen"[6] wollte, zehrt primär vom Nachruhm des Pianisten ebenso wie von den radikalen Proklamationen jenes *„Entwurfs einer neuen Ästhetik der Tonkunst"* von 1906, die mit fröhlichem Scharfblick dieser die Freiheit verhießen – und zwar kraft Einsicht in die Notwendigkeit zur Umstülpung musikalischer Denkweisen und Ausdrucksmittel. Auch diese Ideen, obwohl sie der Musik gerade Entfaltungsräume jenseits gesellschaftlicher Normierungen und Zwecksetzungen als ein absolutes Zusichselbstkommen verhießen, entsprangen einem gesellschaftlichen Krisengefühl, einem nietzscheanischen Umwertungs-Willen aus Überdruß an den kapitalistischen Umgangsweisen mit Kunst, besonders in den Formen der überheblichen deutschen Borniertheit und den so einschränkenden wie alternden Konventionen der europäischen Musikpflege.

Die reale Revolutionierung der kompositorischen Produktivkräfte aber haben andere bald weit gründlicher besorgt, während Busonis eigene schöpferische Resultate eher vermittelnde Lösungen boten, zwischen den Polen seiner interpretatorischen Praxis und seinen heuristisch-theoretischen Spekulationen. Es kommt zu einer immerhin kunstvollen eklektischen Mischung von disparaten Struktur- und Ausdruckselementen und bisweilen auch zu auffällig prägnanten, ästhetisch originellen Synthesen. Weniger das einzelne Resultat als vielmehr dieses generell so produktive wie problematische Suchverhalten unter der doppelten Prämisse von vergangenen Fehlentwicklungen und korrigierender Fortschrittsgläubigkeit definiert Busonis musikgeschichtliche Position als die eines eigenständigen und unbeugsamen Wegbereiters der neuen Musik. Dies betrifft speziell sein Schaffen in der mittleren Entwicklungsphase etwa zwischen 1907 und 1912, in der er versucht, einige Positionen des „Entwurfs" von 1906 – wie zum Beispiel hinsichtlich atonaler Harmonik, linearer Polyphonie, aperiodischer Skalen und Metren oder frei-organischer Formung – auch kompositorisch-praktisch durchzuspielen. Nicht zuletzt der intensive briefliche Gedankenaustausch mit Schönberg seit 1909 dürfte, trotz fundamentaler Unterschiede der Gesinnung, die erstaunliche Annäherung an das damals fortgeschrittenste kompositionsästhetische Bewußtsein gefördert haben.

Eingebettet noch in brillante Ornamentik, begegnet schon in den *„Elegien"* für Klavier von 1908 jenes stellenweise planvolle „kaleidoskopische Durcheinanderschütteln von zwölf Halbtönen"[7], das der „Entwurf" als Möglichkeit vertikaler wie horizontaler Organisation benennt. Programmatisch heißt das Eröffnungsstück „Nach der Wendung". Es ist eine kalkulierte Wendung in unerforschtes Klanggebiet, das etwa durch die bleierne Statik und trüb verschattete Färbung der *„Berceuse élégiaque"* für reduziertes, des *„Nocturne symphonique"* für großes Orchester um die Dimension des thematischen Kolorits bereichert wird. Für die *„Berceuse"* mit dem Untertitel „Des Mannes Wiegenlied am Sarge seiner Mutter – Gedicht für Orchester" war der Tod von Busonis Mutter 1909 tatsächlich der stigmatisierende Anlaß für ein Stück, das seiner atonalen Verrückungen, seines in sich gekehrten, zerbrechlichen Klangs und seiner für den herrschenden Geschmack geradezu erschreckenden Kargheit wegen zu den erstaunlichsten Dokumenten am Anfang der neuen Musik gezählt werden muß. Andererseits führen die monothematisch gesteuerten, bizarren Kühnheiten der berühmten *„Sonatina seconda"* für Klavier von 1912, die auf Takt und Tonart verzichten, zur aphoristischen Prosa und einer virtuellen Dodekaphonie. Mit einem Wort: Gerade in diesen Jahren verdichten sich, aus dem grundlegenden antiromantischen Impuls, die innovatorischen Gestaltungselemente zu einem emphatischen Experimentieren mit neuartigen syntaktischen Perspektiven – bei Busoni freilich ohne expressionistische Konditionierung und ohne Interesse, konstruktive Konsequenzen systematisch auszubauen. Eher tendiert sein Spätwerk, mit weiterer Klavier- und Orchestermusik sowie dem zentralen Opernprojekt *„Doktor Faust"*, zur klassizistischen Rückbildung der Strukturen und zur melodiös konturierten, klassizistischen Entsinnlichung des Klangs. In den für die neue Musik entscheidungsvollen Jahren um 1910 jedoch gehört Busoni entschieden zur vordersten Reihe jener Komponisten in verschiedenen Ländern, die meist subjektiv isoliert, doch objektiv übereinstimmend, die produktionstechnische Avantgarde repräsentieren.

Kritiker Busonis dürften gerade die Rolle des Anregers und Vermittlers auf die neue Musik hin (die er weitgehend akzeptierte) als Hemmnis der eigenen schöpferischen Spontaneität ins Feld führen können. Jedenfalls entsprach er hier nicht dem Nimbus des Umstürzlers, der ihm durch seine „Neue Ästhetik" vorausgegangen war, sondern erhielt als komponierender Praktiker mehr von einer evolutionären Anreicherung vertrauter Mittel und ihrer Entkrustung durch neuartige technische Fermente. Charakteristisch etwa ist seine Bemerkung zu dem jungen Edgard Varèse, der 1907, von dem prophetischen Büchlein für die Atonalität enthusiasmiert, Busonis Schüler wurde und den Lehrer auf dessen Verwendung herkömmlicher tonaler Harmoniemodelle trotz theoretischer Kritik ansprach. Busonis lapidare Begründung lautete: „Tu te prive d'une bien belle chose"[8] – du beraubst dich einer sehr schönen Sache. Solcher Rückversicherungen mochte sich Busoni letztlich nicht begeben. Und in dem Maße, wie für die nachfolgende Komponistengeneration einer spezialistisch entfalteten, institutionell geförderten avantgardistischen Musik extreme Paradigmen als Wertkriterien herrschend wurden, geriet Busonis Werk ins Zwielicht, seine Person in die Einsamkeit und sein Wirken kompositionsgeschichtlich in ein Vorfeld der Unausgegorenheit und der traditionalistischen Kompromisse.
Eben dieses Vorurteil wäre zu differenzieren und in einigen Punkten zu revidieren. Musikgeschichtsschreibung, die die Epoche zwischen 1890 und 1918 nicht so sehr in ihrer transitorischen Funktion begreift, sondern ihre relative Eigenständigkeit als Phase des Auf- und Umbruchs aus der nachwagnerischen Stagnation, als einen fortschrittsbewußten Prozeß der rebellischen Auseinandersetzung in und mit der sich imperialistisch formierenden Welt erkennt, muß ja doch wohl auch die objektive Notwendigkeit und die subjektiven Dispositionen solcher Vorgänge zu erklären versuchen. Ein gewichtiges Indiz dafür bietet die Gleichartigkeit von intendierten Bestrebungen und realisierten Entwicklungen zumal dann, wenn sie sich gleichzeitig und voneinander unabhängig bei relativ vielen Individuen artikulieren. Sie werden Seismographen eines geschichtlichen Zwangs

unabhängig davon, wer denn schließlich Geschichte macht. In diesem Sinne hat man auch Busonis Vita, seine künstlerischen Entscheidungen und Leistungen als *einen* signifikanten Modellfall kritischer und problemorientierter Realitätsverarbeitung in vielen metierspezifischen Formen zu diskutieren. Vor allem unter diesem Aspekt lassen sich die verschieden gewichtigen und wechselnden Konsequenzen erhellen, die sich für ihn aus der Universalität seiner Begabung, aus dem Unbehagen am kommerzialisierten, ihn versklavenden Virtuosendasein, aus seinem linksbürgerlichen, aristokratisch-kulturkritischen Weltbild und dem nachgerade zukunftstrunkenen Altruismus ergeben. Es sind Symptome jenes schweren Krisengefühls, das etwa beispielhaft Hugo von Hofmannsthal mit der Lord-Chandos-Situation für eine ganze Künstlergeneration bündig formuliert hatte.

Es versteht sich, daß in diesem Bündel von Motiven für Busoni die politischen Implikationen im engeren Sinne kaum eine Rolle spielten. Er war von seiner Vervollkommnung als Musiker zu besessen, von seiner aufreibenden internationalen Virtuosentätigkeit viel zu beansprucht und letztlich ökonomisch ohne Not zu „unabhängig", als daß er sich um die politische Pragmatik der Zeit hätte kümmern mögen. Aber er besaß natürlich, fundiert durch stupende Belesenheit, durch einen ausgeprägten Sinn für sozialökonomische Probleme und die tausendfältigen Wirklichkeitserfahrungen seiner Reisen, so etwas wie eine politische Philosophie, in der Kategorien wie persönliche Freiheit, soziale Gerechtigkeit, gesellschaftlicher Fortschritt oder friedliche Internationalität im Zusammenleben der Völker und natürlich Kriegshaß und aktiver Pazifismus einen hohen Stellenwert bekamen. Am Anfang seiner pianistischen Karriere – genauer 1885 in Leipzig – scheint Busoni mit sozialistischen Oppositionellen Kontakte gepflegt zu haben. Nach Stuckenschmidt verkehrte er „mit politisch radikalen russischen Studenten, zog sich wie ein Arbeiter an und hielt sozialistische Reden"[9]. Gewisse Sympathien mit der sozialistischen Bewegung dürfte er zeitlebens gehegt haben, jedenfalls, soweit sie nur reformistische Ziele verfolgte. Hingegen zeigte er als Intellektueller, der das Beispiel des kulturpolitischen Einzelkämpfers für sich kulti-

vierte und praktizierte, weniger Verständnis für Formen des organisierten Kampfes der Massen – um von Revolutionen nicht zu reden, da sie für ihn die unannehmbare Vorstellung von Gewalt und Menschenopfern einschlossen. Er argwöhnte, daß sozialistische Umwälzungen der Gesellschaft am Egoismus der Menschen letztlich scheitern müßten, und prophezeite, am Ende pessimistisch geworden, einen Zustand, da „Geld und Sozialismus versuchen" werden, „einander aufzufressen wie Fasolt und Fafner, Fafner und Siegfried".[10]
Gleichwohl gefiel sich Busoni als ein unnachgiebiger, scharfzüngiger Kritiker der modernen kapitalistischen Verhältnisse, vor allem der verheerenden sozialen und kulturellen Folgen der technischen und industriellen Revolution. Obwohl er technische Erfindungen in einzelnen Zweigen begrüßte, bewunderte und sogar als Stimuli des künstlerischen Fortschritts bewertete, lehnte er sie im großen und ganzen wegen der Form ihrer kapitalistischen Verwertung strikt ab. Die „Industrie mit ihren edlen Zielen von Billigkeit, Schnelligkeit und Massenhaftigkeit" glossierte er als moderne „Don Quixotiade"[11], vor allem natürlich, weil er, wie es ein andermal hieß, „von den drei Gewaltigen dieser Zeit": Geld, Industrie, Sport, und viertens von der „jüdischen Geschäftigkeit"[12] die Zerstörung seines Ideals aristokratischer, romantisch-patriarchalischer Kunstverhältnisse befürchtete. Musiker wie etwa Richard Strauss, den er eines diesbezüglichen Opportunismus verdächtigte und geistigen Verrat üben sah, lehnte er daher ab. Es bleibt immerhin interessant, in welcher Gedankenverbindung Busoni, in einem Brief an seine Frau, diesen Komponisten sah: „Es ist nur zu hoffen", schreibt er, „daß die Menschheit noch rechtzeitig von diesem dummen Hang zu Raschheit, Massenhaftigkeit und Besitz abbiegt, damit noch große Künstler entstehen können. So ein Übergangstier zwischen Künstler und Industriellen (auch im Kunstwerk selbst) wie R. S. zeigt auf böse Fernen. Und doch glaube ich fast, daß in der neuen großen Tonkunst auch Maschinen nötig und beteiligt sein werden. Also bringt vielleicht die Industrie auch ihren Theil zum künstlerischen Aufstieg bei."[13]
Demgegenüber machte er sich über die negativen Auswirkungen der kapitalistischen Industrialisierung auf das Le-

ben der arbeitenden Massen keinerlei Illusionen – besonders nach Erfahrungen in Amerika, von wo er 1915, als in Europa schon Krieg herrschte, nach Hause mitteilte: „Der Maschinen-Wahnsinn ist ebensowenig vorwärtsbringend, ebenso tötend und unglücksfördernd wie der Krieg. Die großen Arbeitgeber opfern für ihre eigene Genugtuung hunderttausende von Menschen-Existenzen, nicht anders als die Kriegsmacher. Schaut man in das Herz des Industriedistriktes von England, so gibt das ein ebenso höllisches Bild als das eines Schlachtfeldes. Arbeiter und Soldaten haben ein gleiches Los, eine identische Situation. Und die Plätze, die die wohlhabenden Leute zur Schönheit und zur Erholung künstlich bauen, sehen miserabel aus und erwekken eine unbesiegbare Melancholie."[14] – Vor allem seine gründliche Kenntnis der Vereinigten Staaten, die er gern die „verunreinigten Staaten" und statt das Land der unbegrenzten Möglichkeiten das Land der „unmöglichen Begrenztheit"[15] nannte, ließen Busoni auch für Europa befürchten, dort würden Konsumzwang zum Terror, die Mittel der Produktion zu ihrem Selbstzweck, das Besitz- und Gelddenken zu herrschenden Fetischen avancieren. Ausgesprochen allergisch reagierte er auf flach-materialistisches Progressionsdenken, dem nur Ausbeutung zugrunde liegt, wenn es auf künstlerische Bezirke übergriff, so etwa in Gestalt einer kapitalistisch betriebenen Klavierschule, die in den USA von einem cleveren Pianisten – Busoni nennt nur seine Initialen C. F. – installiert wurde: „Nun muß ich Dir über Herrn C. F.s ‚System' erzählen. Es ist das Schlaueste, was ich gehört habe, Patent der Patente: die ‚Maschine' von Onkel Benjamin ist dagegen primitiv. Also F. hält eine Schule zur Ausbildung von Klavierlehrern. (Denke Dir dieses unendliche Rad, das sich eigentlich fortwährend dreht, ohne etwas zu treiben!) F. selbst unterrichtet unentgeltlich die 12 fähigsten Hauptschüler: dafür müssen diese 12 unentgeltlich die übrigen 3–400 unterrichten. Das Geld von den 3–400 bezieht aber der F. Wundervoll! Bewunderungswürdig! Ein Unikum!"[16]

4

Solche und Hunderte ähnlicher Eindrücke, die immer wieder in seinen Briefen und Schriften aufblitzen, belegen Busonis Distanz zur modernen industrialisierten Welt, deren Annehmlichkeiten er dennoch auch zu schätzen wußte. Mögliche Auswege diskutierte er kaum oder nur in gelegentlichen Randbemerkungen, wenn er beispielsweise in echt nietzschescher Attitüde von einem „Herrschergenie contra moderne demokratische Herden-Gesellschaft“[17] träumt. Hier kommt dann ein nostalgischer Aristokratismus, ein Elite-Denken zum Vorschein, das vor allem seine kunstpolitischen Maximen durchtränkt. In der Abwehr aller merkantilen Aspekte, in der Verteidigung eines Ideals reiner und den Menschen reinigender Kunst, verstieg er sich in einen idealistischen Sezessionismus, der zu seinen vielfältigen praktischen, organisatorischen Bemühungen, gerade zwecks Verbreitung neuer Musik, in einen sonderbaren Widerspruch geriet. So meinte er, „Künstler haben mit Publikum so viel zu tun wie Religion mit der Kirche“[18]. Diese Auffassung der Musik als einer Religion sui generis, Erbteil der romantischen Idee „absoluter Musik“, ließ Busoni zu dem Schluß kommen: „Künstler sind nun einmal nur für Künstler da – Publikum, Kritik, Schulen und Lehrer ist alles dummes und schädliches Geplunder.“[19] Das stammt von 1904 und setzt sich bis 1918 in der Überzeugung fort, „daß eine Schranke zwischen dem Publikum und dem großen Kunstwerk aufgerichtet werden muß“[20]. „Der Zutritt zur Musik“, heißt es an anderer Stelle, „müßte von der Umständlichkeit und Mysteriosität sein, wie zu einer Freimaurerloge, der Eingang zu einem Konzertsaal das Außerordentliche versprechen und allmählich vom profanen Leben in das Innerste führen.“[21]

Hier liegt der Schlüssel für Busonis künstlerisch rigiden Autokratismus, für ein Missionsgefühl, das im schöpferischen Bereich die Sphäre des gewöhnlichen Lebens und damit auch die seiner politischen Implikationen nicht nur weitgehend ausschließt, sondern der Inbegriff einer höheren, besseren, läuternden Gegenwelt der apolitischen Freiheit und humanen Selbstbefreiung sieht. Geradezu paradigmatisch hat Busoni diesen Gegensatz in einem Aufsatz thematisiert, den er 1910 unter dem Titel „Die ‚Gotiker' von Chicago" veröffentlichte. Er würdigt darin zwei nach Amerika ausgewanderte deutsche Musiktheoretiker, Bernhard Ziehn und Wilhelm Middelschulte, die sich auf spekulative und experimentelle Weise um die Geheimnisse der älteren Musik Gedanken machten und unter anderem auch versuchten, Bachs unvollendet gebliebene „Kunst der Fuge" auf rein theoretischem Wege „abzuschließen". Was Busoni faszinierte, war eine solche stille Arbeit für die dauernden Werte der Kunst in einer Umgebung, die ausschließlich von „Eintagspolitik", von kindischem Sport, von einer „fast automatisch gewordenen sozialen Maschinerie"[22] geprägt war. So heißt es einleitend: „Während um sie herum steinerne Würfel von über 20 Stockwerken errichtet werden, welche das 20. Jahrhundert einer neuen Welt repräsentieren, das Jahrhundert der mechanischen ‚Supplementarmächte' in der Welt der Unabhängigkeit durch das Kapital; während diese schmucklosen Symbole eines ausgleichenden Gedankens immer rascher und dichter in solche Höhen treiben, zu deren Anschauen unsere Genickwirbel noch nicht ausgebildet sind, sitzen in ernster Stille und in demselben Chicago zwei Männer und pflegen – den Blick nach innen gerichtet – eine niemals ‚ausgewanderte' Kunst, die auserlesenste Blüte menschlichen Geistes, jene Kunst, in der sich die Freude am Zierlichen mit der Möglichkeit zum Mächtigen, das Gefühl mit der Fantasie, die strenge Berechnung mit dem mystischen Glauben zusammenfinden: die Kunst der Gotik."[23] Dieser Begegnung verdankt Busoni schließlich die Anregung zu einem seiner gewaltigsten Werke, zu der unvergleichlichen, in mehreren Fassungen vorliegenden *„Fantasia contrapuntistica"*, die als heroisches Unternehmen, mit ganz eigenständigen, modernen Klangmitteln, nun seinerseits ganz praktisch Bachs „Kunst der Fuge" zu vollenden, an äquilibristischer Kunstfertigkeit und kontrapunktischer Härte alles hinter sich läßt, was damals, 1910, an Vergleichbarem gewagt wurde. Das halbstündige Werk, das auch in einer Fassung für zwei Klaviere von 1920 vorliegt, demonstriert wie kaum ein anderes Busonis Bekenntnis zum strengen, gesetzlichen Formspiel einer unvergänglichen „musica pura", die er der Welt entgegenstellt, als unversöhnlichen Gegensatz zwischen ideeller Harmonie und dem realen Chaos, zu dem er selbst die zivilisiertesten Völker hindrängen sah.

5

Der Ausbruch des ersten Weltkrieges erschütterte Busoni aufs tiefste und nachhaltigste. Dieses Desaster der Humanität legte all seine kosmopolitischen Träume von einer friedlichen Völkerverständigung, selbst im scheinbar für unantastbar gehaltenen Reich großer Kunst, mit gleichsam einem Schlag in Trümmer. Nach Eintritt Italiens in den Krieg mußte er als feindlicher Ausländer Berlin verlassen. Er ging zunächst wieder auf eine USA-Tournee als Pianist und fand dann in der Schweiz ein Dauerrefugium, wie so viele Künstler und Intellektuelle pazifistischer Gesinnung. Zu Busonis Züricher Freundes- und Bekanntenkreis gehörten Oskar Fried, Franz Werfel, René Schickele, Ludwig Rubiner, Leonhard Frank, Yvan Goll, Stefan Zweig, Fritz von Unruh, Paul Cassirer und sein Schüler Philipp Jarnach. In seinen Erinnerungen vermerkt Stefan Zweig jene seelischen Verdüsterungen, die Busoni während des Krieges immer wieder anwandelten. „Wie oft", schreibt Zweig, „hatte ich in den Konzertsälen wie verzaubert auf dies durchleuchtete Antlitz gesehen, während die Töne weich aufwühlend und doch silbern klar mir bis ins Blut eindrangen. Nun sah ich ihn wieder, und sein Haar war grau und seine Augen umschattet von Trauer. ‚Wohin gehöre ich?' fragte er mich einmal. ‚Wenn ich nachts träume und aufwache, weiß ich, daß ich im Traum italienisch gesprochen. Und wenn ich dann schreibe, denke ich in deutschen Worten.' Seine Schüler waren zerstreut in aller Welt –, einer schießt vielleicht jetzt auf den andern –, und an das eigentliche Werk, seine Oper *‚Doktor Faust'*, wagte er sich noch nicht, weil er sich verstört fühlte. Er schrieb einen kleinen, leichten musikalischen Einakter, um sich zu befreien, aber die Wolke wich nicht von seinem Haupt während des Krieges. Selten hörte ich mehr sein herrlich vehementes, sein aretinisches Lachen, das ich an ihm vordem so sehr geliebt. Und einmal traf ich ihn spätnachts in der Halle des Bahnhofsrestaurants, er hatte allein zwei Flaschen Wein getrunken. Als ich vorbeiging, rief er mich an. ‚Betäuben!' sagte er, auf die Flasche deutend. ‚Nicht trinken! Aber manchmal muß man sich betäuben, sonst erträgt man es nicht. Die Musik kann es nicht immer, und die Arbeit kommt nur in guten Stunden zu Gast.'"[24]

Solche „guten Stunden" aber gab es für Busoni während der Kriegsjahre verhältnismäßig wenig, in den Jahren, die ihn gerade deswegen, wie er 1919 resigniert feststellen mußte, völlig „verarbeitet haben".[25] Immerhin schrieb er sich das Libretto zu seinem großen Vermächtniswerk, zur Oper *„Doktor Faust"*, in der er die Idee vom Scheitern der Schönheit, der ungehemmten Kreativität thematisierte und dennoch das Streben danach als das einzig Lohnens-, Lebens- und Überlebenswerte begrüßte. Er schrieb den Operneinakter *„Turandot"* und jenes „theatralische Capriccio" vom Arlecchino, mit dem er in heiter-ironischer Form auf die Herausforderung des Krieges reagierte. Und er nahm 1916 auch einmal ohne künstlerische Verschlüsselung direkt politisch Stellung in einem Feuilleton für die „Neue Züricher Zeitung". Es trägt die Überschrift „Der Kriegsfall Boccioni" und bezieht sich auf den Tod des mit Busoni befreundeten futuristischen Malers Umberto Boccioni, einen, wie der Künstler wußte, durchaus unfreiwilligen Tod, den die fanatisierte italienische Presse zum Heldentod fürs Vaterland hochstilisierte: „Offenkundig ist hier das Bestreben des ‚Corriere', das Himmelschreiende des Vorkommnisses zu überhören und durch patriotische Ekstase zu übertönen, da es nun einmal nicht verschwiegen werden kann. Kein Wort des Bedauerns über den Verlust einer sicheren Hoffnung für die bildende Kunst wird laut ... Weshalb geschieht es? Warum wird der Empörung, die einen Teil Italiens ergriffen haben muß, nicht ein offener Ausdruck gegeben? Wohin zielt und woher stammt dieses System verabredeten Stillschweigens über unentschuldbare Begebenheiten, heraufbeschworen durch Umstände und Taten, die ‚ein Spiel sind gegen einen richtig gezogenen Pinselstrich'? In Goyas Radierungsgruppe ‚Los Desastros de la guerra' ist das vorletzte Blatt betitelt ‚La verdad es muerta' (die Wahrheit ist tot) – ‚aber sie wird auferstehen', so heißt das letzte der Blätter."[26]

Dieser mutige Artikel gegen den Krieg und die Verlogenheit der Kriegspropaganda erregte einiges Aufsehen, auch international, und er trug entscheidend dazu bei, Busoni in den Augen der Nationalisten und Chauvinisten aller Couleur unmöglich zu machen und ihn – nicht zu Unrecht – des „Rollandismus“ zu bezichtigen. Einer, der sich bei dieser einsetzenden Hetze besonders unrühmlich hervortat, war der deutsche und deutschnational gesinnte Komponist Hans Pfitzner, der die mutige Neuherausgabe des *„Entwurfs einer neuen Ästhetik der Tonkunst“* 1916 durch den Inselverlag zum Anlaß nahm, um Busoni als einen Verräter in so mancher Hinsicht zu brandmarken. Pfitzner griff den Künstler in seiner „Futuristengefahr“ überschriebenen Schrift von 1917 nicht nur als Zerstörer unvergänglicher nationaler Werte der Tonkunst an, sondern auch als einen jener politisch neutralen Defätisten und Dissidenten, der sich seinen patriotischen Pflichten entziehe und damit den Sieg der deutschen Waffen verzögere. Damit war der Ansatzpunkt zu Auseinandersetzungen gegeben, die auf kunst- und musikpolitischem Gebiet in den Nachkriegsjahren noch an Heftigkeit zunahmen. Busoni wurde so wider Willen zu einem politischen Objekt des Kampfes zwischen Reaktion und Fortschritt, an dem er selbst in seinen letzten Berliner Jahren allerdings nicht mehr direkt teilnehmen wollte, der ihn nur verbitterte und in der Anschauung bestärkte, daß sein Traum von einer freien, schönen Kunst Utopie bleiben würde. Immerhin war der regierungsamtliche Ruf seines alten Schülers Leo Kestenberg, an der Preußischen Akademie der Künste eine Meisterklasse für Komposition zu übernehmen, für Busoni eine Herausforderung an sein praktisches Fortschrittsideal, die er nach reiflicher Überlegung schließlich annahm. So unterstützte er von 1920 bis zu seinem Tode 1924 die Reformideen sozialdemokratischer Kulturpolitik in Berlin, ohne sich im engeren Sinne politisch zu artikulieren, aber getreu der Devise seines ja autobiographisch angelegten „Faust“, der seinen Studenten rät: „Nur der blickt heiter, der nach vorwärts schaut.“

Letztlich faßt diese Devise auch zusammen, was die geschichtsbildende und kulturpolitische Sprengkraft vor allem des Theoretikers Busoni motivierte. Denn das kompositorische Werk, für sich genommen, bildet doch nur aus der Kontamination der Bach- und Liszt- und Mozartstudien, aus Straussschen, Debussyschen und Skrjabinschen Anregungen eine Brücke zunächst zur Wiener Schule, dann zur Neuen Sachlichkeit und zu den neohistorischen Stilen der zwanziger Jahre. Demgegenüber zeitigten Busonis ästhetisch-theoretische Entwürfe, sein pädagogisches Wirken und sogar sein aufführungspraktisches Engagement weit stärkere und längerfristige Wirkungen unabhängig von stilistischen Richtungen und wechselnden Modeströmungen. Viele seiner Ideen und Visionen, Forderungen und Vorschläge sind im musikgeschichtlichen Prozeß der letzten Jahrzehnte aufgegriffen und eingelöst worden, wenn auch natürlich nicht immer und nicht unbedingt dem Buchstaben getreu. Da wäre etwa an seine Vorstellungen über die Differenzierung des Tonsystems und die Erweiterung der Klangwerkzeuge zu denken: hin „zum abstrakten Klang, zur hindernislosen Technik, zur tonlichen Unabgegrenztheit“[27], wobei „sogar die Industrie ihren Beitrag zum künstlerischen Fortschritt“ leisten müsse. Von hier aus ergeben sich mehr oder weniger direkte Verbindungen zu den verschiedensten Skalierungsexperimenten, zur Geräuschkomposition, zu den diversen Ausprägungen mechanischer, elektrischer bzw. elektronischer Musik.

Ohne diese Anregungen sowie die von Busoni vorgedachte Einheitlichkeit von Material- und Formbestimmtheit ließe sich Edgard Varèses Konzeption der Kristall-Form und der „organischen Athematik“ beispielsweise kaum denken. Besonders aber haben seine programmatischen Orientierungen und höchst interessanten Beiträge zu einem anti-illusionistischen, symbolisch-didaktischen Musiktheater spätere Entwicklungen hellsichtig vorgeahnt und praktisch befruchtet. Von seinem Affront gegen das psychologisierende Musikdrama und seiner Theorie der ebenso relativ autonomen wie wechselweise dominierenden Darstellungselemente empfingen so verschiedene Komponisten wie Weill und

Strawinsky, Krenek und Hindemith, Menotti und Dessau mannigfaltige Impulse, Impulse ja auch für politische Theaterkonzepte. Indessen behaupten sowohl der *„Entwurf einer neuen Ästhetik der Tonkunst“* wie auch die späten Thesen zu einer „Jungen Klassizität“ von 1920 als Ganzes die Kraft einer real gar nicht abzugeltenden, ideell gleichwohl produktiven, weil freiheitlichen, einheitsstiftenden Utopie. Immerhin hat sie wenigstens zu einem Teil ihre kunstpolitische und theoriegeschichtliche Funktion erfüllt, indem sie zum Katalysator der Ideenkämpfe um die Selbstbehauptung der neuen Musik und zur Klärung differenter Positionen taugte, mithin einem Schönberg, Pfitzner, Bartók, Weill oder Varèse (um nur einige zu nennen) zu entscheidenden Gewißheiten über ihr eigenes Handeln verhalf. Durch Busoni, den Vielverkannten, erkannten viele dennoch klarer ihren Weg. Zum anderen, aktuellen Teil vermag solche Utopie vielleicht und wieder aufs neue ein Modell für die Notwendigkeit eingreifender und übergreifender theoretischer Reflexion als Ferment orientierungsbewußter Kompositionspraxis zu sein. Möglich wäre sie freilich nur im Sinne jenes dialektischen Aphorismus, den Busoni nicht müde wurde zu wiederholen und der gewiß eine politische Erfahrung auch schon für ihn hätte sein können: „Man folgt am treuesten einem großen Beispiel, indem man sich von ihm abwendet.“[28]

1 Hans Heinz Stuckenschmidt, Ferruccio Busoni, in: Schöpfer der neuen Musik, München 1962, S. 17.

2 Zit. nach: Briefwechsel zwischen Arnold Schönberg und Ferruccio Busoni 1903–1919 (1927), in: BzMW, 3/1977, S. 195.

3 Jacob Wassermann, Selbstbetrachtungen, zit. nach Ferruccio Busoni, Wesen und Einheit der Musik. Neuausgabe der Schriften und Aufzeichnungen Busonis, revidiert und ergänzt von Joachim Herrmann, Berlin 1956, S. V f.

4 Zit. nach Siegfried F. Nadel, Ferruccio Busoni, Leipzig 1931, S. 4.

5 Alfred Einstein, Nationale und universale Musik (38 Essays), Stuttgart 1958, S. 240 f.

6 Ferruccio Busoni, Briefe an seine Frau, hg. von Friedrich Schnapp, Erlenbach/Zürich/Leipzig 1935, S. 163.

7 Ferruccio Busoni, Entwurf einer neuen Ästhetik der Tonkunst, Ausgabe Frankfurt (Main) 1974, S. 42.
8 Zit. nach Hans Heinz Stuckenschmidt, Ferruccio Busoni, Zürich 1967, S. 102.
9 Ebd., S. 17.
10 Busoni, Briefe an seine Frau, a. a. O., S. 242.
11 Ebd.
12 Ebd.
13 Ebd., S. 163.
14 Zit. nach Stuckenschmidt 1967, a. a. O., S. 129.
15 Busoni, Briefe an seine Frau, a. a. O., S. 193.
16 Ebd., S. 198.
17 Ebd., S. 150.
18 Ebd., S. 233.
19 Ebd., S. 76.
20 Busoni, zit. nach Stuckenschmidt 1967, a. a. O., S. 53.
21 Zit. nach Siegfried F. Nadel, a. a. O., S. 35.
22 F. Busoni, Die „Gothiker“ von Chicago, in: Wesen und Einheit der Musik, a. a. O., S. 195.
23 Ebd., S. 194.
24 Stefan Zweig, Die Welt von gestern – Erinnerungen eines Europäers, Berlin 1981, S. 295f.
25 Zit. nach Busoni, Briefe an seine Frau, Vorwort von Willi Schuh, a. a. O., S. 7.
26 Ferruccio Busoni, Von der Einheit der Musik – Verstreute Aufzeichnungen, Berlin 1922, S. 244.
27 Entwurf, a. a. O., S. 35.
28 Vgl. Busoni, Was gab uns Beethoven, in: Wesen und Einheit der Musik, a. a. O., S. 176.

UND VOR MIR SEH' ICH NICHTS ALS TRAURIGKEIT

Hans Pfitzner

1

Hans Pfitzner, ein deutscher und nur den Deutschen geläufiger Komponist, der dreißig Jahre im vergangenen und fünfzig in unserem Jahrhundert zu leben hatte, dürfte einer breiteren Nachwelt vor allem durch zwei Dokumente der Kunstgeschichte noch lebendig sein: Es ist dies zum einen eine Oper, sein Hauptwerk, die musikalische Legende *„Palestrina"*, die er in der Lebensmitte schuf und im zweiten Jahr des ersten Weltkrieges beendete. Und es ist zum anderen eben dieses Werk noch einmal, das Thomas Mann in seine „Betrachtungen eines Unpolitischen" einbezog, in jenen ihm später so fatalen, passionierten Super-Essay der politischen Selbsterforschung und Kriegsrechtfertigung von einem deutsch-nationalen, konservativen Standpunkt aus, in dem der *„Palestrina"* Pfitzners, glänzend analysiert, als ein Beleg gleichen Geistes figuriert. Beide, dieses dramatische Werk und seine berühmte Interpretation, vermochten entscheidend das Bild des Komponisten, seiner künstlerischen und auch politischen Anschauungen zu prägen und vor allem die organische, untrennbare, widerspruchsfreie Einheit dieser verschiedenen Aspekte zu suggerieren. „Der Komponist", schrieb Mann, „der bis zum Hochsommer 1914 sich um Politik den Teufel mochte gekümmert haben, der ein romantischer Künstler, das heißt: national, aber unpolitisch gewesen war, erfuhr durch den Krieg die unausbleibliche Politisierung seines nationalen Empfindens ... Wahrhaftig, dieser Zarte, Inbrünstige und Vergeistigte, nahm Stellung gegen den ‚Geist', erwies sich als Machtmensch, widmete demonstrativ, als die Wogen des U-Boot-Streites am höchsten gingen, ein Kammermusikwerk dem Großadmiral von Tirpitz, ersehnte den kriegerischen Triumph Deutschlands; mit einem Worte: der nationale Künstler hatte sich zum antidemokratischen Nationalisten politisiert ... Er war musikalisch-deutsch gewesen wie keiner; sein Instinkt, sein erhaltender Grundwille hatte aller

Hans Pfitzner, „Palestrina“, 2. Akt (Klavierauszug)

künstlerischen ‚Demokratie', allem europäischen Intellektualismus tief feindlich entgegengestanden; und wenn er gerade darum im Politischen ein fremdes Wesen hatte erblicken müssen, – es kam der Tag, wo es sich erwies, daß einer bestimmten seelisch-geistigen Verfassung eben doch eine bestimmte politische Haltung latent innewohnt oder von weitem entspricht."[1]

In der Tat, solange sich Pfitzners künstlerische und menschliche Entwicklung im Fahrwasser der scheinbaren politisch-ökonomischen Sekurität der Gründerjahre und des wilhelminisch geeinten Deutschlands, dazu auch musikalisch im ungebrochenen, eskapistischen Fortwirken der wagnerisch-romantischen Kunstkonzeption vollzog, hatte er wenig Grund, sich an der traditionell monadologischen, apolitischen Haltung musikalischer Bürgerlichkeit zu reiben. Er fand die Welt geordnet und in Ordnung; er war und blieb im Herzen ein Anhänger der Monarchie; sein Teil war die partielle, humorig-satirische Kritik an einzelnen Haltungen der Verhältnisse. Noch 1929 meinte er: „Eine ideale Staatsform an sich gibt es nicht und kann es nicht geben; nur wenn eine überragende Persönlichkeit, durch Gunst des Geschicks mit Machtvollkommenheiten und Herrscherbefähigungen ausgestattet, an der Spitze steht, kommt ausnahmsweise eine Zeit des bestmöglichen Zustandes."[2] Und in anderem Zusammenhang betonte er sein Einverständnis mit den für ihn prästabilierten sozialen Hierarchien: „Daß es Arme und Reiche gibt, gehört für mich nur zur natürlichen Ordnung. Ich bin die Hälfte meines Lebens ein armer Teufel gewesen. Mein Vater hat als Orchestermusiker ein Gehalt von 150 Mark gehabt. Da ist es sehr sparsam hergegangen – und ich habe doch gewußt, daß ich künstlerisch nicht auf der Brennsuppe dahergeschwommen bin. Aber es wäre mir im Traume nie eingefallen, reiche Leute, etwa einen Bankier, deshalb zu beneiden."[3]

Etwas anderes war es, das Pfitzner nach der Jahrhundertwende allmählich stärker zu beunruhigen begann: die neuen musikalischen Entwicklungen, die nicht nur ein rascheres Tempo der stilistischen Veränderungen anschlugen, sondern im Abstreifen bestimmter kompositorischer Normen auch einen kritischen Einspruch gegen bestimmte ästhetische und soziale Konventionen des Musikgebrauchs hörbar werden ließen. Pfitzner befürchtete darin erhebliche Störungen, ja einen Zerfall der harmonischen bürgerlichen Musikkultur, den er kaum glaubte aufhalten zu können, den er aber selbst nicht mitzuvollziehen gedachte. Philosophisch geschult vor allem an Schopenhauer, den er grenzenlos verehrte und gründlich gelesen hatte,[4] polemisierte er zunehmend offen dagegen aus der Sicht eines konservativen Geschichtspessimismus mit der Absicht, romantische Kunstideale und die Idee des starken deutschen monarchistischen Nationalstaats füreinander intakt zu halten. Da er aber die künstlerischen Veränderungen durchaus realistisch nicht für einen autonomen Degenerationsprozeß hielt, sondern sie mit gleichsinnigen gesellschaftlichen Zerfallserscheinungen verbunden sah und hinter ihnen das gezielte Wirken politischer Gruppierungen vermutete, erstreckten sich seine Verteidigungskämpfe zunehmend auf die Bereiche der Politik und auf politische Argumente. Der für Deutschland ungünstige Verlauf des ersten Weltkrieges ließ solche Vermutungen für ihn verzweifelt evident werden. Deshalb geriet auch die Streitschrift „Futuristengefahr" von 1917, eine ästhetisch-polemische Auseinandersetzung mit Ferruccio Busonis „Entwurf einer neuen Ästhetik der Tonkunst" von 1906, zu einem ersten Höhepunkt von Pfitzners national-patriotischen, politisch retrospektiv engagierten Bekundungen. Damit legte er sich Feindschaften zu, die seine Kohlhaas-Natur verkraften mußte, und dadurch bekräftigte er seinen romantischen Konservatismus, der dem historischen Kunstfortschritt im weiteren auch hörbar immer weniger adäquat sein konnte.

2

Das Verhältnis von Kunst und Politik, von musikalischen und gesellschaftlichen Interessen war von Pfitzner damals bereits in seinem *„Palestrina"* problematisiert worden und prinzipiell für ihn daher geklärt: Er hatte mit dem Libretto, das er sich selbst schrieb, den Gegenstand „künstlerischen Schaffens" sozusagen politisiert, in seiner Antinomie von subjektiver Verantwortung und gesellschaftlichem Anspruch an einem historischen Gleichnis abgehandelt und dabei das durchaus bewunderungswürdige Kunststück fertiggebracht, den Stoff im geschichtlichen Sinne dokumentarisch treu und im aktuell-polemischen Sinne symbolisch für sein eigenes Weltempfinden, sein Wirklichkeitsverhältnis als Komponist aufzubereiten. Und die Lösung, die er für das Verhältnis von Kunst und Politik fand, besteht nicht im Dissens, nicht in der solipsistischen Abkehr des Künstlers von der Welt, sondern im produktiven, positiven Kontakt – bei aller unvermeidlichen Konflikthaftigkeit zwischen beiden Lebenssphären. Dazu referierte der Autor, der sein Werk mehrfach brillant kommentierte, mit wünschenswerter Offenheit, das heißt hier mit Betroffenheit, mehr von sich als von der Wahrheit der historischen Vorgänge: „Ich sah sofort, daß das Leben dieses Mannes ein Künstlerdrama ersten Ranges in sich schloß, wenn auch nicht ein Drama in gewöhnlichem Sinne und herkömmlicher Form ... Da sitzt ein Mann in Rom beinahe das 16. Jahrhundert hindurch an ein und derselben Stelle, verläßt den Ort, wo er wirkt, sein ganzes Leben lang nicht. Er tut nichts weiter als seiner Kunst dienen, seine Begabung aufs höchste ausbilden, nur arbeiten und arbeiten, mit dem Pfund wuchern, das Gott ihm verliehen hat. Je nach Laune und Beschaffenheit der gerade regierenden Päpste bald gnädig, bald ungnädig behandelt, lebt dieses große Genie, still und prunklos, von nichts belohnt, als dem Gefühl seines Wertes, im Dunkeln. Da auf einmal fällt auf ihn ein blendendes Licht, er steht sozusagen in welthistorischer Beleuchtung da ... Da ergeht an ihn, Palestrina, der Ruf: rette die Musik! ... Und siehe da, nun lohnt sich sein Leben, seine stete Arbeit in der Stille: er ist bereit! Die große Stunde findet ihn groß, er schreibt das Werk, das die Rettung bringt. Eine geistige Herkulestat wird vollbracht, das schwerste gelingt: auf Machtgebot Schönheit zu erzeugen. Daß da sozusagen zwei Welten als Faktoren der Handlung gegeneinander ins Spiel zu kommen hatten, stand für mich von vornherein fest: die eine äußerliche mit ihrem lauten und wilden Getriebe, die sich in der Zeitlichkeit abrollt, die man schlechthin ‚die Welt' nennt, und die andere innerliche, stille, die im Herzen des schöpferischen Menschen die Ewigkeit sucht. Diese erzeugt das Geisteswerk nicht mit der anderen Welt, auf deren Geheiß; auch nicht gegen sie, gegen ihren Willen, sondern über jene hinaus, ohne sie, ganz andern Gesetzen gehorchend, als in jener wirksam sind … So sah ich denn … eine Art Triptychon als Form: einen ersten und dritten Akt für die eigentliche Palestrina-Welt, und in der Mitte das Bild bewegten Treibens der Außenwelt, die dem stillen Schaffen des Genies immer feindlich ist! Dieses konnte nur das Konzil sein, der Ausgangspunkt der kunstfeindlichen Beschlüsse."[5]

Entgegen manchen Kritikern der Oper, die ihn für verfehlt und mißlungen halten, ist es gerade dieser mittlere Akt, der das Grundthema sinnlich ins Profil bringt und darüber hinaus in seiner sonderbaren einzigartigen Komik ein Dokument der scharfen realistischen Beobachtungsgabe Pfitzners darstellt. Erst in dem Kontrast „zur stillen Würde des intellektuellen Lebens", sagt Thomas Mann in seinen „Betrachtungen", „beruht die Dramatik der Konzils-Szenen, in welchen das Erzeugnis jener überschwenglichen Nacht, die wir erlebten, zu einem Gegenstand des politischen Handelsgeschäfts wird. Wahrhaftig", fährt er fort, „welche Art von Leben und Realität wäre im Sinn jenes Kontrastes grotesker, tumultuöser und komischer, als die Politik? Der zweite Akt ist nichts anderes, als eine bunte und liebevoll studierte Satire auf die Politik, und zwar auf ihre unmittelbar dramatische Form, das Parlament. Daß es ein Parlament von Geistlichen ist, erhöht die Lächerlichkeit und Unwürde aufs Äußerste."[6] Gerade hinsichtlich der politischen Geschäftigkeit und der Geschäfte von Politikern mit der Kunst steckt dieser Akt voller realistischer Details, voller bitterer Komik und satirischer Wahrheit, die weit über die historische Begrenztheit des Stoffes und über des Autors Erfahrungshorizont hinausreichen. Um nur ein kleines Beispiel anzuführen, sei erinnert an das Gespräch zweier Kirchenfürsten, Novagerio und Borromeo, die, nachdem sie die Weltlage diskutiert, auf jenen renitenten Komponisten zu sprechen kommen, der die versprochene Messe nicht liefern will. Politikers Weisheit letzter Schluß ist, wenn das Marterholz nicht helfen sollte, nur dies: „Ei Freund, das Unverdauliche – wird ausgespien!"

3

Mit dem Ende des ersten Weltkrieges fühlte sich Pfitzner all seiner geliebten Illusionen von deutscher Größe, von großer deutscher Kunst beraubt. Durch die Novemberrevolution 1918 sah er nur Verräter und die Drahtzieher der deutschen Kriegsniederlage an die Macht kommen. So sagte er der Weimarer Republik, der Demokratie, den neuen Kunstströmungen seinen erbitterten Kampf von rechts an. Seine Ängste und Erschütterungen verdrängte er nun in verbalen Aggressionen. Kein Wunder, möchte man meinen, wenn ein Mann seiner geistigen Konstitution, am Rande Münchens lebend, ausgerechnet zum unmittelbaren Beobachter des Schicksals der Kommunistischen Bayrischen Räterepublik werden mußte. Sofort nach ihrem blutigen Zusammenbruch ging er zum nationalistischen Angriff über, übrigens nicht ohne geistige Verbündete, wie man beispielsweise der Festrede entnehmen kann, die Thomas Mann am 18. Juni 1919 anläßlich des 50. Geburtstages von Pfitzner hielt. „Die Kunst, meine Herren“, ließ sich der noch treue Schriftsteller vernehmen, „ist irrationales Gebiet, wie das Leben selbst, und ihre Bestimmbarkeit durch Begriffe wie Romantik und Reaktion oder Neuzeitlichkeit und Fortschritt ist außerordentlich bedingt. Und eine Kunst, die wie kaum eine andere in den heiligen Gründen zu Hause ist, wo die Quellen des nationalen Lebens rauschen, eine solche Kunst ist die aktuellste, modernste und lebensunmittelbarste, die Nation wird ihr lauschen, und echter Ruhm wird um sie sein ... Hans Pfitzner lebe! Es lebe sein hohes, strenges und inniges Leben, das im Vergangenen liebevoll und enthusiastisch träumend an deutscher Zukunft wirkt ...“[7]
Solch hehres Lob in den Ohren, saß der Meister unterdessen über einer militanten Streitschrift, in der er viel weniger fein seinem ästhetischen Gewissen und seinen politischen Instinkten ungehemmt die Zügel schießen ließ. Manche polemische Entgleisung entschuldigte er zwar später mit seinem Temperament, aber zu einer Zurücknahme des Gehalts sah er sich niemals genötigt – weswegen wir das Pamphlet leider ernst nehmen dürfen. Es heißt *„Die neue Ästhetik der musikalischen Impotenz – Ein Verwesungssymptom“*.

Pfitzner nahm die Beethovenstudien Paul Bekkers, des damaligen Musikkritikers der „Frankfurter Zeitung“ und einflußreichen Musikpublizisten, zum Anlaß, um vom vermeintlichen Fehlgriff musikalischer Analyse auf den Sittenverfall modernen Komponierens zu schließen und diesen als Symptom allgemeinen Niedergangs der kulturellen, geistigen und politischen Werte der Nation zu brandmarken. In der Bekkerschen Betrachtungsweise, einer etwas grob hermeneutischen, forsch soziologisierenden Veranlassungs-Ästhetik, sieht Pfitzner die für ihn unveräußerlichen Grundwerte musikalischer Autonomie, den durch nichts Heteronomes begründeten, nur vom subjektiven Gestaltungswillen inspirierten Einfall, als Keimzelle von Ausdruck und Architektur der Musik, gefährdet und demontiert. Die Verbindung von Ausdruck und Architektur konstituiert aber für Pfitzner nun den dritten, alles entscheidenden Grundwert: den Nationalcharakter einer Musik. Dieser sei für die Deutschen erst im 19. Jahrhundert, dem Säkulum der nationalen Ermannung und Einigung, im Zeichen der romantisch-heroischen Ära zwischen Beethoven und Wagner, zum Tragen gekommen. Ihn gelte es zu verteidigen, angesichts der Agonie der nationalen Identität und der Unterwanderung der Kultur durch die „musikalische Impotenz“, die eben dadurch, daß sie echte Einfälle negiere und Schönheit zerstöre, den Nationalcharakter der Musik töte.

Diese Impotenz triumphiere als „internationale Seelenlosigkeit“[8] in zwei unterschiedlichen Formen: einmal als „international-atonale Strömung“[9], der „künstlerischen Parallele zu dem Bolschewismus, der dem staatlichen Europa droht“[10], von der niemand etwas wissen wolle und die der Welt von einer Minderheit mit Gewalt aufgezwungen werde. Die andere Strömung aber – bereits „fix und fertig da“[11], allseits willkommen, weil sie, während sie die Seele töte, dem Körper schmeichle – sei die „Jazz-Foxtrott-Flut, der musikalische Ausdruck des Amerikanismus, diese Gefahr für Europa“[12]: „Die Jazzwelt bedeutet die Niedrigkeit, die Aharmonik, den Wahnsinn gegenüber hoher Kunstmusik“[13], lautet Pfitzners kategorisches Urteil, aus dem nun folgt: „Das Antideutsche, in welcher Form es auch auftritt, als Atonalität, Internationalität, Amerikanismus, deutscher

Pazifismus, berennt unsere Existenz, unsere Kultur von allen Seiten und mit ihr die europäische."[14] Damit ist der Punkt erreicht, wo Pfitzner ganz logisch nach den sozialpolitischen Wurzeln all solcher Übel fragt, denn „der Sprung auf die Politik ist nur ein scheinbarer; ich rede von denselben Dingen: vom nationalen Leben ... Die künstlerische Verwesung ist das Symptom der nationalen."[15] Wer aber sind die Übeltäter? Welche politischen Interessengruppen leiten das Zerstörungswerk? Pfitzner bleibt die klare demagogische Antwort nicht schuldig: es ist der „jüdisch-internationale Geist", der „Boden beim deutschen Publikum"[16] gewinnt, der aber Kunst als Maske politischer Zerstörung benutzt.

Pfitzners Antisemitismus, der jetzt als Reversbild seines eingefleischten Nationalismus (eines mit philosophischen Prinzipien nur notdürftig bemäntelten Pangermanismus) zur Sprache kommt, mutet heute grotesk und jämmerlich an, war aber damals normaler Bestandteil eines virulenten und weitverbreiteten Ressentimentdenkens des rechten Bürgertums. Daß die faschistische Ideologie hier anknüpfte und aufbaute, unterliegt keinem Zweifel; andererseits gilt es aber zu unterscheiden zwischen den biologistischen Konsequenzen der Rassentheorie als der praktischen Rassenvernichtung durch die Nazis und jenem „alltäglichen", gedanklichen Antisemitismus, wie ihn beispielsweise Pfitzner handhabte, wenn er etwa in folgender Weise – irrationalistisch genug – differenziert: „In der Schmach und dem Frevel der Revolution erlebten wir mit Trauer, daß deutsche Arbeiter, deutsches Volk sich von russisch-jüdischen Verbrechern anführen ließen und ihnen eine Begeisterung zollten, wie sie sie noch keinem ihrer deutschen Helden und Wohltäter gönnten ... Ich sage: international-jüdisch, meine also nicht die Juden als Individuen. Es ist ein Unterschied zwischen Jude und Judentum. Der Grenzstrich der Scheidung in Deutschland geht nicht zwischen Jude und Nichtjude, sondern zwischen deutsch-national empfindend und international empfindend. Ich selbst kenne eine ganze Anzahl Juden, und weiß indirekt von vielen anderen, die so deutsch national und ehrenhaft empfinden, wie es nur gewünscht werden kann, und die ihre Pflicht im Kriege wie zu Hause voll erfüllt haben; und umgekehrt von leider allzuvielen Deutschen, die gegenüber Deutschland internationaler, ja antinationaler empfinden, als es Fremde und Feinde tun ... Aber das Judentum ist ein gefährliches Rätsel."[17]

Mit dieser pseudo-idealistischen Unterscheidung hat sich Pfitzner die Plattform gewonnen, um gegen die vermeintlich Verführten, den inneren Feind, die wahren Schuldigen am Ausgang des Krieges, die „Vaterlandsverräter" zu Felde zu ziehen: es sind die starken Linken aller Schattierungen sowie die aus anderen Gründen Schwachen und Gedankenlosen. Pfitzner verlangt entschiedene Trennung zwischen nationalem „Weizen" und internationaler „Spreu", wenn er proklamiert: „Klare Scheidung! Wer ist noch Deutscher? Was ist noch deutsch? Wer ist gemeint, wenn jemand in Deutschland ‚wir' sagt? Sind es diejenigen Einwohner des ehemaligen Deutschland, welche ihr Vaterland gegen eine fünfundzwanzigfache Übermacht von vernichtungswürdigen feindlichen Horden schützten, oder sind es diejenigen, welche diesen, ihren eigenen Verteidigern und Beschützern, soweit sie der Tod im Felde verschonte, bei ihrer Heimkehr nach vierjährigem Heldenkampfe als ersten Heimatgruß die Achselklappen und Ehrenzeichen herunterschnitten und -rissen? ... Sind es die, denen an der Zugehörigkeit des Elsaß zu Deutschland, dem Schicksal der Kolonien, der Balten, Danzigs, Tirols liegt, oder die, die sich für die moralischen und ethischen Pflichten gegen die Serben, Polen und Belgier interessieren, während ihr Vaterland in Todeskämpfen zuckt? Sind es die, die heute noch an Ludendorff glauben, oder die, die heute noch an Wilson glauben? Die, die mit Hutten, Bismarck, Kleist, Wagner, Wildenbruch, oder die, die mit Kurt Eisner sympathisieren?"[18]

Die „natürliche Reaktion" auf all die letzteren „müßte ein Auflodern von Rache, Haß und Empörung des gesamten fest zusammengeschlossenen 70-Millionen-Volkes sein, gegen welche der Haß des Kleistschen Hermann eine leise Andeutung wäre. Zum Haß unfähig sind nur Heilige und Tiere."[19] Aber nein, meint Pfitzner im Paroxysmus, schon im Kriege war das „Überwiegende in Deutschland ... unausrottbare Sympathie mit den Feinden, Stumpfheit, Gleichgültigkeit und Lieblosigkeit gegen die eigenen Volksgenossen, Trägheit des Herzens, überschwengliche Dummheit"[20]. Jetzt nach dem Kriege sei nun das „Verhalten gegenüber unseren Feinden zu vollständiger Ehrlosigkeit gesunken" und übrig bleibe „Hochverrat, Bruderkrieg und eine grinsend-bettelnde Sklavenphysiognomie ... Diese perverse Neigung" – so immer noch Pfitzner – „ist Hochverrat am Deutschtum; dieser Hochverrat gehört zum deutschen Nationalcharakter. Wer sich in Deutschland ihr widersetzt, verfällt dem Haß und der Verfolgung; wer die Feinde Deutschlands schlägt, wird von den Deutschen geschlagen. Eine metaphysische Eigenschaft, von je daseiend. Hermann der Befreier fiel von dem Dolch eines Verwandten. Dieser Dolch geht heute noch um; er ist gegen alle deutschen Herzen gezückt; und wer für Deutschland am meisten lebt, den trifft er am sichersten. Ein solches Volk muß untergehen."[21]

4

Genug damit, genug mit jenem chauvinistischen Extremismus auch in Pfitzners politischem Weltbild. Ihm blieb allerdings die berüchtigte reaktionäre Zwecklüge von der Dolchstoßlegende erhalten, der zufolge das deutsche Heer im ersten Weltkrieg nicht militärisch überwunden, sondern von innen „erdolcht" worden sei – vor allem von der Spartakusgruppe und anderen Revolutionären. Es steht die Frage, wie Pfitzner sich zu solchen Exzessen hat verstehen können, behauptet er doch völlig zu Recht, daß er „von eigentlicher Politik nicht das geringste verstehe, sondern nur die gefühlsmäßig nationale Einstellung habe, die auch zum großen Teil aus meinen Schriften spricht"[22]. Gewiß rührt sie letztendlich aus einer kraß kultivierten Verteidigungshaltung des Künstlers; sie ist Argumentationshilfe für eine Position der retrospektiven Traditionsgebundenheit, die allenthalben anachronistisch wurde. Man sollte es dem Komponisten vielleicht zugute halten, daß er die Problematik, seine zunehmende Isolierung, wenigstens reflektierte, wenn er sie schon nicht ändern mochte. Jenen Palestrina, in dem er ja auch die eigene Lage spiegelte, ließ er deshalb sagen: „Schwach bin ich, voller Fehler, und um ein Werden ist's in mir getan. Ich bin ein alter, todesmüder Mann am

Ende einer großen Zeit. Und vor mir seh' ich nichts als Traurigkeit – ich kann es nicht mehr zwingen aus der Seele." Hier sprechen reinster Konservatismus und Zukunftsfurcht im künstlerischen, ästhetischen Sinne wie in politischer Hinsicht, auch wenn er den Musiker weiter porträtiert und damit – neben dem allgemeinen Kunst-Politik-Verhältnis – als zweites Kernthema der Oper das von Tradition und Fortschritt etabliert: „Ihr lebtet stark in einer starken Zeit, die dunkel noch im Unbewußten lag, als wie ein Korn in Mutter-Erde-Schoß. Doch des Bewußtseins Licht, das tödlich grelle, das störend aufsteigt wie der freche Tag, ist feind dem süßen Traumgewirk, dem Künste-Schaffen; der Stärkste streckt vor solcher Macht die Waffen." Dies also ist das Credo Pfitzners, ein rückwärts gewandter, romantisch-nostalgischer Irrationalismus, seine Inspirations-Philosophie, sein schopenhauerscher Willens-Pessimismus, dem er stets auch politische Argumente zuführt.
Aber andererseits noch einmal: Woher diese Militanz, der empirische Starrsinn, die tagespolitische Rankünе dennoch? Hier stoßen wir auf einen Mann, eine Leitfigur, einen geistigen Mentor, den Pfitzner selbst über sechzig Jahre als seinen „intimsten Freund" benennt, weil er aus seinem „Leben nicht hinwegzudenken"[23] sei. Es ist der Publizist Paul Cossmann, Pfitzners Schulfreund, der lange Jahre in München und dort bis 1933 als Herausgeber der „Süddeutschen Monatshefte" wirkte – eines Organs der Pangermanisten, das militant gegen das System der Weimarer Republik eingestellt war und einen bayerischen Separatismus der Rechtskräfte unterstützte. Schon lange vor dem ersten Weltkrieg setzten sich Cossmann und seine Zeitschrift auch für Pfitzner ein. Berüchtigt wurde das Blatt in den zwanziger Jahren durch seine unermüdliche Diskussion der Kriegsschuldfrage und eine politische Privatklage Cossmanns gegen den Chefredakteur der sozialdemokratischen „Münchener Post", Martin Gruber, wegen dessen Erklärung, Cossmann verfälsche systematisch die Geschichte. Dieser hatte insbesondere in Vorbereitung der Reichstagswahlen 1924 in seinen sogenannten „Dolchstoß-Heften" mit finanzieller Unterstützung rechter Parteien die revolutionären Kräfte der Zusammenarbeit mit dem Großkapital und der Heeresleitung der Feindländer und auch die Füh-

rung der SPD revolutionärer Tätigkeit im Sinne der Dolchstoßlegende bezichtigt. Cossmann, natürlich, gewann den Prozeß. In jenen Kreis also war auch Pfitzner integriert, und vollständig teilte er dessen nationalistische Politik, obwohl er später behauptete,[24] von den politischen Zielen Cossmanns nichts gewußt zu haben – also nichts auch von den separatistischen Bestrebungen, die ihn, den zum Katholizismus konvertierten Juden, unter Hitler schließlich ins KZ brachten. Der freundestreue Pfitzner ließ bei den Nazis nichts unversucht, um Cossmann zu retten – was ihm nur vorübergehend gelang und ihn selbst bei den führenden Stellen äußerst mißliebig machte. Solcher Mut, immerhin verbunden mit realen Risiken für seine eigene Person während der Nazizeit, gehört ebenso zum Persönlichkeitsbild des Komponisten wie andererseits danach eine merkwürdige Solidarität mit den vom Faschismus geschaffenen Fakten. Einer Aussage Otto Klemperers zufolge hatte Bruno Walter an Pfitzner geschrieben: „Was ist denn eigentlich aus Cossmann geworden?“ Und Pfitzner schrieb zurück: „Cossmann ist im Konzentrationslager Dachau sanft gestorben.“ – „Na“, kommentiert Klemperer, „das war nun weniger sympathisch, ich meine die ‚Sanftheit‘, mit der er im KZ gestorben ist, ist mehr als fraglich.“[25]

In diesen „Gesprächen mit Klemperer“ erinnerte sich der greise Dirigent einiger uns wesentlicher Züge Pfitzners, den er sehr gut kannte, obwohl sich beide schon aus der Straßburger Zeit vor dem ersten Weltkrieg wenig mochten. „Pfitzner“, heißt es bei Klemperer, „war nicht philosemitisch, aber er war auch kein Antisemit. Er mochte Juden, die er für gute Deutsche hielt, und er haßte alles Internationalistische. Zum Beispiel als er ‚Palestrina‘ in Köln inszenierte, gab ich eine kleine Gesellschaft für ihn. Und um den Abend interessanter zu machen, hatte ich Max Scheler, den Philosophen, eingeladen. Nach dem Essen hatte Scheler die unglückliche Idee, ein Gedicht von Claudel vorzulesen – auf französisch natürlich. Als er anfing, stand Pfitzner abrupt auf und ging. Ich eilte ihm nach und fragte warum. ‚Ich halte es nicht aus, wenn jemand in diesen Zeiten ein französisches Gedicht liest.‘ Das war seine Einstellung. Ein bißchen verrückt ... Er hatte wohl gehofft, daß mit den Nazis die Stunde des Ruhms für ihn schlagen würde. Aber auch im Dritten Reich hatte er keinen großen Erfolg. Die Nazis hielten ihn für einen guten Komponisten, aber nicht mehr. Und sie fanden ihn schwierig. Natürlich war er verbittert darüber. Im Krieg wurde auch noch sein Münchner Haus von englischen Bomben zerstört. So war seine Lage nicht sehr gut. Er mußte in einem Altersheim leben ... Dann mußte er sich entnazifizieren lassen (obwohl er nicht in der Partei war, aber als Kultursenator). Das paßte ihm nicht. Und es war ja auch ein bißchen toll. Ich meine, was hatte ein Pfitzner, ein Komponist, der nur in Deutschland bekannt war, schon mit der Welt zu tun? Aber er war auch sehr witzig, das war eine seiner besten Eigenschaften. Als sein Haus zusammengestürzt war, sagte er: ‚Und da sagen die Leute, daß mir nichts einfällt!' Sehr gut!"[26] Klemperers Bemerkungen werden von den Quellen vollauf bestätigt: Pfitzner war kein Nationalsozialist, sondern – freilich schlimm genug – nur einer jener aus früher Tradition verbohrten Patrioten, die sich nach außen loyal verhalten zu müssen glaubten.

Pfitzners kaustischer Humor, der in vielen Anekdoten überliefert ist, fand besonders im sogenannten „Dritten Reich" ergiebige Nahrung. Es kursierten zahlreiche politische Witze, die er in Umlauf gesetzt hatte oder die man ihm zutraute und zuschrieb. Einmal kam das Gespräch auf Rassenmerkmale, wobei auch die Worte „rundschädelig", „langschädelig" usw. fielen – was den Komponisten zu der Bemerkung veranlaßte: „Na, Hitler wird hoffentlich nicht lang schädlich sein!"[27] Ein andermal, um Pfitzners griesgrämige Laune zu wenden, versuchte ein uniformierter Rundfunkangestellter die neueste offizielle Anekdote zu erzählen. Hitler hatte gerade seine erste Begegnung mit Mussolini gehabt und seinen Adjutanten gefragt: „Soll ich ihn nun Duce oder Sie-tsche nennen?" Worauf Pfitzner den erbleichenden Beamten mit der Bemerkung unterbrach: „Für mich sind Beide Er-sche!"[28] Die Idee mit der „Pimpfonie in Bal-Dur", die er angeblich für den Reichsjugendführer Baldur von Schirach komponieren wollte, war leider nicht von ihm, aber, entgegnete Pfitzner, als er davon hörte: „Ich gäbe viel darum, wenn ich diesen Witz wirklich gemacht hätte."[29] Um das pöbelhafte, kraftmeiernde, operettenhaft lärmende Unwesen des NS-Regimes zu parodieren, nannte er dessen Führer den „entfesselten Proleteus“[30] und karikierte er dessen Versuche zur Massenverführung durch die Travestie des berühmten Goethegedichts. Von Weimar aus schrieb er (drei Wochen vor Ausbruch des zweiten Weltkrieges) an seinen doch gleichgeschalteten Biographen Walter Abendroth folgende Grüße auf einer offenen Postkarte: „Ich habe dieser Tage einen Ausflug auf den ‚Kickelhahn‘ gemacht, wo bekanntlich Goethe sein unsterbliches ‚Wanderers Nachtlied‘ hinschrieb. Was würde er zu heute sagen!! Ich konnte nicht umhin, ‚ein gleiches‘ zu schreiben, für das Jahr 1939: Auf allen Plätzen / ist Lärm / Überall Schwätzen / und lautes Geschwärm / von K. d. F. und H. J. / Die Vöglein schweigen ringsum / Auch denen wird es zu dumm / weeß Gott!“[31]

5

Die Wahrheit ist: Pfitzner billigte und hofierte das Naziregime, aber dem Ästheten in ihm war es „zu dumm“, zu plump, zu roh. – Er hatte die „Bewegung“ als Vollstreckung seiner Interessen begrüßt, aber mißtraute den Mitteln und den Figuren, die den sogenannten deutschen Aufstieg herbeiführen wollten. Deshalb schrieb er bereits am 13. April 1933 beispielsweise an Arthur Eloesser, einen jüdischen Freund, für den er sich ebenfalls verwendete: „Ohne mich über meine Dir gewiß bekannte Weltanschauung ausbreiten zu wollen, kann ich sagen, daß ich die Art, in der sich das neue Deutschland zunächst auswirkt, nicht mitmache.“[32] Seinem aristokratischen und individuellen Naturell widerstrebten die Methoden diktatorischer Massenbeherrschung und Volksvergötzung. „Er haßte Schlagworte und das Dreinreden Unberufener in Dinge, die sie nicht verstehen“ (Ludwig Schrott).[33] Vor allem fühlte sich Pfitzner entgegen seinen Erwartungen künstlerisch brüskiert. Infolge des Konfliktes Nazideutschlands mit Österreich gleich 1933 wurde er von dem damaligen Reichsjustizkommissar Hans Frank gezwungen, seine Teilnahme an den Salzburger Festspielen abzusagen. Pfitzner übte, wie man so sagte, „nationale Disziplin“, obwohl er überall erzählte, Frank habe ihm „den Brief diktiert wie Wurm der Luise“[34]. Nach diesem ersten Blick hinter die Kulissen einer „nationalen Kundgebung" war Pfitzner von einigen Illusionen so ziemlich geheilt, und er unterließ hinfort, was ihm ja hätte nützen können, jede scharfe, öffentliche Verlautbarung irgendeines Solidaritäts- oder Treuebekenntnisses zu den neuen Machthabern. Vor allem sein musikalisches Schaffen blieb frei von jeder diesbezüglichen ideologischen Versuchung: Er zog sich auf instrumentale Kammer- und Orchestermusik zurück. Und schon im Juli 1933 leistete sich Pfitzner den nächsten Affront: Er sagte ein Leipziger Dirigat kurzfristig ab, weil der zuständige Juristenbund unter anderem die vorgesehenen Eichendorff-Lieder *„Zorn"* und *„Klage"* wegen einiger Text-Zweideutigkeiten beanstandete. Heißt es doch in der *„Klage"*: „Denn eine Zeit wird kommen, da macht der Herr ein End, da wird den Falschen genommen ihr unrechtes Regiment."

In einem scharfen Protest an den mächtigen Hans Frank begründete Pfitzner seine Absage. Er sprach von Beleidigung und Schädigung, vom Verbot seiner Werke und schloß: „Wie lange das ‚Dritte Reich' besteht, weiß man nicht. Daß meine Werke bestehen werden gemäß einem ewigen Gesetz, das weiß ich, und sollte sich extra eine reale Welt um sie bilden, in der sie nicht verboten werden."[35] Die offizielle Antwort kam prompt: „Sie werden verstehen, daß es Herrn Staatsminister Dr. Frank nach Ihrem letzten Brief ... nicht mehr möglich ist, in irgendeiner Form für Sie einzutreten."[36] Damit war dieser Fall abgeschlossen, aber – merkwürdig – nicht die Beziehung zu jenem später berüchtigten Generalgouverneur von Polen, der noch 1944 Pfitzner zu sich nach Krakau zu einem Urlaub einlud. Nach Ludwig Schrott hätte damals „der Meister" den Eindruck gewonnen, daß Frank „verhältnismäßig milde regiere", während der Vernichtungsterror „anderer NS-Herrscher im Osten"[37] zur Sprache gekommen sei. Nicht anders jedenfalls kann man Pfitzners skandalösen Fauxpas erklären, ihm, einem der grausamsten Massenmörder, 1945 in die Nürnberger Todeszelle ein Telegramm „mit Worten des Trostes und der dankbaren Verbundenheit" (Schrott)[38] zu schicken. Auch mit Göring, Heß und Goebbels legte sich Pfitzner wiederholt an, sei es, um für jüdische Freunde zu bitten, sei es, um eigener künstlerischer Belange wegen. Besonders mit Göring kam es in der Angelegenheit der Pensionierung als Münch-

ner Akademieprofessor zu heftigen Auftritten. Auf einen rüden Brief Görings hatte Pfitzner immerhin die Courage zu folgender Antwort: „Ihren Brief, der in Inhalt und Ton wie an einen Gauner gerichtet scheint, bewahre ich als Kulturdokument von unschätzbarem Wert und als Seitenstück zu dem Fußtritt, den ein Salzburger Bischof einst dem W. A. Mozart ungestraft erteilen durfte: Heil Hitler!"[39] Göring drohte daraufhin mit Zuchthaus, entschuldigte sich aber schließlich doch.
Das reservierte Verhalten der nazistischen Kulturpolitik gegen Pfitzner gründete jedoch nicht nur in diesen dauernden wechselseitigen Invektiven und des Komponisten störrischer Unangepaßtheit, sondern zu einem gut Teil in Hitlers persönlicher Abneigung. Die einzige Begegnung zwischen beiden verlief negativ. Sie fand im Frühjahr 1923 im Schwabinger Krankenhaus statt, wo Pfitzner wegen eines Gallenleidens lag. Den Kontakt hatte Cossmann hergestellt. Dazu Pfitzner: „Damals war ich der große Mann und er noch klein und unbedeutend. Er ist in einem einfachen Mantel vor mir gestanden und hat fanatisch vom Krieg erzählt."[40] Der Streitpunkt war der frühreife Philosoph Otto Weininger, Verfasser des berühmten Buches „Geschlecht und Charakter", von dem Hitler meinte, „das sei der einzige Jude, der ihm imponiere, weil er sich umgebracht habe"[41]. Pfitzner, ein Bewunderer Weiningers, widersprach, und das wurde ihm nicht verziehen – wie auch später nicht sein Eintreten für Cossmann. Bei Hitler galt Pfitzner seitdem als jüdisch infiziert, und er soll, sich der Begegnung im Krankenhaus erinnernd, gesagt haben: „Er ist mit seinem Bart vor mir gelegen wie ein alter Rabbiner."[42] Schrotts Nachforschungen zufolge lagen der leicht restriktiven Behandlung des Falls Pfitzner von seiten der offiziellen Kunstpolitik Hitlers Entscheidungen zugrunde. Weil der Komponist aber dennoch im allgemeinen Bewußtsein als einer der musikalischen Repräsentanten galt, versuchte er, wenigstens der Nachwelt ein gerechtes Bild seiner politischen Beziehungen zu vermitteln. Er verfaßte am 11. März 1942 eine private Denkschrift für den Nachlaß in der Annahme, der Hitlerstaat werde ihn überleben. Darin gibt er Beispiele zahlreicher Kränkungen und Nachteile, die er erfahren mußte, und faßt zusammen: „Es ist in meinem Falle zu er-

warten, daß das sogenannte Dritte Reich ... nach meinem Tode den Anspruch erheben wird, mich von je erkannt, gefördert, ja entdeckt zu haben. Der Verbreitung dieser Lüge soll hiermit Einhalt geboten werden.“[43]
Freilich, Pfitzners geschmäcklerisches, persönlich gefärbtes Mißbehagen am Nazistaat war und blieb weit entfernt von einer Einsicht in das wahre Wesen des Faschismus und seine sozialen Wurzeln. Er war nach dem Zusammenbruch geneigt, ihn als „Krampf des unglücklichen Deutschland“[44] zu qualifizieren und die Verbrechen der Nazis als Reaktion auf das, „wie es in und nach dem ersten Weltkrieg mit Deutschland geschehen ist“[45], zu begründen. In einem bemühten Brief an Bruno Walter vom 5. Oktober 1946 hat Pfitzner letztmalig in seinem Leben das unwandelbare Bekenntnis eines konservativen, bürgerlichen Nationalisten gegeben, ein Bekenntnis, das trotz frappierender Uneinsichtigkeit in die wechselnden Wendungen des Weltlaufs, seinen naiven, subjektiv aufrichtigen Glauben an „Deutschlands platonische Idee“[46], an die abstrakt humanistischen Werte der Tradition bekundet. „Nun, wie immer dem sei“, schließt er das Schreiben „diesem Volke bin ich schicksalsverbunden, und ich habe es nicht etwa immer leicht gehabt, ihm anzugehören ... Weder im Wilhelminischen, noch im darauffolgenden ‚System‘-Deutschland, noch im Nazi-Deutschland hat man mich erkannt und als das behandelt, was ich ihm war, und hätte werden können. Jetzt, am Abend meines Lebens, sitze ich unbeachtet, verboten, ‚unerwünscht‘, unterdrückt in einem Fürsorgeheim. Ich gönne es Dir aufrichtig, wenn Du dagegen im Triumph durch das germanolfreie Europa ziehst, und nach Herzenslust deine – unsere! – Kunst ausübst: Ich aber, trotz alledem, bleibe dem Land getreu, dem Lande Luthers, in dem die h-moll-Messe und der ‚Faust‘ entstanden sind, das den ‚Freischütz‘ und Eichendorff, die ‚Pastorale‘ und die ‚Meistersinger‘ hervorgebracht, in dem die Vernunftkritiken und die ‚Welt als Wille und Vorstellung‘ gedacht worden sind – diesem Land bleibe ich treu bis zu meinem letzten Hauch.“[47]

1 Thomas Mann, Betrachtungen eines Unpolitischen, Frankfurt (Main) 1956, S. 417.
2 Hans Pfitzner, Werk und Wiedergabe, in: Gesammelte Schriften, Bd. 3, Augsburg 1929, S. 42.
3 Zit. nach Ludwig Schrott, Die Persönlichkeit Hans Pfitzners, Zürich und Freiburg 1959, S. 27.
4 Vgl. Pfitzner, Mein Bekenntnis zu Schopenhauer, in: Reden, Schriften, Briefe, hg. von W. Abendroth, Berlin-Frohnau und Neuwied am Rhein 1955, S. 47ff.
5 Pfitzner, Palestrina – Ein Vortrag über das Werk und seine Geschichte, vgl. Anm. 4, S. 27; mit dem „Konzil" ist das Tridentiner Konzil gemeint, das auch eine restaurative Neuordnung der Kirchenmusik empfahl.
6 Thomas Mann, Betrachtungen, a. a. O., S. 404.
7 Hans-Pfitzner-Festschrift, München 1969, S. 73.
8 H. Pfitzner, Die neue Ästhetik der musikalischen Impotenz, Vorwort zur 3. Auflage, in: Gesammelte Schriften Bd. 2, Augsburg 1926, S. 113.
9 Ebd., S. 115.
10 Ebd.
11 Ebd.
12 Ebd.
13 Ebd., S. 119.
14 Ebd.
15 Ebd., S. 245.
16 Ebd., S. 244.
17 Ebd., S. 244f.
18 Ebd., S. 246f.
19 Ebd., S. 248.
20 Ebd., S. 249.
21 Ebd., S. 249f.
22 Pfitzner, Eindrücke und Bilder meines Lebens, in: Reden, Schriften, Briefe, a. a. O., S. 196.
23 Ebd., S. 195.
24 Ebd., S. 196.
25 Gespräche mit Klemperer, hg. von Peter Heyworth, Frankfurt (Main) 1973, S. 80.
26 Ebd., S. 79ff.
27 Vgl. Pfitzner-Anekdoten, in: Reden, Schriften, Briefe, a. a. O., S. 155.
28 Ebd.
29 Vgl. Schrott, a. a. O., S. 60.
30 Vgl. Brief an Bruno Walter, in: Reden, Schriften, Briefe, a. a. O., S. 323.
31 Vgl. Brief an Walter Abendroth, ebd., S. 312.

32 Schrott, S. 49.
33 Ebd., S. 47.
34 Ebd., S. 48.
35 Ebd., S. 52.
36 Ebd., S. 53.
37 Ebd.
38 Ebd.
39 Pfitzner, Reden, Schriften, Briefe, a. a. O., S. 313.
40 Schrott, S. 61.
41 Ebd.
42 Ebd., S. 62.
43 Ebd., S. 58.
44 Pfitzner, Eindrücke und Bilder seines Lebens, a. a. O., S. 161.
45 Brief an Walter, a. a. O., S. 323.
46 Ebd., S. 324.
47 Ebd., S. 325.

DAMIT ALLES GUT WIRD MIT DER WELT

Charles Ives

1

Von Charles Ives gibt es drei kleine Piecen für Theater-Orchester. Besonders die erste Miniatur ist überaus merkwürdig: Da hören wir ein paar Takte ziemlich unauffälliger, fast beiläufiger Musik: Sie klingt irgendwie dumpf und apathisch, eintönig und ziellos. Einige Akkorde, aus Quarten geschichtet und synkopiert, dienen zur Einleitung, dann zum Hintergrund für eine simple, kurvende Melodielinie, die sich auf Ganzton-Skalen vorantastet und – nach einem dezenten Arpeggio des Klaviers als einzig erhellendem Akzent – wie fragend plötzlich abbricht. Für das kurze Stück wird ausdrücklich ein gleichförmiger und mechanischer Vortrag, ohne Veränderung des Tempos und der Lautstärke, vorgeschrieben. Bemerkenswert wäre es allein schon aufgrund seiner kompositorischen Technik, denn 1906 entstanden, gehört es zu den wirklich frappierenden Beispielen erstmals konsequent auskonstruierter Atonalität. Aber ebenso interessiert es wegen seines so seltsamen Ausdrucks, den nun Ives keineswegs in der vagen und vieldeutigen Sphäre absoluter Musik ansiedeln will – hier nicht und eigentlich niemals im gesamten Œuvre. Das Stück heißt *„The Cage"* (Der Käfig) und stellt nur die instrumentale Version eines gleichnamigen und offenkundig gleichzeitig komponierten Liedes dar, für das sich Ives den Text selbst erfand: „Ein Leopard ging in seinem Käfig herum, von einer Seite zurück zur anderen; er hielt nur an, wenn der Wärter mit dem Fleisch herankam; ein Junge, der das drei Stunden beobachtet hatte, begann sich zu fragen: ‚Ist so etwa das Leben? Gleicht das dem Leben überhaupt?'" Präzis und unmittelbar, im klanglichen Effekt des Ganzen wie in bildlichen Entsprechungen zahlreicher konstruktiver Details, drückt Musik aus, was die Worte dem Sinne nach sagen, oder besser: was sie erkunden wollen.

Ives diagnostiziert die eingeengte, dressierte, manipulierte Lebensform der modernen Welt, seiner Gesellschaft, seiner Zeit. Er verspürt den Verlust der Freiheit, das Anwachsen

Charles Ives, „The Cage“, Lied für Singstimme und Klavier

von Zwängen, die Gleichförmigkeit menschlicher Existenz in immer enger werdenden, aber dennoch auch meist kritiklos akzeptierten Spiel-Räumen. Und vor allem klingend wird evident, im Ton der fahlen Klage, wie das Dasein der meisten Menschen notgedrungen „sich in selbstzufriedener Unkenntnis und Sicherheit der ihnen zugewiesenen Grenzen“[1] einrichtet und erschöpft. Noch an diesem relativ bescheidenen, ja geradezu marginalen Kunstgebilde erprobt Ives den überhaupt zentralen Gedanken seiner künstlerischen Gesinnung: daß nämlich – wie er einmal formulierte – alle schöpferischen Kräfte, „alle inspirierenden Vorstellungen, Zustände, Bedingungen zu einem ausschlaggebenden Teil, wenn nicht gar als Quelle, aus wirklicher Erfahrung im Leben oder mitmenschlichen Beziehungen“[2] herkommen. Deshalb reflektierte er Inhalte des Lebens, Probleme der menschlichen Existenz oder Fragen der sozialen Bewegung in musikalischen Formen, die er sich erst erschaffen mußte, in denen er seine Wahrheiten, seine Erinnerungen und Visionen kompromißlos und vor allem ohne Rücksicht auf Zunftregeln oder Expertenurteile aussprechen wollte. Ives war besessen von der avantgardistischen Idee, daß Leben und Kunst füreinander offen sein, ineinander übergehen sollten und daß sein Ausbruch aus den Käfigen vorgefundener Realität in die Freiheit antizipierender Kunst als Modell produktiven, sinnvollen Handelns begriffen und als Gleichnis so massenhafter wie vielgestaltiger Lebenspraxis selbst angewandt werden könnte.

2

Dieses Konzept, das auf der Grundlage auch konkreter politischer Überzeugungen auf die Erneuerung zunächst der amerikanischen Musik und des demokratischen Umgangs mit ihr abzielte, ist sowohl in den USA wie in Europa lange Zeit verkannt worden. Dazu trug nicht unwesentlich bei, daß Ives, der als Mitbesitzer einer Agentur im Sozialversicherungswesen erfolgreich tätig war, Komponieren nur zeitweilig, als Privatsache und abseits des öffentlichen Musiklebens betrieb. Aber diese verdächtig doppelgleisige Existenz des Unternehmers und Musikers bewirkte bei ihm keine Spaltung der Persönlichkeit, denn einerseits sicherte er sich neben dem Gewinn an unmittelbar praktischer Lebenserfahrung ökonomische Unabhängigkeit und andererseits einen notwendigen Freiraum des schöpferischen Experimentierens ohne Rücksicht auf merkantile Zwänge. Er war der Überzeugung, daß seine Musik durch die geschäftliche Tätigkeit an „Wirklichkeitsnähe, Vitalität und Substanz“[3] gewonnen habe, und so resümierte er einmal: „Meine Arbeit in der Musik half mir im Geschäft, wie meine geschäftliche Tätigkeit meiner Musik zugute kam.“[4]

Während der fünfundzwanzig Jahre (etwa von 1896 bis 1921), die er vorzüglich dem Komponieren widmete, entfaltete er eine erstaunliche Produktivität und schuf eine aus heterogensten Elementen gefügte Sprache, die handstreichartig, unerhört kühn und anscheinend zugleich naiv vorwegnimmt, was später Schönberg, Strawinsky oder Bartók ausbauten und was in seinen Konsequenzen noch längst nicht ausgeschöpft ist. Ives' Sinfonien, Lieder, Chor- und Kammermusiken oder die beiden gewaltigen Klaviersonaten zeigen eine geniale forscherische Phantasie, einen jeder gemäßigten Tradition spottenden, undogmatischen, anarchisch-aufrührerischen Geist und einen Erfinder von Techniken, Klangbildern, Aufführungsformen, die noch immer etwas Utopisches haben. In diesem „Genie der Antizipation“[5] haben viele nur die Haltung konsequenzlosen Revoluzzertums als Ausdruck eines unverbindlich-saloppen Yankee-Amerikanismus sehen wollen, während doch jüngere Forschungen eher das Gegenteil deutlich werden lassen: daß nämlich Ives' musikalische Konzeptionen auf festgegründeten philosophischen Überzeugungen und sozialen Zielsetzungen beruhen, daß sie durch und durch von demokratischen Visionen, von antikapitalistischen Impulsen und von der sozialistischen Hoffnung auf eine Befreiung der Massen durch geistige Revolutionierung der Gesellschaft geprägt sind.

So fragt er einleitend in einem umfänglichen politischen Pamphlet von 1920 mit dem Titel „The Majority“: „Wer wird die Angelegenheiten dieses Landes, der Welt, leiten? Ein paar Millionäre, ein paar Anarchisten, ein paar Kapitalisten, ein paar Parteivorsitzende, ein paar Arbeiterführer, ein paar politische Führer, ein paar ‚Hysteriker', ein paar Konservative, ein paar Agitatoren, ein paar Sonderlinge, ein paar hiervon oder davon, oder IHR, die Mehrheit, das Volk?"[6] Wie so oft bei Ives steht eine solche politische Vision im engen Zusammenhang mit einem musikalischen Entwurf. Bereits 1915 hatte er unter demselben Titel *„Majority"* auf eigenen Text ein Werk für Chor und Orchester komponiert, in dem mit geradezu lapidaren Sentenzen, bei differenziertester Organisation von vielstimmigen Klangmassen zum einstimmigen Gesang, die Befreiung und Selbstbestimmung der Volksmassen gefordert wird, damit, wie es dort abschließend heißt, „alles gut wird mit der Welt"[7]. Die besondere, programmatische Bedeutung dieser Komposition wird schon allein dadurch deutlich, daß sie Ives in der reduzierten Fassung seiner großen Sammlung von 114 Liedern für Singstimme und Klavier voranstellte, die er 1922 als Privatdruck publizierte. Eine derart fortschrittliche, politisch motivierte Gesinnung wird man bei anderen großen Musikern, die Ives' Zeitgenossen waren, vergeblich suchen.

Dies aber heißt nun andererseits nicht, daß sich der Komponist wie ein professioneller Politiker bewegt und bewährt habe. Er beschied sich durchaus mit der Rolle eines wachen, vielseitig interessierten Beobachters, eines Einzelgängers und Außenseiters, der auf geistige Unabhängigkeit bedacht war. Zu Recht charakterisierte Hartmut Lück sein politisches Denken – übereinstimmend mit dem musikalischen – als „radikaldemokratischen, antiautoritären Anarchismus ... mit allen Einschränkungen durch idealistische und religiöse Motive und einen ausgeprägten Subjektivismus"[8]. Auf Unabhängigkeit pochte er um so nachdrücklicher, je mehr er die alten verbrieften Bürgerfreiheiten und Pioniertugenden in einer Zeit schwinden sah, da das wirtschaftliche Leben prosperierte, das Land sich zusehends in eine bürokratisch verwaltete Industriemacht verwandelte und mit aggressiven Gelüsten nach Weltherrschaft strebte. Ives' Kritikfreudigkeit an den gesellschaftlichen Zuständen und seine notorische Aufsässigkeit entsprangen jedoch nicht irgendwelchen präzisen Zukunftsvorstellungen oder Revolutionstheorien, sondern merkwürdigerweise viel eher einem nostalgischen Hang zur Vergangenheit, zur Verklä-

rung vormaliger Verheißungen und Zustände, die er erinnert oder gar wieder tatsächlich eingelöst sehen wollte. Sein ziviler Ungehorsam wurzelte politisch wie künstlerisch – so nochmals Lück – „in einem gerade in den Neu-England-Staaten verbreiteten radikalen moralischen Puritanismus, der in sich konservative und systemtranszendierende Züge vereint: die Rückbesinnung auf die ursprünglichen demokratischen Ansprüche der amerikanischen Revolution ist einerseits Ausdruck des Nichtbegreifens, daß der entwikkelnde Imperialismus aus genau diesen Wurzeln herrührt, andererseits aber produktive Herausforderung und Kritik der zunehmenden Kapitalisierung und Kommerzialisierung des öffentlichen und damit auch kulturellen Lebens“[9].
Mit solchen Anschauungen bezieht sich Ives speziell auf eine philosophisch-politische Strömung aus der Mitte des 19. Jahrhunderts, die sich „Transzendentalismus“ nannte. Sie hatte in dem Städtchen Concord/Massachusetts, nahe bei Ives' Geburtsort, ihr geistiges Zentrum und in dem Dichter-Philosophen Ralph Waldo Emerson ihren Begründer. Emerson theoretisierte nicht nur, sondern praktizierte mit einigen Freunden, so dem Schriftsteller Nathaniel Hawthorne, dem Reformpädagogen Bronson Alcott und dem politischen Essayisten Henry David Thoreau, eine Art alternativen Lebensstils. Ihr Ideal war ein naturverbundenes, einfaches, repressionsfreies Leben, eine antiautoritäre, genossenschaftlich organisierte Kommune nach den Ideen des utopischen Sozialisten Charles Fourier. Der Transzendentalismus erklärte zwar menschliche Seinsbestimmung in Übereinstimmung mit der „göttlichen“ Natur als der wahren, natürlichen Daseinsweise Gottes, aber er orientierte nicht so sehr auf abstrakte Jenseitigkeit, sondern vielmehr auf konkrete Schritte, auf das praktische, individuelle Beispiel, auf den Weg zu einer freien und harmonisierten Gemeinschaft der Menschen „jenseits“ aller tatsächlich sich verschärfenden Entfremdungsbeziehungen. Ives war wohl vor allem von den sozialutopischen Experimenten dieser Männer beeindruckt, die etwa mit ihrem „Brook Farm Institut of Agriculture and Education“ eine organische Einheit zwischen körperlicher Arbeit und geistiger Kommunikation, zwischen kameradschaftlichem Konsens und individueller Selbstverwirklichung zu erreichen versuchten.

Mit den wichtigsten Schriften der Transzendentalisten war Ives von Jugend an vertraut, mit Emersons Schlüsselwerk „Nature", mit Hawthornes phantastischen Dichtungen (darunter der „Celestial Railroad", die ihn zu einem Klavierstück inspirierte), mit Thoreaus „Walden"-Buch und natürlich dessen berühmtem politischen Essay über den „Zivilen Ungehorsam", der zum passiven Widerstand des einzelnen gegen eine moralisch zweifelhafte Staatsmacht aufrief. Thoreau ging davon aus, daß jede Regierung – auch eine von der Mehrheit gewollte – die Gefahr des Mißbrauchs und der Perversion von Macht in sich trage und daß ihre Integrität allein von dem Verantwortungsgefühl und der inneren Aufrichtigkeit des einzelnen Bürgers abhänge. „Einen wirklich freien und aufgeklärten Staat", schrieb er, „wird es erst dann geben, wenn der Staat das Individuum als höhere, unabhängige Macht anerkennt, von dem sich seine gesamte eigene Macht und Autorität herleiten."[10] Thoreaus berühmter anarchistischer Slogan, „daß die beste Regierung jene sei, die überhaupt nicht regiere", war auch Ives' politische Hauptdevise, die seine Schriften leitete und beispielsweise zu der Forderung variierte, „jeder sollte die Chance haben, nicht übermäßig beeinflußt zu werden"[11]. Dieser Satz steht in einer von Ives' sonderbarsten Hervorbringungen: in den voluminösen „Essays before a Sonate" von 1920, der als dialektischer literarischer Kommentar zu einer nicht minder voluminösen Komposition entstand: der viersätzigen *Zweiten Klaviersonate.* Den wechselseitigen Zusammenhang hat der Autor, wie so oft, auf sarkastische Weise formuliert: „Diese einleitenden Essays wurden vom Komponisten für jene geschrieben, welchen seine Musik zuwider ist – und die Musik für jene, welchen seine Essays zuwider sind; jenen, welchen beides zuwider ist, ist das Ganze respektvoll gewidmet."[12] Dieses Ganze jedenfalls versteht sich als Huldigung an die großen Lehrmeister des Komponisten. Jeder Satz der Sonate mit dem Untertitel *„Concord/Mass., 1840–1860"* trägt einen ihrer Namen. Das Werk sei ein Versuch, so Ives, „den Eindruck darzustellen, den ein Einzelner vom Geist des Transzendentalismus hat, welcher, in der Vorstellung vieler, seit mehr als einem halben Jahrhundert mit Concord/Mass. verbunden ist. Dies geschieht in impressionistischen Gemälden von Emerson und Thoreau, in einer Skizze von den Alcotts und in einem Scherzo, das den leichteren Zug wiedergeben soll, der oft im phantastischen Hawthorne auftritt."[13]

3

Die Reverenz, die Ives den Transzendentalisten mit der „*Concord*"-Sonate erwies, kennzeichnet seine generelle Blickrichtung in die Geschichte Amerikas, auf die heroischen Pionierzeiten, die großen Wendepunkte der nationalen Politik. Was er damit musikalisch heraufbeschwor, imaginär erinnerte und ideologisch abarbeitete, entsprang natürlich nicht einem pittoresken, anekdotischen Interesse an der Historie. Sondern im Kampf der Vätergenerationen um Unabhängigkeit, um Einheit der Nation, um demokratische Bürgerrechte, Abschaffung der Sklaverei und freie Entfaltungsmöglichkeiten für alle Glieder der Gesellschaft sah er Leistungen vollbracht, die ihm zu seiner Zeit, in den ersten Jahrzehnten unseres Jahrhunderts, aufs schärfste bedroht oder gar vergessen zu sein schienen. Die Idealisierung der Geschichte nutzte er als kritischen Spiegel gegen seine eigene Gegenwart und als Appell, die Zukunft im heroischen Geiste der Vergangenheit zu gestalten. Diesen Geist erhielt Ives wohl schon als Kind am unmittelbarsten und lebendigsten von seinem Vater vermittelt, einem außerordentlichen Mann und Musiker, der als siebzehnjähriger Regimentskapellmeister am Sezessionskrieg teilgenommen hatte (übrigens von Abraham Lincoln selbst belobigt) und der später in seinem Wohnort Dunbury jene vielzitierten musikalischen Experimente zum Beispiel mit Vierteltönen oder mit unabhängig spielenden, gleichzeitig aufeinanderzumarschierenden Blaskapellen durchführte, die Ives kompositorisch aufgriff und weitertrieb.
Die Erinnerung an die eigene Kindheit und Jugendzeit, verbunden mit den großen nationalen Fest- und Gedenktagen, hat Ives in vielen Stücken gestaltet, und charakteristisch ist es, daß daraus eben keine Fest- und Gedenkmusiken wurden, sondern gleichsam drastisch-realistische Porträts einer freien Volksversammlung, unter freiem Himmel, mit all den zugehörigen Insignien des wirklichen Trubels und Lärms, der Besinnung, des Gebets, des fröhlichen

Singens und Blasens und der chaotischen Unordnung von bewegten Menschenmassen, oft imaginiert, verklärt, gebrochen von der simulierten Unschuld und naiven Wachheit des kindlichen Blicks. Besonders eindrucksvoll ist das gestaltet in einer Folge von Orchesterstücken, die zwischen 1897 und 1913 entstanden und von Ives zur sogenannten *„Holiday"-Sinfonie* zusammengefaßt wurden. Die vier Sätze beziehen sich auf Feiertage in den USA, und zwar auf das Erntedankfest, den „Thanksgiving and Forefather's Day" im November, auf den Heldengedenktag, den „Decoration Day" am 30. Mai, auf den Geburtstag des Begründers der Unabhängigkeit der Vereinigten Staaten, „Washington Birthday" am 22. Februar, und schließlich auf den „Fourth of July" (4. Juli), den Tag der Unabhängigkeitserklärung von 1776. Die Sätze beruhen teils auf einem erzählbaren Programm; sie sollen nach Ives „Schilderungen von Kindheitsferientagen"[14] darstellen, so etwa, wenn es in seinem Kommentar zu „Fourth of July" heißt: „Ein Junge feiert hier den 4. Juli. Keine Festreden, keine patriotischen Großsprechereien Erwachsener, kein Programm hat er auf seiner Fahne. Aber er weiß, welches Fest er feiert – besser als mancher Politiker. Und er packt es auf seine Weise an, mit echter Liebe zum Vaterland, die nichts mit Nationalismus zu tun hat. Das Fest, das er sich bereitet, beginnt in der Stille der Mitternacht und wird mit Sonnenaufgang immer ausgelassener. Der festliche Tag endet mit der Rakete über dem Kirchturm und dem alljährlichen Feuerwerk am Rathaus."[15]
Eine derartige Programmatik ist bei Ives jedoch nicht simple Tonmalerei, wie man in Analogie zu zeitgenössischen Tondichtungen anderer amerikanischer und europäischer Komponisten leicht vermuten könnte. Sie ist es auch dort nicht, wo Ives selbst detaillierte Schilderungen in Erinnerung an heroische Geschichte, ihre großen Persönlichkeiten und Orte präsentiert – wie etwa in den bekannten drei Orchesterstücken *„Three Places in New England"*, wo das erste auf ein Mahnmal des Colonel Shaw und seines Farbigen-Regiments aus dem Unabhängigkeitskrieg 1776 bis 1778 verweist und das zweite auf General Israel Putmans Heerlager in Redding/Connecticut, wo Ives wohnte, aus der gleichen revolutionären Zeit. In all diesen Stücken wird – wie in „The Fourth of July" – zwar mit semantisch besetztem Ma-

terial und der beliebten Symbolik allbekannter Gesänge, Hymnen oder patriotischer Lieder gearbeitet, was aber inhaltlich geschieht, wird vielmehr in der Struktur und musikalischen Form selbst unmittelbar präsent und faßlich gemacht – und die Form gerade für dieses *„Holiday"*-Memorial ist eine der kühnsten, kompromißlosesten, die Ives je entworfen hat. Variable Motivik und mehrschichtige rhythmische Verläufe verschränken sich in einer vertrackten musikalischen Textur, die trotz ihrer komplexen Linienverschlingung, trotz ihrer klanglichen Vielfarbigkeit als Ganzes unmittelbar durchzuhören und bis ins Detail nachzuvollziehen ist. Den Höhepunkt dieses Orchesterstücks – Kulmination eines nach Tempo, Farbdichte und dynamischer Intensität auskomponierten Crescendos – markieren mehrere Takte einer beispiellosen Polyphonie des Verschiedenartigen. Dreizehn rhythmische Modelle, von Holz- und Blechbläsern im Zickzackmuster exponiert, werden von sieben separaten Schlagzeugstimmen durchkreuzt und von voluminösen Klavier-Clustern grundiert, während die Streichergruppe ein fünfundzwanzigstimmig aufgefächertes Geflecht von Gegenrhythmen und gegenläufig verschobenen Glissandi entfaltet. Melodisch zusammengehalten wird die chaotische Simultaneität indes nicht durch eine alles überstrahlende patriotische Fanfare à la Berlioz oder Tschaikowski, sondern durch eine intrikate Collage aus vier verschiedenen Nationalgesängen: Flöten und Oboen intonieren „Glory, Glory, Hallelujah", Trompeten tönen hinein mit „Columbia, the Gem of the Ocean", ein Kornett mischt die Anfangszeile von „John Brown's Body" hinzu, während Klavier und Xylophon den Auftakt von „Yankee Doodle" hämmern. Diese Passage ist ein überwältigendes Gleichnis brodelnder, explosiv erregter Massen, gebündelt aus sinntragenden, individuellen Stimmen! Und sie klingt, als stamme sie von heute, aus der Werkstatt eines jungen Avantgardisten, während sie doch inzwischen mehr als siebzig Jahre alt ist.

Ives hat aber nicht nur in den Visionen von freiheitstrunkenen Vätern, von farbig-heiteren Volksfesten und idyllisch-patriarchalischer Kleinstadt-Demokratie geschwelgt. Zugleich war er ein scharfer Beobachter und Kritiker der ihn umgebenden amerikanischen Gesellschaft, und dies hat er sowohl mit seinem gesamten musikalischen Werk als auch mit speziellen Kompositionen, literarisch-essayistischen Verlautbarungen oder sogar direkten Interventionen immer wieder zu sein versucht. Der Schwerpunkt derartig „eingreifender" Aktivitäten lag in der Zeit des ersten Weltkrieges und in den Jahren unmittelbar danach. Mit der schon erwähnten Doppelkomposition *„The Majority"* oder dem Lied *„An Election"* anläßlich der Präsidentenwahl von 1920 hoffte er, „dem amerikanischen Volk die Notwendigkeit einer Veränderung des herrschenden politischen und ökonomischen Systems klarzumachen"[16]. Und in dem Essay über die „Mehrheit" bedauerte er die Abkehr Amerikas von der Politik Woodrow Wilsons, der wenigstens durch seine demagogisch ausgeklügelte Friedenspolitik zum „Abgott der Kleinbürger und Pazifisten"[17] (so Lenin) geworden war. Gegen die sich verschärfende monopolistische Ausbeutung und aggressive Innen- wie Außenpolitik der USA entwarf Ives um 1920 das „Bild einer gesellschaftlichen Verfassung, in der nicht kapitalistische, minoritäre Interessengruppen über die große Masse herrschen unterm Deckmantel einer akklamativen Demokratie; in welcher vielmehr der von Vernunft geleitete Konsensus der Gesellschaftsmitglieder in vernünftiger Organisation resultieren möge"[18]. Schon einige Monate nach dem Kriegseintritt der USA 1917 argwöhnte er hellsichtig in einem Pamphlet „Steht dem Präsidenten und dem Volk bei!", daß das amerikanische Großkapital bei dem Versuch erfolgreich sein könnte, „Kontrolle über die Kriegsmaschinerie zu erhalten", und sich dabei selbst „noch effektiver in die Kontrolle dieses Landes einzuschalten".[19] Diese Reaktionäre, die in großer Zahl „im Senat und im Kongreß der USA" sitzen, verteidigten – so weiter Ives – „die mittelalterliche Vorstellung von der Herrschaft durch Besitz" gegen „die große Veränderung in der ganzen Welt, den Groll und das wachsende soziale Bewußtsein des Proletariats der ganzen Welt"[20].

Schon diese wenigen Zitate lassen wohl deutlich erkennen, daß es nicht richtig ist, wie neuerdings von der amerikanischen Forschung versucht, Ives' politisches Denken in der Nähe etwa solcher progressiv-liberaler Präsidenten wie Woodrow Wilson und Theodore Roosevelt oder des Theoretikers pädagogischer Klassenversöhnung John Dewey anzusiedeln. Dazu bemerkt Hans G. Helms, es scheine zwar so, „als hätte Ives eine gewisse Verwandtschaft gesehen zwischen seinem eigenen, ziemlich naiven Vorschlag einer ‚Weltnation' und Wilsons im wesentlichen pazifistischer Politik, die zu dem unglückseligen ‚Völkerbund' führte. Trotzdem gab es zwischen ihnen einen auffallenden Unterschied. Wilson dachte niemals ernsthaft an eine Veränderung des kapitalistischen Systems; er wünschte nur, daß es humaner werden sollte. Ives jedoch war sich völlig klar darüber, daß sein Ziel nur durch eine Beschränkung des persönlichen Eigentums erreicht werden konnte, und zwar in einem solchen Maße, daß es nicht mehr zur Unterdrückung und Ausbeutung benutzt werden konnte. In der Praxis bedeutete Ives' Konzept die Enteignung und Vergesellschaftung der Produktionsmittel"[21] – auch wenn er – dies fügen wir einschränkend hinzu – dazu keine konkrete und effektive Strategie entwickelte und dem Parteienkampf ebenso fernstand wie irgendwelchen Führungsansprüchen und Elitegedanken, irgendeinem Individual- oder Gruppen-Karrierismus und jeglicher dogmatischen Ideologie. Wenn nicht alles täuscht, träumte Ives von einem harmonischen Gemeinwesen der „kollektiven Entscheidungsprozesse", von einem sozialen Zustand, in dem „der Prozeß kollektiver Leitung unmittelbar wird, Anarchie und Ordnung sich vereinen; alles … Herrschaft und nichts … Herrschaft" ist, wo „Selbstentfaltung und Selbstbeschränkung koexistieren"[22] können. Dies ist die politische Philosophie des Transzendentalismus, geschärft durch neue Erfahrungen, und dies ist ein Denken, auf dem unmittelbar Ives' musikalische Produktions- und Funktions-Konzepte aufbauen.

Ganz selbstverständlich hat in einem solchen Rahmen auch Musik Platz, die „gegenständlich" mit aktuellen Themen aus sozialen und politischen Bereichen verbunden ist. Besonders in zahlreichen Liedern und anderen kleineren Vokalkompositionen wandte sich Ives mannigfaltigen Aspekten des öffentlichen, urbanen Lebens zu, sei es, daß er einfach sich faszinieren läßt von moderner Großstadt-Atmosphäre, sei es, daß er, wie etwa in den Liedern *„Ann Street"* oder *„West London"*, die prekären Hintergründe mitreflektiert. In *„West London"* von 1921 beispielsweise, auf ein Gedicht des englischen Lyrikers und Kritikers Matthew Arnold (Verfasser unter anderem des berühmten Essays „Kultur und Anarchie"), skizziert Ives ein Bild bitterster Armut auf den Straßen, aber er gibt auch – in hymnischem Aufschwung – zum Schluß einen hoffenden Blick auf eine bessere Zukunft frei. Auch eigene Erlebnisse werden zu klingenden Szenen geformt, etwa in dem dritten Satz des *„Orchestral Set Nr. 2"* mit dem Titel „Vom Hannover-Platz Nord am Ende eines tragischen Tages – Erneut erhob sich die Stimme des Volkes". Am 7. Mai 1915 erfuhr man in New York, daß der englische Schnelldampfer „Lusitania" im Atlantik ungewarnt von einem deutschen U-Boot torpediert und versenkt worden war. Ives sah, wie die riesige Menschenmenge an der Hochbahn-Haltestelle des New-Yorker Hannover-Platzes aufgrund dieser bestürzenden Nachricht spontan eine bekannte Drehorgelmelodie (nach einer Gospelhymne) mitsang und damit „ihren aufgewühlten Gefühlen Luft machte"[23]. Dazu schreibt Eberhardt Klemm: „‚Hannover Square North' beginnt mit einem ‚Fernorchester' und einem Ad-libitum-Chor ... Offensichtlich soll hier das friedliche, noch nicht aufgestörte Leben der Menschen wiedergegeben werden. Allmählich aber setzt das Hauptorchester mit dem Vers der Hymne ein, er wird von den verschiedensten Instrumenten gebracht. Auf der Höhe des Satzes – mitten hinein in den polyphonen Tumult – tönt der Refrain der Hymne, rhythmisch verwandelt in einen trauermarschartigen ‚Gesang'. Spontanes, kollektives Singen führt oft dazu, daß gegrölt wird und Aggressionen freigesetzt werden. Denkbar wäre deshalb ... eine ‚böse' Musik: eine Musik, die solche Aggressionen zum Ausdruck brächte. Wir haben jedoch glutvollste Musik vor uns, ein Tongemälde, in dem ... die Würde und die Zuversicht ‚of the people' – des Volkes –, ‚of the masses' – der Massen – triumphieren; in dem der Glaube an die Menschheit sich unverlierbar mitteilt."[24]

Dieser Glaube wurde freilich dann zeitweise erschüttert, als

Amerika 1917 aktiv in den Krieg an der Seite der Entente eintrat. Ives verabscheute eine derartige Barbarei, wenn er auch glaubte, daß die USA für eine gerechte Sache fochten. In mehreren Gesängen hat er seine Betroffenheit offen artikuliert. Da gibt es eine Vokalkomposition *„They are There"* mit pazifistischer Tendenz – der einzige Fall übrigens bei Ives, daß er in einer späteren Version, während des zweiten Weltkrieges, dem erneuerten Text eine andere, nun aggressiv-chauvinistische Stoßrichtung gab: als spontane Reaktion auf den japanischen Überfall auf Pearl Harbour. In einem anderen Lied von 1917, *„Tom Sails Away"*, wird eindrucksvoll von einem Jungen gehandelt, der Soldat werden und sich nach Europa einschiffen muß. Aber das wohl ergreifendste Stück musikalischer Anti-Kriegs-Lyrik gelang ihm mit dem Lied *„In Flandern's Fields"*, ebenfalls von 1917. Es ist ein bitterer Trauergesang auf die Toten der flandrischen Schlachtfelder, untermischt mit einem sarkastischen Potpourri patriotischer Gesänge – darunter der „Marseillaise"!

5

Wir haben sehen können, daß Charles Ives eine Musik erfand, die sich in vielen Aspekten radikal von dem unterscheidet, was wir normalerweise aus der älteren, neueren oder neuesten Tradition zu kennen und zu genießen gewohnt sind. Für diese Andersartigkeit und bisweilen schokkierende Fremdheit lassen sich eine Fülle von Gründen und Vermutungen beibringen, die Verweise auf Herkunft und Erziehung ebensowenig auszuschließen brauchen wie Argumente im Zusammenhang mit der besonderen historischen und kulturellen Situation des amerikanischen Musiklebens. Aber sie alle konvergieren recht eigentlich auf der Ebene individueller, weltanschaulicher Bewußtheit, die ganz entschieden von sozialen Impulsen im engeren und weiteren Sinne geprägt wird. Eine bestimmte politische Philosophie – wir haben sie skizziert – bestimmte seine Vorstellungen vom Leben, von der Gesellschaft, von der Kunst, von der Musik. Und diese Vorstellungen bewirkten, daß nicht nur politische Motive sein kompositorisches Schaffen wie ein zwingender äußerer Anstoß berührten –

auch das in einem gegenüber anderen Komponisten seiner Zeit unvergleichlich hohen Maße –, sondern daß sie bis in die innerste Substanz seiner Musik hineinwirkten, diese selbst motivierten und ausformten, so daß sie aus sich heraus solche politischen Intentionen freizusetzen vermag. Entschieden mißtraute Ives allen Überzeugungen, daß Musik „stilvoll“ sein, daß sie „modern“ sein, daß sie „fortschrittlich“ sein müsse. Demgegenüber verwies er auf die Bedeutung der musikalischen Substanz, die zwar zu ihrer Hervorbringung des einfallsreichen Talents bedürfe, aber primär aus dem wirklichen Leben geschöpft werden solle. Musik wollte Ives aus ihrer traditionell hermetischen Existenzweise herausführen, ins Leben zurückführen, zur empirischen Realität hin öffnen. „Eine Kunst“, schrieb er, „die im Verborgenen bleibt, kann nicht zugleich Wirklichkeitsnähe, Vitalität und Substanz haben. Substanzielle Kunst kann nicht zugleich exklusiv sein, denn sie entwickelt sich unmittelbar aus der Lebenserfahrung, aus dem Reflektieren und Vollziehen des Lebens.“[25] Aus einer solchen gleichsam antiautoritären, demokratischen Konzeption von Kunst erwächst Ives' Drang zum unaufhörlichen Experiment, zur Spracherneuerung, zum antitraditionalistischen Eklat. Daher rührt sein Wille, Musik beredt zu machen, deutlich, semantisch konkret; daher seine Abneigung gegen akademische Künstelei, gegen schablonisierte Formen und seine Ablehnung eines prinzipiellen Unterschiedes zwischen ernster und unterhaltender Musik, hoher und niederer. Er stürzt deswegen die Hierarchie der überkommenen Stile und des genormten Materials und macht alles, was wirklich, im Alltag auch, erklingt, zum Gegenstand und Inhalt seiner Musik. Er konzipiert eine ganz eigentümlich „empirische“ und symbolische Programm-Musik, die sich nicht auf Mythen, ferne Legenden oder subjektivistische Verschlüsselungen und Enthüllungen bezieht, sondern auf verschiedenste konkrete, objektive Formen, Vorgänge, auch abseitige Details des amerikanischen Lebens oder der Geschichte, die von einer Fülle erklärender Kommentare inner- und außerhalb der Partituren begleitet wird und bewußt heterogenes akustisches Vokabular montiert, darunter Zitate aus klassischer Musik und besonders aus der Gebrauchssphäre: religiöse Hymnen, patriotische Lieder, Rag-

times, Bauerntänze, Musik der Blaskapellen und Chorvereinigungen.
All das wird mit äußerster Freizügigkeit und formsprengender Improvisationslust, fabulierend und philosophierend, verarbeitet. Es wird zwar nach erkennbaren Handwerkerregeln gebunden, aber gleichzeitig von sakrosankten Regelsystemen gelöst. Seine zahlreichen klanglichen Erfindungen weisen jedoch in die gleiche Richtung: auf eine flexible Verbindlichkeit jenseits omnipotenter Verordnungen. Ives' scheinbar verworrene Komplexität – sie meint auch das reale Verhalten komplexer Prozesse. Seine induktiv raumgreifenden, mehrdeutigen und offenen Formverläufe – sie repräsentieren auch die Dynamik von Massenbewegungen. Seine stets individuelle Durchbildung der einzelnen Stimmen – sie symbolisiert auch das unverbrüchliche Recht des einzelnen Individuums. Überall in Ives' Musik verkörpern sich gesellschaftliche Strukturen, die ihrerseits zur Gesellschaft hin transzendieren. Diese soziale und vitale Verbindlichkeit, ihr Ausdruck von Lebensinhalten in den Formen des Lebens, macht sie so einzigartig. Wenn sich sinnvoll von einer in unserem Jahrhundert entfalteten Kategorie „politischer Musik" reden läßt, dann muß darauf verwiesen werden, daß Charles Ives zu ihren wichtigsten Geburtshelfern und genialen Repräsentanten gehört.

1 Ursula Henrietta Euteneuer-Rohrer, Charles E. Ives: „The Cage". Eine Werkbetrachtung, in: Neuland-Ansätze zur Musik der Gegenwart, Bd. 1, Köln 1980, S. 47.
2 Charles Ives, Essays before a Sonata, New York 1981, S. 6 (zit. nach Euteneuer-Rohrer, a. a. O., S. 52).
3 Charles Ives, zit. nach Henry & Sidney Cowell, Charles Ives and his Music, New York 1955, S. 97.
4 Ebd.
5 Formulierung von Carl Dahlhaus, in: Kongreßbericht der GfM, Bonn 1970, S. 299.
6 Charles Ives, Essays before a Sonata, a. a. O., S. 142 (Übersetzung von Hans G. Helms).
7 Charles Ives, 114 Songs, New York 1935/75, S. 5.
8 Hartmut Lück: Provokation und Utopie – Ein Porträt des amerikanischen Komponisten Charles Edward Ives, in: Neuland (1), a. a. O., S. 11.

9 Hartmut Lück, a. a. O., S. 5.
10 David Henry Thoreau, Resistance to civil gouvernement, zit. nach Kindlers Literatur-Lexikon, Bd. 19, München 1974, S. 8128.
11 Charles Ives, Essays, zit. nach Hans G. Helms, Der Komponist Charles Ives, in: Neue Zeitschrift für Musik, Okt. 1964, S. 427.
12 Charles Ives, Essays, a. a. O., S. XXII.
13 Charles Ives, Essays, a. a. O., S. 17.
14 Charles Ives, Memos, zit. nach Eberhardt Klemm, Einführungstext zur Schallplatte Eterna 827543, Berlin 1982.
15 Charles Ives, Memos, zit. nach Monika Lichtenfeld, Charles Ives und die Folgen (Rundfunkms., o. J.).
16 Hans G. Helms, Charles Edward Ives – idealer Amerikaner oder Sozialkritiker?, in: Beiträge zur Musikwissenchaft 1/1978, S. 16.
17 Wladimir Iljitsch Lenin, zit. nach Stichwort „Wilson", in: Meyers Neues Lexikon, Bd. 15, Leipzig 1977, S. 238.
18 Hans G. Helms, Der Komponist Charles Ives, in: Neue Zeitschrift für Musik, a. a. O., S. 436.
19 Charles Ives, Essays, zit. nach Helms, Beiträge, a. a. O., S. 17.
20 Charles Ives, ebd.
21 Hans G. Helms, Charles Ives – idealer Amerikaner oder Sozialkritiker?, a. a. O., S. 18.
22 William Brook, zit. nach Hans G. Helms, a. a. O., S. 19.
23 Eberhardt Klemm, Werkeinführung im Programmheft des Rundfunk-Sinfonieorchesters Leipzig vom 16. Dezember 1981, S. 4.
24 Eberhardt Klemm, ebd.
25 Charles Ives, zit. nach Cowell, a. a. O., S. 97.

Igor Strawinsky, „Histoire du soldat", Tanz des Teufels

IM DIENST DER ORDNUNG
Igor Strawinsky

1

„Zwischen Chur und Wallenstadt
heimwärts wandert ein Soldat.
Urlaub hat er vierzehn Tag,
wandert, was er wandern mag.
Wandert über Stock und Stein,
sehnt sich längst daheim zu sein."[1]

So beschaulich sie anhebt, so schauerlich endet, wie jede gute Moritat, auch die Strawinskysche *„Geschichte vom Soldaten"*: Der Soldat hat seine Seele an den Teufel verloren, und dieser treibt ihn im Triumphmarsch geigend vor sich her in die Hölle. Kriegsmüde war der Soldat, ausgehungert und ohne Geld. Wie leicht ist er da verführbar, den Fängen des Bösen ausgeliefert, bereit, mit unlauteren Mitteln und unsauberen Gestalten sein kleines Glück zu machen. Das Stück mit der weltbekannten Musik wollte zeitbezogene politisch-soziale Satire und moralisches, allgemein-gültiges Märchen sein. Strawinsky komponierte es 1918 am Ende des ersten Weltkrieges in der Schweiz. Weit davon entfernt, ein politisch eingreifendes Lehrstück zu sein, belegt das Sujet Strawinskys unmittelbare Reaktionsfähigkeit auch auf politische „Zeichen der Zeit", seine Sensibilität für künstlerisch spezifische Spiegelung gesellschaftlich akuter Erscheinungen und Probleme. Gleichzeitig offenbart sich aber auch in der allegorisch-mythischen Form und der epischen Typisierung der Geschichte vom „verlumpten Faust"[2] wie im spielerisch-parodistischen Kindertrompetenton und in den mechanistischen „Verzerrungen"[3] der Musiknummern ein Moment von Distanzierung, des Verzichts auf moralisierende Wertung, ja der heiter-neutralen Inspektion anschaulich verfremdeter Vorgänge.
Diese Zwiespältigkeit engagierter Distanz definiert einigermaßen umfassend Strawinskys Verhältnis auch zur politischen Wirklichkeit seiner Zeit. Ungebrochen, aktiv, bekennend findet diese Wirklichkeit in seinen vielen Kompositio-

nen weder Einlaß noch Ausdruck. Sie wird schon auf der Sujet- und Textebene, wenn überhaupt, stets kunstvoll chiffriert und bleibt weit außerhalb seines oft als autonom verteidigten musikalischen Bewußtseins. Politische Musik im engeren Sinne hat Strawinsky deshalb kaum geschrieben. Zum einen teilte er mit der Mehrheit arrivierter bürgerlicher Künstler das allgemeine Mißtrauen gegenüber politischer Aktivität und gegen die Aufrichtigkeit von Politikern: „Die doppelte Moral ist nun einmal die einzig existierende, zumindest im öffentlichen Leben. Keine Feststellung seitens irgendeiner öffentlichen Persönlichkeit, die nicht unter dem Einfluß von Wahrheitsserum oder Hypnose gemacht wurde, kann als völlig aufrichtig genommen werden."[4] So der Komponist noch 1968, der kurz zuvor erklärte: „Ein guter Künstler hat auch nicht die Zeit, sehr viel von etwas außer seiner Arbeit zu wissen. Trotzdem wird die politische Weisheit von Malern, Schauspielern, Cellisten und Komponisten weiterverbreitet. Kurz, Künstler und Intellektuelle können genauso töricht und gefährlich wie Berufspolitiker sein, und weit davon entfernt, anderen Menschen moralisch überlegen zu sein, sind sie oft, wegen ihrer außerordentlichen Eitelkeit und Selbstgefälligkeit, sogar etwas schlechter."[5] Hier kommt ein zweiter Gesichtspunkt zum Tragen: die Scheu vor der Vermarktung politischer Meinungen von Künstlern und ihrer Kunst, unter der gerade Strawinsky als internationale Berühmtheit zu leiden hatte. Sein Rückzug auf die Sphäre der Kunst, auf künstlerische Arbeit im Sinne handwerklicher Vervollkommnung, vollzog sich um so nachhaltiger, als seine Person und seine Leistung immer stärker auch zu Objekten kunstpolitischer Auseinandersetzung, ideologischer Manifestationen und Diffamierungen taugten. Freilich, daß gerade seine Kunst auf verschiedenste Weise politisch okkupiert werden konnte, ist drittens ebensowohl dem Proteuscharakter der Musik (ein Wort Eislers) wie Strawinskys prononciert vertretener Ästhetik zuzuschreiben, der zufolge Musik eben nichts auszudrücken vermöge als sich selbst und keine Wirkungen als eben spezifisch musikalische erzeugen und erzielen könne.[6]

All dies darf nun nicht heißen, daß Strawinsky ein unpolitischer Kopf, politisch unempfindlich oder desinteressiert gewesen sei. Er war, soweit wir dies aus den noch immer sehr lückenhaft zugänglichen Dokumenten wissen können, im Gegenteil ein heißer Debattierer, und er war sich wohl bewußt, daß sein Leben im großen und ganzen, daß sogar stilistische Tiefenschichten seines Werkes mit den historischen Konstellationen und Ereignissen dieses Jahrhunderts ebenso zusammenhingen wie mit der Tatsache, daß er Russe war und blieb und am russisch-orthodoxen Glauben ohne konfessionelle Dogmatik festhielt. Wenn Strawinsky seit 1909 zunehmend im westlichen Ausland lebte und seit 1914 ständig außerhalb Rußlands blieb, dann hat dies wesentlich mit seiner tiefen Affinität zur westeuropäischen Kultur, besonders der lateinischen, zu tun und umgekehrt mit seiner Abneigung gegen jegliche Art slawophilen Nationalismus.[7] Frankreich wurde ihm wirklich zu einer zweiten Heimat, während er später in den USA nie mit der amerikanischen Lebensweise wirklich verschmolz. Vieles Germanische lehnte er überhaupt ab, und ein längerer Aufenthalt in Deutschland wäre für ihn undenkbar gewesen. Noch in der Wahl seiner musikalischen Vorbilder hat er in diesem Sinne entschieden: Ja zu Glinka und Tschaikowski, Nein zum „Mächtigen Häuflein", Ja zu Monteverdi, Pergolesi, Mozart, Bellini, Verdi, Gounod, Ravel, Nein zu Beethoven, Wagner, Mahler, Strauss, Schönberg. Ungemein charakteristisch ist, was Strawinskys Sohn Théodore über des Vaters Verhältnis zur politischen Leitfigur aller Russen, zum Zaren Peter I., mitteilt, wenn er schreibt: „Strawinskys Bewunderung für den Anreger des russischen Okzidentalismus kann nicht mit jenem Kult verglichen werden, den ihm zum Beispiel Puschkin angedeihen ließ. Für Strawinsky besteht das ungeheure Verdienst dieses Herrschers darin, daß er die Notwendigkeit für Rußland erkannt hatte, ein Fenster nach Europa aufzureißen! Aber sein nachgewiesener Cäsarenwahnsinn sowie die Tatsache, daß alle seine Sympathien der germanischen Welt galten und daß seine Reformen sich oft an preußischen Vorbildern inspirierten, dämpften Strawinskys Bewunderung für ihn beträchtlich."[8]

2

Für Strawinskys allmähliche Ausgliederung aus dem russischen Kunstleben vor dem ersten Weltkrieg lassen sich auch politische Motive im engeren Sinne namhaft machen. Nach der gescheiterten Revolution von 1905, in der Periode der Stolypinschen Reaktion, verschlechterte sich das gesellschaftliche Klima derart, daß auch die progressiven Kunsttendenzen zunehmend offiziell gehemmt und boykottiert wurden. Und Strawinsky kam aus einer Familie, die, wie er berichtet, „mit liberalen Ideen" kokettierte, „den Fortschritt anbetete und sich verpflichtet fühlte, ‚fortschrittliche Meinungen' zu haben, wie in der Politik, so auch in der Kunst und in allen Zweigen des sozialen Lebens"[9]. Er fährt fort: „Woher diese Geisteshaltung stammte, ist leicht einzusehen. Ihre Wurzeln waren der Geist der Fronde gegen eine ‚tyrannische' Regierung, ein obligatorischer Atheismus, ein fast verwegenes Bekenntnis zu den ‚Menschenrechten', Begeisterung für die materialistische Wissenschaft und zugleich Bewunderung für Tolstoi und seinen religiösen Dilettantismus."[10] Strawinsky war dreiundzwanzig Jahre alt, Student an der Petersburger Universität und Privatschüler Rimski-Korsakows, als er zum ersten und einzigen Mal direkt mit der Staatsmacht in Berührung kam, und es scheint, daß es ein Schlüsselerlebnis wurde – wenigstens hinsichtlich seiner politischen Abstinenz: Er berichtet: „Zu der politisch angespannten Zeit in den Monaten nach dem Russisch-Japanischen Krieg ging ich eines Nachmittags über den Kasaner Platz, als eine Anzahl Studenten gerade eine Protestdemonstration in Szene setzten. Die Polizei war aber darauf vorbereitet, und die Demonstranten wurden verhaftet, und ich damit. Ich wurde während sieben Stunden festgehalten, aber siebzig Jahre vermochten die Erinnerung an die dabei ausgestandenen Ängste nicht auszulöschen."[11]
Mit dem glanzvollen, kleinen Orchesterstück *„Feuerwerk"* op. 4 von 1908 begann Strawinskys Karriere, die ihn in den folgenden Jahren mit den Ballettwerken für Diaghilews Russisches Ballett, *„Feuervogel"*, *„Petruschka"* und *„Frühlingsopfer"*, kometenhaft an die Spitze der musikalischen Avantgarde in Europa führte. Gewiegt von sensationellen Erfolgen, schien sein Leben inmitten eines mondänen Kunst-

markts geordnet, aller sozialen und politischen Bedrohung enthoben zu sein. Doch der Ausbruch des Weltkrieges zerstörte solche Illusionen, zwang ihn zu einschneidend-einschränkender Veränderung seiner Lebensweise und zu folgenreichen Entscheidungen. Strawinsky verurteilte den Krieg – schon aus wohlverstandenem Eigeninteresse. Trotzdem erwog er, nach Rußland zurückzukehren; da er aber für den Wehrdienst untauglich war, blieb er in der Schweiz und führte während der Kriegsjahre ein sehr zurückgezogenes, einzig seiner Arbeit gewidmetes Leben. Ein Brief an Romain Rolland aus dem Jahre 1914 gibt über seine politische Haltung deutlich Auskunft. Auf Rollands Bitte, ihm einen Beitrag für ein Buch zur Anprangerung der deutschen Barbarei zu schicken, erwidert er: Eine Nation wie Deutschland, „die in Friedenszeiten eine Reihe von Denkmälern wie die Siegesallee in Berlin errichtet und die in Kriegszeiten ihre Armeen ausschickt, um eine Stadt wie Löwen und eine Kathedrale wie die von Reims zu zerstören, ist weder barbarisch im eigentlichen Sinn des Wortes noch zivilisiert in irgendeinem Sinn. Wenn Deutschland wirklich nach ‚Erneuerung' strebt, würde es besser zu Hause bei seinen Berliner Denkmälern anfangen. Alle Völker, die noch das Bedürfnis haben, die Luft ihrer alten Kultur zu atmen, sind dringendst darauf angewiesen, sich auf die Seite der Feinde des heutigen Deutschland zu stellen und für immer den unerträglichen Geist dieses kolossalen, geschwollenen und moralisch stinkenden Deutschland zu meiden."[12]
Musikalisches Pendant dieser militanten Gesinnung ist ein Marsch in C-Dur für Klavier mit dem deutschfeindlichen Titel *„Souvenir d'une Marche boche"*, den Strawinsky für eine englische Publikation, ein „Buch der Heimatlosen" zur Unterstützung belgischer Kriegswaisen, beitrug. Ansonsten lassen die in den Kriegsjahren entstandenen Hauptwerke, *„Les Noces"* und *„Renard"*, vokale und instrumentale Kammermusik, kaum einen Reflex der europäischen Katastrophe erkennen, es sei denn, man rechnet hierzu das ostentative Festhalten an russischen Motiven oder bezieht die burleske Tierfabel von Reineke Fuchs gleichnishaft auf den Krieg der Menschen und speziell auf die damalige Rolle Deutschlands. Daß solche Allegorien Strawinskys Denken angehören, zeigt doch manches seiner späteren Werke sehr

deutlich. Nehmen wir zum Beispiel *„Jeu de cartes"*, das heiter-harmlose, neoklassizistische Ballett „in drei Runden" von 1936, in dem die Karten eines Pokerspiels zu handelnden Personen werden. In jeder Runde wird die Situation durch die Arglist eines perfiden Jokers verwickelter. Der Joker hält sich, da er sich in jede beliebige Karte verwandeln kann, für unbesiegbar. Aber in der dritten Runde wird er geschlagen, seine Bosheit und Niedertracht hat ein Ende. Der Partitur hat Strawinsky ein bedeutungsvolles Motto aus La Fontaines Fabel von den Wölfen und den Schafen nicht ohne politischen Hintersinn vorangestellt: „Zusammenfassend muß man sagen: Mit Schurken gibts nur Krieg, so lang, bis sie geschlagen! Der Friede ist das höchste Gut, gewiß! Doch kann man sich vertragen mit dem, der Treu und Recht ersticken will im Blut?" Ein mahnendes und ein prophetisches Programm fürwahr in der unheilschwangeren europäischen Situation von 1936! Auf andere, vielfältige Weise hat dann Strawinsky in seinen Spätwerken, im religiösen Gewand und meist im biblischen Gleichnis, auf politische Gefahren der Zeit aufmerksam gemacht. Man denke an die *„Threni-Klagelieder des Jeremias"* von 1957 oder die Kantate *„Die Sintflut"* von 1961, in denen noch der greise Komponist vor menschlicher Selbstzerstörung durch Kriege oder Atombombenkatastrophen warnt. Es sind, wenn auch in oft subtil verschlüsselter Form, ernsthafteste Bekenntniswerke eines Künstlers, der immer, wie er sagt, „con tempore", in und mit der Zeit lebt und am Ende seiner Autobiographie betont: „Ich lebe weder in der Vergangenheit noch in der Zukunft; ich bin in der Gegenwart. Ich weiß nicht, was morgen sein wird, ich kann nur für das eintreten, was mir heute als wahr gilt. Dieser Wahrheit zu dienen bin ich berufen, und ich diene ihr in aller Unbefangenheit."[13]

3

Strawinsky wohnt im Schweizer Waadtland, als die Februarrevolution in Rußland ausbricht. Über seine Haltung zu diesem Ereignis berichtet der Schweizer Romancier Charles Ferdinand Ramuz in seinen „Erinnerungen an Strawinsky" das folgende: „Strawinsky erzählte mir von Rußland; er war bereits entschlossen, dorthin zurückzukehren. Er machte Reisepläne. ‚Dort unten' gehörte er hin, jetzt, da dieses Dort-unten auch sein Zu-Hause sein würde. Das wahre Rußland würde endlich auf dem Antlitz der Welt sichtbar werden, ein neues Rußland, das aber gleichzeitig das alte sein würde – endlich aufgeblüht, zur Entfaltung gekommen, aus seinem langen Schlaf gerissen, auferstanden von seinem eigenen Tode ... ein Rußland, das seine blühenden Schmarotzer losgeworden war ... ein bäuerliches Rußland, vor allem aber ein christliches ... Ein solches Rußland sahen wir schon im Fortschritt begriffen vor uns ... Ich sage: wir, weil ich damals die gleichen Hoffnungen (und Illusionen) hatte wie Strawinsky ... und glaube, daß das Heil trotzdem (eines Tages) aus diesem östlichsten Teil Europas kommen wird."[14]

Während wenig später und wenig entfernt Lenin in dem berühmten plombierten Eisenbahnwagen die Schweiz verließ, fuhr Strawinsky nach Rom, um Diaghilew und das Russische Ballett zu treffen. In Rom lernte er Picasso kennen. Es ist aufschlußreich zu wissen, daß Strawinsky, der eine Eröffnungs-Galavorstellung für das dortige Rote Kreuz dirigierte, der neuen politischen Situation sofort Rechnung trug. Da der Zar gestürzt und die Provisorische Regierung im Amt war, ersetzte er im Konzert kurzerhand die unpassende Zarenhymne durch den „Gesang der Wolgaschiffer". Eine Nacht vor der Premiere entwarf er die Instrumentation für Bläser und diktierte sie Ernest Ansermet in die Feder. Picasso verzierte das Titelblatt der Partitur mit einer roten Fahne. Selbst Diaghilew, ein eingefleischter Monarchist, wurde von der allgemeinen Revolutionsbegeisterung ergriffen. In einer Aufführung des *„Feuervogel"* am 11. Mai 1917 in Paris ließ er den siegreichen Zarewitsch statt mit Zepter und Krone mit der Freiheitskokarde auftreten und auf der Bühne die rote Fahne anbringen. Die Proteste seiner Geldgeber verhinderten allerdings eine Wiederholung. Als Strawinsky Italien 1917 verließ, befand sich in seinem Gepäck ein Porträt, das Picasso von ihm gezeichnet hatte. In Chiasso, an der Schweizer Grenze, kam diese Zeichnung den Zollbeamten, die sein Gepäck durchsuchten, verdächtig vor. Sie wollten sie nicht durchlassen, weil sie sie für Spionagematerial, einen geheimen Plan oder ähnliches,

hielten. Alle Versuche Strawinskys, ihren Verdacht zu zerstreuen, schlugen fehl. Er war gezwungen, das Corpus delicti in Lord Berners Namen an die Britische Botschaft in Rom zu schicken, von wo aus es mit Diplomatenpost nach Paris gebracht wurde.
Wie Strawinsky die Nachrichten von der siegreichen Oktoberrevolution aufnahm, wissen wir im einzelnen nicht, aber alles spricht dafür, daß er den Umsturz ablehnte. Der historischen Tragweite des Ereignisses scheint er sich nicht bewußt gewesen zu sein, zumal ihn eben zu diesem Zeitpunkt zwei Todesfälle in der Familie bedrückten. In seiner „Chronik" schreibt er nur: „Die Monate gegen Ende des Jahres 1917 gehören zu den schwersten, die ich durchgemacht habe. Ich war völlig niedergeschlagen durch den doppelten Kummer, den ich erlitten hatte. Zugleich aber war auch meine materielle Lage äußerst schwierig geworden. Die kommunistische Revolution hatte in Rußland den Sieg erfochten, und dadurch wurde ich jener letzten Einnahmen beraubt, die von Zeit zu Zeit noch aus meinem Vaterlande an mich gelangten. Ich stand also, mitten im Kriege und in einem fremden Lande, dem Nichts gegenüber."[15] Diese finanziellen Nachteile, die ihm die Revolution brachte, dann die Konfiskation des Familienbesitzes sowie der Frieden von Brest-Litowsk, der ihn in seinen patriotischen Gefühlen kränkte, bewirkten, daß er sich dem neuen Staat zunehmend entfremdete. Freilich trugen auch gehässige Emigrantenberichte, gefärbte Informationen und die Schürung antikommunistischer Hysterie in den bürgerlichen Ländern Westeuropas das Ihre dazu bei, Strawinskys ablehnende Haltung zu verfestigen. Doch hat er sich auch zu diesen Fragen nur selten und ungern öffentlich geäußert – mit einer Ausnahme: In seiner *„Musikalischen Poetik"*, den sieben gedruckt verbreiteten Vorlesungen an der Harvard Universität im Wintersemester 1939/40, ließ er es über den Umweg ästhetisch-theoretischer Reflexionen nicht fehlen, die Sowjetunion, ihre Kunstpolitik und ihr neues kompositorisches Schaffen offensiv anzugreifen. Die sowjetische Gegenreaktion blieb nicht aus. Strawinskys Musik wurde Jahrzehnte nicht mehr gespielt, und seine ästhetischen Anschauungen bildeten einen der Hauptangriffspunkte in den kunstpolitischen Auseinandersetzungen um „Formalismus"

und „Realismus“ auf musikalischem Gebiet nach dem zweiten Weltkrieg.
Die Situation entspannte und änderte sich erst, als Strawinsky 1962 die UdSSR besuchte. Wenn auch der Komponist seine prinzipielle Einstellung zum politischen System des Sozialismus nicht änderte, so ist doch für seine Motive die Bemerkung in einem Porträtfilm der CBS von 1966 immerhin aufschlußreich, daß er „den schlimmsten Kommunismus der Anarchie vorziehen“ würde. Dies sagt er als Künstler, dem „Ordnung“ zur zentralen Kategorie seines Schaffens und seines Weltbildes wurde und dem schon das Wort „Revolution“ unsympathisch ist. „Revolution“, sagt er daher mit gewiß transponierbarem Hintersinn in der „Poetik“, „bedeutet Bruch mit dem Gleichgewicht. Wer Revolution sagt, sagt vorläufiges Chaos. Die Kunst ist jedoch das Gegenteil von Chaos. Wenn sie sich dem Chaos ausliefert, sieht sie sich unverzüglich in ihren lebendigen Werken, ja selbst in ihrer Existenz bedroht … Mich hat man gegen meinen Willen zum Revolutionär gemacht … Verstehen wir uns recht: ich bin der erste, der in der Kühnheit den Antrieb für die schönsten und größten Aktionen erblickt; ein Grund mehr, sie nicht unbedacht in den Dienst der Unordnung und der brutalen Gier zu stellen … Meine Freiheit besteht darin, mich in jenem engen Rahmen zu bewegen, den ich mir selbst für jedes meiner Vorhaben gezogen habe. Je mehr Zwang man sich auferlegt, um so mehr befreit man sich von den Ketten, die den Geist fesseln.“[16] In diesen Gedanken liegt der Kern und Grundimpuls von Strawinskys künstlerischem und sozialem Verhalten verborgen: geordnete Freiheit und Freiheit in der Ordnung, in der Unterordnung unter allgemeingültige Modelle. Er glaubte sie politisch in den demokratischen Traditionen des bürgerlichen Westens ebenso realisiert wie künstlerisch in den verschiedenen Konventionen und Traditionsschichten seiner Musik. Darin verbirgt sich, trotz mancherlei avancierter Schock-Momente, letztlich das gesellschaftliche Einverständnis zwischen Strawinskys Wendung zum Klassizismus und der Restabilisierung des Kapitalismus in den westlichen Staaten Europas zu Beginn der zwanziger Jahre.

4

Man wird wohl einem Genie wie Strawinsky Laxheit in politischen Dingen nachsehen können, zumal es bei seiner Mondänität und seiner ausgesprochenen Vorliebe für Paradoxien, für Ironie und sprachliches Maskenspiel schwer ist, seine wirklichen Meinungen herauszufinden und seine Aktivitäten richtig zu bewerten. Aber es steht außer Zweifel, daß sein autoritatives Denken, sein Unverständnis für grundlegende soziale Probleme, auch seine religiösen Bindungen im Zusammenhang mit seinen kunsttheoretischen Ordnungsvorstellungen die politischen Neigungen nach rechts tendieren ließen. In den zwanziger und dreißiger Jahren ist nichts zu verzeichnen, was auf irgendein besonderes gesellschaftliches Engagement hindeuten könnte. Im Umgang mit den faschistischen Regimes zeigt er sich von bedenklicher Laxheit, und erst die unmittelbar physische Bedrohung durch den Einmarsch der deutschen Truppen in Frankreich bei Ausbruch des zweiten Weltkrieges ließ ihn nach Amerika flüchten und dort für den Rest seines Lebens in Hollywood sich niederlassen. Pierre Souvtchinsky, ein enger Freund Strawinskys und Kritiker in jenen Jahrzehnten, gibt dazu das folgende, nicht eben glanzvolle Zeugnis, wenn er berichtet: „Wäre Strawinsky 1939 nicht nach Amerika gegangen, hätte er sich politisch kompromittieren können. Er war immerhin häufig und gern gesehen auf Besuch im Italien der Schwarzhemden während der äthiopischen und spanischen Kriege und dirigierte beim Maggio Fiorentino noch 1939, als das Fest längst laut in den Dienst der Achsenpropaganda gestellt worden war. Er hat sogar ein Exemplar seiner ‚Chroniques de ma vie' Mussolini zugeeignet. Geschah das aus profaschistischen Gefühlen oder weil unter Mussolini die Züge pünktlich fuhren? Gewiß kommt die erste Alternative nicht in Frage, denn er hatte große Angst vor dem Faschismus, allerdings mehr vor der deutschen als vor der italienischen Version. Und doch hat diese Angst ihn nicht davon abgehalten, 1938 in Berlin mit Furtwänglers Orchester *‚Jeu de Cartes'* aufzunehmen. Damals war das Orchester schon von seinen Juden und außerdem von der meisten guten zeitgenössischen Musik gesäubert worden, einschließlich Strawinskys. Damals schon protestierten außerdem alle seine Kollegen, die auch nur ein bißchen politischen, wenn schon nicht moralischen Verstand hatten, gegen den Nazismus. Von der unmittelbaren Entschuldigung abgesehen – daß er das Geld brauchte –, liegt die Erklärung in seiner noch tieferen Furcht vor Stalin, und es ist der Vortrag über Musik in der UdSSR in seiner Musikalischen Poetik, der mich überzeugt, daß die Angst vor dem Kommunismus ihn am Ende in die Arme der Besatzungsmacht hätte treiben können."[17] Glücklicherweise kam es anders, aber Strawinsky behielt seine Ängste vor jeder Art drohender sozialer Erschütterung oder Revolution. Nicolas Nabokov, ein amerikanischer Komponist russischer Herkunft, erinnert sich der Verstörung Strawinskys nach dem Überfall der Japaner auf Pearl Harbor und dem Eintritt der USA in den Krieg. „Sagen Sie, wirklich aufrichtig, wird es eine Revolution in Amerika geben oder nicht?" fragte Strawinsky flüsternd einen Freund. Auf dessen Antwort: „Wie kann ich das wissen. Kann sein, kann nicht sein!" resignierte der große Komponist: „Aber wohin soll ich dann gehen?"[18]

Trotzdem waren es gerade die schweren Jahre des zweiten Weltkrieges, die wiederum einschneidende Spuren in Strawinskys Biographie hinterließen. Seine Produktion gelangte quantitativ und auch qualitativ auf einen Tiefpunkt, und wahrscheinlich trugen die Erschütterungen der Epoche letztlich dazu bei, seinen härenen, spröden, konstruktiven Spätstil auszuformen. In den zahlreichen Äußerungen aus den letzten Lebensjahren strotzt es nur so von bissig-kritischen Invektiven gegen die amerikanische Lebensweise, gegen die Barbarisierungstendenzen in der kapitalistischen Kultur oder gegen den Zerfall zwischenmenschlicher Beziehungen in der bürgerlichen Welt. Er hat keine Gelegenheit versäumt, sein Unbehagen an diesem technifizierten Milieu zu artikulieren, in dem er nie heimisch wurde. Auch in Amerika hat er die Sphäre der Politik und den Umgang mit Politikern nicht gesucht, aber freilich ihre Ehrungen entgegengenommen. Den Empfang bei John F. Kennedy anläßlich seines 80. Geburtstages im Weißen Haus im Januar 1962 ebenso wie den Empfang bei Nikita Chruschtschow im Kreml im Oktober des gleichen Jahres zählte er stolz zu den Höhepunkten seines Lebens. Und so versteht sich, daß er natürlich während des zweiten Weltkrieges solidarisch mit seiner Exilheimat USA und dem Kampf der Sowjetunion gegen den Hitlerfaschismus fühlte und sogar zugab, daß wenigstens in diesen Jahren Spuren eines politischen Engagements auch in sein Schaffen eingewandert sind. Kurioserweise hatte er allerdings Pech mit einer Bearbeitung der US-Sternenbanner-Hymne von 1941, die er herstellte, weil er während des Krieges alle Konzerte mit dem Liede beginnen mußte, aber die vorhandenen Instrumentierungen als zu armselig empfand. Nach einer Aufführung in Los Angeles mit Negerchor und Orchester schickte er die Partitur, wie er berichtet, „an Frau F. D. Roosevelt zur Verwendung für eine Kriegshilfe-Auktion, aber mein Akkord mit der großen Septime in der zweiten Strophe an der Stelle, die patriotische Damen besonders lieben, muß eine hohe Dienstperson dermaßen befremdet haben, daß ich meine Partitur mit einer Entschuldigung wieder zurückerhielt. Ich übergab sie dann Klaus Mann, der sie bald darauf für einen ähnlichen Zweck unterbringen konnte. Ich selbst spielte das Stück zum ersten Mal mit dem Bostoner Symphonieorchester. Ich kehrte dem Orchester den Rücken und dirigierte das Publikum, in der Annahme, daß es die Nationalhymne singen werde – aber nichts dergleichen geschah. Obwohl mir schien, daß niemand das Abweichen meiner Version von dem sonst Üblichen bemerkte, erschien am Abend darauf unmittelbar vor Beginn des zweiten Konzerts ein Polizeibeamter im Künstlerzimmer und erklärte, daß ein Gesetz in Massachusetts jede Verballhornung nationalen Eigentums verbiete. Er verständigte mich, daß seine Leute bereits Anweisung erhalten hätten, meine Bearbeitung von den Notenständern zu entfernen."[19] Bis heute blieb das Stück ungespielt und ungedruckt. Demgegenüber wurden einige Werke des Komponisten weltbekannt, die ursprünglich als Filmmusiken für antifaschistische Spiel- und Dokumentarfilme konzipiert worden sind. So entstanden 1941 die vier *„Norwegischen Melodien"* für großes Orchester zu einem Film über die deutsche Invasion in Norwegen. Auch das berühmte *„Scherzo à la russe"* war ursprünglich, für Paul Whitemans Band, als Beitrag zu einem Kriegsfilm mit sowjetischer Thematik und mit illustrer Besetzung geplant, der schließlich nicht zustande kam.

Aber auch in vermittelter Weise hat Strawinsky in seinen Partituren auf den Krieg reagiert. Das letzte Stück, die Apotheose der *„Ballettszenen"* für Orchester, schrieb er, wie eine Partitureintragung festhält, unter dem Eindruck der Nachricht, daß Paris von den Faschisten befreit wurde. Andererseits bekannte er, daß im Hauptwerk jener Jahre, der *Sinfonie in drei Sätzen* von 1945, trotz fehlender, bewußter Intention „die Eindrücke dieser schweren Epoche mit ihren schnell wechselnden Ereignissen, mit ihrer Verzweiflung und Hoffnung, mit ihren unaufhörlichen Qualen, ihrer äußersten Konzentration und endlich mit einigen Lichtblikken ihre Spur in dieser Sinfonie hinterließen"[20]. Insbesondere, berichtet er weiter, seien es Filmberichte über den Krieg gewesen, die ihn bei der Komposition beschäftigt hätten, und beispielsweise sei der Schlußteil des Werkes unter dem Eindruck von Assoziationen konzipiert, die das Anwachsen der Kraft der Alliierten nach den entscheidenden Siegen über die deutsche Kriegsmaschinerie beinhalteten.

5

Faßt man all die verstreuten Fakten und Mutmaßungen zusammen, so wird ziemlich deutlich, daß Strawinsky – dieser geniale Virtuose des rein musikalischen Denkens und Produzierens – zum Typus des ernsthaft politisch engagierten Künstlers nicht gehört. Er blieb primär auf sein Metier konzentriert und verstand sich damit als ein Fortsetzer der großen Tradition „absoluter" bürgerlicher Musik. Zu diesem Traditionsverständnis stimmt, wenn er gleichsam nur am Rande seines Werkes und Wirkens, in Ausnahmefällen und unter akut bedrohlichem Druck, auch als Künstler extern zu reagieren sich veranlaßt sah. Aber andererseits verfügte er über jene ästhetische Sensibilität und geistige Reizbarkeit, die ihn die Spannungen und Erschütterungen seiner Zeit und Epoche deutlich wahrnehmen ließen und die ihn, den vollkommenen Virtuosen seiner Kunst, zum musikalischen Ausdruck der verborgenen Gehalte der Realität – oder anders: ihrer sozialen Symptome und moralischen Chiffren – befähigte. Um solche für ihn grundlegende (damit auch unabänderliche) Gehalte auszudrücken, wählte er

mit Vorliebe für seine großen Bühnenwerke archetypische Mythen und Märchen, und mehrmals agieren in ihnen als Agents provocateurs von Politik große oder kleine Teufel – Kräfte der Verführung und des Verderbens, die „die Menschen wie Marionetten regier(en) und ihre Handlungen lenk(en)“[21]. Jedoch stehen nicht die Teufel, sondern die von ihm Verführten zur Diskussion, wie vielleicht am besten die Oper *„The Rake's Progress“* (1947/51) deutlich macht. Nach Strawinskys Vorschlägen und William Hogarths berühmter Folge von Kupferstichen verfaßte Wystan H. Auden das Libretto – ein Dichter, der sich politisch engagiert und dem Marxismus nahegestanden hatte, dann aber unter dem Eindruck der Kriegskatastrophe zu der Einsicht gekommen war, „keine politische Formel, kein soziales Programm jemals für die endgültige, absolute Wahrheit zu halten“[22], und der nur noch an die Kraft des einzelnen moralischen Beispiels (im Sinne christlicher Nächstenliebe) wider die „Gleichgültigkeit und Unwahrhaftigkeit des bürgerlichen Menschen, seine fehlende moralische Widerstandskraft gegenüber demagogischen Verlockungen“[23], glaubte.
Kritik an sozialen Fehlhandlungen leitete die Autoren bei der Konzeption ihrer Oper „der verspielten Konventionen“[24], die sie im Gegenzug zu den frivol-phantastischen Vorgängen auf der Bühne eine „moral fable“[25], eine moralische Geschichte nannten. Zu guter Letzt treten die Sänger der Hauptrollen an die Rampe. Sie kommentieren ihr Spiel und werfen dem Publikum schließlich eine Sentenz an den Kopf, die vor allem für Begriffsstutzige den Sinn des Ganzen als rationellen Kern serviert, um ihn schwarz auf weiß getrost nach Hause tragen zu können: „Wo Faule sind auf dieser Welt, der Teufel find't sein Feld bestellt.“ Doch man darf dieser Sprüche klopfenden Moral für Spießer mißtrauen, denn die turbulente, buffonesk kichernde Kehraus-Musik paßt denkbar schlecht zu ihr und wendet die biedere Volksweisheit selbst ins Lächerliche. Mit diesem letzten, scheinbar enthüllenden Erkenntnis-Punkt ist, wie in allen Spielszenen, nie nur das gemeint, was tatsächlich gesagt wird, sondern eher, was zu singen ist. Solches Quidproquo beginnt schon beim Titel: Die üblichen deutschen Übersetzungen machen glauben, hier ginge es um einen „Wüst-

ling", hier würde schlicht der verderbliche „Weg eines Liederlichen" gezeigt. Doch diesen Tom Rakewell, von dem die Geschichte handelt, kann man wohl kaum ernstlich einen Wüstling nennen: Ein junger, verliebter, verspielter Fant vom Lande, ohne Welterfahrung, will einfach nicht vorschnell, ohne eigene Erfahrungen, ins bescheiden gemachte Bett, ins vorgeprägte Muster. Er hat Sehnsucht nach dem Abenteuer, vage Vorstellungen von einem großen Leben; er träumt von Reichtum und persönlicher Freiheit, er sucht nach dem Glück oder was er dafür hält. Wer hätte solche Visionen nicht? Wer prüfte nicht gern seine ungenutzt brachliegenden Potenzen? Tom ist in Wahrheit, in beliebig vielen gesellschaftlichen Wirklichkeiten, einer der ganz Normalen, Entwurf eines jeden in nicht privilegierter Lage, exemplarischer Fall eines geprobten Aufstands gegen die Enge der Konvention, des Aufstiegs zu möglichst vielseitiger menschlicher Selbstverwirklichung, kurz: er ist ein problematischer Typus besonders in geschichtlichen Phasen sozialer Unruhen und Umbrüche.

Deshalb zitiert das tragikomische Märchenspiel „beispielsweise" frühkapitalistisches Milieu: das England und seine Hauptstadt im frühen 18. Jahrhundert, ohne freilich „wirklich" oder nur dort zu „spielen". Denn es spielen ja vor allem die Autoren mit ihren Figuren und den Geschehnissen in ihrer Geschichte. Da werden durchaus Kunst-Figuren und künstlich konstruierte Situationen modelliert, die vielfältig auch auf mythologische, weltliterarische und opernspezifische Vorprägungen abheben und sie parodieren. Letztendlich ist natürlich ein „Zeitstück" gemeint, ein Stück Aufarbeitung aktueller Lebensproblematik, Realitätserfahrung und politischer Sozial-Philosophie, die, weil sie den Schöpfern tief historisch, ja archetypisch geprägt scheinen, im Prisma künstlerischer Artefakte gespiegelt werden. Wirklichkeit, vor allem bei Entstehungszeit und im Entstehungsland USA gegenwärtige, wandert somit vor allem über geschichtlich längst vertraute Kunstgestalten und vormodellierte Sujets ins neue Werk ein. Den wohl augenfälligsten Bezugspunkt bildet hierbei die Faust-Gestalt und die Problematik des Teufelspakts. Die „moderne" Variation bringt dieses Thema allerdings in gleichsam verkleinerter und umgekehrter Bewegung und in polyphoner Verflechtung mit anderen „Leit"-Themen, dem Mythos von Venus und Adonis oder dem Märchenmotiv von den drei Wünschen etwa, das ganz besonders der Verschlüsselung philosophisch-politischer Kritik dient. Denn vor allem Auden kam es weniger darauf an, sie als Impulse gesteigerter Fehlhaltungen aufzubauen, die zur Katastrophe führen müssen, sondern er wollte in ihrer Verschiedenartigkeit unterschiedliche Formen modernen „falschen" Bewußtseins, ja die Verderblichkeit von flachen und bloß oberflächlich angeeigneten Ideologien attackieren.

Beim ersten Wunsch, mit der Anbetung des Geldes, gerät der Held in die Fänge des pragmatischen Positivismus, der ihm nahelegt, die Welt, wie sie ist, mit ihrer höchst ungleichen und ungerechten Verteilung des Reichtums, zum Zwecke persönlicher Bereicherung und egoistischen Lustgewinns, auszubeuten. Der dritte Wunsch karikiert im Extrem dazu alle Sozial-Utopien als phantastische Trugbilder, seien sie nun christlich oder kommunistisch oder sonstwie philanthropisch motiviert. Mit dem zweiten Wunsch, der von Auden ausdrücklich als „acte gratuit" apostrophierten Heirat der bärtigen Dame vom Jahrmarkt, wird auf den existentialistischen Freiheitsbegriff, die Selbstverwirklichung als Bereitschaft zur unmotivierten, absurden Aktion jenseits aller Zwänge aus Leidenschaft, Logik oder Pflichtgefühl, außerhalb jeglicher sozialer Verantwortung, kritisch abgehoben. Zwar ist damit auch im *„Rake"* wiederum der klassische Konflikt zwischen individualistischem Vitalitätsvolumen und einengenden gesellschaftlichen Konventionen zugrunde gelegt; doch wir sehen, unklassisch genug, Tom Rakewell nicht des Erkenntnisdranges wegen aus seiner kleinen, beschränkten Welt aufbrechen, sondern wir sehen ihn – vor der Schwelle zu seiner Verkrüppelung – aus dieser Enge und starren Behütung, einem verordneten, anspruchslosen Lebensfrieden ausbrechen, um sich überhaupt erst kennenzulernen, Triebe zu entfesseln, „fortune" zu suchen und Fortuna zu „versuchen".

Im Grunde wird hier der klassische faustische Anspruch demontiert, auf die eine, hedonistische Seite beschränkt und zudem auf Idole eingeschrumpft, die unter den Existenzbedingungen moderner Konsumgesellschaften manipulierten Massencharakter angenommen haben. Diese literaturhistorische Zurücknahme der Faust-Figur (der musikalisch eine parodistische Rückbindung an die klassizistische Opernform und -stilistik entspricht) ins kleinbürgerliche Mittel-Maß des mittleren 20. Jahrhunderts zeigt sich vor allem in der Verkehrung der „heldischen“ Motivation: Nicht mehr die eingreifende Veränderung der Verhältnisse wird geplant, sondern die Selbst-Veräußerlichung als parasitärer, schneller Genuß, auf billige Versprechungen hin und auf Kosten der Verhältnisse – durch ihre zeitweilige, sich dann aber um so tödlicher rächende Überlistung. Der Mensch will nehmen, ohne zu geben, Vergnügungen ohne Arbeit, will seine Wesenskräfte voll entfalten ohne eine sozial nützliche Investition, konsumieren, ohne zu akkumulieren. Dieser zwar kreatürliche, aber autistisch unproduktive, letztlich zerstörerische Anspruch – zentral formuliert eben in den drei anmaßenden Wünschen: nach Reichtum, nach absoluter Freiheit, nach der demiurgischen Rolle des Menschheitsbeglückers – muß scheitern, weil er von einer individualistisch-anarchistischen Position aus, mit untauglichen, weil gleisnerischen Mitteln und von einer unaktiven, narzißtischen Person erzwungen werden soll. Toms Verführer, Diener und Gegenspieler, der „kleine“ Mephisto namens Nick Shadow, ist damit allerdings am Ende selber ein Verlierer. Toms Seele mit dem guten Kern, die wenigstens in der Erinnerung noch liebesfähig bleibt, gewinnt er nicht. Doch der unheldische „Held“ gewinnt auch seinen Seelenfrieden erst, indem und nachdem er den Verstand verliert. Die wirkliche Dialektik des Lebens kennt keine verbilligten, konfliktfreien Lösungen: Das ist die abgeklärte, kritisch-kontemplative Lesart, der skeptisch-ironische Kommentar zu einer weiland klassisch-optimistischen Moralität. Doch bleibt Kritik – Audens rhetorische und Strawinskys kompositorische – selbst im Banne der gegebenen sozial disharmonischen Harmonie, im Einverständnis mit der für unabwendbar gehaltenen hierarchischen Gegliedertheit von Gesellschaft. So rettet sich angesichts scharf beobachteter, fortschreitender gesellschaftlicher Entfremdung auch der Komponist in die (musik-) historisch rückschauende Utopie, in den Trost für morgen, daß alles immer schon so war. Was rechtens daran „neoklassizistisch“ genannt werden kann, ist weniger ein präzis definierbarer Stil, eher schon der ordnungswillige Gedanke, die Widersprüche der Welt als geschichtlich einheitliche Wiederholung zu stilisieren, und die daraus entwickelte künstlerische Methode, solche Einheitlichkeit in der vermeintlich universellen Gültigkeit klassischer Kunstmaße stillzustellen.

1 Strawinsky, Geschichte vom Soldaten, Text von C. F. Ramuz, deutsch von Hans Reinhart, zit. nach der Studienpartitur bei J&W Chester LTD, London, o. J., S. 1f.
2 Ernst Bloch, Zeitecho, zit. nach Igor Strawinsky – Aufsätze, Kritiken, Erinnerungen, Frankfurt (Main) 1982, S. 75.
3 Vgl. Theodor W. Adorno, Strawinsky und die Restauration, in: Philosophie der neuen Musik, Frankfurt (Main) 1958, S. 169.
4 Igor Strawinsky und Robert Craft, Erinnerungen und Gespräche, Frankfurt (Main) 1972, S. 95.
5 Ebd., S. 76.
6 Vgl. vor allem die Vorlesungen über „Musikalische Poetik", in: Igor Strawinsky – Leben und Werk, Zürich und Mainz 1957.
7 Vgl. dazu Michail Druskin, Igor Strawinsky – Persönlichkeit, Schaffen, Aspekte, Leipzig 1976, S. 33ff.
8 Théodore Strawinsky, Igor Strawinsky – Mensch und Künstler, Mainz 1952, S. 52.
9 Igor Strawinsky, Mein Leben, München 1958, S. 160.
10 Ebd.
11 Igor Strawinsky, Gespräche mit Robert Craft, Zürich-Mainz 1961, S. 18.
12 Ebd., S. 117.
13 Strawinsky, Mein Leben, a. a. O., S. 162.
14 Charles Ferdinand Ramuz, Erinnerungen an Igor Strawinsky, Frankfurt (Main) 1954, S. 102f.
15 Strawinsky, Mein Leben, a. a. O., S. 65f.
16 Strawinsky, Musikalische Poetik, a. a. O., S. 170, 169, 203.
17 Pierre Souvtchinsky, Strawinsky/Craft, Erinnerungen und Gespräche, a. a. O., S. 242f.
18 Nicolas Nabokow, Igor Strawinsky, Berlin 1964, S. 147.
19 Strawinsky, Gespräche mit Robert Craft, a. a. O., S. 202f.
20 Werkeinführung des Komponisten, zit. nach Boris Jarustowski, Igor Strawinsky, Berlin 1966, S. 154.
21 Michail Druskin, Igor Strawinsky, a. a. O., S. 146.
22 Klaus Mann, Der Wendepunkt – Ein Lebensbericht, Berlin und Weimar 1974, S. 548.
23 Gunter Gentsch, Nachwort zu: Wystan Hugh Auden, Glück mit dem kommenden Tag, Berlin 1978, S. 184f.

24 Vgl. dazu ausführlicher Frank Schneider, The Rake's Progress oder Die Oper der verspielten Konventionen – Eine dramaturgische Studie, in: Jahrbuch Peters 1980, Leipzig 1981, S. 135ff.

25 Igor Strawinsky, In Which the author asks for a moratorium on value judgements, in: Beiheft zur Schallplatten-Gesamtaufnahme der Oper CBS 72 278/80 (1964), S. 6.

Dmitri Schostakowitsch, Sinfonie Nr. 15 op. 141, 4. Satz: Adagio – Allegretto

NIEMALS EINE NOTE SCHREIBEN, DIE FALSCH KLINGT

Dmitri Schostakowitsch

1

Die Frage nach dem Einfluß politischer Verhältnisse und Ereignisse auf das Denken und Schaffen großer Komponisten ist in vielen Fällen nur schwer, andeutungsweise oder überhaupt bloß mittels indirekter Rekonstruktionen zu beantworten. Das kann teils an der wirklichen Flüchtigkeit solcher Beziehungen, teils am Mangel handgreiflicher Fakten aus Mund und Feder der betreffenden, der „betroffenen" Künstler liegen. Im Falle Dmitri Schostakowitschs aber erwächst diese Schwierigkeit aus einer etwas anders gearteten, sehr spezifischen Sachlage: nämlich aus der geradezu totalen Verquickung seiner empirischen wie schöpferischen Biographie mit den politischen Zuständen und Entwicklungen in der Sowjetunion einerseits, aus einer verwirrenden, widersprüchlichen Überfülle von taktisch verschwiegenen, aber auch sensationell enthüllenden Nachrichten und Dokumenten andererseits. Was daran wahr oder falsch, gutwillige Beschönigung oder böswillige Verleumdung, soll und kann hier, in begrenztem Rahmen, um so weniger diskutiert und geklärt werden, als inmitten dieses Bergs von Dokumenten Schostakowitsch selbst – trotz zahlreicher einschlägiger Verlautbarungen – letztendlich ein Schweigender bleibt, eine der vielleicht rätselhaftesten Figuren unter den bedeutenden Komponisten zumindest dieses Jahrhunderts. Auch deshalb könnte, statt weiter dubiose Vermutungen zu schüren, einmal ausschließlich dem kompositorischen Werk die Rolle einer authentischen Auskunftsinstanz zugemutet werden – denn dort „redet" Schostakowitsch ganz gewiß von politischen Erfahrungen mit der ihm eigentümlichen Reaktion individuellen, kritischen Gewissens. Wenn auch durch die Verschlüsselung akustischer Metaphern manches ungewiß und vieldeutig bleiben muß, so lohnt es vielleicht dennoch einmal, den wiederholten Verweisen des Komponisten genauer als üblich zu folgen, er habe sich bemüht, niemals eine Note zu schreiben, die falsch klingt.[1] Die Spurensuche kann dabei zwischen mehreren Fährten wählen, wobei sich natürlich die textgebundenen Kompositionen und die Fülle prononciert parteilicher Gelegenheits- und Gebrauchsmusik in verführerischer Gefälligkeit darbieten. Demgegenüber sei jener Bereich herausgegriffen, in dem die politischen Implikationen vielleicht weniger auf der Hand liegen, der dafür aber des Komponisten Kopf-Arbeit wohl ungleich genauer, am intensivsten und ein Leben lang herausforderte.

Vor allem gilt dies für die fünfzehn Sinfonien, zweifellos die Kernstücke von Schostakowitschs vielseitigem und weltweit bekanntem Œuvre. Sie stehen in der großen Tradition von Beethoven und Mahler, Tschaikowski und Mussorgski. Geprägt von höchsten ideellen Ansprüchen und einem halben Jahrhundert an geschichtlicher wie persönlicher Erfahrung, dokumentieren sie auf frappierende Weise, vielseitig und geschlossen zugleich, ein Bild vom Menschen und von der Menschheit in unserer Epoche. Zugleich redet Musik freilich auch von der Situation eines eigenwilligen, kreativen Künstlers im ersten Land der Welt, das den Sozialismus aufbaut und mit dessen Politik und Politikern er sich in mannigfaltigen Wechselfällen von Streit und Fügsamkeit verbunden wußte. Dabei war es Schostakowitschs Anliegen, solche Konstellationen mit entwickelten musikalischen Mitteln unter verschiedenen Aspekten, positiv veränderbar und für möglichst viele Hörer ein„sichtig“ darzustellen. Seine sinfonische Musik will unmittelbar sinnlich fesseln und zum Nachdenken darüber auffordern, was unter anderem sie veranlaßt hat. Denn fast stets – Ausnahmen sind eigentlich nur die erste und die letzte Sinfonie – steht sie in unmittelbarer Beziehung zu einem signifikanten politischen Ereignis, oder sie thematisiert und problematisiert Vorgänge, deren gesellschaftliche Implikation nie ausgeklammert bleibt. Daher ist sie nicht selten aufs äußerste dramatisch akzentuiert und passioniert erzählend, stellt sie den kühnen und unerbittlichen, den vorwärtsdrängenden und zukunftsgläubigen, aber auch den enttäuschten und leidenden, an vernichtenden Widerständen scheiternden Lebensanspruch in den Mittelpunkt, also „wahrhaftig“, ohne die volle Härte von Konflikten zu scheuen.

Alles an diesen Klangbildern scheint durchlebt und durchlitten zu sein, wie aus tiefsten persönlichen Erfahrungen eines Chronisten geboren, der ja wiederholt auch speziell zum prominenten Demonstrationsobjekt politischer Entscheidungen und kulturpolitischer Maßnahmen avancierte. Daher nannte ihn Iwan Sollertinski, einer der besten Kenner und Freunde Schostakowitschs, wohl zu Recht einen „tragischen Poet(en) in der Musik“[2], wobei hinzuzufügen wäre, daß dies so auffällige tragische Moment nicht a priori charakterologische Eigenschaft, sondern Reflex sozialer Erfahrung ist, der sich erst im Laufe des Lebens, mit zunehmender Reife und künstlerischer Entscheidungsfreiheit, bestimmend auskristallisiert. Angesichts eines solchen bekenntnishaft „redenden“ Ausdruckswillens mag die Frage nach konkreten Motiven und Anlässen naheliegen, ist sie auch in gehäuften Darstellungen eindeutig deskriptiver „Programmatik“ – mit natürlich teilweise opportunistisch divergierenden Resultaten – aufgelöst worden. Aber Schostakowitsch selbst mißtraute, und zwar verständlicherweise, verbalen Festlegungen seiner Musik: nicht weil er Geheimnisse hüten wollte oder Offenkundiges geheimhalten mußte, sondern weil er auf die Prägnanz seiner Klangbilder und die Fähigkeit seiner Hörer baute, diese in vieldeutiger Konkretheit kommentarlos zu verstehen. Im übrigen wissen wir heute immer noch zuwenig über detaillierte Motivierungen und innerste Intentionen seines Schaffens, wie wir andererseits inzwischen schon zu vieles wissen, um den verbreiteten eindimensional heroischen Klischees von Konzertführern und den monumental gemeißelten Biographien allein Glauben schenken zu können.

2

Einzig unberührt von all diesen schwierigen, „offenen“ Aspekten ist die *1. Sinfonie,* die der Achtzehnjährige 1924 als geniales Gesellenstück seiner Studien am Leningrader Konservatorium komponierte und die ihn mit einem Schlag international berühmt machte. In den ersten stürmischen Jahren nach der Oktoberrevolution, nach dem Sieg über die Interventen entstanden, scheint es, als stelle sich die Sinfonie ganz auf den Atem dieser neuen Welt ein und identifiziere sie sich zunächst mit des Autors eigener Jugendlich-

keit. Aus dem vielgestaltigen Mosaik von Episoden, die in ihrem raschen, kontrastvollen Wechsel der Unruhe und Dynamik, der Fröhlichkeit, Strenge und brodelnden Ereignisfülle der Zeit entsprechen, modelliert die Musik das Gleichnis von zielstrebiger Entwicklung. An ihrem Ende ist sie nicht fertig: Die Signale schmettern zum Aufbruch. Während Schostakowitsch auch später diesen seinen sinfonischen Erstling immer gelten ließ, formulierte er in einem Aufsatz von 1955 das selbstkritische Urteil, er halte, zusammen mit fast allen frühen Kompositionen, die *2. Sinfonie* für „absolut mißlungen".[3] Zur Begründung begnügte er sich mit dem lakonischen Hinweis auf „eine gewisse Schaffenskrise". Der Einwand, der von Biographen sogleich benutzt wurde, um angeblich überwundene Fehler des Werkstils und einstige ästhetische Fehlhaltungen des Autors aufzurechnen, scheint von diesem selbst eher taktisch motiviert denn als prinzipiell letztes Wort zur Sache gemeint zu sein. Als knapp zehn Jahre später auch die *2. Sinfonie* nach über dreißigjährigem Verdikt mit enthusiastischem Erfolg wieder aufgeführt wurde, dürfte er nicht aus Eitelkeit, sondern aus der richtigen Überzeugung zugestimmt haben, daß das Werk gerade durch seine offenkundigen inneren Widersprüche interessant, wirkungsvoll und theoretisch brisant bleibe. Schließlich ging es schon 1927 dem jungen, mit der *1. Sinfonie* eben bekannt gewordenen Komponisten und leidenschaftlichen Bekenner der revolutionären Veränderungen in seinem Land um die große Frage nach der Einheitlichkeit und Verbindlichkeit seines politisch-künstlerischen Gewissens: Wie kann und soll Musik beschaffen sein, die revolutionärer Politik dient, ohne die Revolutionierung der musikalischen Ausdrucksmittel preiszugeben? Inmitten kontroverser Debatten und Richtungskämpfe um dieses Problem wollte Schostakowitsch eine konkrete schöpferische Antwort geben.
Der Auftrag, ein sinfonisches Werk zum bevorstehenden 10. Jahrestag der Oktoberrevolution zu komponieren, erging an Schostakowitsch vom Verlag Mus-Sektor Ende März 1927. Die Uraufführung fand am 6. November jenes Jahres in einem Leningrader Jubiläumsfestkonzert unter Leitung von Nikolai Malko sehr erfolgreich statt – übrigens zusammen mit weiteren „Oktober"-Stücken von Mossolow,

Polowinkin und Roslawez. Wohl ganz im Sinne Schostakowitschs lobte man die ebenso bekenntnishafte wie experimentelle Haltung des Werks als gelungenen Ausdruck des frühsozialistischen Zeitgeistes. Übereinstimmend mit den Überzeugungen vor allem der Leningrader „Vereinigung für Zeitgenössische Musik" orientierte sich der junge Komponist an modernsten „westlichen" Gestaltungsmitteln, einer harten und dissonanzreichen, konfliktvollen und provokanten Klangsprache, wie sie etwa von Schönberg, Berg, Krenek, Milhaud, Strawinsky oder Hindemith entwickelt wurde. Diese neuen Mittel nun stellte Schostakowitsch in den Dienst einer sinfonischen Grundidee, einer revolutionären Programmatik von agitatorischer Eindringlichkeit und Eindeutigkeit. Grob gesprochen handelt es sich dabei um die Konkretisierung der klassischen Durchbruchskonzeption, speziell von Beethovens Neunter Sinfonie, indem aus Chaos und Leid der Vergangenheit die Ordnungsmächte ihrer Überwindung erwachsen und in jene Umwälzung münden, die in ihren Schlüsselbegriffen „Oktober, Kommune und Lenin" gepriesen wird. Die vier Strophen des Chorfinales nach einem Poem von Alexander Besymenski artikulieren diesen Prozeß von Leid, Kampf und Sieg in sich ebenso wie das Werk als Ganzes und in den vier Teilen seiner rein instrumentalen „Präludien".
Aber Schostakowitsch gestaltet den instrumentalen und den vokalen Teil so unterschiedlich, daß der stilistische Bruch kalkuliert scheint. Jener ist wahrlich eine klangliche Hexenküche, weithin athematisch und atonal, durchsetzt von einigen Signalen und Fanfaren, im formal lockeren, wiederholungslosen Wechsel von chaotischer Polyphonie und kammermusikalischem Filigran, von gärenden, brodelnden Klangflächen und emphatisch aufbrechenden Motiven. Der andere, chorische Teil bringt davon noch Reminiszenzen, wirkt aber alternativ mit seiner rezitativisch lapidaren Skandierung des Textes, seiner plakativen Schlagkraft und elementaren Hymnik. Ob gesungen oder gesprochen: hier ist die Atmosphäre von öffentlicher Versammlung und Aufruf eingefangen, die revolutionäre Losung der neuen Zeit als Erlösung von allen Übeln der alten einbekannt. Hier scheint im agitatorischen Zugriff die begriffslose Welt des autonomen, sinfonischen Musikwerks gesprengt, setzt sich

das Ende zu seinem Anfang konzeptionell und inhaltlich in grellen Widerspruch. Doch solche Entgegensetzung gerät technisch unvermittelt, nicht schließend und daher nach ästhetischer Konvention nicht schlüssig genug. Dies ist der Preis jener von Schostakowitsch benannten „gewissen Schaffenskrise“[4], die ihn, den Einundzwanzigjährigen, zwischen den Polen revolutionärer Musik und musikalisierter Revolution schwanken ließ. Und hier liegt der auskomponierte „Anstoß“ für die später jahrzehntelang umkämpften kunstpolitischen Prämissen des „Sozialistischen Realismus“ auf musikalischem Gebiet. Der Komponist, wenigstens zweimal (1936 und 1948) wegen angeblicher formalistischer Verirrungen ein eklatanter Präzedenzfall offizieller Verurteilung, reagierte zwar einsichtsvoll, antwortete aber künstlerisch immer wieder (und zunehmend schärfer) mit der gleichen Methode unvermittelter Doppelgleisigkeit, die er zum eigentlichen dialektischen Spannungsfeld seiner sinfonischen Grundthematik ausbaute. Es ist der Gegensatz zwischen dem, was er wahrhaftig durchlebte, und dem, „wie es euch gefällt“.

3

Der Antagonismus zwischen gesellschaftlicher Utopie und subjektiver Realitätserfahrung spiegelt sich unter anderem im krassen konzeptionellen Gegensatz zwischen *3.* und *4. Sinfonie*, der dann zunächst in der *5. Sinfonie* zu einem wenigstens formellen Ausgleich gebracht wird. Die *3. Sinfonie* von 1929/30, wieder mit einem Chorfinale, nun an den 1. Mai, den Kampftag der Werktätigen: ein heiteres Werk, voller fröhlicher und pathetischer Bizarrerien, ein kaleidoskopisches Volksfest, mündend in den rhetorischen Elan revolutionärer Hymnik. Wie man weiß, veränderte sich in der Sowjetunion nach 1932 das kulturpolitische Klima. Als Schostakowitsch an seiner *4. Sinfonie* zu arbeiten begann, irritierten ihn im Januar 1936 zwei scharfe, von Stalin inspirierte Kritiken in der „Prawda“. Darin bezichtigte man den Komponisten in dogmatisch überspitzter Weise der künstlerischen Perversion im Fahrwasser des bürgerlichen Ästhetizismus und Formalismus.[5] Ehe er nach anderthalb Jahren darauf mit seiner *Fünften* offiziell und allseits bejubelt antwortete, beendete er noch die *4. Sinfonie,* um sie jedoch am Vorabend der geplanten Uraufführung kommentarlos zurückzuziehen und erst ein Vierteljahrhundert später hören zu lassen. Die Gründe für diese wohl taktisch motivierte Entscheidung sind oft diskutiert worden, und sie erscheinen naheliegend, wenn man etwa liest, was Schostakowitschs Biograph Rabinowitsch 1959, doch gewiß autorisiert, zum Finale der *Vierten* zu sagen hatte: „Es beginnt mit der gleichsam düsteren Verdichtung eines Trauermarsches ... Intensive Bewegung führt zu einem tragischen Höhepunkt in Dur. Dann folgt die weitschweifige Coda, scheinbar geronnen in der unvermeidlichen Wiederholung lakonischer musikalischer Passagen und angefüllt mit unaussprechlicher Verzweiflung. Nach den ersten beiden Sätzen, wo das rein gefühlshafte Element von einem teuflischen Trommelrhythmus niedergedrückt wird, ist im Finale die Emotionalität fast zum Paroxysmus verdichtet. Die dramatische Verknüpfung, die die ersten beiden Sätze mit dem Finale vereinigt, könnte beschrieben werden als Gegensatz zwischen einer unerbittlichen Umwelt und einer menschlichen Seele, die einsam und gemartert ist, erfüllt von verbitterter Ironie (das ist die Bedeutung der sarkastischen Episoden des Walzers, des Marschs und des Galopps), die keine Hilfe findet."[6]

Ohne Zweifel beherrscht eine solche Dualität, wenngleich unter umgekehrten Vorzeichen, auch die Anlage der *6. Sinfonie,* die 1939 entstand, in jener problematischen Zeit, da Europa vom deutschen Faschismus mit Krieg bedroht war, da in der Sowjetunion wirkliche und vermeintliche Opponenten durch Massen-Prozesse ausgeschaltet wurden, da auch Schostakowitsch enge Freunde[7] und zahlreiche Künstlerkollegen verlor. Wohl mit dem „memorierenden" Charakter hängt zusammen, daß die *6. Sinfonie* in einer Reihe von klanglichen und dramaturgischen Eigenwilligkeiten von der sinfonischen Norm, im Vergleich etwa zur klassizistischen *Fünften,* wieder abweicht. Schon nach der Uraufführung im November 1939 meldete formalistische Kritik erhebliche Bedenken an. Sie rügte Disproportionen, nannte das dreisätzige Werk einen „Reiter ohne Kopf"[8] und fragte spöttisch an, ob der Komponist denn vergessen habe, den ersten Satz zu schreiben. Dabei war der Gedanke, eine

Sinfonie mit einem großen Lamento, einem langsamen Satz zu beginnen, spätestens seit Mahler nichts Ungewöhnliches. Noch heute ist diese Trauermusik mit ihrem grüblerischen, bohrend fragenden Hauptthema von beklemmend eindringlicher Wirkung. Wie hier im ersten Entwicklungsabschnitt, in Variationen, die Musik sich zu einem Kondukt formiert, wie in der Mitte sich alles auflöst, der Klang in unendliche Trillerketten, Bläsersignale, Flötenkadenzen, pathetische Seufzer zerfällt und wie der Satz in geradezu depressiver Schicksalsergebenheit endet: all das hat selbst bei Schostakowitsch kaum ein Gegenstück! Das Largo ist ausgedehnt genug, um die erste Hälfte der Sinfonie zu bilden. In die andere Hälfte teilen sich zwei schnelle Sätze, ein Allegro und ein Presto. An ihnen fällt auf, daß sie aller konflikthaft belastenden Momente entbehren und sich zu einer merkwürdig berauschten, euphorischen Lustigkeit steigern, als ob es Gründe gäbe (die Abgründe des Largos), gewichtiges Denken und passioniertes Fühlen möglichst gründlich zu verdrängen. Das glänzend instrumentierte Scherzo mit drei Hauptthemen läßt aber immerhin, geschult an Mahler, zu viel sarkastische und groteske Gestik in seine merkwürdig gehetzte, motorisch gleichförmige Bewegung ein, um den Spott an allzu blinder, serviler Geläufigkeit überhören zu können. Im Finale scheint es dann keine Probleme mehr zu geben. Der bunte Rondo-Reigen mehrerer kapriziös verspielter Themen suggeriert fröhlichsten „Kehraus". Indessen sollte man an der befremdlichen intonatorischen Mischung von Mozart und Galoppade, an der groben Faktur des virtuosen Wirbelspiels und der bisweilen drastisch überdrehten Ausstreuung banalen Materials die persiflierende Absicht Schostakowitschs wahrnehmen: Solche forcierte Fröhlichkeit bedarf ihrer Veranstaltung. Die Sinfonie entstand schließlich zu einer Zeit und in einem gesellschaftlichen Rahmen, da weder Hofbälle noch der Tanz unter der Linde jene Jubelfreuden veranlaßt haben können, die hier heraufbeschworen werden.

4

Dieses gleichsam maskierte Finale der *6. Sinfonie* sollte Schostakowitsch zu aller Welt Verblüffung einige Jahre später zum Tenor einer ganzen Sinfonie machen, gerade dann – unmittelbar nach dem siegreichen Ende des Großen Vaterländischen Krieges 1945 –, als jedermann vom führenden Komponisten der Sowjetunion der „Freude schönen Götterfunken" in Gestalt einer patriotisch-pathetischen, sozialistisch-realistischen „Neunten" erwartete. Dazwischen lagen die beiden gewaltigen, heroischen Sinfonien, die der Komponist der kämpfenden und leidenden Heimat gewidmet hatte. Die politischen Implikationen der weltbekannten *„Leningrader Sinfonie"*, ihre ideelle Programmatik sowohl wie ihre eindeutige Wirkung in der Sowjetunion und den Ländern der Antihitler-Koalition noch während des Krieges, sind so eindeutig angelegt und zu oft überreich dokumentiert worden, als daß sie hier noch einmal berichtet werden müßten. Einzig die berühmte „Invasions"-Episode des ersten Satzes lohnte in unserem Zusammenhang eine erneute, dann allerdings ausführliche Diskussion, weil der Querstand von intendiertem Feindbild und ästhetischer Attraktivität – zuzeiten ein innersowjetischer Vorwurf an den Komponisten – bislang kaum plausibel geklärt wurde. Und was die gewaltige tragische *8. Sinfonie* aus dem Jahr 1943 anbelangt, so wird niemand den offenkundigen Konnex mit den opferreichen Zeitereignissen verkennen, ausgenommen wieder jene bornierten Kritiker, die Schostakowitsch glaubten mit der lächerlichen Unterstellung denunzieren zu müssen, er habe sich, als der Sieg der Roten Armee sicher wurde, dessen Illustration verweigert und statt dessen in eine „Welt scheußlicher, abstoßender, pathologischer Erscheinungen"[9] versenkt. Zum hingegen wirklich intrikaten Fall, zu einem der demonstrativen Angriffspunkte der Shdanowschen Kritik von 1948, die von spezialisierten Gremien auf Schostakowitsch (neben anderen) zugespitzt wurde, avancierte erst die vergleichsweise harmlose, aber wegen ihrer Harmlosigkeit gerade verdächtige *9. Sinfonie.* Denn dieses Werk bildet in mancher Hinsicht eine Ausnahme. Es ist das Porträt einer Sinfonie aus klassizistischer Optik – in etwa vergleichbar der 4. Sinfonie Mahlers oder

der „Symphonie classique“ von Prokofjew. Ihr Umfang ist gering, drei von insgesamt fünf kurzen Sätzen sind à la Scherzo geschrieben. Der komödiantische, zum Teil grotesk überspitzte Grundgestus, zu dem nur die zarte Lyrik des zweiten und das tragisch-düstere episodische Rezitativ des vierten Satzes kontrastieren, löste bereits während der Uraufführung nicht geringes Erstaunen aus. Viele Anhänger, die an eine geradlinige Fortsetzung des Monumentalstils der *5., 7.* und *8. Sinfonie* geglaubt hatten, sahen sich enttäuscht und vermuteten eine Rückkehr zu den Kompositionsprinzipien des frühen, satirisch-aggressiven Schostakowitsch. Tatsächlich hatte die Presse als *9. Sinfonie* zunächst ein großes ernstes Werk mit Chor angekündigt, an dem Schostakowitsch auch arbeitete, dessen Konzeption er aber zweimal änderte, bis er sich definitiv für ein leichtgewichtiges, ja humoristisch getöntes Werk entschied, das er im August 1945 abschloß. Bis heute sind Fragen offengeblieben, werden unterschiedlichste Vermutungen angestellt: Wollte sich Schostakowitsch nach den sinfonischen Epen ein kleines, erholsames Intermezzo gönnen? Wich er dem Vergleich mit den „neunten“ Sinfonien Beethovens, Mahlers oder Bruckners bewußt aus? Wollte er den Gefühlen und Gedanken unbeschwerter Lebensfreude nach den schweren, belastenden Kriegsjahren Ausdruck geben? Suchte er nach einer überhaupt neuen sinfonischen Konzeption? Hatte er konstruktiven Spaß an der Vision, daß Haydn ihm diese Sinfonie, versetzt ins Jahr 1945, diktiere? Auf all diese Fragen scheint das Werk bejahend zu antworten und will doch keiner ganz recht geben. Jedenfalls wurde zum Politikum sein unzeitgemäß möglicher Sinn, einmal Musik wieder ohne vordergründigen Hintersinn zu präsentieren, die pure Sinnlichkeit von Klang und Konstruktion auszukosten, das Sinfonische in seinen klassischen Formen und Proportionen wirken zu lassen. Schostakowitschs *9. Sinfonie* ist der bisweilen übel vermerkte, inzwischen längst erfolgreiche Versuch, einmal sich der Bürde zu entledigen, die er sich in der Rolle des musikalischen Ideendramatikers hatte auferlegen lassen.

Acht Jahre schwieg der Komponist als Sinfoniker. In der Atmosphäre des überspitzten Personenkults bis zu Stalins Tod im März 1953, unter den restriktiven Paradigmen des

ZK-Beschlusses von 1948, fand sich Schostakowitsch offenkundig wenig zu vertiefter musikalischer Gedankendarstellung ermutigt. Aber als sich die ersten Anzeichen einer flexibleren kulturpolitischen Orientierung bemerkbar machten, schon im Sommer 1953, meldete er sich auch mit einer neuen, seiner *10. Sinfonie* zu Wort. Und ihm geriet ein großes, konfliktbewußtes Werk, über das unendlich intensiv und kontrovers in der sowjetischen musikalischen Öffentlichkeit debattiert und geschrieben wurde.[10] Schostakowitsch erklärte öffentlich das Streben, die Sehnsucht nach Frieden zu ihrem Leit-Motiv, verständlich genug in einer Zeit des wieder grassierenden kalten Krieges, und verständlich auch, daß der Komponist das Moment der immer drohenden Friedensgefährdung einbringt und an die tragischen historischen Erfahrungen des eigenen Landes und Lebens erinnert. Autobiographische Erinnerungsarbeit, Abrechnung mit schweren Kapiteln der Vergangenheit wird zum überhaupt wichtigen Thema für den späten Schostakowitsch. Sie nimmt ihren Anfang in der *10. Sinfonie,* besonders da, wo der langsame, mahnende, beschwörend klagende Satz mit den musikalischen Initialen des Autors einem über alle Maßen konvulsivischen, grellen Scherzo antwortet, von dem der Komponist verlauten ließ, es handele sich um ein Charakterporträt des großen Stalin.
Die beiden nächsten Sinfonien, die *Elfte* von 1957 und die *Zwölfte* von 1961, setzen dann mit programmatischer Eindeutigkeit und mit enthusiastischem Engagement diese geschichtlichen Rekapitulationen fort, geknüpft an die beiden bedeutendsten politischen Jahresdaten der russischen Revolutionsgeschichte: 1905 und 1917. Mit gesteigerter, rückhaltloser Eindeutigkeit, gefördert durch das Medium des dichterischen Worts, reflektieren schließlich die *Dreizehnte* von 1962 und die *Vierzehnte* von 1969 als vokalsinfonische Zyklen brisante, bis dahin oftmals tabuierte Aspekte der immer wieder gefährdeten Humanität, der von Politik gegängelten menschlichen Existenz, der Lebensansprüche angesichts permanenter Todesbedrohung. In der *Dreizehnten* auf Verse Jewgeni Jewtuschenkos führt Schostakowitsch erschütternde Anklage ebenso gegen Antisemitismus wie gegen opportunistische Anpassung oder Fassaden-Hedonismus, plädiert er für die Würde der Frau, für ein Leben ohne

Ängste vor Verfolgung, für „Karrieren" ohne abgepreßte Selbstverleugnungen. In den elf Sätzen der *Vierzehnten* nach Versen von vier verschiedenen Dichtern (García Lorca, Apollinaire, Rilke und Küchelbecker) konzentriert sich der Komponist schließlich auf Facetten eines Themas: auf die Unerbittlichkeit des Todes in jeder Form, seine vernichtende materielle Gewalt, der gegenüber es gilt, die Unantastbarkeit und Kostbarkeit eines jeglichen Menschenlebens zu achten und zu verteidigen.

5

Wohl ahnend, daß es das letzte dieser Art bleiben würde, beschloß Dmitri Schostakowitsch mit einem fünfzehnten Werk im Sommer 1971 sein sinfonisches Schaffen. Kaum anders als in den Beispielen zuvor thematisiert der Komponist seine ureigenste, zugleich persönliche und kollektive, ja welthaltige „Betroffenheit" von den Kämpfen des Menschen, von den Siegen und Verlusten der Menschlichkeit in unserer Epoche, die er, mit wahrhaft universellem politischem Ansatz, zu dokumentieren wagte. Es versteht sich, daß dieses sein Grundthema in reichen Facetten und Formen, unter verschiedensten Gesichtspunkten und in wechselnder Gestaltungstechnik zur Sprache kommt, daß es für die Abhandlung entsprechender Probleme, harter Widersprüche oder dramatischster Konflikte im Laufe der Zeit ebenso unterschiedliche Motive wie künstlerische Lösungen gibt. Nicht zuletzt spielen hierfür, neben den sich verändernden geschichtlich-sozialen Bedingungen und Anlässen, die konkreten Umstände individueller Lebenspraxis eine entscheidende Rolle. Da nur Sinfonik in Rede steht, so wird man denn auch Reife und Altern des Komponisten, seine durch Krankheiten gesteigerte Isolierung und Introvertiertheit, eine reflektierte Todesbewußtheit und Lebenssehnsucht zum Verständnis der Tatsache ins Feld führen müssen, daß im Spätwerk – um ein bekanntes Denkklischee zu parodieren – anstelle des „Werdens" das „Vergehen" der Persönlichkeit in den Vordergrund rückt. Auf einen solchen Gedankenkreis scheint namentlich die *15. Sinfonie* fixiert, denn trotz fehlenden oder verschwiegenen Programms geizt Schostakowitsch gerade bei ihr nicht mit

auffälligen Zeichen, die auf abschiednehmende Rückschau und politisch-biographische Sinndeutung, auf bohrendes philosophisches Fragen nach Vergangenem und Kommendem, Vergänglichem und Verbleibendem im Gleichnis musikalischer Bilder verweisen.
In einem Interview[11] betonte Schostakowitsch 1973, ihm sei das Werk auf eine auch für ihn selten detaillierte Weise bis in die letzte Note hinein klar gewesen, ehe er es binnen zweier Monate, erst im Krankenhaus, dann auf seiner Datsche, mit geradezu fieberhafter Anstrengung und Besessenheit ausarbeitete. Befürchtete er ein Nachlassen seiner schöpferischen Kräfte oder reizte ihn, noch etwas auszudrücken, das er sich ausdrücklich aufgespart hatte? Fand er so zielstrebig die definitive musikalische Gestalt mit der intuitiven Gewißheit über sein „persönliches" Thema oder über jene vieldiskutierten Zitate fremder Musik, die verbal zu motivieren er sich stets hartnäckig weigerte? Läßt die zyklische Geschlossenheit und rhetorische Eindringlichkeit der Sinfonie vielleicht dennoch gar eine literarische, sujethafte Anregung vermuten, oder ist sie zuvörderst der Idee einer altersweisen, geradezu demonstrativen Wendung zur klassischen Form und romantischen Farbe zu danken? Zum Vorteil des Werks werden solche unabweisbaren Fragen des Komponisten Geheimnisse bleiben, während wir uns mühen müssen, aus den klingenden Rätselfiguren selbst stimmige Antworten zu finden. Da fällt nun eben zuerst der Rückgriff zur konventionellen zyklischen Form und zur normalen, nur im Schlagwerk erweiterten Orchesterbesetzung auf. In den vier Sätzen schimmern deutlich die Modelle des eröffnenden Sonatenallegros, des langsamen Teils, des Scherzos und des über alles gewichtigen Finalrondos durch. Aber welch originelle Abwandlung und Individualisierung erfahren sie doch! Schostakowitsch umgeht extreme Tempi und gliedert das Werk in die doppelte Folge von Allegretto und Adagio, wobei allein das Finale diesen Wechsel noch einmal in sich entfaltet. Damit verbunden sind zwei gegeneinander gesetzte Ausdrucksebenen, die sich vielleicht am besten als konfliktvolle Zwiesprache mit der Außen- und mit der eigenen Innenwelt charakterisieren lassen. Denn im ganzen Werk, jedoch besonders in den langsamen Partien, dominiert die Tendenz zur lyrischen Ver-

innerlichung, zu grüblerisch vertiefter Meditation, ja zu einem fahlen, stoisch trauervollen Monologisieren.
In diesem Licht erscheinen dann die scherzosen Kontraste des ersten und dritten Satzes wie entfernte Miniaturen des Weltlaufs. Mit den Aufzügen und dem kaleidoskopischen Paradieren marionettenhaft erstarrter Spiel-Figuren, durch allerlei akustische Requisiten vom Militärsignal bis zur Schlagerfloskel und lärmenden Galoppade, durch eine Fülle von gleichsam mechanisierten Gesten auch, entstehen dort merkwürdige Klangbilder von einer distanziert betrachteten, gewaltsam inszenierten Lustigkeit und klappernden Betriebsamkeit, die uns nicht froh, sondern bedenklich stimmen sollten. Die biographische Bedeutung dieses grundsätzlichen Haltungs- und Ausdruckskontrastes scheint Schostakowitsch durch zahlreiche Anklänge an eigene frühere Werke betonen zu wollen, wie er andererseits mit den beiden äußerst auffälligen, in den Klangtext dann aber eingewobenen fremden Motiv-Zitaten aus Rossinis „Wilhelm Tell"-Ouvertüre und Wagners „Ring" symbolische Verallgemeinerung beabsichtigt haben dürfte. In Worten ihren paradoxen Sinn zu entschlüsseln, gibt es freilich viele Möglichkeiten, und es ist besser, über sie gefächert nachzudenken, als eine davon festzuschreiben. Auch läßt sich das spritzig-flotte „Tell"-Signal als wirklich regelwidrig einfallender Fauxpas im turbulenten Getümmel des ersten Satzes nicht annähernd so leicht deuten wie das sogenannte Schicksals- oder Todesverkündigungsmotiv der „Walküre", das mit düsterer Unerbittlichkeit das Finale eröffnet und durchwandert. Aber dennoch lenkt das sinfonische Gedankenspiel mit den beiden doch so extremen Zitaten in den Außensätzen auf einen sonderbar verbindlichen Hintersinn, sobald man erwägt, an welche Figuren sie ursprünglich gebunden sind: Tell und Brünhilde verkörpern schließlich gleichermaßen Haltungen und Handlungen des individuellen rebellischen Ungehorsams gegen etablierte Macht, den unlöslichen Widerspruch zwischen gerechtem Anspruch auf heroische Produktivität zur Änderung der Welt und der oft genug tragischen Konsequenz ihres Scheiterns.
Es wäre denkbar, daß Schostakowitsch solche motivischen Anhaltspunkte herbeizitiert, um den ideellen Radius seines

sinfonischen Diskurses genauer abzustecken und bestimmter zu konzentrieren. Immerhin erhellen und bekräftigen sie eine nachträgliche Andeutung des Komponisten, die *15. Sinfonie* sei eng mit Anton Tschechows Novelle „Der schwarze Mönch“ verbunden,[12] und zwar im Sinne völlig selbständiger Ausdeutung ihres Themas. Interessant ist aber die formale Gemeinsamkeit, daß auch dort ein „bekanntes“ Musikstück als handlungsmotivierendes und -umspannendes Moment figuriert. Nur vordergründig erzählt Tschechow die tödliche Krankengeschichte eines Philosophen, der in ein gärtnerisches Unternehmen voller Grausamkeit gegen die Natur wie Entfremdung zwischen den Menschen gerät und inmitten solcher banal-berechnenden Lebensverhältnisse eine halluzinatorische Innenwelt aufbaut, um letztendlich am egoistischen, wahnsinnig-hellsichtigen Hochmut, dem traurigen Glück einsamer Selbstvergottung, zugrunde zu gehen. Der Dichter, der dies berichtet, ohne zu richten, zielt vor allem in den Zwiegesprächen des „Helden“ mit den mephistophelischen Provokationen jenes phantomartigen „Schwarzen Mönchs“ auf tiefgründige Lebensfragen – wie sie auch Schostakowitsch wohl des öfteren hat an höchster Stelle erörtern müssen. Diskutiert wird der Anspruch des einzelnen auf ungehemmte Selbstverwirklichung, auf Glück und Ruhm, zugleich aber auch seine Pflicht, für Wahrheit und Schönheit zu kämpfen, sich zu opfern, um der Aufklärung der Menschheit willen und im Bewußtsein der quälenden Konflikte, die dies mit sich bringt. Ohne Zweifel bewegten auch den Komponisten derartige existentielle Probleme, faszinierte ihn Tschechows Ringen um Klarheit und die Struktur seiner Gedankenführung. Man muß allerdings die Novelle „angewandt“ lesen, um die enge geistige Verwandtschaft der *15. Sinfonie* mit ihr voll zu ermessen.

Der erste Satz ist dabei selbst novellistische Exposition, einführendes, lockeres, vor-läufiges Spiel mit Motiven und Themen, massenhafte Verzweigung, Züchtung und Beschneidung des eröffnenden hurtigen Flötengedankens, Sonatenform erfüllt sich als bunte Bilderfolge treibender und stoßender Klanggesten, nicht unähnlich der flüssigen Mechanik rast- und selbstloser Arbeit, die von unsichtbarer Hand präzis wie zweckmäßig gesteuert und kalt lächelnd beherrscht wird. Im krassen Gegensatz dazu führt der zweite, dreiteilig langsame Satz in den Bereich lyrisch-verinnerlichter, ja abgrundtief schwarzer Gedanken. Der mehrmalige Wechsel von düsteren Bläserchören und grüblerischen Streicher-Soli, der nur allzu deutlich an einen Dialog mit inneren Schreckensvisionen gemahnt, setzt sich verwandelt auch im Mittelteil fort, wo zart-geheimnisvolle Flötenrufe ans Totenreich zu rühren scheinen und einen Trauer-Marsch der verlorenen Schatten heraufbeschwören. Da fahren plötzlich derbe Fagott-Quinten zwichen die ersterbenden Gedanken, um einem kurzen Scherzo voller Leichtsinn und kammermusikalischer Kapriolen die Bahn zu brechen. Noch einmal, aber nun ins Tänzerische und Gauklerische gewendet, bringt sich die „Welt" des ersten Satzes in Erinnerung, ehe das Finale seinen schmerzlichen Abgesang im Zeichen des Wagnerschen Schicksalsmotivs eröffnet. Dessen Herausforderung nehmen die Themen und Klanggebärden des Satzes an und in sich hinein. Doch es bleibt nicht bei melancholischer, bitter-süßer Meditation, die dem Ton Schuberts und Glinkas Romanzen so verwandt scheint. Schostakowitsch läßt das Klanggeschehen in einer zentralen Chaconne sich neu formieren und treibt diese „Invasion" vitaler Gegenkräfte – wird hier die „Leningrader" Episode erinnert? – zum dramatischen Konflikt mit den tragisch-kontemplativen Leitmotiven. Der Zusammenstoß auf dem Höhepunkt erfolgt mit solcher Härte und Wucht, daß danach, in der rückläufigen Reprise, die bekannten Gebilde und Strukturen wie unter dem Druck lastender Erfahrung erzittern und zerfallen. Schließlich kommt alle „finalische" Aktivität zum Erliegen, der Klang wird fahl, spröde und starr, und wie durch eine zerstörte, ausgebrannte Landschaft geistern Rest-Floskeln aus den voraufgegangenen Sätzen. Man vermeint, im gleichgültigen, sich auflösenden Geklapper der Schlaginstrumente ein immer tonloseres, ein ersticktes, ein nur noch gedachtes Flüstern zu hören: Memento mori ...

1 Dmitri Schostakowitsch im Gespräch mit Jewgeni Jewtuschenko, zit. nach Dmitri Schostakowitsch, Erfahrungen – Aufsätze, Erinnerungen, Reden, Diskussionsbeiträge, Interviews, Briefe, Leipzig 1983, S. 7.

2 Iwan Sollertinski, Von Mozart bis Schostakowitsch – Essays, Kritiken, Aufzeichnungen, Leipzig 1979, S. 297.

3 Dmitri Schostakowitsch, Gespräch mit jungen Komponisten, zit. nach: Erfahrungen, a. a. O., S. 110.

4 Ebd.

5 Vgl. Krzysztof Meyer, Dmitri Schostakowitsch, Leipzig 1980, S. 91ff.

6 David Rabinowitsch, zit. nach Heinz Alfred Brockhaus, Dmitri Schostakowitsch, Leipzig 1962, S. 56f.

7 Vgl. zum Beispiel: Wie er mir fehlt. Erinnerungen an Marschall Tuchatschewski, in: Erfahrungen, a. a. O., S. 166ff.

8 Belege bei Iwan Martynow, Dmitri Schostakowitsch, zit. nach Brockhaus, a. a. O., S. 72.

9 Tichon Chrennikow, zit. nach Meyer, Dmitri Schostakowitsch, a. a. O., S. 148.

10 Eine ausführliche Darstellung der Debatten bei Meyer, a. a. O., S. 165ff.

11 Das Interview mit amerikanischen Journalisten ist auf einer Melodia-Schallplatte mit Statements von Schostakowitsch dokumentiert.

12 Daß Schostakowitsch zu dieser Zeit an einer Oper nach Tschechows Novelle „Der schwarze Mönch“ arbeitete, teilt auch Meyer mit, a. a. O., S. 225.

Arnold Schönberg, „A Surviver from Warsaw" op. 46

WER SPRICHT VON SIEGEN? ÜBERSTEHN IST ALLES!

Zum antifaschistischen Engagement der Wiener Schule

1

„An das meiste kann ich mich nicht mehr erinnern – ich muß lange bewußtlos gewesen sein. Ich erinnere mich nur an den großen Moment, als alle wie auf Verabredung das alte, so lange Jahre vernachlässigte Gebet anstimmten – das vergessene Glaubensbekenntnis."[1] Das geschah, einem überlebenden Augenzeugen zufolge, eines Morgens im jüdischen Ghetto Warschaus. Die Bewohner, auch Kinder, Greise und Kranke, werden von den Kommandos der faschistischen Offiziere zusammengetrieben. Sie glauben zunächst: zum täglichen Zählappell. Doch dann brüllt ihnen einer der Mordgesellen die Gewißheit ins Gesicht: Auch sie sind als Todeskandidaten für Auschwitz bestimmt. Und da plötzlich findet die vollkommene Wehrlosigkeit der Opfer spontan eine Form kollektiven Widerstands. Sie singen das uralte Sch'ma Israel, ihr trotziges Credo des Gottvertrauens. Sie singen, um im bindenden Glauben die individuelle Todesangst zu besiegen. Sie besiegen singend den Tod – auch ohnmächtiger Geist tötet die geistfeindliche Übermacht. Und für diesen wirklichen, dokumentierten Vorgang bietet Schönbergs Musik nicht nur die grausig beklemmende, melodramatische Kulisse, sondern sie selbst setzt sich als Instanz des befreienden Widerspruchs, versteht sich, mit den ihr eigenen Mitteln tönender Symbolik, als „Lösung" aus allen Fesseln irdischer Gewalt in ein Reich autonomer geistiger Freiheit. Gerade dieses Aufheben der realen Episode ins ideelle klingende Gleichnis muß Schönberg zur Komposition gereizt haben. Das Sujet bot ihm die Möglichkeit, unmittelbar persönliches Betroffensein mit einem politischen Appell, mit seinen religiösen Überzeugungen und der ihm ganz eigenen Kunstmoral in eins zu setzen. Und aus solcher zwingend gestalteten Vielschichtigkeit der Aspekte ergibt sich wohl auch die erschütternde Wirkung des Werks, wo und wann immer es angehört wird. Schon das Publikum der

Uraufführung des *„Überlebenden aus Warschau"*, am 4. November 1948 in Albuquerque, im US-Staat New Mexiko, verharrte erst einmal in schockartigem Schweigen, ehe es nach sofortiger Wiederholung stürmischen Beifall spendete. Seither gilt das Stück als eines der passioniertesten Dokumente antifaschistischer Kunst. Obwohl charakteristisch für Schönbergs Verhältnis zur Politik, markiert es einen Ausnahmefall, einen Extrempunkt seines Schaffens. Und deshalb wird es, sogar von Kennern, in der Regel als das einzige Beispiel benannt, wenn man nach dem musikalischen Engagement der Wiener Schule gegen den Faschismus fragt.

2

In der Tat können nur differenzierte Antworten gegeben werden. Denn während längst geschichtsnotorisch ist, daß namentlich die Musik des führenden Triumvirats, das Werk Schönbergs, Weberns und Bergs, die radikale, vernichtende Gegnerschaft faschistischer Ideologie und Kunstpolitik erfuhr (und Dutzende ihrer Anhänger in die Emigration zwang), läßt sich die entsprechende Reaktion dieser Komponisten kaum pauschal beschreiben, weil trotz eines unbezweifelbaren antifaschistischen Grundkonsensus auch individuelle Unterschiede, persönliche Entwicklungen und Widersprüche zwischen ideologischer Reflexion und kompositorischer Produktion, zwischen Denken und Handeln, zwischen Intention und Gehalt der Musik bisweilen scharf zutage treten. Gerade etwa im Zusammenhang mit dem *„Überlebenden aus Warschau"* läßt sich schwerlich der Frage ausweichen, wie es denn kam, daß ein Komponist, der erklärtermaßen Politik verachtete und ihrem Einfluß auf sein musikalisches Denken zu widerstehen suchte, ein derart evokatives, dezidiert politisches Bekenntnis öffentlich dokumentierte. Es dürfte wohl prinzipiell zu erklären sein als späte Konsequenz von Schönbergs schon früh behauptetem, ethischem Rigorismus, eines schöpferischen Impulses, der äußerst sensibel wie militant den Gegensatz zwischen der Idealität eines einzelkämpferischen, messianischen Kunst- und Lebensanspruchs und den katastrophisch fehlerhaften Prozessen in der sozialen und politischen Realität registrierte. Daraus folgte – in einem durchaus schmerzlichen Erkenntnisprozeß – die Einsicht in die Notwendigkeit einer Kunst, die (nach seinem Wort) nicht länger schmücken, sondern endlich rückhaltlos wahr sein sollte, „wahr“, oder besser „wahrhaftig“ in bezug sowohl auf die Gestaltung der Widersprüche der Welt als auch auf die Entwicklung und eingreifende Erneuerung spezifisch musikalischer Traditionen. So kondensierte sich, gleichsam hinterrücks und in allen seinen Werken, das Politische im Musikalischen, als musikalische Politik der positiven Dissonanz gegen die gesellschaftliche Negativität, als Instanz heilbringender Erkenntnis gegen das unheilvolle, mit allen Mitteln verschleierte, vom schönen Schein der Kunst verdeckte Desaster des spätbürgerlichen Weltlaufs. Er schrieb, einsam und kompromißlos, immer, wie es Eisler formulierte, „eigentlich gegen das Ganze“[2], mit dem „Grundton des äußersten Schmerzes“[3] und einer „geschichtliche(n) Angst, die der heraufdämmernden Katastrophe der bürgerlichen Gesellschaft“[4] galt. Dies verdeutlichen die klanglichen Gesten also auch gleichsam von sich aus und von innen heraus, ohne pointierte Sujets, vor allem nicht durch agitatorische Vereinfachung von Material, Techniken oder Idiomen, abgewandt der Möglichkeit, solchen Ausdruck massenhaft neuer, sozialer Erfahrungen auch die Massen erfahren zu lassen. Ganz im Gegenteil entstehen sie oftmals als gewalttätige Akte ästhetischer Subjektivierung und bewußter kompositionstechnischer Verkunstung mit der Intention, den gesellschaftlichen Zustand am Beispiel autonomer, durchreflektierter Musik in seinem wirklichen Wesen, seinem wesentlichen Unwesen also, zu erhellen und kritisch zu beleuchten.

Wenn Schönberg darüber hinaus, wie er zugab, doch „einige Stücke geschrieben“ hat, die explizit „unbestreitbar politisch“[5] sind, ohne Inspiration preiszugeben und ohne in diesen Fällen „von irgendeinem künstlerischen Prinzip abzuweichen“[6], dann reagierte er aus der Zwangssituation des „Notschreis“, dann mußte und wollte er zunächst einer eigenen höchsten Betroffenheit, seelischen Verstörung und Erschütterung Ausdruck geben. Hellwach beobachtete er schon zu Beginn der zwanziger Jahre den aufkommenden Faschismus mit seiner zunehmend massiven, organisierten, antisemitischen Pogromstimmung, und hinter den unmit-

telbaren verbalen Angriffen auf seine Person und seine Musik, die von der reaktionären Presse regelmäßig als „undeutsch“, „gemeingefährlich“, „bolschewistisch“ oder gar „verbrecherisch“[7] denunziert wurden, verspürte er nur zu deutlich den Vorschein von physischer Gewalt, von programmierter Vernichtung. Wohlmeinenden, wie Kandinsky, die ihm unter den Juden als Mann des Geistes und der Kunst eine sichere Ausnahmestellung verbürgen wollten, entgegnete er bereits 1923, noch vor dem Nazi-Putsch in München, daß gewiß „der Hitler dieser Meinung nicht ist“[8] – denn: „wozu aber soll der Antisemitismus führen, wenn nicht zu Gewalttaten?“[9], und wie könne man es daher „unterlassen, eine Weltanschauung zu bekämpfen, deren Ziel Bartholomäusnächte sind, in deren Finsternis man das Taferl, daß ich ausgenommen bin, nicht wird lesen können!“[10]. Schönberg witterte den Feind aus ganz egozentrischer Perspektive, und auch in seinen späteren zahlreichen Notizen oder öffentlichen Bekundungen zum Phänomen des Faschismus fürchtete er ihn beinahe einzig unter dem Gesichtspunkt eines judenfeindlich irregeleiteten Masseninstinkts. Seinem Glauben an autoritäre Lenkung der Gesellschaft durch eine Elite von Auserwählten (der er sich zugehörig fühlte) war weniger die undemokratische Form des faschistischen Führerprinzips als vielmehr der konkrete Inhalt jener rassistischen Ideologie zuwider, durch die er sich und seine Lebensleistung bedroht fühlte. Da seine Faschismus-Kritik vom Haß des Opfers auf eine wahnwitzige Schicksalsmacht bestimmt war, umging er letztlich den Versuch einer gründlichen oder gar sozialökonomisch begründeten Analyse, wie übrigens ähnlich im Falle des Kommunismus, den er als zwar gutgemeinte, aber nicht machbare und zudem kunstfeindliche Utopie kaum weniger energisch zurückwies.[11]
Den Kampf dieser beiden wichtigsten politischen Gruppierungen konnte Schönberg seit 1926 in der Reichshauptstadt der Weimarer Republik gleichsam hautnah verfolgen. Trotz wachsender Furcht und Depressionen und ohne sich, dem alten Grundsatz treu, „an die politischen Ideale irgendeiner der existierenden Parteien hinzugeben“[12], verzeichnet sein Schaffen jetzt doch erheblich offensiver als zuvor die Auseinandersetzung mit den auf Sturm stehenden Zeichen der

Zeit. Schönberg verfällt in geradezu fieberhafte Produktivität, und um intensiv arbeiten zu können, flüchtet er immer häufiger aus dem politisch unruhigen Berlin und vor seinen zeitraubenden Verpflichtungen als Leiter einer Meisterklasse für Komposition an der Preußischen Akademie der Künste in den Süden. Gelegentlich denkt er schon an Auswanderung, so wenn er etwa im Mai 1932 einen Amerikaner bittet, „einige reiche Juden zu bewegen, mich zu versorgen, damit ich nicht zu den Hakenkreuzlern und Pogromisten zurück muß“[13]. Diese unheilschwangere Atmosphäre widerspiegelt unter anderem ein kurzes Orchesterstück, das im Winter 1929/30 entstand. Schönberg nannte es *„Begleitungsmusik zu einer Lichtspielszene“*. Er hatte dabei offensichtlich Sequenzen eines imaginären Stummfilms vor Augen, denen er – ganz im Sinne des damals üblichen Kartothek-Prinzips – programmatische Bezeichnungen gab: Drohende Gefahr – Angst – Katastrophe. Das Werk ist zugleich ein hypothetischer Beitrag zu den damals grassierenden Filmmusik-Experimenten und eine konkrete Kritik am „angewandten“ Verschleiß künstlerischer Maßstäbe unter dem Diktat des neuen Mediums. Daß Schönberg mit den Begriffen „drohende Gefahr, Angst, Katastrophe“ ein musikalisches Psychogramm realisierte, um etwa nur die Stadien einer Ehetragödie zu charakterisieren, braucht man, bei aller Unwahrscheinlichkeit, nicht einmal auszuschließen. Denn andererseits legte er mit seiner kurz zuvor komponierten kleinen Ehekomödie *„Von heute auf morgen“* viel Wert auf den symbolischen Gehalt, weil die Verführbarkeit der Menschen durch modische Parolen „in der Ehe wie nicht minder in der Kunst, in der Politik und in den Anschauungen vom Leben“[14] die gleichen verheerenden Folgen zeitigen müßten. In beiden Fällen leistet die „begleitende“ Musik den „leitenden“ Übergang zur gesellschaftlichen Dimension, weil vor den offen apokalyptischen Konfigurationen des Klingenden jegliche bloß private Intention irrelevant wird.

Dennoch hat Schönberg in den letzten Jahren vor seiner Emigration antifaschistische Gesinnung auch direkter und deutlicher thematisiert. Freilich schreckte er stets dabei vor ungedeckten Bekenntnissen und den plakativen Wirkungen funktionstüchtiger politischer Musik zurück. Lieber kleidete er seine Polemik in moralisierende Vieldeutigkeiten, verschleierte und verschlüsselte er sie durch religionsphilosophische, existentialistische oder kunstpsychologische Fragestellungen. Vor allem beschäftigte ihn in mehreren Werken – so in dem als wirkliches Propagandastück gedachten Sprechdrama *„Der biblische Weg"*, in den *Sechs Stücken für Männerchor* op. 35 und besonders in dem gewaltigen Opernfragment *„Moses und Aron"* – das Verhältnis von Denken und Handeln, von Theorie und Praxis, von Begriff und Bild, von Philosophie und Politik. Für diese Thematik, hinter der seine antinomische Auffassung von Kunst und Welt wirkte, fand Schönberg keine dialektische Lösung, sondern er verstrickte sie in unversöhnbare Aporien mit dem Resultat, daß auf praktisches Handeln jeglicher Art verzichten müsse, wer, wie er, auf der Reinheit theoretischer Prinzipien und moralischem Zelotentum im Leben und für die Kunst beharre. Diesen Antagonismus hat Schönberg nachdrücklich zum Hauptproblem seines philosophisch-politischen Hauptwerkes bestimmt, der leider Fragment gebliebenen Oper *„Moses und Aron"* (1930–1933). „Moses und Aron", sagte er, „bedeuten für mich zwei Tätigkeiten eines Menschen: eines Staatsmannes. Dessen beide Seelen wissen nichts voneinander; seines Gedankens Reinheit wird nicht getrübt durch seine öffentlichen Handlungen, und diese werden nicht schwächlich durch Rücksichtnahme auf jeweils noch ungelöste Probleme, die der Gedanke stellt."[15] Aber dieses Ideal zerbricht inmitten jeder Art von Realität.

Im Gegensatz zu Moses, dem Repräsentanten des Geistigen, der konzeptiven Gedankenarbeit und erzieherischen Idealbildung, ist Aron ein Mann der praktischen Vernunft, ein pragmatischer Führer, „der es nicht aushält, dem abstrakten, unberührten Geist zu dienen, ein Opportunist also, der das leichte Los für sich wählt"[16]. Aber als kluger Techniker der Macht muß er sein Volk gar nicht einmal zum Abfall von der ihm verkündeten, „auserwählten" Mission verführen, weil er näherliegenden, materielleren, handgreiflicheren, mundgerechteren Bedürfnissen dieses Volkes um des blanken Überlebens willen zu entsprechen hat. Natürlich teilt Schönberg den Schmerz des Moses, verweist er doch auf die damals hilflose Situation der Juden angesichts der drohenden Verfolgung ebenso wie auf die Bereitschaft der Deutschen, den scheinheiligen Verführungen der Nazis zum Tanz um so manches „Goldene Kalb" bedenkenlos zu folgen. Am Modell des alttestamentarischen Auszugs der Israeliten ins Gelobte Land diskutiert er die seiner Meinung nach brennendsten Schicksalsfragen der modernen Menschheit. Und wenn Schönberg betonte, daß er an der mythischen Geschichte vor allem „den Gedanken des unvorstellbaren Gottes, des auserwählten Volkes und den des Volksführers"[17] habe darstellen wollen, so zielt er sehr deutlich auf grundsätzliche politisch-moralische Entscheidungen, die Alternative nämlich zwischen gesellschaftlicher Rettung und humaner Selbstreinigung oder gesellschaftlicher Verdammnis und Selbstvernichtung unter dem Druck fortschreitender Manipulierung, Versklavung und Barbarisierung des Lebens. Schönbergs rigoroses politisches Engagement und die zwingende Gewalt dieses Operntorsos erweisen sich gewiß nicht zuletzt darin, daß zum ersten Mal auch in der Geschichte des Musiktheaters soziales Verhalten und Handeln unverhüllt und substantiell als Zusammenhang von Herrschaftstechnik und Massenpsychologie enthüllt werden. Man könnte am Ende *„Moses und Aron"* mit vollem Recht eine kritisch-aufklärerische Volksoper nennen, wenn nicht Schönbergs notorisches Mißtrauen in die sich selbst organisierende Kraft der Massen deren Aktionsmöglichkeiten so paternalistisch an himmlische wie irdische Führungs- und Führerprobleme angebunden hätte. Doch ohne sein antinomisches Bewußtsein von Rettern und Rettungsbedürftigen, Auserwählten und Dienenden wäre eben auch Schönberg nicht er selbst – und vor allem nicht so aufreizend produktiv geworden.

3

Auch die beiden ältesten, bedeutendsten Schüler und Freunde Schönbergs, Alban Berg und Anton Webern, registrierten das Heraufkommen des Faschismus in Deutschland und Österreich. Bestürzt über den Machtantritt der Nazis im Januar und über Schönbergs definitive Emigration im Mai 1933, mußten sie einsehen, daß sich die Zeiten radikal gewendet hatten, und zwar nicht zu ihren Gunsten.

Gleichsam über Nacht verfügten die Verwalter eines „gesunden Volksempfindens" das Verbot ihrer Musik als besonders ohrenfällige Zeugnisse angeblich zersetzender, antideutscher, jüdisch infizierter und kulturbolschewistisch inspirierter Entwicklungstendenzen. Besonders Berg, der erfolgreichste unter den drei Komponisten, verkraftete nur schwer die erheblichen finanziellen Verluste und die absurden, schäbigen Vorwürfe mangelnder „Bodenständigkeit".[18] Aber seiner vornehm aristokratischen, kontemplativen, weichherzigen Natur entsprach nicht der offene Widerstand oder gar der öffentliche Protest. So vermied er es weitgehend, seine antifaschistischen Gesinnungen zu Markte zu tragen, und zog es vor, in zunehmender Zurückgezogenheit sich der kompositorischen Arbeit zu widmen, an deren humane Botschaft und moralische Integrität er glaubte und für die er bessere Zeiten erhoffte. Es ist nicht nötig, hier die Fülle der Begebenheiten anzuführen (etwa Bergs Ausschluß aus dem Allgemeinen Deutschen Musikverein 1933 oder Erich Kleibers Demissionierung im Zusammenhang mit der Berliner Uraufführung der *„Lulu"-Sinfonie* 1934) oder die vielen privaten Äußerungen aufzuzählen (etwa bezogen auf die einsetzende Emigration von Kollegen und Freunden oder auf die Diffamierung seiner „undeutschen" Musik), um seine entschiedene Abscheu vor dem nazistischen Treiben zu dokumentieren. Das alles ergibt ein recht eindeutiges politisches Bild, auch wenn es vielleicht hin und wieder scheinen mag, als habe Berg nicht die volle Tragweite der braunen Herrschaft übersehen können und sie für ein Übel gehalten, das einfach vorübergehen werde. So verstand er zwar Schönbergs offensive Reaktionsweisen, aber er teilte sie nicht in allen Punkten, besonders nicht in der Zuspitzung auf das jüdische Problem. Gegen anderslautende Verdächtigungen bemühte er sich, mit einer seltsamen Mischung aus Empörung und Humor, seine rein arische Abstammung den Behörden nachzuweisen, und gelegentlich spürt man sogar jene Reste eines unbewußt-alltäglichen Antisemitismus, der unter den deutsch-national gesinnten Wienern zum Common sense gehörte.[19] Aber das zählt wenig im Vergleich zu der kompromißlosen Hingabe an seine künstlerischen Überzeugungen und zum sozialen Gehalt seines kompositorischen

Werks, das die Faschisten – in ihrem Verständnis ganz zu Recht – als ihrer Art völlig fremd und feindlich bekämpften. Nur sein früher Tod im Jahr 1935, bevor also Hitlers Würgegriff auch Österreich vollends erstickte, bewahrte ihn vor den bittersten Konsequenzen.
Bergs Komponieren, das, weil recht erfolgreich, den Braunen wohl besonders „politisch verdächtig" vorkam, wird nicht so sehr vom Schatten Schönbergs als vom Lichte der ihm eigenen Weltanschauung geprägt, durch die er sich vom Lehrer wohl unterschied. Sein wacher, kritischer Intellekt entwickelte von Jugend auf ein sensibles Verständnis für das gesellschaftliche Klima seiner Zeit, ihre sozialen Gebrechen und politischen Umbrüche. Die Vorliebe für moderne, anarchistische, sozialkritische Autoren von Ibsen bis Wedekind, von Poe und Baudelaire bis zu Altenberg und Musil, vor allem jedoch die Begeisterung für die jahrzehntelangen, heroischen „Fackel"-Züge von Karl Kraus formten Überzeugungen, in denen liberal-sozialistische Züge mit dem ausgeprägten ethischen Engagement für die „Erniedrigten und Beleidigten", für unterprivilegierte Randgruppen und gesellschaftliche Außenseiter vorherrschten. Er selbst bekannte, daß er dem Sozialismus nahestand, ohne sich freilich als Sozialdemokrat zu fühlen, obwohl er andererseits mit Stolz vermerkte, diese Partei habe beispielsweise mit Friedrich Adler, Karl Liebknecht, Rosa Luxemburg oder Kurt Eisner große Geister hervorgebracht, „also Menschen, die mit den Menschen fühlten und ... dieses Gefühl in gefährlichere Taten umsetzten, als in die Gründung einer Humanitätsliga"[20]. Unbestreitbar hielt Berg unter den Vertretern der „Wiener Schule" die am stärksten nach links orientierte Position, die überdies eben bei ihm nicht bloß persönliche Meinung blieb, sondern unmittelbar in seiner Kunstproduktion allgemein erfahrbar wurde – und zwar sowohl durch die Wahl von Liedtexten oder dramatischen Sujets als auch durch die Konzeption der musikalischen Sprache, die mit beinahe jeder Vokabel auf die tragischen Passionen in der wirklichen Welt und auf das andauernde Übermaß an irdischem Leid verweist. Er hegte damit zugleich die Illusion, seine Musik würde jenseits der bürgerlichen Gesellschaft erst eigentlich gebraucht und verstanden werden können. So erklärt sich beispielsweise

Alban Berg, Kammerkonzert für Klavier und Geige mit dreizehn Bläsern, 2. Satz: Adagio

also wieder Tempo I
molto accel.
361
Fl.
Fag.
Dpf. ab
Dpf. ab
Dpf. ab
Pos.
also wieder Tempo I
molto accel.
Geige
Klav.
molto f
molto f
poco
(Ped.)

Bergs Enttäuschung, als er von der Absetzung des *„Wozzeck"* 1929 in Leningrad erfuhr: „Ich hatte bisher das Gefühl, daß nicht sobald etwas gut genug für das Proletariat ist. Auch in der Harmonik nicht. Und nun hat es den Anschein, als wäre das Billige, das in der Kunst für die Bourgeoisie längst Verbrauchte, jetzt gerade recht für das Volk ... wo unsereiner Neues und Reiches schenken will."[21]
Zu diesem Neuen und Reichen in Bergs Musik – um ein anscheinend entlegenes Moment herauszugreifen – gehört seine wachsende Vorliebe für strenge Architekturen in spiegelsymmetrischen Abläufen. Zum ersten Mal begegnen sie im *Kammerkonzert* von 1923, und von da ab organisieren sie mit mehr oder weniger durchgreifender Konsequenz jedes Werk. Sie gründen gewiß in zunächst formalästhetischen Überlegungen, nämlich: das faßliche, klassische Reprisenprinzip mit Grundregeln der Zwölftontechnik auf der Ebene der Form zu verknüpfen und zudem den Grundsatz maximaler Materialökonomie mit der Allergie gegen mechanisches Wiederholen in der Musik zu verbinden. Aber derartige sogenannte Palindrome sind für Berg keine scherzose Spielerei wie in der Poesie; wie andererseits Adornos Vermutung, die vielen Beispiele seiner geometrisch auskonstruierten, rückläufigen Musik dienten der bewußten Fesselung eines eingeborenen Hangs zum Chaotischen, selbst psychoanalytisch allzu kurz greift. Vielmehr wäre an Bergs deterministische Grundsätze zu erinnern: an die rigorose, sozusagen restlose Rückführung des Syntaktischen auf Semantisches, des konstruktiv Formellen auf empirisch Inhaltliches. Unter dem Primat seines dramatisch-dramaturgischen Denkens entwickelte er bekanntlich den ehrgeizigsten, ausgefeiltesten Symbolismus in der Musik, der sich denken läßt. Er bezieht jeden klingenden Parameter auf ein hypothetisches System von Bedeutungen, er findet und erfindet für jeden außermusikalische Zuordnungen – oft mehrschichtig, teils in der empirischen Wirklichkeit, teils in symbolischen Traditionen oder gar im Reich mystischer Spekulation gegründet. Und so auch wurzeln seine Palindrome in der Idee organischen Wachstums, analog zum anthropomorphen Lebensprinzip mit seinem dialektischen Ineinander „werdender" und „vergehender" Prozesse. Was Adorno als Prinzipien des „kleinsten Übergangs" und der

vorprogrammierten „Selbstentleibung" für Bergs Musik beschrieben hat, kommt von Poe und Swedenborg, von Strindberg und Bergson, kommt aus dem romantischen Erbe von Wagners „Tristan"-Dunkel und Schopenhauers Pessimismus ebenso wie aus den vegetabilischen Formen des Jugendstils und einem ganz eigenen Hang zu nostalgischem Laisser-faire-Verhalten und gewissen nekrophilen Neigungen. Indem sie freilich, zunehmend kultiviert im Spätwerk, den musikalischen Ausdruck und Sinn ganz beherrschen, avancieren solche „negativen" Konzepte zu Hebeln der ästhetischen Kritik, der Verweigerung jeglichen Anspruchs auf affirmativen Optimismus und auf faschistoid-fröhliche Effizienz.

Die axiale Konstruktion der *„Lulu"*-Tragödie etwa, die die dreiaktige Handlung in die zwei korrespondierenden Phasen des Auf- und Abstiegs, der vitalen Steigerung und des Zusammenbruchs der Hauptfigur teilt und mit dem Moment durchgängiger Entwicklung das der rückläufig wiederholenden, unentrinnbaren Vernichtung verschränkt, kehrt auch im *Violinkonzert* wieder, wo auf ähnliche subtile, groß auskonstruierte Weise Lebenswille und Todesverhängnis als tragisch vorbestimmte, voraus-gewußte Lebens-Kurve ineinandergreifen. Bergs Dach-Architekturen mit ihren symmetrischen Zurücknahmen des musikalisch Vorgegebenen sind in den früheren Werken noch nicht an solchen katastrophischen Ernst gebunden, wohl aber markieren die Zentren stets transzendente, „erhabene" oder „abgründige" Augenblicke, die einem unvermeidlich moribunden Ende, „Schicksal erleidend"[22], wie es die *Lyrische Suite* meint, entgegensehen. Von hier aus wird ganz selbstverständlich, warum Berg mit Büchners „Woyzeck" und Wedekinds „Lulu"-Dramen sozialkritische Tendenzstücke wählte, deren unheldische „Helden" an einer brutalen Scheinmoral der bürgerlichen Gesellschaft zerbrechen und durch sie der Selbstvernichtung preisgegeben werden. Die Texte sollten nur eindeutig auf den Begriff bringen, was die Musik ohnehin schon, ästhetisch verschlüsselt und expressiv deutend, an harmoniesprengendem, sozial ent-täuschendem Potential in sich barg. Denn gegen alle noch versöhnliche Tradition lieferte sie nicht länger den verschleiernden Ausdruck allgemein-menschlicher Gefühle und Leidenschaften „an

Alban Berg, „Lulu", 2. Akt, Verwandlungsmusik (Klavierauszug)

sich", sondern klingend „sagt" sie, wie es die Menschen unter ungerechten sozialen Verhältnissen unmenschlich miteinander halten, und sie schlägt sich parteiisch – mit Adornos treffendem Wort – als Musik „obersten Ranges" auf die Seite derer, die gesellschaftlich „unten" gehalten werden.[23] Die für Berg so wesentlichen Haltungen des Trauerns und abgrundtiefen Schmerzes, sein eigentlicher Ton, gehen nahtlos zusammen mit dem tief trauernden Blick auf seine Zeit und Umgebung, und je mehr dort mit militanten Säbeln und martialischen Phrasen gerasselt wurde, desto stärker beherrschten ihn Gefühle ohnmächtiger Isolierung und kalter Zukunftsfurcht. Schon den abschließenden Marsch aus den *Drei Orchesterstücken* von 1914/15 komponierte er als verzweifelten Einspruch gegen den Ungeist der Zeit, als Agonie des Marschierens inmitten heroischen Siegestaumels. Und wäre sein letztes Werk, das *Violinkonzert*, wirklich nur das Sinnbild eines gewaltsam verkürzten Einzelschicksals – wie das der Manon Gropius? 1935 wußte Berg genug über die Verbrechen des Faschismus, und er wußte, daß Menschen seinesgleichen in den Konzentrationslagern für ähnliche Überzeugungen büßten und massenhaft umkamen. Ihnen allen könnte das Werk als Requiem zugedacht sein.

4

Noch ungleich nachdrücklicher als in Bergs Fall läßt sich die Frage nach der antifaschistischen Gesinnung Anton Weberns beinahe ausschließlich nur unter der Perspektive des Werks, der schöpferischen Konfession und des klingenden Gehalts sinnvoll beantworten. Denn künstlerische und politische Überzeugungen, musikalisches Denken und empirische Lebenspraxis ergeben gerade für seine letzten Lebensjahre, die er bis zum bitteren Ende unter dem Naziregime verbrachte, eine sonderbare, ja absonderliche Divergenz zwischen Verhaltensweisen der radikalen Verweigerung auf der einen, der anscheinend fügsamen, apathischen Anpassung auf der anderen Seite. Er muß die krassesten Widersprüche in seiner Brust vereinbart oder verdrängt haben, als sei ihm möglich gewesen, sowohl den Diktaten Moses' und Arons zu gehorchen oder beiden zu entgehen. Um diese gegensätzliche Natur in sich, diese Spaltung in einen Willen zur künstlerischen Rebellion und in ein Bedürfnis nach sozialer Unterordnung, wußte Webern sehr genau, denn schon 1913 gestand er Schönberg, daß er „von der frühesten Kindheit her ein zu prinzipielles Streben nach einem fast abstrakten Ziel, und, wo ich anstoße, in Wirklichkeit die Neigung, mich zurückzuziehen"[24] empfinde. Glücklicherweise wirkte Webern kompromißlos für dieses scheinbar „abstrakte" Ziel, denn es verhinderte jede praktische Möglichkeit der Kollaboration, die Webern mit schier unfaßbarer Naivität „auf Zukunft" zeitweise nicht für undenkbar hielt. So erweist sich sein programmatischer Rückzug „in" die Region der Kunst, „aus" dem Bereich der Wirklichkeit (schon vor dem ersten Weltkrieg) als wahrhaft rettende Tat für ihn selbst, und dies radikale wie unerschütterliche Moment der Treue zu seinem künstlerischen „Weg nach innen"[25] wiegt ungleich schwerer als jene widersprüchliche Fülle von Äußerungen, Berichten, Verdächtigungen und Rechtfertigungen, die ihm, vielleicht rechtens, konkrete politische Blindheit und, sicher aber zu Unrecht, aktive und globale Sympathie für den Faschismus unterstellen.[26] Denn selbst das, was inzwischen hierzu ans Licht gekommen ist und in der Tat fatale Züge ideologischer Entgleisung aufweist, kann nicht die allein entscheidende Tatsache entkräften, daß es zwischen Weberns musikalischer Welt und den faschistischen Vorstellungen von Musik einfach keinen Berührungspunkt gibt.

Das einzige, was man ihm vorwerfen könnte, wäre die Art seiner Musik, eines Klingenden „am Rande des Verstummens", das die Barbarei nicht hemmte, weil es von ihr gar nicht recht wahr- und ernst genommen wurde. Wir erst werden der zarten Trauer, des stillen Protestes in diesen fragilen Gebilden gewahr; wir würdigen die Lossage von allem, was damals den Künsten als laute, durchschlagende, herrische Kundgebung anbefohlen wurde; uns erst rührt schließlich die zart tönende Sehnsucht des Einsamen nach imaginierten Freiheiten, nach einem Schönen und Reinen jenseitiger, naturschöner und rein-geistiger Art. Den Diesseits- und Nützlichkeitsaposteln krasser Couleur, längst vor dem Faschismus und auch heute noch, gilt Webern als unbrauchbarer L'art-pour-l'art-Fanatiker, der die Welt bloß durch sein stilles Anderssein düpiert, während er nichts weiter anstrebte, als seine Eigenart auszudrücken, seine Individualität, das ihm Erfahrbare und ihn zutiefst Betreffende zu artikulieren. Er scheiterte oft genug an äußeren Aufträgen, an den Normen emphatischen, appellativen Musizierens, an jeglichem theatralischem Geist, denn er war der Extremfall des musikalischen Lyrikers, der – anstatt Subjektivität romantisch-genießerisch zu verströmen – sie schmerzhaft komprimiert, verschließt und zur akustischen Abbreviatur verschlüsselt. Deshalb entfremdete sich seine konstruktive Phantasie immer mehr den realen Verhältnissen, und ihr innerer Widerhall wird kaum explizit erfahrbar bei einem Komponisten, der darauf bestehen wollte, seine Existenz in separat geschichtete Realitätsebenen aufzuspalten und dabei die metierspezifischen Probleme als präferenten Denkprozeß zu betreiben. Zum Glück blieb da kaum Raum für das Eindringen politischer Überzeugungen, ein im Grunde kleinbürgerlich-konservatives Gemisch aus unbedingter Ordnungsliebe und Obrigkeitstreue, aristokratisch-provinzieller Zivilisationsverachtung und Sympathien ebenso für einen eher apolitischen, ethischen Sozialismus wie für einen militant germanophilen Nationalismus. Das überbrückende Moment zwischen den Sphären der Politik und der Musik bildet recht eigentlich Weberns pantheistische Religiosität, bei der er einen gewissen moralischen Rückhalt angesichts der Verunsicherungen fand, die auch ihn nach dem Ende des ersten Weltkrieges, nach dem Zusammenbruch der Donaumonarchie, der krisenreichen Gesundschrumpfung Österreichs zur bürgerlichen Republik befielen. Einen Widerspruch zwischen seinen religiösen Überzeugungen und seinem langjährigen Wirken in Wien im Rahmen der sozialdemokratischen Kunstpflege empfand er wahrscheinlich kaum.

Wohl nicht zufällig während des Siegeszuges des Faschismus in Deutschland 1933 beginnt Webern sein hermetisches Spätwerk auszukristallisieren. Diese „abstrahierende" Erforschung des klingenden Mikrokosmos, wenige Freunde und gelegentliche Schüler blieben als Ermutigung für ihn, der zunehmend vereinsamte, künstlerisch totgeschwiegen wurde und am Rande der materiellen Dürftigkeit zu leben hatte. Nicht die geringsten Zugeständnisse machte er der

Anton Webern, Streichquartett op. 28, 1. Satz: Mäßig

Kultur des Faschismus, obwohl er nach dem „Anschluß" Österreichs ein kärgliches Unterstützungsgeld aus einem staatlichen Fonds empfing. Seine Stücke, ein „Meer des Blicks mit der Tränenbrandung" (wie es auf dem Höhepunkt des *„Augenlichts"* für Chor und Orchester von 1935 nach Worten von Hildegard Jone heißt), wandten den blutdampfenden Nüstern des nazistischen Ungeheuers den Rücken zu, um sich in den Tiefen der Natur, der Höhe des Himmels, als Echo der vergangenen großen Meister und der ihr zugeneigten Zukunft zu spiegeln. Von der Welt, in der sie entstanden, waren sie nicht beschienen, sondern verschattet. Als die Nazis seine Heimat im März 1938 annektierten, komponierte Webern ein neues Streichquartett: „Gerade in den Tagen der Ereignisse habe ich es zuende gebracht. Es gibt einen so herrlichen Satz von Goethe: Daß ‚unsereinem' nur geziemt, ein Werk nach dem anderen hervorzubringen und daß alles Andere ‚von Übel' ist."[27] Nicht alles jedoch fand er, politisch genommen, von Übel. Ohne mit der gesamten „Weltanschauung" sich zu identifizieren, konnte er doch gewisse Züge der Ordnungsmacht, etwa das absolute Führerprinzip, schließlich sogar Deutschlands vermeintliches Recht auf Krieg akzeptieren und bejubeln – in der leider völlig verblendeten Hoffnung, nach dem Endsieg über die Welt werde sich alles, auch für sein Schaffen, zum Guten mildern.[28] Es ist nicht zu leugnen, daß er in Hitler einen Genius verehrte und erst unmittelbar vor dem Zusammenbruch sich dessen verbrecherische Rolle eingestand. Das letzte, was er sich dazu in eines seiner Notizbücher vermerkte, ist ein Rilke-Zitat: „Wer spricht von Siegen? Überstehn ist alles."[29] Diese Anfälligkeiten bei einem Menschen, der selbst „einer niedrigen Denkweise unfähig"[30] war und den Mut hatte, vielen seiner jüdischen Freunde auch in der Zeit des strikten Verbots zu helfen, lassen sich kaum erklären. Es scheint, als habe Webern nach der Auflösung des Schönberg-Kreises mit seiner streng autoritären Struktur ein transzendentales Äquivalent finden müssen – selbst um den Preis erduldeter Demütigung. Da war gewiß diese irrationale Heimatverbundenheit und Deutschland-Bewunderung im Spiel, da gab es Schutzreaktionen inmitten einer geliebten Familie, die sich zum Teil aktiv nazistisch orientiert hatte, und da wirkte tief verinnerlicht jene Loyalität –

zu Karl Amadeus Hartmann gesagt, „daß um der lieben Ordnung willen eine jede Obrigkeit respcktiert werden müsse und der Staat, in dem man lebt, um jeden Preis anzuerkennen sei“[31]. Gerade in diesen barbarischen Zeiten der Hitlerdiktatur und des Krieges beharrte Webern auf seinem alten Konzept der ästhetischen Autonomie. Er arbeitete intensiver denn je an seinen letzten Werken inmitten der epochalen Katastrophe, als wollte er von niemandem und von nichts gestört sein, als bestünde seine einzige Lust im „Freiwerden des schöpferischen Geistes“[32], in Exkursionen durch jenes Reich des kryptischen Klingens, das ihm einzig noch freie Beweglichkeit erlaubte. Doch gerade angesichts der letzten Werke wäre es heute endlich an der Tagesordnung, nicht unermüdlich sich über die Wunder der Reihenalchimie aufzuklären, sondern „Aufklärung“ als konstruktiven Grundimpuls und durchgängiges Ausdruckskonzept bei Webern zu begreifen. Denn insbesondere am Vokalwerk ließe sich zeigen, welch inhaltlich tragende Rolle der Begriff in den vielfältig aufgefächerten Metaphern des Lichts, des Sehens, der Sonne, des Morgens, des Frühlings, des Blühens eigentlich spielt.[33] Es war die Webern vielleicht einzig mögliche Art, etwas von der Hoffnung des Überstehens aufleuchten zu lassen, als seinem Wirken nun wirklich keine Siege vergönnt wurden.

5

Seinen beiden großen Schülern Berg und Webern teilte Schönberg wenige Monate nach seiner Flucht aus Deutschland mit, es habe „keinen Sinn mehr, für die Kunst zu leben“[34]. Trotz der Tatsache, daß er – wie er kurz nach dem Machtantritt der Nazis behaupten konnte – „seit 14 Jahren vorbereitet“ sei „auf das, was jetzt gekommen ist“[35], überrollten und erschütterten ihn die Ereignisse. Er fühlte sich als deutscher Musiker, als Fortsetzer der großen deutschen Musik verletzt, er empörte sich über seinen Hinauswurf aus der Akademie, er protestierte bis hinauf zu Göring und wollte nur schwer das Unabänderliche seines erzwungenen Emigrantenschicksals begreifen. Demonstrativ vollzog er in Paris seinen Wiedereintritt in die jüdische Religionsgemeinschaft und dachte zeitweilig ernsthaft darüber nach, wie er, bei Verzicht aufs Komponieren überhaupt, „für die nationale Sache des Judentums“[36] politisch aktiv werden könnte. Er hatte dabei wenigstens drei Aktionsfelder im Auge: einen internationalen Werbefeldzug zur materiellen Unterstützung der in Deutschland verfolgten Juden, zweitens die ideologische Vorbereitung einer jüdischen Staatsgründung mit Wort, Schrift und den dafür geeigneten Teilen seines eigenen musikalischen Werks, und schließlich, als merkwürdigstes, die Gründung einer „Jüdischen Einheitspartei“ unter seiner Führung. Diese Partei, für die Schönberg ein Elf-Punkte-Programm entwarf, sollte als vordringlichste Aufgabe die Juden in aller Welt fest zusammenschließen, um für den offensiven Kampf gegen den Faschismus gerüstet zu sein. Dieser seiner privaten jüdisch-antifaschistischen Einheitsfront, für die er auch noch in den USA agitierte, fehlte es freilich an jeglicher realer Basis. Vor allem kollidierte sie gefährlich mit der erstarkenden zionistischen Bewegung, mit der Schönberg, voll autarken Starrsinns, keinen Konsens suchte. „Ich bin nicht gegen die Zionisten“, notierte er sich, aber: „ich bin nicht Zionist, weil sie Palästina wollen, denn ich glaube, man kann einen Aufmarsch nicht in Feindesland vollziehen. Ich will nicht allein die Zionisten gewinnen, sondern alle Juden, welcher Partei immer sie angehören. Wir haben nicht Zeit wie die Zionisten.“[37] Fatalerweise geriet Schönberg bisweilen mit seiner von Haß erfüllten Parteinahme auf eine fast gleiche Ebene mit seinen Feinden, deren Führer und Theorien, wenn er etwa den faschistischen Rassismus deswegen ablehnte, weil er eine schlechte Kopie des guten, echten, jüdischen Rassismus sei. Der nämlich komme aus der richtig verstandenen Auserwähltheit, „den Gedanken des einzigen, ewigen, unvorstellbaren Gottes zu Ende zu denken, zu erhalten! Dem läßt sich nichts an die Seite stellen, und darum bleibt der deutsche Rassismus in Phrasen stecken und im Materiellen: in Äußerlichkeiten. Darum messen sie Nasen, Ohren, Beine, Hände – weil eben der Gedanke fehlt!“[38]

Dies waren gewiß extreme Reaktionen auf den Schock der Ausbürgerung, die Schönberg in politisierende Rage trieben. In Amerika begann er allmählich die Dinge ruhiger, mit mehr Abstand zu betrachten, wohl auch in der Einsicht, daß er sich gegenüber seiner neuen Heimat loyal zu verhalten und sich der Einmischung in irgendwelche brisanten politischen Aktivitäten besser zu enthalten habe.[39] Zudem brauchte er Zeit und Kraft, sich eine neue Existenz aufzubauen, sich anzupassen und zurechtzufinden: diese Schwierigkeiten ließen ihn sogar einmal, von Eisler animiert, an Auswanderung in die Sowjetunion denken – doch ihm wurde rechtzeitig davon abgeraten.[40] Die Entwicklungen in Europa behielt er immerhin stets engagiert im Auge, und mit einigem Mißtrauen erforschte er sogar das Verhalten der zurückgebliebenen Freunde, ob sie nicht doch etwa (wie ihm gelegentlich zugetragen wurde) der faschistischen Infiltration erlagen. Über Webern war er gewiß zutreffend informiert und ließ trotzdem die freundschaftlichen Kontakte nicht abreißen, während er andererseits in Bergs Fall völlig unbegründet eine Lappalie, nämlich eine antisemitisch charakterisierende Floskel im Textbuch der *„Lulu"*, mehr oder weniger absichtlich mißdeutete.[41] Charakteristisch ist auch die bittere Parodie, die er nach dem Zwangsanschluß Österreichs an Nazideutschland über ein populäres Wiener Lied verfaßte:

„Wien, Wien, nur du allein,
du sollst von allen verachtet sein.
Andern mag, wer's kann, verzeihn,
dich wird man nie von der Schuld befrein.
Du sollst zugrunde gehn,
nur deine Schande soll weiter bestehn!
Du bist gebrandmarkt in Ewigkeit
für Falschheit und Scheinheiligkeit."[42]

Wann immer er konnte, half er Flüchtlingen aus jener verhaßten Region bei der Beschaffung von Einreisedokumenten, Aufenthaltsgenehmigungen und unterstützte sie trotz seiner eigenen bescheidenen Mittel. Nach dem Kriegsausbruch – Schönberg lebte und unterrichtete in Los Angeles – nahm er die Staatsbürgerschaft der USA an. Natürlich litt und stritt er mit der amerikanischen Armee und feierte mit den Alliierten den endgültigen Sieg über den Hitlerfaschismus. Für seine außerordentlich noble Gesinnung zeugt es schließlich, daß er, dazu aufgefordert, nach dem Krieg politische Ehrenerklärungen etwa für Richard Strauss oder Wil-

helm Furtwängler abgab, die – nicht eben seine Favoriten – der nazistischen Verbundenheit verdächtigt wurden. Und auch Eisler stellte er gegenüber amerikanischen Beamten ein entlastendes Zeugnis aus, als man diesen 1947 vor das berüchtigte antikommunistische Komitee zur „Untersuchung unamerikanischer Tätigkeit" zerrte. Doch es ist wahr, in seinen letzten Lebensjahren mußte und wollte Schönberg in politischer Hinsicht öffentlich „stillhalten und schweigen"[43], obwohl dies keineswegs, wie er bekannte, immer seine Lebensregel gewesen war. Denn er war zu oft „in ein Meer von überhitztem Wasser" gefallen, in dem er nicht schwimmen oder doch nur „gegen den Strom schwimmen"[44] konnte und bisweilen schreien mußte, aus Angst wie um Hilfe, aus Sehnsucht gar, um wieder Land zu gewinnen und Boden unter die Füße zu bekommen. Und weil aus solchen Nöten eigentlich erst seine Kunst hervorging, sah er sich in ihr schließlich unter dem Druck der weltpolitischen Wendezeichen und seiner Lebenserfahrungen genötigt, den Bereich musikalisch immanenter Gesetzlichkeiten, den er revolutionierte, seinerseits aufzusprengen, seinem brennenden moralischen Ausdrucksbedürfnis erneut zu öffnen.
Ein Beispiel dafür ist seine *„Ode an Napoleon"* für Sprecher, Streichquartett und Klavier von 1941/42. Sofort sagte er zu, als ihn die amerikanische League of Composers anregte, Lord Byrons berühmtes Gedicht zu vertonen, jenes neunzehnstrophige Spott-Pamphlet gegen den gestürzten Feldherrn Europas, das 1814 entstanden war. Schönberg scheint die – historisch durchaus zweifelhafte – Parallele zwischen Napoleon und Hitler interessiert zu haben, mehr noch aber wohl die antizipierende Gewißheit, daß der faschistische Diktator besiegt werden würde. Er begann die Komposition, als die deutschen Armeen vor Moskau standen und die USA eben in den Krieg eingetreten waren. In der ursprünglichen Fassung des Gedichts fehlten zunächst jene auch von Byron für die Drucklegung erst nachgelieferten Schlußstrophen, in denen George Washington als sozusagen alternativer, demokratischer Führer-Gestalt gehuldigt wird. Als sie Schönberg nachträglich kennenlernte, fügte auch er sie der Komposition hinzu, offenbar dankbar für die Gelegenheit, seiner Wahlheimat und ihrer ursprünglich demokratischen Geschichte seine Sympathie zu bezeugen.

Das melodramatische Stück ist sehr expressiv und zugleich aggressiv-zupackend im Ton, relativ leicht faßlich und leicht pathetisch in seiner sprechenden Gestik, dabei konsequent zwölftönig mit der semantisch bedeutsamen Besonderheit, daß die Gestalt der Grundreihe auch tonalharmonische Komplexe ermöglicht. Über sein poetisch kaum noch verschlüsseltes, moralisch demonstrativ antifaschistisch gemeintes Stück sagte Schönberg, er glaube nicht, Lord Byrons „schärfsten Hohn" in seiner Musik verfehlt zu haben, und vieles in der Musik, „die ununterbrochen untermalt, unterstreicht und illustriert, bliebe unverständlich, ja sinnlos, wenn nicht Wort und Ton zur rechten Zeit auftreten"[45]. Nichts verlautet er allerdings über den dreiklangs-getränkten Schluß im Zusammenhang mit dem Lobpreis auf Washington, so daß es eine Frage der nichtautorisierten Interpretation bleibt, ob Schönberg den „reinen" Dreiklang der Demokratie – Freiheit, Gleichheit und Brüderlichkeit – für rettbar oder verloren hielt.

Der Abrechnung mit den faschistischen Verbrechern folgte schließlich noch das Epitaph für ihre Opfer: *„A Survivor of Warsaw"*, Melodram für einen Erzähler, Orchester und Männerchor, op. 46. Diesmal hatte die Kussewitzky-Stiftung das Werk in Auftrag gegeben, aber nun, unter dem unmittelbaren Eindruck der grauenhaften Massaker in den Konzentrationslagern, von denen ihm Überlebende aus dem Warschauer Ghetto berichteten, formulierte er sich selbst den dokumentarisch wahren Prosatext. Die Komposition entwarf er in einem Zug, zwischen dem 11. und 23. August 1947, er überließ aber die endgültige Partiturfassung René Leibowitz, einem aus Polen gebürtigen jungen Komponisten und Theoretiker der Zwölftontechnik, den Schönberg durch Paul Dessau empfohlen bekam. Die 99 Takte des Stücks, basierend auf einer Zwölftonreihe mit ihren Spiegelungen, fassen den Bericht in eine offene, dramatisch wie ein Crescendo sich steigernde und auf den kathartischen Schluß hin pointierte Form. Dort erst, in den erlösenden Gebetsformeln der Gottesliebe, immer, wie es vielsagend zum Ende heißt, „wann du dich niederlegst und wann du dich erhebst", dort also, wenn der einstimmige Chor das furchtbare Abzählen zum Tode durch den Gedanken religiöser Solidarität und die Auferstehung des Geistes besiegt, enthüllt sich auch endlich die zugrunde liegende Zwölftonreihe in nackter Unmittelbarkeit, als der musikalisch bindende Geist des Werks, der das Erzählen protokollarisch notiert, ohne das durchwirkende Zahlen-Gesetz der Noten fühlbar zu machen. „Das Werk ist von einer spontanen Gefühlswirkung, es überträgt das Grauen der düsteren Szenerie so unmittelbar, wie es in seinem heroischen Schluß erlösend wirkt. Die künstlerischen Mittel der Wirkung sind sehr differenziert. Wie da mit einem Trommelwirbel, einem Beckenschlag, dem Klappern von Kastagnetten, dem Seufzer eines Flageolett-Akkords, dem Zittern einer Bläser-Flatterzunge Situationen blitzhaft hingezaubert werden, das zeugt von Schönbergs Meisterschaft. Es gibt nicht viele musikalische Szenen, die an Kraft des Ausdrucks mit dieser zu vergleichen wären. Im Kerkerbild des ‚Fidelio' hat Beethoven ähnliche Stimmungen beschworen. Damals freilich konnte noch die rettende Trompete ertönen, die den Opfern der modernen Apokalypse versagt blieb."[46] Auch Schönberg empfand sich diesen Opfern zugehörig, er wurde mehr aus Zufall als aus Verdienst ein „Überlebender", der sich noch rechtzeitig retten konnte. Und er war bereit, das bloß ästhetisch Schöne wenigstens zu ihrem Gedächtnis ans dokumentarisch Wahre zu wenden. So fiebert in seiner Musik der Protest gegen die grassierende Barbarei und die faschistische Menschenverachtung jederzeit und allerorten seitdem. Der *„Überlebende aus Warschau"* bezeugt in der Tat wie kein anderes Werk der Wiener Schule das Umschlagen des Musikalischen in den konkreten historischen Zeugenstand, als Nötigung auch für einen politischen Skeptiker und bürgerlichen Moralisten, wenn er einsehen muß, daß Politik nicht nur der Musik ans Leben will. Daher bleibt Schönbergs Opus 46 aktuell wie alle große Kunst, die dem Geist des Widerstandes gegen menschliche Destruktivität entsprungen ist.

1 A. Schönberg, Ein Überlebender aus Warschau, deutsche Textvariante nach der Partitur-Ausgabe UE Wien Nr. 478.
2 N. Notowicz, Gespräche mit Hanns Eisler und Gerhart Eisler, Berlin 1971, S. 42.

3 H. Eisler, Arnold Schönberg, in: Musik und Politik, Schriften 1948–1962, Leipzig 1982, S. 328.
4 H. Eisler, Komposition für den Film, Berlin 1949, S. 41.
5 A. Schönberg, Zum Rundgespräch in San Francisco über moderne Kunst, in: Gesammelte Schriften, Bd. 1, Frankfurt (Main) 1976, S. 395.
6 Ebd.
7 Vgl. dazu H. Kolland, Undeutsche Musik, in: Angewandte Musik der 20er Jahre, Berlin 1977, S. 164ff.
8 A. Schönberg / W. Kandinsky: Briefe, Bilder und Dokumente einer außergewöhnlichen Begegnung, München 1983, S. 93.
9 Ebd., S. 96.
10 Ebd., S. 94.
11 Vgl. Schönbergs Brief an Kandinsky, a. a. O., S. 96.
12 A. Schönberg, Ausgewählte Briefe, Mainz 1958, S. 266.
13 Ebd., S. 178.
14 A. Schönberg, in: Josef Rufer, Das Werk Arnold Schönbergs, Kassel 1959, S. 38.
15 A. Schönberg (Nachlaß), zit. nach E. Freitag, Arnold Schönberg in Selbstzeugnissen und Bilddokumenten, Hamburg 1973, S. 130.
16 A. Briner, Hanns Eislers Musikmarxismus, zit. nach A. Dümling, Schönberg und sein Schüler Hanns Eisler, in: Arnold Schönberg 1874–1951, Arbeitsheft 24 der Akademie der Künste der DDR, Berlin 1976, S. 270.
17 A. Schönberg, Ausgewählte Briefe, a. a. O., S. 188.
18 Vgl. W. Reich, Alban Berg, Leben und Werk, Zürich 1963, S. 91.
19 Vgl. etwa A. Berg, Briefe an seine Frau, München 1965, S. 635.
20 A. Berg, zit. nach A. Haefeli, Die neue Wiener Schule – national oder international?, in: Zum Aspekt des Nationalen in der Neuen Musik (Frankfurter Studien III), Mainz 1979, S. 52.
21 A. Berg, zit. nach Schweizerische Musikzeitung, Jg. 1978, H. 1, S. 30.
22 Vgl. A. Berg, Neun Blätter zur Lyrischen Suite für Streichquartett, in: Alban Berg, Glaube, Hoffnung und Liebe, Schriften zur Musik, Leipzig 1981, S. 236f.
23 Th. W. Adorno, Alban Berg – Der Meister des kleinsten Übergangs, in: Gesammelte Schriften, Bd. 13, Frankfurt (Main) 1971, S. 429.
24 A. Webern, zit. nach H. und R. Moldenhauer, Anton von Webern, Chronik seines Lebens und Werkes, Zürich 1980, S. 163.
25 A. Webern, in: Briefe an Hildegard Jone und Josef Humplik, Wien 1959, S. 10.

26 Vgl. zum Beispiel die Gespräche Hansjörg Paulis mit Kolisch, Stadlen, Reich und Hüber, in: Musik-Konzepte Sonderband Anton Webern II, München 1984, S. 238ff.
27 Webern an Kolisch, zit. nach Anton Webern, Festschrift zum hundertsten Geburtstag, Wien 1983, S. 87.
28 Vgl. Weberns Briefe an Joseph Hueber, in: H. und R. Moldenhauer, Anton von Webern, a. a. O., S. 479ff.
29 Webern, ebd., S. 564.
30 P. Stadlen, in: Musik-Konzepte Sonderband Anton Webern II, a. a. O., S. 173.
31 K. A. Hartmann, Lektionen bei Anton Webern, in: Kleine Schriften, Mainz 1965, S. 27.
32 A. Schönberg, in: Ausgewählte Briefe, a. a. O., S. 230.
33 Erinnert sei an Weberns letztes Projekt nach einer „Lumen"-Dichtung von Hildegard Jone, vgl. H. u. R. Moldenhauer, a. a. O., S. 562ff.
34 A. Schönberg, zit. nach Arnold Schönberg Gedenkausstellung 1974 (Katalog), Wien 1974, S. 54.
35 Ebd., S. 329.
36 Ebd., S. 329.
37 A. Schönberg, Nachlaß („Nicht gegen!"), zit. nach E. Freitag, a. a. O., S. 132.
38 A. Schönberg, Nachlaß („Rassenstolz"), ebd., S. 133.
39 Vgl. A. Schönberg, Meine Haltung zur Politik, zit. nach H. H. Stuckenschmidt, Schönberg-Leben, Umwelt, Werk, Zürich 1974, S. 507.
40 Vgl. Stuckenschmidt, a. a. O., S. 354f., und E. Freitag, a. a. O., S. 137.
41 Vgl. dazu F. Cerha, Arbeitsbericht zur Herstellung des 3. Aktes der Oper „Lulu" von Alban Berg, Wien 1979, S. 33ff.
42 A. Schönberg, Nachlaß, Diese Parodie des Originaltextes von R. Sieszymski ediert auf der Schallplatte „Arnold Schönberg: Wien, Wien, nur du allein" – Philips 6570811.
43 A. Schönberg, Meine Haltung zur Politik, a. a. O., S. 133.
44 A. Schönberg, Ausgewählte Briefe, a. a. O., S. 257f.
45 A. Schönberg, zit. nach J. Rufer, Das Werk Arnold Schönbergs, a. a. O., S. 51.
46 H. H. Stuckenschmidt, Schönberg, a. a. O., S. 441.

EPILOG

KONZEPTIONEN POLITISCHER MUSIK

Arnold Schönberg, Hanns Eisler, Luigi Nono

1

Im 20. Jahrhundert vollziehen sich soziale Veränderungen und politische Revolutionen von bislang in der Geschichte nicht gekanntem Tempo und Ausmaß. Diese Klassenkämpfe wurden begleitet, bisweilen auch stimuliert, von einer spezifisch darauf orientierten Musik in den unterschiedlichsten kompositorischen Formen und ästhetischen Funktionen. Ihnen ist gemeinsam, daß sie das revolutionäre Potential der Massen artikulieren und mobilisieren wollen und deshalb von den Massen angeeignet und aktiv gebraucht werden können. Den beweglichsten, effektivsten Teil bildeten das historische Reservoir und das sich erneuernde internationale Repertoire des politischen Liedes. Mit einem reich differenzierten Spektrum der Genres, der Kompositionsmittel und praktischen Verwendungsweisen hat es sich heute in den meisten industriell hochentwickelten Ländern als eine der signifikanten Musiziersphären neben der sogenannten „ernsten" und der „unterhaltenden" Musik etabliert.

Andererseits, von den musikalischen Massenbedürfnissen kaum goutiert, hat unser Jahrhundert in nicht minder ausgreifender, radikaler Weise eine Revolutionierung der Musik erlebt, qualitative Veränderungen ihrer Produktivität und ihrer Sprachgestalt, die – scheinbar abseits der großen gesellschaftlichen Umwälzungen – oft und nicht zuletzt von seiten der politischen Avantgarden als rein destruktive Arbeit, als ein massives Zerstörungswerk großer humanistischer Traditionen durch einige wenige sektiererische Spezialisten gewertet wurden. In Wirklichkeit aber ist das, was als avancierte, als neue Musik seit Jahrhundertbeginn produziert wurde, ein Werk des Um- und Neuaufbaus musikalischer Denkmethoden und Ausdrucksmittel, der musikspezifischen Bewahrung und Verteidigung humanistischer Werte unter den Bedingungen gesellschaftlicher Entfremdung, die die Homogenität auch der Musikkultur zu zerstören begann und die bürgerlichen Illusionen einer in Schönheit versöhnenden, menschheitsumspannenden, „verbrüdernden" Musik für sensible Komponisten zur Lüge machte.

Solche gesellschaftlichen Entfremdungsbeziehungen „wahrheitsgemäß" zu empfinden und den kompositorischen Gestalten einzuschreiben, war eine historisch notwendige Aufgabe und gleichzeitig auch das Äußerste dessen, was von der objektiv progressiven, zugleich antikapitalistischen und bürgerlich-individualistischen Position der meisten großen Komponisten aus zu leisten blieb. Ihrer impulsiv kritischen Kunst antwortete das konsumierende bourgeoise Musikpublikum in der Regel mit Ablehnung und Protest: Es witterte instinktiv in ihr ein unruhestiftendes, umstürzlerisches Moment, ahnte in ihr den klanglichen Widerhall von Explosionen und Visionen, der es fürchten machte. Der bürgerliche Konzertsaal und die bürgerliche Oper verbannten neue Musik auf ein isoliertes Terrain, entschärften sie zum exzentrischen Reversbild der „normal"-neutralen Klassikrezeption, und ihr dergestalt bestauntes Sonderdasein diente dem theoretischen Ästhetizismus allmählich zum Beweisstück der These, daß die „Musik der Revolution" und die „Revolution der Musik" nicht nur nichts miteinander gemein haben, sondern sich gegenseitig ausschlössen.

Diese These soll empirisch einmal dadurch gestützt werden, daß man auf das in der Tat oft von sozialen und politischen Fragestellungen ungetrübte oder bewußt abgewendete subjektive Bewußtsein vieler bürgerlicher Komponisten verweist, zum anderen dadurch, daß die unleugbaren Umgangs- und Aneignungsschwierigkeiten der Massen bzw. ihrer politischen Avantgarde mit avancierter Musik als gute Indizien gelten. Eine solche Beobachtung ist aber mehr als problematisch, vor allem, weil sie die durchaus heute noch überwiegend getrennt marschierende politische und musikalische Avantgarde nicht in ihren vielfältigen, objektiv ähnlichen Positionen und Funktionen, bezogen auf ihr jeweiliges soziales Aktionsgebiet, und nicht in der ideellen geschichtlichen Annäherung beider Seiten auf Zukunft

– einschließlich der dabei auftretenden Entwicklungswidersprüche – begreift.
Weiter bleibt unberücksichtigt, was an Unterschieden zwischen der persönlichen Weltanschauung eines Komponisten und dem sozialen Charakter, dem objektiven politischen Gehalt eines Musikwerkes hörbar wird, was an Möglichkeiten inhaltlicher Veränderung unter geänderten sozialen und politischen Bedingungen in der praktischen Aneignung solcher Werke relevant werden kann. Ebenso übersieht man die zunehmend zahlreicheren, nicht immer spektakulären Experimente, die darauf gerichtet sind, mit fortgeschrittensten Kompositionsmethoden allgemein interessierende Themen faßlich zu gestalten, um bei den Massen das Verständnis für die „Spielregeln" moderner Musik zu wecken oder das ästhetische Niveau der unterhaltsamen Massenmusik zu heben, indem man in ihr diese Regeln zur Geltung bringt. Und schließlich unterschlägt diese These das Engagement und die Resultate einer nicht unbedeutenden Gruppe von Komponisten, die zu ihren wichtigsten Aufgaben rechnen, über Zusammenhänge, Kontakte und Brüche zwischen Musik und Politik nachzudenken, politische und musikalische Avantgarde einander anzunähern und mit je verschiedenen Konzepten von einer genuin „politischen Musik" jene Vermittlung zwischen beiden zu versuchen. Das Wirken einzelner bedeutender professioneller Musiker innerhalb und im Sinne dieses Prozesses kann dabei nur eine seiner Komponenten sein. Er muß auch als gesamtgesellschaftliche Aufgabe von der Basis der breiten Bedürfnisse her organisiert werden, und in dieser erst noch unter demokratischen Verhältnissen durchzusetzenden Bewegung dürfte überprüfbar werden, welche der historisch vorausproduzierten kompositorischen Konzeptionen ihren praktikablen Modellcharakter wirklich nachweisen können. Andererseits wird in diesem Prozeß stets die Präsenz solcher heuristisch vorausproduzierten Musik gewährleistet sein müssen, um ihn vor Verarmung, Maßstablosigkeit und Barbarisierung zu schützen.
Am Beispiel des Wirkens von Hanns Eisler und Luigi Nono sollen, wenn auch nur punktuell, zwei geschichtlich bereits wirksame Positionen skizziert werden, die bei der Herausbildung politisch engagierter und kompositorisch avancier-

ter Musik in unserem Jahrhundert einander auszuschließen scheinen, aber in Wirklichkeit dialektisch miteinander verbunden sind. Ihnen gemeinsam ist, daß sie bei aller Verschiedenheit künstlerischen Produzierens als Kommunisten unmittelbar mit den revolutionären Prozessen in der Welt verbunden waren und daß sie in Arnold Schönberg, dem genialen „Material-Revolutionär" der Musik, von dem man dies politisch wahrlich nicht sagen kann, ein prägendes Vorbild fanden. Schönberg als Promotor und zugleich als Kritiker einer Konzeption politischer Musik gehört zu dem Blickfeld, das deren Konturen, Bedingungen und Perspektiven auszumachen trachtet.

2

Gerade unter dem Aspekt solcher Zusammenhänge stehen die gegenwärtige Musikpraxis und die marxistische Musikwissenschaft im Falle Schönbergs vor der Aufgabe, das gesamte musikgeschichtliche Material neu aufzuarbeiten, ihre ästhetischen und historiographischen Fragestellungen zu präzisieren und zu erweitern. Vor allem genügt es nicht mehr, die seine Leistung betreffenden Fragen und Probleme durch die Brille Adornos oder Eislers zu betrachten – nicht, weil sie beide keine Zeugen der veränderten aktuellen Rezeptionserfahrungen mehr sein können, sondern weil sie, jeder auf eigene Weise, Schönbergs komplexes, widerspruchsvolles Gesamtwerk und dessen Weiterwirken im musikhistorischen Prozeß primär von seiner Rolle als „Revolutionär" des musikalischen Materials her gewertet haben. Dadurch ist ein vergröbertes Bild überkommen, in dem abstrakt kompositorische Größe gegen ideologische Begrenzung zu setzen als der Weisheit letzter Schluß erscheint.

Nun geht es aber keineswegs darum, Schönbergs zentrale Rolle bei der technologischen Entwicklung einer als neu apostrophierten Musik in unserem Jahrhundert zu mindern, obwohl auch hier korrekte Relationen zwischen den Leistungen der sogenannten Wiener Schule (Schönberg, Berg, Webern) und stilistischen Parallel- oder Gegenströmungen noch zu bestimmen sind. Vielmehr gilt es, ein historisch-theoretisches Denken zu hinterfragen, das die Musikgeschichte der letzten achtzig Jahre in vereinfachender Realitätsferne zur logisch-zwanghaften Vollzugsgeschichte einer vermeintlich autonomen geschichtlichen „Tendenz“ des musikalischen Materials verengt und diesen Aspekt zum Hauptkriterium des musikalisch Neuen, Fortschrittlichen, Avantgardistischen schlechthin erhob. Wohl hat Schönberg an diesen Prozessen einen prägenden, eigenständigen Anteil. Aber sein schöpferischer Impuls war nicht ursächlich an Materialdenken um immanenter Entwicklung willen geknüpft, sondern er resultiert aus dem emphatischen Bedürfnis, mit seiner Kunst auf unverwechselbare Weise individuelle Epochenerfahrung auszudrücken – in einer Sprache, die nichts beschönigt und die betroffen macht. Darin steht er voll in der Tradition großer Musiker, die ihren Beitrag zu den geistigen Emanzipationskämpfen leisteten, und deshalb wurde er einer der größten Entdekker von musikalisch Neuem. Es gab für ihn musikalisch nichts, was nicht untersuchungs-, frag- und verbesserungswürdig wäre, um seinen Gedanken und Emotionen den präzisesten und frischesten Ausdruck zu verleihen. Solchem Anspruch widersetzte sich die geballte Macht der Kunstbedürfnisse der eigenen Klasse, und Schönbergs Leben wurde über weite Strecken zu einem Verteidigungskampf gegen sie, um sich wenigstens Gehör zu verschaffen, da er unmittelbaren Erfolg schon nicht erhoffen konnte. In einem Rundfunkvortrag von 1931 hat er dieses sein neuartiges kämpferisches Selbstverständnis glänzend zusammengefaßt:

„Es ist nicht meine Absicht, die Rechte der Mehrheit zu bestreiten. Aber eines ist sicher: Die Macht der Mehrheit hat irgendwo eine Grenze. Überall dort nämlich, wo nicht alle in der Lage sind, das, worauf es ankommt, selbst zu tun. Wenn z. B. Höhlenforscher an einen engen Gang kommen, wo nur einer durchkann, dann haben zwar gewiß alle das Recht, diese Frage zu prüfen, und doch wird man nur einen beauftragen und sich auf sein Urteil verlassen müssen. Solche engen Gänge führen aber zu allen unbekannten Stätten, und wir wüßten noch immer nicht, wie die Gegend am Nordpol beschaffen ist, wenn wir warteten, bis die Mehrheit sich entschließt, selber nachzusehen. Und die erste Fahrt mit der Eisenbahn und dem Auto, den ersten Flug über den Ozean und den ersten mit dem Raketenflugzeug könnte eine Mehrheit gar nicht unternehmen, ganz abgesehen davon, daß sich für solches Risiko auch keine Mehrheit hätte finden lassen. Das ist Sache Einzelner. Und überläßt die Mehrheit diesen Einzelnen die Gefahr, dann muß sie ihnen auch Rechte zugestehen. Muß die Rechte jener Einzelner anerkennen, die es wagen, das zu tun, was notwendig ist, und die wissen, daß sie ihre Erkenntnisse verbreiten müssen, obwohl sie keine Mehrheit für sich haben; aber: weil sie wissen, daß alle anderen sich weigern würden, solchem Wagnis sich auszusetzen. Das ist meine Situation: Ich befinde mich in einer Minderheit, nicht nur gegenüber den Freunden leichter Musik, sondern auch gegenüber den Freunden ernster Musik. Niemandem fällt es ein, die Helden anzufeinden, die den Flug über den Ozean oder zum Nordpol wagen; denn ihre Leistung wird rasch jedem offenbar. Aber obwohl die Erfahrung gezeigt hat, daß viele längst schon Pfadfinder und auf einem klar bewußten Weg waren, als man sie noch für halbirrsinnige Wegsucher hielt, so wendet sich doch die Feindschaft der Mehrheit stets gegen die, die auf geistigem Gebiet ins Unbekannte vorstoßen. Hier im Rundfunk wird der Mehrheit ihr Recht. Zu jeder Tages- und Nachtzeit serviert man ihr jenen Ohrenschmaus, ohne welchen sie scheinbar heute nicht leben kann. Und so ist sie immer wild entsetzt, wenn sie einmal für kurze Zeit auf diesen Ohrenschmaus verzichten soll. Ich mache diesem Unterhaltungsdelirium gegenüber das Recht einer Minderheit geltend: Man muß auch die notwendigen Dinge verbreiten können, nicht bloß die überflüssigen. – Und die Tätigkeit der Höhlenforscher, Nordpolfahrer, Ozeanflieger gehört zu diesen Notwendigkeiten. Und in aller Bescheidenheit sei es gesagt: auch die Tätigkeit jener, die auf geistigem und künstlerischem Gebiet Ähnliches wagen."[1]

Schönberg, der sich hier prägnant Rechenschaft über sein Verhältnis zur Gesellschaft gibt und ihr gegenüber seine Ansprüche geltend macht, operiert mit einer Reihe von Antinomien. Sie sind der subjektiv adäquate Ausdruck für die realen unversöhnlichen Antagonismen zwischen einer individualistisch-avantgardistischen Position und den regredierenden Kunstbedürfnissen der bürgerlichen Gesellschaft.

Hanns Eisler, „Lenin-Requiem“, Introduktion: Grave

Daß er sie rückhaltlos hörbar gemacht hat, ist sein geschichtlich bleibendes Verdienst; sie überwinden zu helfen, war nicht seine Sache. Dies bedenkend, muß man heute stärker die Rolle und die komplizierte Position Schönbergs vor allem in jenen musikalischen Entwicklungszusammenhängen analysieren, die unter inhaltlichen und funktionalen Kriterien zu einem signifikanten Fortschreiten, zu revolutionären Veränderungen in der Musik unseres Jahrhunderts geführt haben. Allein schon die weitreichende, keineswegs aufs Kompositionstechnische einzugrenzende Bedeutung Schönbergs für die Entwicklung Eislers oder Nonos verweist auf die Notwendigkeit, seine musikgeschichtliche Bewertung dahingehend neu zu akzentuieren, sie in Beziehung auf das Entstehen einer historisch neuartigen politischen Musik positiv einzuschätzen. Denn politisch engagierte Musik, das Umschlagen des Politischen ins Musikalische und umgekehrt, ist, wenn über das Neue, das Neuwerden, die Erneuerungsbedürftigkeit der Musik in unserem Jahrhundert diskutiert wird, eines der wesentlichen Phänomene, das – neben oder im bewußten Gegensatz zu der vielzitierten, scheinbar autonomen Materialrevolution oder, und nicht zuletzt, durch sie vermittelt – zu den epochenprägenden qualitativen Veränderungen auf musikalischem und musikkulturellem Gebiet gehört. Dabei handelt es sich allerdings um keine einheitliche oder gar organisierte Bewegung, aber doch um eine gravierende und weiter erstarkende Gegentendenz zur spätbürgerlichen Konzeption „reiner" Kunst.

3

Politisch orientierte Musik fußt auf einer langen, doch nie vorherrschenden Tradition: einmal auf der Musik der unterdrückten Klassen und Schichten, zum anderen auf den vielfältigen Formen des gesellschaftlichen Engagements der sogenannten großen, artifiziellen Musik (einschließlich jener zahllosen Stücke, die mit mehr oder weniger Eignung für die Glorifizierung politischer „Haupt- und Staatsaktionen" der herrschenden Klassen bestellt oder verwendet wurden). Allerdings bedeutet der emphatische Begriff einer politischen Musik in unserem Jahrhundert nicht einfach die Fort-

setzung politischer Brauch- oder Mißbrauchbarkeit von Musik, des politischen Kompromisses in der Musik oder der Verfertigung gelegentlicher politischer Bekenntniswerke bedeutender wie weniger bedeutender Komponisten. Er umgreift vielmehr alle Genres und Funktionen der Musik, die politisches Bewußtsein, politische Bewegungen, Kämpfe und Revolutionen der Massen widerspiegeln und aktivieren, die, in welcher Form und stilistischen Haltung auch immer, Partei ergreifen für die Veränderung der gesellschaftlichen Verhältnisse und sich an der Vervollkommnung der geänderten Verhältnisse öffentlich wirksam beteiligen. Das Gemeinsame aller in diesem Sinne entstehenden Musik ist die antibürgerliche, prinzipiell „aufklärende“ Orientierung, die Sehnsucht nach einer progressiven Alternative zur a-politischen, primär metier-fixierten, anarchischen Konzeption einer bewußt elitären neuen Musik. Den weiter-denkenden Komponisten ist damit das eigentlich zentrale Entwicklungsproblem aufgebürdet: Wie kann bei einer gesellschaftlichen Funktionsveränderung der Musik die „Höhe der Kunst“ (Eisler), der technisch differenzierte Standard des kompositorischen Handwerks bewahrt, wie die Notwendigkeit zur Lösung des höchst widerspruchsvollen Konflikts zwischen professionellem Interesse am Fortschreiten der musikalischen Sprachmittel und dem Bedürfnis nach breiter, eingreifender, sozialer Verbindlichkeit und Wirksamkeit realisiert werden?
Das Problem ist akut, seitdem das Proletariat als Subjekt der Geschichte handelt und seitdem die große bürgerliche Musik, in ihrer kommerziellen Ausbeutung gefesselt, ihr aufklärerisches Potential zunehmend privater Seelenanalyse zufließen läßt und ihre technischen Revolutionen ohne soziale Strahlkraft betreibt. Es entfaltet sich im 19. Jahrhundert mit der Emanzipation kritischer Tendenzen innerhalb des damals fortgeschrittensten Musikdenkens. Die großen Komponisten dieser Epoche haben natürlich die Fäden zur sie umgebenden und tragenden Gesellschaft nicht durchschneiden wollen, und beispielsweise Berlioz, Liszt, Wagner, Brahms oder Mahler haben mit aller Deutlichkeit den aufkeimenden Konflikt zwischen der ihre Ideale verratenden bürgerlichen Gesellschaft und den Intentionen großer Kunst reflektiert und künstlerisch produktiv gemacht. Aber

meist respektieren sie die Funktion der Musik, die ihr institutionell wie ideologisch zugewiesen wird: nämlich dem Alltag entgegengesetzt, als Reich subjektiv erfüllter Innerlichkeit und privater Bedürfnisse des Gefühls das Pendant zu den „öffentlichen Angelegenheiten“, zur Sphäre der bürgerlichen Politik, Moral und Lebensweise im Alltag zu sein. Musik hält sich bereit als schöner Schein, als berauschendes, schillerndes Illusionsbild, das die rauhe Wirklichkeit kompensieren, vergessen oder veredeln hilft. Musik und Politik streben auseinander; Musik erscheint als das Reich des A-Politischen, des Rein-Menschlichen schlechthin. Musikalische und verbale Bekundungen zu politischen Fragen, zu Erscheinungen der Zeit und zu den grundlegenden sozialen Konflikten bleiben bei den meisten Komponisten peripher. Einzig ihrer nicht selten unreflektiert arbeitenden künstlerischen Sensibilität, ihrer Fähigkeit, Konfliktstimmungen, Problembewußtsein und moralische Qualitäten der sie umgebenden Welt aufzuspüren und zu gestalten, verdanken wir es, wenn einzelne Komponisten auch Seismographen des politischen Klimas ihrer Epoche werden konnten, trotz allen auch verdeckenden, entfremdeten, falschen gesellschaftlichen Bewußtseins, das für sie eine unüberbrückbare Kluft zwischen Politik und Musik gleichsam naturgegeben einschloß.

Die Konsequenz solcher Entfremdung, die bis in die unmittelbare Nähe eines qualitativen Sprungs führt, demonstriert der Fall Schönberg. Dessen kompositorische Arbeit steigerte die Entwicklung des musikalischen Materials zur realen Möglichkeit eines ästhetisch unmittelbar wirksamen, gebrochenen Verhältnisses zur herrschenden Musikkultur (und freilich auch zur unentfalteten proletarischen seiner Zeit). Indem Schönberg alle konstruktiven Elemente des traditionellen Sprachgefüges zur höchsten Verdichtung subjektiven Ausdrucksstrebens zwang, erreichte seine Musik die kritische Grenze einer kommunikativen Zumutbarkeit im Rahmen der Gewohnheiten bürgerlichen Musikkonsums. Die idealistische Vorstellung von einem Humanismus, der im Dissens zur miserablen Wirklichkeit durch technisch vollendete, reine, gedankenstarke Kunst zu behaupten und zu erretten sei, trieb der Komponist zum musikalisch-sozialen Akt der strikten Verweigerung jener Bedingungen, die das blinde, gefällige, reflexionslose, bloß sinnlich-genußvolle Funktionieren von Musik reproduzierten. Dabei wird nicht zum ersten Mal in gesellschaftlichen Verfalls- und Umbruchsphasen zur Paradoxie des Genies, daß die demonstrative Abwehr des noch herrschenden gesellschaftlichen Konsensus und die Konzentration auf spezifisch innermusikalische, metierorientierte Fragestellungen zu künstlerischen Resultaten führt, die epochal Bedeutsames zum Klingen bringen, auch wenn dies nicht auf den musikalischen „Marktplätzen der Sensationen" zu handeln ist. Schönbergs Musik erhält ästhetisches Gewicht durch den Widerstand, den sie mit ihrem auf die hartnäckig-emanzipatorische Verwirklichung subjektiver Schöpferkraft zielenden Anspruch gegen den stark vermarkteten, manipulierten, nivellierten bürgerlichen Kunstgeschmack und Musikgebrauch sowie kritiklosen Schönheitskult leistet, und auch als Vision einer musikalisch formulierten, humanen Alternative zur abgelehnten bürgerlichen Gesellschaftspraxis. In solchen Angeboten realisiert sich ein nicht unwesentlicher und historisch qualitativ neuartiger Aspekt des Politischen in bezug auf Musik.

Die Probleme der Vielschichtigkeit konkret politischer Qualitäten im Verhältnis entsprechender subjektiver Intentionen zum ideellen Gehalt und zu den rezeptiven Wirkungen von Musik sind noch weitgehend ungeklärt. Zumindest zeigt die bisherige Praxis, daß politische Musik über den Zusammenhang mit diesbezüglichen Texten oder anderweitigen Denotaten hinaus sowohl funktional wie kompositionstechnisch und rezeptionsästhetisch bestimmt werden müßte, weil gerade die Fülle und Vielseitigkeit der gesellschaftlichen Aufgaben zu ihren Charakteristika gehört. Schönbergs streitbares Engagement fand zwar nicht zu einer den gesellschaftlichen Kampf unmittelbar fördernden Musik, aber doch zu einer politisch avanciertem Bewußtsein und politischer Aktivität vergleichbaren Haltung auf musikalischem Gebiet, die das im Sinne Thomas Manns mißbrauchbare politische „Verdächtig-Sein" der Musik, ihren unbestimmten Proteus-Charakter, durch fortschreitende rationale Kontrolle und subjektiv durchglühte Artikulation ihres Materials womöglich differenzierter und folgenreicher kritisierte, als es angesichts der wenigen gezielten Bekenntniswerke mit politischer Thematik, wie *„Moses und Aron"*, der *„Ode an Napoleon"* oder dem *„Überlebenden aus Warschau"*, zu vermuten wäre. Vom erschütternden Gehalt dieser eindeutig antifaschistischen Proteststücke brauchte man nichts abzustreichen, wenn man sie nicht als Gegensatz, sondern als vorgeschobene, von politischer Betroffenheit erzwungene Positionen seines Gesamtwerks interpretiert, dessen grundlegende Intention insgesamt vom aktiven Widerstand, vom individuellen Einspruch der musikalischen Gedanken gegen die etablierten Ordnungen und die herrschenden Regeln des Denkens geprägt ist. Niemals aber hätte er solches kritische, emanzipatorische Vermögen den Massen zugestanden. Seine Oper *„Moses und Aron"* belegt dies hinlänglich. Mit ihr fragt Schönberg nach den Möglichkeiten einer vernünftigen sozialen Struktur angesichts der massiven Verführung des deutschen Volkes zum Faschismus. Am Modell des alttestamentarischen Auszugs der Israeliten ins „Gelobte Land", aus der Unterdrückung in die Freiheit, diskutiert er Lebensfragen als Überlebensfragen. Moses und Aron als die Zerlegung einer Führergestalt in zwei extreme Führungshaltungen, die jede für sich allein scheitern müssen, dient der Darstellung politisch-moralischer Beziehungen zwischen Repräsentanten der Macht und den Volksmassen – und zwar wesentlich aus der Sicht der Volksmassen. Man würde *„Moses und Aron"* nicht nur ihrer mitreißenden Chorpartien, sondern vor allem der Gestaltung handlungstragender Massenprozesse wegen mit vollem Recht eine Volksoper nennen können, wenn nicht Schönbergs kleinbürgerliches Mißtrauen in die sich selbst organisierende Kraft der Massen deren Aktionen so willfährig an Führungsprobleme angebunden hätte. Doch ohne das antinomische Bewußtsein von Rettern und zu Rettenden wäre eben Schönberg auch nicht er selbst. Aber die Neuartigkeit und politische Relevanz des auf der Opernbühne verhandelten Gegenstands bleiben auch für die Politisierung der zeitgenössischen und zukünftigen Opernproduktion ein wichtiges Vermächtnis. Von ihm dürfte zumindest gelernt werden, wie politisch intendierte Kunst ohne falsche künstlerische Kompromisse aktuell wirksam sein und überdauern kann.

4

Schönberg hat sich zum politischen Charakter der genannten Werke ausdrücklich bekannt. Wenn er aber sagt, daß er in diesen Fällen nicht das Gefühl habe, „von irgendeinem künstlerischen Prinzip abzuweichen"[2], dann schwingt darin auch ein Vorurteil des Bürgers gegen offenes, direkt politisches Engagement in und durch Musik mit, das sich seiner Meinung nach nur als Prinzip der Prinzipienlosigkeit, nur in banausischer Form verwirklichen könne: „So ist die Idee der kommunistischen Musiker, Musik für alle zu schreiben, in der die Menschen ihre alten Weisen, die sie ganz und gar verstehen, hören können, ein Verbrechen an der Kunst."[3] Hier zeigt sich Schönbergs begrenzter Horizont noch innerhalb des Metierdenkens: Er kritisiert Kommunismus und kommunistische Musiker von einem nur ästhetischen, künstlerischen Standpunkt aus. Dieser aber war dem Standpunkt der neuen, sozialistischen Avantgarde in der Kunst entgegengesetzt; sein Urteil wird notwendig einseitig. Als ob es je für ernsthaft politisch denkende Musiker um solche Alternativen gegangen wäre! Politische Musik ist keine Stilfrage, sie stellt sich nicht der abstrakten Alternative von „alten Weisen" oder „avantgardistischen Mitteln", weil sie beide integrieren und umfunktionieren kann oder für verzichtbar hält, je nach Maßgabe der für sie primären gesellschaftlichen Funktionsintention. Im Interesse der Wirkung wird freilich dann das von Schönberg verworfene Prinzip zum kompositorischen Methodenkonflikt, solange es nicht gelingt, aus den „alten Weisen" neuen Sinn herauszuschlagen und die neuen Mittel relevanten Inhalten verfügbar zu machen.

Gerade einer von Schönbergs bedeutendsten Schülern, Hanns Eisler, hat den Beweis angetreten, daß Methoden- und Genrevielfalt, die Kenntnis des ganzen bürgerlichen Musikerbes und die kritische Aufarbeitung technischen Neuerertums unerläßlich sind für eine Musik, „die dem Sozialismus nützt". Die Perspektive sozialistischer Kunst, so resümierte Eisler seine Position, könne nicht in der einfachen Fortsetzung bürgerlicher Kunstproduktion und -rezeption bestehen, aber es sei nötig und möglich, „das sozial fortgeschrittenste Bewußtsein heute bereits mit dem ästhetisch fortgeschrittensten“ zu verbinden „und umgekehrt“.[4] Eisler konnte sich 1938, als er dies gemeinsam mit Bloch schrieb, nicht zuletzt auf die praktischen Resultate seiner eigenen schöpferischen Arbeit berufen: „Die Erfahrung hat gezeigt: Mit neuen künstlerischen Mitteln kommt man in einer so dringenden und zwingenden Weise an das soziale Bewußtsein der Massen heran, daß das Niveau nicht als ein Hindernis, sondern als wirksamstes Moment des Kunstwerks empfunden wird. Künstlerisches Niveau macht gerade den Stoff lebendig, schafft eine bessere Plastik und Perspektive des Stoffs.“[5]

Der bekannte Eisler der politischen Kampfmusik, der Lieder und Songs, der Kantaten und Lehrstück-Musiken ist, wenn er in bestimmten Perioden seiner Entwicklung vorrangig Kammermusik, experimentelle Filmmusik, Sinfonisches oder kunstvolle Gesänge schreibt (wie im amerikanischen Exil), nicht plötzlich ein anderer, der aus- und zurückweicht, der der politischen Qualität seiner Kunst entsagt, zum Individualisten mit einer „zweiten Praxis“ wird, sondern er praktiziert Vielseitigkeit unter und gemäß konkreten Bedingungen seiner Wirksamkeit. Eisler tut dies im Bewußtsein, daß zur Produktion von Kampfmusik eine revolutionäre Situation und praktische Teilnahme an den Klassenkämpfen gehören und daß ohne Erfahrungen beispielsweise mit hochartikulierter, gefeilter Kammermusik kein gutes Massenlied zu machen ist, wie umgekehrt die Erfahrungen der Massenmusikpraxis der Komposition von Kammermusik zugute kommen sollten. Die Annäherung und wechselseitige Befruchtung der Genres ist die eine Seite seines Versuchs, ihnen einen neuartigen, gesellschaftlich relevanten und im Sinne des politischen Fortschritts und massenhafter ästhetischer Bildung wirkenden Gebrauch vorzuprogrammieren. Das Streben nach semantischer Konkretisierung und klangsinnlicher Prägnanz hatte andererseits die kritische Aneignung des kompositionstechnischen Erbes der bürgerlichen Musik, einschließlich und vor allem der Schönbergs, zur Bedingung.

Die spezifisch Eislersche Weise der Traditionsaufnahme und -verarbeitung markiert einen musikgeschichtlich neuartigen Typus. Kennzeichnend dafür ist zunächst der weitgesteckte Rahmen, die historisch ausgreifende Sicht auf das

Erbe, eine Fähigkeit zur schöpferischen Integration höchst unterschiedlicher Traditionslinien. (Darin ist ihm einzig Strawinsky ebenbürtig.) Wer wie Eisler einen Funktionswandel der großen musikalischen Formen als „Materialprüfung für Typen von Lehrstück-Musik, Filmmusik", als „Gebrauchsmusik für politische Versammlungen, ferner zur Zerstörung konventioneller musikalischer Vorstellungen"[6] im Konzertsaal anstrebte, mußte die gewissermaßen kurzatmige und einseitige Traditionsbildung gerade dieser Gattungen aufbrechen. So bezieht er nicht nur die artifiziellen Hochleistungen in der musikgeschichtlichen Entwicklung von Bach bis Schönberg und Strawinsky ein, sondern er ergreift und verarbeitet in einem komplizierten Prozeß wechselseitiger Umfunktionierungen auch das spezifische Erbe der proletarischen Massenmusik, nicht ohne sich gewisser „vermittelnder" plebejischer Traditionen, Elementen des älteren Volksliedes, des Bänkelgesangs und Gassenhauers, des Jazz oder Songstils oder – meist parodistisch akzentuiert – trivialer bürgerlicher Amüsiermusik zu bedienen. Die aktivierende Grundhaltung und der betont antipsychologische, referierende Grundgestus seiner Musik versammeln und disziplinieren ursprünglich heteronome musikalische Stil- und Sprachsphären zu erneut und erneuernd beredten, in der besonderen Konstellation der Stücke und ihrer Aufführungsmodalitäten oft ihren überkommenen Sinn verändernden Darstellungsmitteln.

Die Eislersche Art, Altes, scheinbar Überholtes und Verbrauchtes neuen und plausiblen Zwecken zuzuführen, mit neuen, meist politisch gezielten Inhalten zu verbinden, basiert auf seiner Einsicht in den stets widerspruchsvollen, dialektischen Zusammenhang von Musik und Gesellschaft. Er durchschaute, daß etwa Musik, die unter den Bedingungen der bürgerlichen Gesellschaft entsteht, nicht notwendig gleich „bürgerliche", das heißt einzig den Interessen und Bedürfnissen der bürgerlichen Klasse dienende Musik sein müsse. (Dies gilt ähnlich selbstredend auch für Musik im Sozialismus.) Wirklich große Musik, solche, die überragende technische und emotionelle Qualitäten aufweist und die, wann immer, an der Entwicklung des musikalischen Produktivkraftniveaus führend beteiligt war, erschöpft sich nach Eislers Einsicht nie im Status quo ihrer Entstehungs-

verhältnisse und ihres unmittelbaren Gebrauchswertes, sondern sie artikuliert stets auch darüber hinausweisend Zukünftiges. Besonders die musikalische Spezifizierung des komplizierten, im allgemeinen angespannten Verhältnisses von spätbürgerlich-avantgardistischer und von proletarisch-revolutionärer Kunst und die Frage, inwieweit und unter welchen Bedingungen jene als praxis-wirksames Erbe für diese relevant werden könnte, hat Eisler in seinem Schaffen nachdrücklich und wiederholt auch theoretisch beschäftigt. Die Notwendigkeit solcher Klärungen ergab sich aus Eislers persönlicher Entwicklung (des Schönberg-Schülers) ebenso wie aus den objektiven Erfordernissen einer Strategie und kunstpolitischen Position (des Schülers der Arbeiterklasse) in den verschiedenen Formen und Phasen des Klassenkampfes.
Besonders deutlich formulierte er seine Standpunkte in den Jahren 1937/38 im Rahmen der Expressionismus-Debatte. Er ging dabei von drei grundlegenden Prämissen aus: erstens von der relativ eigenständigen Entwicklung des musikalischen Materials („Das musikalische Material ist nirgendwo in der Geschichte statisch, sondern es steht überall in einem nicht abreißenden historischen Prozeß"[7]); zweitens von objektiven Widersprüchen zwischen politischem und künstlerischem Fortschritt („So bringt die Arbeitsteilung im entwickelten Kapitalismus es mit sich, daß diese beiden Avantgarden zwar getrennt marschieren, aber nicht notwendig vereint schlagen"[8]); und schließlich drittens von der Gesetzmäßigkeit und dem Charakter der Epoche als Zeit des Übergangs vom Kapitalismus zum Sozialismus (Wir leben „nicht nur in einer Fäulniszeit ..., sondern in einer dialektisch übergehenden, in einer Zeit und Gesellschaft, die von der künftigen schwanger ist. Infolgedessen enthalten die Leistungen der Picasso und Einstein auch ein Antizipierendes; sie sind von der Welt beschienen, die noch nicht da ist"[9]). Aus diesen Prämissen zieht Eisler folgenden Schluß: Wenn es gelänge, den widersprüchlichen Zusammenhang von Material, Techniken und Inhalten der Musik zu sondieren, die Technik von der sie ursprünglich tragenden Expression zu trennen, so könne man einen vernünftigen, neuartigen Gebrauch von den Leistungen der Tradition machen.

Eisler vermochte, wie später ähnlich Paul Dessau oder Hans Werner Henze, diese Probleme anhand der konkreten musikhistorischen Praxis zu analysieren, mit seiner Position und Aufgabenstellung zu vergleichen und praktisch kompositorisch zu lösen. So ist es kein Zufall, daß er mit besonderem Interesse das Umschlagen des Neuen in das Einfache zwischen Bach und der Wiener Klassik studierte, daß er das positive, versöhnte Verhältnis von Ideologie und musikalischer Technik, von Kunstproduktion und Unterhaltungsbedürfnis in der bürgerlichen Aufstiegsphase hervorhob und daß Bachs und Mozarts künstlerisches Verhalten, ihre kompositorische Vielfalt und Disponibilität den Rang von Modellsituationen für ihn einnahmen. Dem steht seine scharfe, bissige, unbarmherzige Kritik an all jenen Traditionen der bürgerlichen Musik im 19. und 20. Jahrhundert gegenüber, die es an konstruktivem Niveau, an „Handwerk mit charakteristischem Tiefsinn“[10] und an gesellschaftlich bedeutsamen Gehalten fehlen ließen, die sich einseitig auf Illustration oder die psychologisierende Ausdeutung outrierter seelischer Vorgänge allzu vordergründig ausrichteten. Aber noch hier differenziert er zwischen den Fortschritten des technologischen Standards und der inhaltlichen Regression. Es gilt, das Erbe „kunstvoll“ auszufiltern und für den „Transport“ neuer Inhalte zu nutzen, weil es auch in der politischen Kunst „nicht genügt, die Wahrheit zu besitzen, sondern weil es nötig ist, ihr den zeitgemäßesten, präzisesten, farbigsten Ausdruck zu verleihen“[11].

Wie Eisler es verstand, überkommene und neueste Kompositionstechniken nicht nur zu verbinden, sondern auch umzufunktionieren und mit politischer Intelligenz neuartig anzuwenden, soll wenigstens an einem Beispiel seines Schaffens, der *„Kantate auf den Tod Lenins“* für Alt- und Bariton-Solo, Chor und Orchester, knapp angedeutet werden. Dieses sogenannte *„Lenin-Requiem“* entstand unter den Bedingungen des antifaschistischen Widerstandes im Exil, zu einer Zeit, da die faschistischen Mächte bereits offensiven Kriegskurs steuerten. In dieser Situation dokumentierte es das solidarische Bekenntnis zur Oktoberrevolution und deren Ergebnissen, insbesondere zu den Prinzipien des Leninismus, deren Glaubwürdigkeit allerdings gerade damals auch für die internationale kommunistische Bewegung

durch Vorgänge in der Sowjetunion verletzt schien. Eisler hatte das Werk – offensichtlich im Hinblick auf den 20. Jahrestag der Oktoberrevolution – als Auftragsarbeit des sowjetischen Staatsverlages 1935 konzipiert und 1936/37 komponiert, aber wie viele andere Stücke wurde es damals weder aufgeführt noch gedruckt. Den Text schrieb ihm Bertolt Brecht, der dem Komponisten wesentliche Momente für die politische Haltung des Komponierens damit vorgab: die Kontrafaktur und parodierende Umkehrung eines alten, populären, religiösen Gebrauchs-Genres (Kantate bzw. Requiem), die Verknüpfung von anekdotischem Bericht und ideologischer Verallgemeinerung, dic sowohl vertrauliche Nähe wie kommentierende Distanz zum Gegenstand ermöglicht, und eine spezifische Qualität des Trauerns, die weder psychologisiert noch heroisiert, sondern kämpferische Impulse entbinden kann.
Gerade dazu, wohl in Kenntnis der Eislerschen Vertonung, notierte Brecht bereits 1938 jene Bemerkungen „Über gestische Musik“, die des Komponisten Überlegungen und Arbeitsweise aufs genaueste charakterisieren: „Angenommen, in einer Kantate über den Tod Lenins soll der Musiker seine Haltung im Klassenkampf wiedergeben. Der Bericht über den Tod Lenins kann, was den Gestus betrifft, natürlich sehr verschieden gebracht werden. Ein gewisses feierliches Auftreten besagt noch wenig, da dies auch gegenüber dem Feind im Falle des Todes für schicklich gelten kann. Zorn über die ‚blind-wütende Natur‘, die den Besten der Gemeinschaft zur ungünstigen Zeit entreißt, wäre kein kommunistischer Gestus, auch weise Ergebenheit in dieses ‚Walten des Fatums‘ wäre keiner; der Gestus der kommunistischen Trauer um einen Kommunisten ist ein ganz besonderer Gestus. Das Verhalten des Musikers zu seinem Text, des Referenten zu seinem Referat zeigt den Grad seiner politischen und damit menschlichen Reife an. Worüber ein Mensch in Trauer verfällt und in was für eine Trauer, das zeigt seine Größe. Die Trauer zum Beispiel auf eine große Stufe zu heben, sie zu einer die Gesellschaft fördernden Sache zu machen, ist eine künstlerische Aufgabe.“[12] Mit welchen Mitteln hat Eisler eine solche neuartige Aufgabe bewältigt?
Diese Mittel, komplizierte und einfache zugleich, ergeben

sich zunächst aus dem „referierenden" Verhältnis der Musik zum Text. Er bleibt stets deutlich, er hat gewissermaßen intakt, frisch, eindringlich und sachlich zu erscheinen. Für die Musik bedeutet dies einerseits Verzicht auf hingebende Einfühlung und veredelnden, ausschmückenden, „überwältigenden" Ausdruck. Sie gibt gebändigtes, kontrolliertes, nach-denkliches Gefühl, und das heißt andererseits: Knappheit, präzise formulierte und auch formalisierte Gestik sowie strenges Auskonstruieren eines prägnant entwickelten Materials. Eisler gruppiert die zwölf Abschnitte des Textes zu neun musikalischen Teilen sehr unterschiedlicher Machart und Aussage. Dabei verschmilzt er verschiedenartige, kritisch geprüfte Traditionen. Im Wechsel von rezitativischen, ariosen, chorischen und instrumentalen Partien scheint natürlich die barocke Kantatenstruktur durch. Insbesondere entstammen bestimmte satztechnische, zumeist kontrapunktische und variative Formen (etwa die abschließende Passacaglia) oder die berichtende Art der rezitativischen Stimmführung dem intensiven Studium der für Eisler vorbildhaften Bachschen Vokalbehandlung in den Passionen. Andererseits stützt sich die Gestaltung motivischer und anderweitig struktureller Zusammenhänge auf mehr oder weniger streng gehandhabte Regeln der Reihentechnik. Hier wäre besonders auf geradezu politische Semantisierungen der Reihenkonfigurationen zu verweisen, wenn etwa für das Bezugsfeld „Lenin" stets die Umkehrung der Grundreihe und ein symbolicher Terzruf, für das Bezugsfeld „Ausbeuter" im Gegensatz dazu die Krebs-Form der Reihe sowie eine fixierte Akkord-Formel zugeordnet werden. Im übrigen legte Eisler die dodekaphonische Struktur so an, daß konventionelle Melodiebildungen oder tonale Wirkungen nicht ausgeschlossen, sondern möglich bleiben, weil er ja gerade zeigen wollte, daß mit diesen technischen Mitteln neuartige Gehalte auf faßliche, allgemein verständliche, vielleicht sogar mobilisierende Weise musiziert werden können. Deswegen bezieht er schließlich, besonders in der Ballade „Lob des Kämpfers", jene stilistischen Eigenheiten ein, die seine eigentliche „Kampfmusik" prägen und hier in der Kantate vor allem dafür einstehen, daß die Trauer um einen großen Toten zu einer „die Gesellschaft fördernden Sache" gerät. Technisch das „Erbe" Schönbergs aufgreifend, steht das Werk gedanklich auf völlig anderem, „gegenseitigem" Boden. Mit diesem Requiem, das im herkömmlichen Sinne gar keines ist, schuf Eisler „ein meisterhaftes, einzigartiges Werk, das gleichermaßen Theorie und Praxis des Sozialistischen Realismus bereichert"[13] hat.

5

Politisch engagierte Musik existiert in unserem Jahrhundert nicht nur in den Formen und Funktionen der unmittelbaren Einbindung in die politische Praxis der Massen, wofür Eislers Position als Modellfall gelten kann. Politische Musik intendiert nicht nur die technische und aufführungspraktische Umfunktionierung traditioneller Komponiermodelle und etablierter Institutionen, wie dies etwa für Paul Dessau oder Hans Werner Henze charakteristisch ist. Politische Musik entsteht auch als primär materialzeugender, schöpferisch paralleler, reflektierender Mitvollzug der politischen und sozialen Emanzipationsgeschichte der Massen, als Chronik und konkrete Utopie ihrer emotionellen und kognitiven Dynamik. Hierfür ist besonders das Wirken Luigi Nonos signifikant.
Nono lebte mit dem italienischen Proletariat und beteiligte sich an dessen Kämpfen, er war als Mitglied des ZK der KPI einer seiner Exponenten. Aber es gibt von ihm kein einziges Lied, keinen musikalischen Beitrag, der im Sinne Eislers beanspruchen könnte, populär und massenwirksam zu sein. Nonos Credo als politischer Komponist gründet auf der Überzeugung, daß die gesellschaftliche Revolutionierung auch unmittelbar ästhetische Konsequenzen haben müsse, daß die Zertrümmerung der alten Verhältnisse deren künstlerische Widerspiegelung einbegreife und daß die neuen ästhetischen Bedürfnisse vom Künstler produktiv vorbereitet sein müssen, noch ehe sie sich massenhaft stabilisieren können. Nach der Seite der klanglichen Qualität seiner Musik betrachtet, würde sich Nono von den Protagonisten bürgerlicher neuester Musik schwer unterscheiden lassen, aber der entscheidende Unterschied zu ihnen besteht darin, daß der Gehalt von Nonos Musik sich an unverschlüsselt politischen Gegenständen und revolutionärer Thematik entfaltet und daß ihre Entstehung und Wirkung

im engsten, kritischen Kontakt mit jenen sozialen Gruppen außerhalb des etablierten bürgerlichen Musikbetriebs permanent getestet wurde, denen Nonos künstlerische Arbeiten galten: der politischen Avantgarde seines Landes. Immer wieder wird an Nono im bürgerlichen Musikschrifttum, ähnlich wie bei Schönberg, seine zentrale Rolle bei jener zweiten Phase der innermusikalischen Materialrevolution nach dem zweiten Weltkrieg hervorgehoben, bei der er zusammen mit Pierre Boulez und Karlheinz Stockhausen, jedoch auf eigenständige Weise, die Konstruktion von Musik durch zunehmend umfassende serielle Determinierung ihrer Strukturen, schließlich auch mit Hilfe elektronischer Klänge, rationalisiert habe. Dies ist nicht falsch, aber reicht nicht aus, um Nonos Leistung gerecht zu werden. In dem Maße, wie sich der komponierende Kommunist Nono durch seine konsequente politische Parteinahme aus den herrschenden kompositionsästhetischen Normen und den Mechanismen des kapitalistischen Musikbetriebs selbst ausbürgerte, stellte sich auch ihm das wirkliche schöpferische Problem des musikalischen Fortschritts heute: Wie soll und muß Musik beschaffen sein, die, ihre spezifischen Wirkungen nutzend, das Leid und den Angstschrei der Unterdrückten, die Brutalität und Verbrechen ihrer Peiniger ebenso unverklärt bezeugen will wie den Atem der Klassenkämpfe, die Trauer um die Gefallenen wie die Kraft der Liebe, die am letztendlichen Sieg der Massen beteiligt ist? Wie wäre das revolutionäre Panorama der Epoche ohne Verlust an Wahrheitsgehalt und erschütternder Wirkung zu gestalten, und welche künstlerischen Mittel müssen dafür erfunden werden, weil die vorgefundenen dies nicht leisten? Es ist dies notwendig und erneut die Frage nach dem Verhältnis von künstlerischer und politischer Avantgarde, nach der Differenz und dem wechselnden Zusammenhang von Kunstentwicklungen und geschichtlich-politischen Bewegungen – eine Problematik, die bei Nono ihren ganz und gar nicht vergangenen, ihren nach vorn drängenden Widerspruchscharakter und ihre bleibende Aktualität enthüllt.

Nonos Musik will nicht belehrend und nicht anfeuernd in die Kämpfe seiner Epoche unmittelbar eingreifen, und im übrigen fehlt es der italienischen Arbeiterklasse für diese tagtäglichen Mühen nicht an einem qualifizierten Liedgut. Seine Musik trachtet danach, in sinnlich adäquat konkreter und ideell verallgemeinernder Weise den emotionellen Fonds der Kämpfenden zu analysieren. Nono realisiert sein politisches Engagement als Komponist durch die akustische Provokation, durch die gleichsam unerhörte Herausforderung einer expressiven, individualisierten Kunstgestalt, die sich ungeteilte Aufmerksamkeit erzwingt und den Hörenden aus der Stumpfheit seines ästhetischen Alltagslebens herausreißt. Deshalb bedarf er ungewöhnlicher kompositionstechnischer Methoden und des klanglichen Experiments. Jeder Klang ist neu, einzigartig und unwiederholbar, und er kann seinen Ursprung ebenso bei klassischen Strukturen und Farben nehmen wie bei irgendeiner akustischen Erscheinung der nichtmusikalischen Realität. Vokales Material dominiert; es reicht von den altitalienischen Madrigalen bis zur seriellen Vokalise, von außereuropäischer Folklore bis zum Kampflied, vom agitatorischen Streikruf bis zum Belcanto, von der Stimme eines Politikers bis zum chaotischen Massenchor, vom Röcheln bis zum Schrei. Es gibt für Nono kein akustisches Ereignis, das nicht ästhetisch relevant werden könnte, kein prävalent hierarchisiertes Material, das sich nicht neu und ins Werk eingliedern ließe, vor allem dann, wenn es, wie häufig bei Nono, elektronisch bearbeitet, verfremdet und bisweilen bis zur Unkenntlichkeit in ein planvolles Kaleidoskop synthetisch-expressiven Klangs verwandelt wird. Daraus entsteht dann jene explosive und sensible Musik von unmittelbarer Wirkung gerade auf jene, deren ästhetische Urteile nicht durch klassizistisches Regelwissen genormt sind und denen spontane Neugier auf Unbekanntes ebenso lebensnotwendig ist wie die Stimulierung und Bereicherung ihrer Wirklichkeitserfahrung.

Auf deren Sensibilisierung und ästhetische Revolutionierung aber zielt letztlich Nonos künstlerisches Engagement: „Es gibt Komponisten, die meinen, daß Musik nichts verändern kann. Aber die Wahrheit ist anders. Musik kann eine Intervention in einer geschichtlichen Situation sein. Sie kann technisch, ideologisch, psychologisch und sozial Stellung nehmen. Musik und Politik sind für mich eine Einheit. Dazu ist es allerdings notwendig, daß man die nur ästhetische Haltung aufgibt, ebenso wie die passive Bindung an kapitalistische Institutionen, daß man ein neues Verständnis für die Aktivität und die Mitwirkung der Arbeiterklasse hat. Die Musik ist für mich ein Mittel, als Komponist in der Gesellschaft Stellung zu nehmen. Ich habe von den Arbeitern gelernt, das Leben anders zu organisieren und in der Kultur eine neue Phantasie zu finden, eine neue Konzeption vom Leben und vom Denken, vom Entdecken und vom Lieben."[14] Sein Verhältnis als Komponist zu den Kämpfen des Proletariats näher bestimmend, sagt er: „In dem Maße, in dem er seinen Beitrag leistet – nicht als in der einen oder anderen Weise verzerrender Spiegel, sondern in eigenständiger und unabhängiger Weise durch seine Studien, sein Suchen, seine Experimente, seine schöpferische Phantasie, in dem Maße also, in dem er das ideelle Moment mit dem technisch-sprachlichen dialektisch verbindet, kann sich der Musiker gerade in dieser Weise völlig verwirklichen."[15] Diese kreative Freiheit bindet sich aber notwendig, wie Nono sagt, an eine neuartige „Arbeitsmethode, die mit den sozialen Kräften vor, während und nach ihrer Anwendung ständig geprüft und bestätigt wird. Vorher, damit man versteht, wer man ist, wo man steht, was, wie und weshalb man als gemeinsame Arbeitsgrundlage wählt – das heißt, wie man Kommunist wird … Während, um zu verstehen, wie und von welchem ‚Gesichtspunkt' her man schreibt, in Verbindung mit wem, weshalb und für wen. Nachher, um das Ergebnis in einer anderen Verbreitung, in einer anderen Verwendung durch ein anderes Publikum prüfen zu lassen, dem man Provokation und Teilnahme anbietet und von dem man sie bekommt."[16]

6

Eines der Schlüsselwerke zu Nonos politisch-künstlerischer Konzeption ist das dreiteilige *„Lorca-Epitaph"* von 1952/53. Mit dem Gedenken an den ermordeten spanischen Dichter wollte der Komponist auf die Gefahr der faschistischen Restauration in Italien und in Westeuropa zu Beginn der fünfziger Jahre verweisen. Wie auch in fast allen späteren Werken Nonos bildete politische Poesie neben dokumentarischem Material eine wesentliche Inspirationsquelle. Die

Begegnung mit Lorcas Dichtungen bedeutete für ihn eine „echte Befreiung von der kulturellen Rhetorik und der politischen Mystifikation des Faschismus, der auch mich in meiner Jugend unterdrückt hat"[17]. Luigi Pestalozza, einer der besten Kenner von Nonos Musik, nennt das Epitaph einen „umfassenden Preisgesang" der gesamten spanischen Widerstandsbewegung und führt aus: „Es ist in diesem Zusammenhang bedeutungsvoll, wie Nono im ersten Teil des Epitaphs die Gedichte Lorcas, nämlich ‚Tarde' (Nachmittag) und ‚Casida de la rosa' (Kasside über die Rose), mit den Versen Nerudas aus ‚España en el corazón' (Spanien im Herzen) zusammenbringt: Das erdnahe Gefühl und die ästhetische Überraschung des spanischen Dichters angesichts des Abends und dann die sehnsüchtige, aber durchaus emblematische Beschwörung der Rose werden brutal überrumpelt von dem entsetzlichen Bild des durch die Waffengewalt aufgerührten Spanien."[18]
Diese Musik, die von äußerster klanglicher Zartheit bis zur härtesten, schreienden Anklage reicht, ist mit strengster artifizieller Disziplin in serieller Technik gearbeitet, intonatorisch und idiomatisch aber durch und durch vom Studium spanisch-mozarabischer Folklore geprägt. Während der erste Abschnitt ganz von der melodiös singenden und gesprochenen Vokalität der Solisten inmitten instrumentalen Filigrans beherrscht wird, stellt der zweite Abschnitt eine rhythmische Studie über das italienische Revolutionslied „Bandiera rossa" dar, das semantisch mit dem spanischen Bürgerkrieg verbunden ist. Der dritte Teil des Epitaphs beschreibt den faschistischen Terror beim Überfall auf die Zigeunerstadt Jerez de la Frontera. Der unmittelbar ergreifenden, auch politisches Bewußtsein mobilisierenden Wirkung dieser „Romance de la Guardia Civil Española" kann sich wohl kaum jemand entziehen, der mit Nono – wie es ihm der Komponist Henze attestiert – die Musik nicht anders auffaßt als „einen zum Leben gehörenden Ausdruck, notwendig zum Aufruf, zur Klage, zur Anklage und zum Lobe"[19]. Henze hebt mit Recht vor allem Nonos geniale Schlußgestaltung hervor: „Im Anfang, da war das nahe und ferne Tönen von Stimmen, die Tamburins, die Faschistentrommeln, Instrumentalzwischenspiele, die von einem Punkt des Berichts zum anderen hinüberleiteten, und dann

ist da, gleich im ersten Zwischenspiel, jener Moment der Entrückung, eine Melodie, die sich schwebend und doch fest von dem Hintergrund ihres Echos abhebt, ein fremdes Lied, das sehr neu ist in seiner zeitlichen Unbestimmbarkeit, eine Tonfolge, den klar definierten Grundton umkreisend, in langsamen Rückungen auf- und absteigend, präzis, unveränderbar, ohne Fehl. Vor dem einfachen Leben, der unvorhergesehenen Gestalt dieser Melodie, die stärker ist als Beweise, zerfällt in Nichts alles, was mit mühseligen Akademismen und exklusiven Theorien zu tun hat."[20]
Das bereits in diesem frühen Werk gestaltete Thema des aktiven Widerstands gegen die neofaschistische Gefahr, aber auch gegen Ausbeutung, Unterdrückung, Brutalität, physischen, psychischen und geistigen Terror aller Spielarten bildet eine Grundschicht in Nonos künstlerischer Wirklichkeitsbewältigung. Eine zweite, ihr dialektisch entgegenwirkende Schicht orientiert auf die Beschreibung und Beschwörung der emanzipatorischen Kräfte im Menschen: den revolutionären Kampf, die Liebe, die Sensibilisierung aller kognitiven und emotionellen Anlagen. Von dieser Position her wird nicht nur klar, warum Nono mehrere Werke dem Gedächtnis der Opfer dieser historischen Kämpfe, den Helden der Revolution gewidmet hat, sondern auch, warum sie, anders als konventionelle Memorials, nicht Trauermusiken schlechthin sind: „Der Tod ist für uns nicht eine Resignation, sondern nur eine Situation in einer viel größeren Entwicklung. Auch der Tod von Freunden ist ein Teil unseres Kampfes. Das Moment der Klage ist immer vor dem Hintergrund eines positiven Moments zu sehen, nämlich der Überzeugung von der Unaufhaltsamkeit historischer Entwicklung."[21] Nono sagte dies 1972, unmittelbar nach Abschluß der Komposition *„Como una ola de fuerza y luz"* (Wie eine Woge von Kraft und Licht) auf den Tod eines jungen chilenischen Revolutionärs.
Nono hatte während der sechziger Jahre – einer Zeit sich verschärfender und auf die außereuropäischen Entwicklungsländer übergreifender Klassenkämpfe – seine politischen Positionen präzisiert, den streitbaren Bekenntnischarakter seiner Musik geschärft, seine Klangsprache durch neuartige asemantische Vokalbehandlung im Sinne instrumental-phonetischer Poesie und den Einsatz elektronischer

Techniken erweitert und auf zahlreichen Reisen, auch in die sozialistischen Staaten und in Länder der dritten Welt, seine Arbeiten zur Diskussion gestellt. Andererseits orientierte er sich stärker auf die kulturelle Praxis der einheimischen Arbeiterklasse, gestaltete er Aspekte ihres Kampfes und erprobte die Resultate in stetigem und unmittelbarem Kontakt mit ihr. Die Themen, die Nono in seinen bedeutsamsten Kompositionen der sechziger Jahre behandelt, sind Brennpunkte der Zeitgeschichte: Hiroshima, die kubanische Revolution, der Auschwitz-Prozeß, die Pariser Mai-Aufstände 1968, der Vietnam-Krieg, die chilenische Unidad Popular, daneben und dazwischen Situationen der Ausbeutung und der Gegenaktionen der italienischen Arbeiter. Mit der zweiteiligen abendfüllenden Szenischen Aktion *„Al gran sole carico d'amore"*, die zwischen 1972 und 1974 entstand und 1975 im Mailänder Teatro lirico erfolgreich uraufgeführt wurde, legte Nono sein bisher umfassendstes und prononciertestes Bekenntnis zu einer musikalischen Produktionsweise ab, „die sich nicht anders organisiert und engagiert als die Teilnahme an einer Demonstration, an einem Zusammenstoß mit der Polizei oder, wie es morgen der Fall sein könnte, an einem bewaffneten Kampf, das heißt am Klassenkampf"[22].

7

Gegen Ende der siebziger Jahre scheint Nono die Beziehungen zwischen politischer und kompositorischer Sphäre ein weiteres Mal kritisch durchdacht zu haben. Als erste Frucht dieser Gedanken-Arbeit reifte ein Streichquartett mit dem sonderbaren Titel: *„Fragmente – Stille, An Diotima"*. Es entstand zwischen Juli 1979 und Januar 1980 im Auftrag der Stadt Bonn für das 30. Beethovenfest und wurde am 2. Juni 1980 in Bad Godesberg vom Lasalle-Quartett uraufgeführt. Walter Levin, der Primarius des Ensembles, hatte Nono bereits in den fünfziger Jahren und später immer wieder um ein Quartett gebeten: „Er versprach damals, es sich zu überlegen. Er hat es sich dann überlegt, reiflich überlegt, etwa 25 Jahre lang."[23] Das Ergebnis – ein Werk von etwa 40 Minuten Spieldauer – erstaunte und verblüffte die Musikwelt, weil es beinahe alle denkbaren Erwartungen

über den Haufen warf. Es widersprach scheinbar dem Klischee vom „politischen“ Komponisten, der hier auf solche griffigen Verbindlichkeiten verzichtet. Es suggerierte den Rückzug einer appellativen, eingreifenden Kunstgesinnung in die Region traditionalistischen und rein artistischen Musizierens sowie in die Sphäre der privaten Reflexion und persönlichen Meditation. Und es enttäuschte jene musikphilosophischen Vorurteile, denen zufolge gerade in der exklusiven und überalterten Gattung des Streichquartetts große Innovationen nicht mehr möglich seien, während Nono bewies – und sei es abermals durch den singulären, aber repräsentativen Ausnahme-Fall –, daß die Tradition produktiv fortgesetzt werden kann, wenn man ihr selbst dialektisch begegnet.
Was anders ist, deutet der erste Teil des Titels an. Er enthält die Negation des für fast alle klassische wie neue Kammermusik typischen „agonalen“ Prinzips. Dies meint die Aufstellung von motivischen und thematischen Gedanken, ihre Verarbeitung und Entwicklung, ihre diskursive, „kämpferische“ Durchführung und letztendliche Harmonisierung im Rahmen kontinuierlicher, zielgerichteter, auch zyklisch dramatisierter Abläufe. Demgegenüber steht Nonos Quartett im Zeichen „suspendierter Bewegung“ (Levin), diskontinuierlicher Klanglichkeit und lyrischer Kontemplation, die anstelle eines historisch vorgegebenen, normierten Sprachvokabulars ein neu erfundenes Reservoir von Gesten emanzipiert, das sich wie „kadenzierte Interjektionen“ eines bestimmten Affekts immer erst eben zu bilden scheint und stets am Rande des Verstummens, als ein Suchen und Tasten nach Formulierung, verlautbart. Das Werk, ein labyrinthisch geheimnisvoller Gang zwischen zarten Tönen, unbekanntem Geräusch und einer von vielen, langen Pausen erzwungenen Stille „gleicht einem Netz von Klanginseln, die aus dieser Stille auftauchen, um in die Pausen hinein zu verklingen; Fragmente heißt hier: kein stringenter, linearer Ablauf vom ersten Ton bis zum Schlußakkord, sondern vielmehr ein äußerst fragiles Gewebe, das nach allen Seiten hin offen erscheint und selbst innerhalb der Klanginseln immer wieder still steht“[24].
Und doch existiert dieses so außerordentlich subtile, so unvergleichlich hermetische Werk weder für sich allein noch

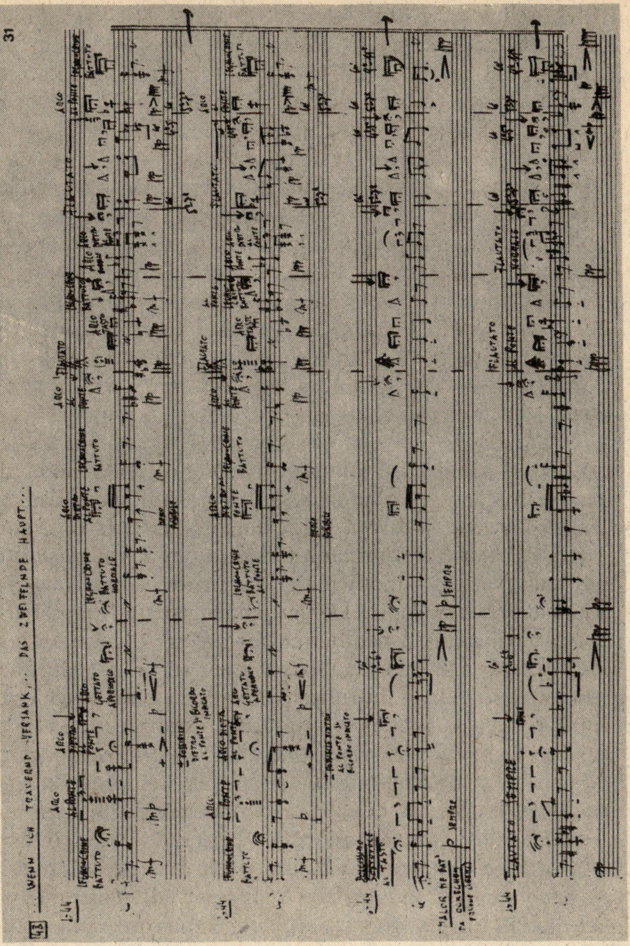

Luigi Nono, „Fragmente – Stille, An Diotima" für Streichquartett

bloß aus sich heraus. Wie der zweite Teil des Titels vermuten läßt, wirkt in dem Quartett eine poetische Intention, die mit biographischen Befindlichkeiten und ganz persönlichen Betroffenheiten zu tun haben dürfte. Denn trotz aller geheimer „Verschlossenheiten", die die Gestik des Klangs selber prägen, spricht der Autor etwas aus und wendet es kommunikativ nach außen oder doch wenigstens an jene, die seinen Brief unterm Siegel der Verschwiegenheit zu entziffern wissen. Ihnen gibt er sehr wohl Fingerzeige und einige Verweise im Inneren der Musik, die ihren Gehalt verbindlich machen und Verbindungen zur Welt außerhalb des Werks signalisieren. Da gibt es eine bemerkenswerte, mehrmals auftauchende Ausdrucksvorschrift, die eigentlich den Charakter des Ganzen definiert: „mit innigster Empfindung". Bekanntlich handelt es sich um ein Zitat, um eine Bezeichnung, die der späte Beethoven für Momente höchster lyrischer Entrücktheit gern verwendete und namentlich für eine solcherart exponierte Stelle im dritten Satz seines Streichquartetts a-Moll op. 132 („Heiliger Dankgesang eines Genesenden an die Gottheit, in der lydischen Tonart") forderte. Sei es nun, daß Nono mit der Bezeichnung auch einen lokalen Bezug zum Auftrag und zum Anstoß der Uraufführung seines Quartetts herstellen, oder sei es, daß er seine tiefen, prägenden, schöpferischen Beziehungen zur deutschen Kultur und Kunst symbolisch dokumentieren wollte; vor allem steht fest, daß dieses Quartett ganz einer Gattungstradition verpflichtet ist, die höchste technische und geistige Ansprüche stellt, die mit der subtilsten Klangerfindung das Suchen nach neuen Audrucksmöglichkeiten verbindet und das kompositorische Experiment der radikalen ideellen Selbstbefragung unterstellt. Das ist die große und schwierige Tradition, die Beethoven begründete, die über Brahms zu Schönberg, Berg und Webern, aber auch zu Bartók und Janáček reicht und in jüngerer Zeit etwa von Ligeti oder Xenakis, dem späten Schostakowitsch oder von John Cage extremisiert wurde.

Freilich enthält das Quartett Bezugspunkte noch anderer Art und mit konkreteren technischen oder idiomatischen Konsequenzen. Wichtig vor allem für die Materialbasis des Werks (für eine besondere, nicht ohne weiteres hörbare Reihenstruktur der Tonhöhenbeziehungen und der harmonischen Verhältnisse) wurde eine sozusagen synthetische Tonreihe, die eine Mailänder Musikzeitschrift anno 1888 mit der Aufgabe publiziert hatte, dafür eine möglichst korrekte und originelle Harmonisierung zu finden. Auch Giuseppe Verdi interessierte sich für die harmonische Auflösung dieser aus chromatischen, diatonischen und übermäßigen Schritten kombinierten „Scala enigmatica" und komponierte sie, in einem kunstvoll polyphonen A-cappella-Satz, als „Ave Maria" seiner „Quattro pezzi sacri". Und aus eben dieser irregulären Skala, ohne daß sie bemerkbar würde, mittels vielschichtiger Deformationen und Permutationen, organisiert Nono die Textur des klanglichen Gewebes. Im Grunde aber bleibt es das gleiche Verfahren, das emphatisch Neue aus gleichsam archaischen Elementen zu konstruieren, wie es bei Verdi (Palestrinascher Motetten-Stil) und sogar Beethoven (die lydische Tonart) begegnet. Vielleicht ist es kein Zufall, daß allen drei Stücken der Gestus des Gebets eignet, wenn auch Nonos Gegenstand keine Gottheit und keine jungfräuliche Gottesmutter, sondern eine höchst irdische Gestalt, eine auch sehr gegenwärtige „Diotima" sein mag. Wie sonst wohl käme es zu einem letzten, gegen Ende des Werks in der Viola verborgenen Zitat – der Hauptstimme aus Johannes Ockeghems Chanson „Malheur me bat" (Leid schlägt mich)? Diese Liebesklage des großen, alten Niederländers findet sich in einem venezianischen Notendruck von 1501, den Nono früh kannte und mit seinen Lehrern Malipiero und Maderna intensiv studierte.

Durch solche Verweise zieht das Quartett eine Fülle autobiographischer Erinnerungen heran, die nun noch eine letzte poetische Konkretisierung durch den verbalen Bezug auf die dichterische und geistige Welt Hölderlins erfahren. Nono hat aus verschiedenen Gedichten insgesamt 47 Gedankensplitter entnommen und sie an 52 Stellen der Partitur den musikalischen Fragmenten zugeordnet. Der verbale und der klangliche „Sinn" stehen zueinander im Verhältnis wechselseitiger „Erhellungen" und „Ergänzungen", was auch heißt, daß die Musik hier keine illustrierende oder kommentierende Funktionen übernimmt – obwohl sie, zusammen mit der Sprache gemeinsame semantische Felder bildend, keine neutralen oder gar beliebig austauschbaren

Strukturen aufbaut. „In keinem Fall" aber, so Nono, sollen die Texte „während der Aufführung vorgetragen" oder als „naturalistische programmatische Hinweise" mißverstanden werden. Er verstehe sie als „‚schweigende Gesänge' aus anderen Räumen, aus anderen Himmeln, um auf andere Weise die Hoffnung nicht fahren zu lassen"[25]. Die Interpreten „mögen sie ‚singen' nach ihrem Selbstverständnis von Klängen, die auf ‚die zartesten Töne des inneren Lebens' (Hölderlin) hinstreben"[26].

In der Tat ergibt sich, auch durch die Abfolge, aus den vielfältigen poetischen Gedankensplittern ein solches Panorama des „inneren Lebens", der Gedanken- und Gefühlsfülle, wie sie kreative und sensitive Menschen entwickeln müssen. Vom Durst nach Leben ist da die Rede und von den schmerzlichen Versagungen, von der Sehnsucht nach Freiheit, nach Schönheit, nach Heimat und immer wieder nach wirklicher, erfüllter Liebe, aber auch von der Unvermeidlichkeit des Alleinseins, der schöpferischen Anstrengung und der kaum einzugestehenden, geheimsten Schwächen und Wunden, und schließlich von den Abgründen, privaten wie politischen, die die Menschen voneinander trennen. Hölderlins Gedanken werden Nono zum Medium einer rückhaltlosen, gleichwohl verschlüsselten Zwiesprache mit sich selbst, zur Prüfung des eigenen Lebensgefühls und des Standortes in den Kämpfen, gegenüber den großen Aufgaben der Zeit. Mit Bezug auf das Quartett betonte er, zu diesen Notwendigkeiten gehöre heute besonders der unreglementierte Ausdruck individueller Erfahrung, die produktive Negation der standardisierten und gleichgeschalteten Lebenszwänge durch die Mobilisierung des subjektiven Potentials, indem man „das Ohr aufwecken, die Augen, das menschliche Denken, die Intelligenz, die Exteriorisierung eines Maximums von Interiorisierung"[27] auf neue und intensive Weise kultivieren helfen müsse. Das aber war schon immer ein Teil von Nonos Ästhetik und künstlerischer Aufgabenstellung, so daß er alles aufrauschende Gerede von einer Wende seiner Gesinnungen mit Blick auf das Streichquartett (und danach) leicht entkräften konnte: „Ich habe mich keineswegs verändert; auch das Zarte, Private hat seine kollektive, politische Seite. Deshalb ist mein Streichquartett nicht Ausdruck einer neuen retrospektiven Linie bei mir, sondern meines gegenwärtigen Experimentierstandes: ich will die große, aufrührerische Aussage mit kleinsten Mitteln."[28]

Nonos Musik verweigert sich nicht erst hier dem grellen, knalligen, agitatorischen Ton, und in seinen Stücken mit explizit politischem „Thema" wie in anderen lyrisch subtilen Werken begegnet seit je ein expressives Pathos in einem differenzierten, feinnervigen, angespannten Timbre. Nono artikuliert eine musikalische Poetik ganz neuer Art, die sich aber niemals ihrer spontanen Entzifferung entzieht und der positiven Konfession zugehört, nach der Musik, auch wenn sie „nur" ästhetisch sensibilisiert, zum Abbau menschlicher, zwischenmenschlicher, gesellschaftlicher Entfremdung beitragen soll. Eine entwickeltere, prägnantere, durch Meisterschaft im Handwerklichen stärker geprägte und durch emotionale Kraft überzeugendere Position als die Nonos gibt es heute im weiten Feld „politischer Musik" nicht. Es gibt aber natürlich viele andere Konzeptionen, für die Nonos oder Eislers Wirken zum Vorbild geworden sind und die jene unabdingbare stilistische, thematische und funktionale Vielgestaltigkeit aufweisen, die nötig ist, um sich in den unterschiedlichen Formen des internationalen, des globalen Ringens um eine gute Veränderung der Welt zu bewähren.

1 Arnold Schönberg, Vortrag über op. 31, in: Arnold Schönberg, Gesammelte Schriften, Bd. 1, Frankfurt (Main) 1976, S. 225.
2 Arnold Schönberg, Zum Rundgespräch in San Francisco über moderne Kunst, in: ebd., S. 395.
3 Ebd., S. 394.
4 Hanns Eisler/Ernst Bloch, Avantgarde-Kunst und Volksfront, in: Musik und Politik, Schriften 1924–1948, Leipzig 1973, S. 400.
5 Ebd., S. 402f.
6 Hanns Eisler, Gesellschaftliche Umfunktionierung der Musik, in: Musik und Politik, a. a. O., S. 373.
7 Hanns Eisler/Ernst Bloch, Die Kunst zu erben, in: ebd., S. 408.
8 Hanns Eisler/Ernst Bloch, Avantgarde-Kunst und Volksfront, in: ebd., S. 400.
9 Hanns Eisler/Ernst Bloch, die Kunst zu erben, in: ebd., S. 410.
10 Hanns Eisler, in: Nathan Notowicz, Wir reden hier nicht von

Napoleon. Wir reden von Ihnen! Gespräche mit Hanns und Gerhart Eisler, Berlin 1971, S. 169.

11 Hanns Eisler, in: Musik und Politik, a. a. O., S. 398.

12 Bertolt Brecht, Über gestische Musik, in: Gesammelte Werke, Frankfurt 1967, Bd. 15, S. 484.

13 Georg Knepler, Vorwort zur Partitur des „Lenin-Requiems", Deutscher Verlag für Musik, Leipzig 1973.

14 Luigi Nono, Gespräch mit Wolfgang Becker-Carsten, in: Luigi Nono, Texte und Studien zu seiner Musik, hg. von Jürg Stenzl, Zürich 1975, S. 279.

15 Luigi Nono, Musik und Resistenza, in: Texte ..., a. a. O., S. 101.

16 Luigi Nono, Musik und Revolution, in: Texte, ebd., S. 113.

17 Luigi Nono, Gespräch mit José Antonio Alcaraz, in: ebd., S. 185.

18 Luigi Pestalozza, Luigi Nono und „Intolleranza 1960", in: ebd., S. 185.

19 Hans Werner Henze, Luigi Nono, in: Hans Werner Henze, Musik und Politik. Schriften und Gespräche 1955–1975. Mit einem Vorwort, hg. von Jens Brockmeier, München 1976, S. 214.

20 Ebd., S. 215.

21 Luigi Nono, Gespräch mit Wolfgang Becker-Carsten, in: Luigi Nono, Texte ..., a. a. O., S. 278.

22 Luigi Nono, Musik und Revolution, a. a. O., S. 113.

23 Walter Lewin, zit. nach dem Einführungstext von Jürg Stenzl zur Schallplatte mit dem Streichquartett, gespielt vom Lasalle-Quartett, bei Deutsche Grammophon 1986, 415513-1.

24 Jürg Stenzl, Einführungstext, a. a. O.

25 Stenzl, ebd.

26 Ebd.

27 Ebd.

28 Nono, zit. nach Heinz-Klaus Metzger, Wendepunkt Quartett?, in: Luigi Nono – Musik-Konzepte 20, München 1981, S. 92.

Zum Autor des Buches

Frank Schneider, geb. 1942 in Großerkmannsdorf (Kreis Dresden). Studium in den Fächern Dirigieren (Musikhochschule Dresden 1961–1964) und Musikwissenschaft (Humboldt-Universität Berlin 1964–1968). Danach wissenschaftlicher Mitarbeiter am Zentralinstitut für Musikforschung beim Verband der Komponisten und Musikwissenschaftler (1968–1971), Assistent am Bereich Musikwissenschaft der Humboldt-Universität (1971–1975) und Dramaturg an der Komischen Oper Berlin (1975–1979). Seit 1979 wissenschaftlicher Mitarbeiter am Institut für Ästhetik und Kunstwissenschaften bei der Akademie der Wissenschaften der DDR. Frank Schneider ist wissenschaftlich und publizistisch vorzugsweise beschäftigt mit der Musik des 20. Jahrhunderts (besonders Musik der DDR und der Wiener Schule) sowie mit musikalischer Werkanalyse und Problemen der Musikhistoriographie.

Personen- und Werkregister

Inhalt

Universal Bibliothek KUNSTWISSENSCHAFTEN

Der Critische Musicus an der Spree

Berliner Musikschrifttum von 1748 bis 1799

Eine Dokumentation

Herausgegeben von und mit einer Einleitung
von H.-G. Ottenberg
Mit Notenbeispielen
Band 1061 · Broschur 3,– M

Diese Dokumentation vereint Schriften und Aufsätze aus der Feder von Berliner Musiktheoretikern und Komponisten (Marpurg, C. Ph. E. Bach, Kirnberger, Reichardt, Quantz, Zelter, Tieck, Wackenroder u. a.) des 18. Jh., einer wichtigen Etappe musikästhetischer Diskussion in Europa. Was in den schöpferischen Dezennien nach 1750 entstand, ist als der ernsthafte und partiell auch geglückte Versuch zu bewerten, das Wissensgebiet „Musik" unter Verwendung von Gedankengut der französischen und englischen Aufklärung in seinen mathematisch-naturwissenschaftlichen, ästhetischen, psychologischen, instrumentenspezifischen und anderen Aspekten zu systematisieren.
Die vorliegende Textauswahl vermittelt Wesentliches über Profil und Entwicklung der Berliner Musiktheorie und -kritik im Zeitalter von Aufklärung, Sturm und Drang, Klassik und Romantik.

Universal Bibliothek BIOGRAFIEN

Mathias Hansen
ANTON BRUCKNER

Mit einer Vorbemerkung des Autors. Mit 86 Abbildungen und Notenbeispielen
Band 1173 (Sonderreihe) · Broschur 4,– M

Bei Anton Bruckner (1824–1896) liegt wohl der einmalige Fall vor, daß ein Künstler als rücksichtslos-blinder Zerstörer geheiligter Traditionen geschmäht und andererseits zum verklärenden Vollender eben dieser Traditionen erhoben wird. Der Autor Mathias Hansen, wissenschaftlicher Mitarbeiter an der Akademie der Künste der DDR, bringt durch detaillierte Untersuchungen zu Leben und Werk des Komponisten für Forschung und Interpretationspraxis wertvolle neue Erkenntnisse.